교사를 위한
회복탄력성

교사를 위한 회복탄력성

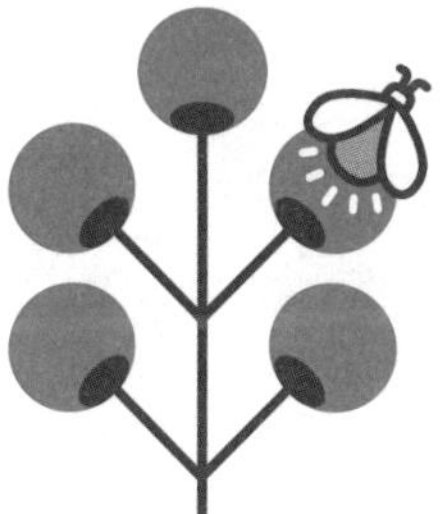

Onward: Cultivating Emotional Resilience in Educators

위기의 교사가 일어서는 법

엘레나 아길라 지음

수업과성장연구소 옮김

신을진 감수

우리학교

추천의 글

"『교사를 위한 회복탄력성』은 저자의 지혜와 휴머니즘을 보여주며, 수많은 어려움에도 불구하고 교사가 자신의 열망을 실현할 수 있는 힘이 자기 안에 있다는 것을 발견하도록 돕는다. 이 책은 연약하지만 정직하고 아름다운 저자 자신의 교사 경험과 이야기에 뿌리를 누고, 중요한 전략과 조언으로 가득 차 있다. 놀라운 자원이 가득 찬 이 책을 읽는 교사들은 더 강해지고, 행복해지며, 성장할 것이다. 예상컨대, 영원히 저자에게 감사할 것을 확신한다."

▪ **웬디 콥**, 티치포아메리카Teach for America 설립자, 티치포올Teach for All CEO

"이 책은 교사의 삶을 바꿀 것이다! 저자는 이 책에서 학생을 위해 봉사하는 교사들이 어떻게 회복탄력성을 키울 수 있는지 친절하고, 감동적이고, 시기적절한 틀을 제공한다. 과학적 연구와 조사뿐 아니라 자신이 걸어온 설득력 있는 경험을 이야기하여 명확한 길을 제시한다. 이 책은 신규 교사부터 경력 교사까지 모든 교사에게 필요한 선물이다. 학교에서 리더십을 발휘해야 하는 교사라면 누구라도 읽어야 할 것이다."

▪ **론 세버슨**, 캘리포니아주 로즈빌 고등학교연합 장학사

"힘들어하는 교사들에게 회복탄력성을 키울 수 있는 희망적인 메시지로 부족함이 없다. 이 책이 모든 스트레스와 피로를 한 번에 날려줄 마법의 지팡이는 아니지만, 교사가 학생을 가르치는, 고되지만 의미 있는 일을 지속해나갈 수 있는 여정을 안내한다."

▪ **메건 차넨-모런**, 윌리엄앤메리교육대학 교육정책·계획·리더십 교수

"이 책은 번아웃될 정도로 현장에서 분투하고 새로운 시각으로 도전하는 학생들을 만나야 하는 모든 교사에게 필요한 해독제다. 『교사를 위한 회복탄력성』은 교실에서 매일 최선을 다할 수 있는 힘을 준다. 재정비가 필요한 순간이 왔다면, 이 책을 집어 들어야 한다!"

▪ **셀린 코긴스**, 하버드교육대학원 강사, 대학 재직 기업가

"모든 교사에게 항상 옆에 이 책을 둘 것을 권한다. 장별로 언급하는 달마다 회복탄력성을 개발하고 위대한 교육에 전념할 새롭고 통찰력 있는 기회를 제공한다."

▪ **스테파니 허시**, 러닝포워드Learning Forward 전무

"이 책은 그저 회복탄력성을 높이는 이론적인 안내서에 그치지 않는다. 본질적으로 스트레스가 많은 직업인인 교사가 개인적으로나 직업적으로나 최선을 다할 수 있도록 하는, 읽고 나서 바로 실행할 수 있는 놀랍고도 실용적인 전략서다."

■ **콜린 실**, 씽크로thinkLaw 설립자 겸 CEO

"매년 모든 학교의 리더가 이 책을 활용한다! 『교사를 위한 회복탄력성』은 교사와 학생 모두에게 리더십을 발휘할 수 있는 최상의 전략을 안내하며, 매년 학교의 주기적인 변화와 이에 맞춰 조직과 구성원이 앞으로 나갈 방법을 제시한다."

■ **미셸 카펜터**, 워싱턴주 버니초등학교 교장

"우리 교사들은 자신과 학생의 회복탄력성을 키워야 한다. 그래야 계속해서 학생을 가르치고 이끌며 영감을 줄 수 있다. 반드시 이 책을 읽어라. 그리고 교사 자신의 회복탄력성을 키우고 교육을 변화시키기 위해 일하라."

■ **크리스틴 칼슨**, KIPP 북동부 덴버중학교 수업 코치

"이 책은 교사와 교육 현장의 리더를 지지하는 최선의 방법에 관한 진정한 대화를 할 수 있도록 안내한다. 필수적이지만 종종 간과되는, 모두가 교사로서 탁월하게 성장할 수 있는 방법을 제시한다. 모든 신규 교사와 리더에게는 이 책이 절실하게 필요하다."

■ **셰릴 라나 아그라왈**, 캘리포니아주 산마테오 교육청 장학사

"우리는 교사라는 직업에 있어서 상징적 폭력에 대한 가장 자연스러운 반응이 침묵임을 알고 있다. 그러나 『교사를 위한 회복탄력성』은 우리 등 뒤에 무거운 짐을 지고 갈 필요가 없는 세상을 창조할 힘과 우리의 존재 본성과 회복탄력성의 관련성 때문에 느끼는 내면의 자유를 쟁취할 저항정신을 교사들이 키울 수 있도록 영감을 준다."

■ **마리오 베나브**, STEM 교육 전문가

감수의 글

가르치는 사람을 위하여

교실은 예측할 수 없는 수많은 상황이 펼쳐지는 곳이다. 상당한 교육 경력이 쌓여도 어린 학생의 말 한마디에 깊게 상처받을 수 있으며, 아무리 이론적인 무장을 해도 대처하기 어려운 순간이 다가온다. 그럴 때 '누구나 겪는 일이다.' 하며 덮어두는 것 말고, 누군가 적극적으로 공감하고, 어떻게 대처할지 안내해준다면 어떨까?

나는 학교 현장에 계신 선생님을 만나고 수업을 이야기할 뿐 아니라, 삶을 나누는 일을 계속해왔다. 그 시간이 의미 있고 좋으면서도, 선생님의 어깨에 다 내려놓지 못한 삶의 무게가 느껴져서, 또다시 마주할 쉽지 않은 교실 상황이 그려져서 마음이 무거웠다. 처음 이 책을 접했을 때, 많은 선생님에게 위로가 될 것이란 생각으로 설렜다. 그런데 읽어갈수록 단지 마음의 상처와 아픔을 위로하기 위한 책만은 아니라는 것을 알게 되었다. 이 책을 읽으면서 분명 교사들은 누군가 나의 마음을 들어주고 있구나 하는 위로도 얻겠지만, 단지 연약하고 상처받기 쉬운 존재로 이해하는 것이 아니라 교육자로서, 이 땅의 어린 생명들을 든든히 품고 나갈 존재로서 이해하고 있구나 하는 것을 느끼게 될 것이다. 토닥토닥 마음을 어루만져주는 것을 느끼면서 조금씩 자신의 마음을 깊이 만나고 이해하다보면, 어느새 다시 일어날 수 있게 하는 힘을 얻는 놀라운 책이다.

또한 이 책에서는 자신의 내면을 들여다보는 작업이 결코 개인적 작업만으로 끝나는 것이 아님을 분명히 한다. 자신의 내면을 마주하고 이해하고 힘을 얻은 교사는 이렇게 교육을 통해 사회적이고 문화적인 부조리함과 편견을 밝히고 싸울 수 있게 될 것이라 보는 것이다. 이 책을 읽는 과정은 결코 사회적 어려움과 아픔을 피하려는 작업이 아니다. 오히려 그와 맞설 힘을 얻는 과정이다. 깊은 내면의 작업을 위한 책이면서, 동시에 사회적 변혁을 위한 책이다.

피할 수 없는 학교와 교실 상황 속에서 진정한 자유를 경험하기를 원한다면 이 책을 천천히 읽어보고, 조금씩 실천해보았으면 한다. 그 다음으로는 학교공동체에서 함께 읽고 나누기를 권한다. 나를 깊이 이해한 만큼 동료 교사들을 깊이 이해하는 과정이 될 것이며, 학교에서 공감의 문화를 만들어가는 길이 될 것이다.

이 책의 번역은 수업과성장연구소에 속한 여러 선생님의 공동 작업으로 이루어졌다. 적지 않은 분량 때문이기도 하지만, 미국의 학교 상황을 배경으로 쓰인 책이라 우리나라의 학교 상황에 비추어 그 의미를 해석해내는 작업이 필요했기 때문이다. 그러나 바쁜 학교생활 속에서도 여러 선생님이 참여한 가장 큰 동기는, 이 책으로 모든 교사가 힘을 얻게 되기를, 그래서 수업과 아이들을 더욱 사랑할 수 있게 되기를 기대하는 마음이었다. 여러 가지 여건에도 불구하고 이 책을 출판해준 우리학교 출판사에도 감사드리며, 이 책이 항상 우리 교사들의 옆에서 힘이 되기를 바란다.

2022년 여름, 신을진 수업과성장연구소 대표

들어가며

지금 교사인 여러분은 아주 메마른 땅의 울퉁불퉁한 길을 걷고 있다. 목이 타들어가고 먼지를 뒤집어쓴 채 한 발자국씩 내딛는 데 집중하고 있다. 열기 때문에 머리가 지끈거리고, 길을 잃은 건 아닌지 걱정이 된다. 한계점에 도달할 무렵, 넓은 빈터가 나타난다. 벌새들이 나타나서는 앞뒤로 움직이며 쏜살같이 달려 나가더니, 땅에 파인 커다란 동굴로 들어갔다 다시 나온다.

가장자리에 올라서서 깊은 동굴을 들여다보니 감탄이 나올 만큼 푸르른 물웅덩이가 있다. 나뭇잎은 무성하고 푸르며, 신선하고, 매혹적이다. 오래된 나무 사다리가 여러분에게 손짓한다. 잠시 주저하다가 사다리를 타고 웅덩이가 있는 데로 내려간다.

불안감이 사라지기 시작한다. 시원한 공기가 느껴진다. 종유석 끝에서 떨어지는 물방울 소리를 들으며 눈이 점차 어둠에 적응한다. 웅덩이로 흐르는 지하의 물줄기에서 물을 마신다.

이내 웅덩이로 뛰어들어 투명한 샘물에 몸을 담근다. 몸에 쌓인 먼지와 피로, 그리고 두려움이 물에 씻겨나간다. 청록색 샘물에 푹 잠겨 있으니, 이제 무엇이든 할 수 있을 것 같다. 앞으로 다시 목이 마르고 피곤해지더라도, 이 길을 계속 갈 수 있을 것 같다. 이제 여러분은 알고 있다. 그리고 그 길을 기억한다.

세계의 다른 지역과 마찬가지로 멕시코 유카탄반도에는 지하 몇 미터 아래 세노테cenote라는 수백만 년 전 석회암이 붕괴되어 만들어진 물웅덩이가 있다. 지하수와 빗물로 채워진 이 천연 샘물은 수천 년간 사람들의 자원이었다. 고대 마야인은 이 웅덩이 주변에 마을을 이루었는데, 웅덩이가 신과 대화하는 문이라 믿었다. 세노테란 '신성한 우물'이라는 뜻이다.

오늘날에도 마야인은 이 장소를 계속 소중히 여기며, 뜨겁고 긴 여름날에는 이 시원한 샘물이 주는 휴식을 즐긴다.

세노테에 들어가 몸을 맡기고 있으면, 무엇이든 가능하다는 느낌이 든다.

세노테는 회복탄력성resilience에 대한 아름다운 비유라 할 수 있다. 이렇듯 우리의 안과 밖에는 다가가서 개발할 수 있는, 생명을 주는 에너지 샘이 있다. 세노테는 찌는 듯한 더위를 피할 수 있는 안식처를 주며, 이미 우리 내부에 존재하고 있다. 우리가 할 일은 그 샘으로 돌아가는 길을 찾고, 그곳에서 주는 힘을 이해하고, 돌보고, 그 샘에 둥둥 떠 있는 것이다. 회복탄력성은 바로 우리 안에 있다. 이제 교사의 회복탄력성을 찾는 여행을 시작하자.

차례

• 7장 •

강점에 초점 맞추기

• 8장 •

긍휼의 마음 개발하기

내 조부모 릴과 프랭크를 기억하며 이 책을 바친다.

그분들은 회복탄력성이 무엇인지 내게 몸소 보여주셨고,
선한 싸움을 하셨으며,
나를 격렬하게 사랑해주셨다.

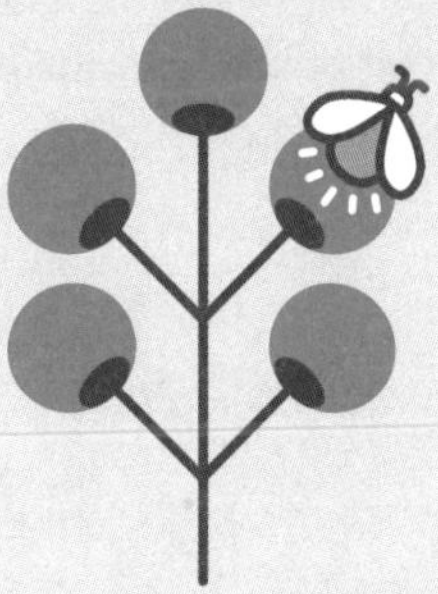

살아가면서 우리는 우리의 답을 만들어간다
굶주렸지만 아름답고,
불구가 되었지만 매력적인 세상에 대해

| 빅토리아 사포드 |

서문

회복탄력성으로의 여정

비 오는 금요일, 쉬는 시간에 밖에서 놀지 못하는 아이들을 실내에서 감독하는 상황을 상상해보자. 식사 시간은 10분밖에 없고, 감자칩과 음료수로 급히 점심을 해결해야 한다. 청소 시간이 끝날 무렵, 한 학생이 무례한 말을 내뱉어서 교사의 인내심을 실험한다. 쓰레기를 좀 주우라고 말했을 뿐인데. 다른 학생들은 킥킥거리며 선생님이 어떻게 반응할지 지켜보고 있다.

이 장면을 정지시켜보자.

이 책은 바로 이런 순간, 뭔가 일이 생기고 그것에 교사가 반응할 때까지의 순간에 관한 이야기다. 이 시간이 바로 교사가 회복탄력성을 키울 수 있는 시간이기 때문이다. 다음 인용문에서 언급하는 바로 그 시간이기도 하다(이 인용문은 빅터 프랭클이 말했다고 알려졌지만, 실제 출처는 정확하지 않다). "자극과 반응 사이에는 공간이 있다. 우리에게는 그 공간에서 어떤 반응을 할지 선택할 수 있는 힘이 존재한다. 성장과 자유는 우리의 반응에 달려 있다."

교사에게는 하루에 수백 번도 넘게 이런 순간이 찾아온다. 학생들의 돌발 행동, 예정에 없던 소방 훈련, 수요일 오후의 갑작스러운 회의 소집 방송, 수업 시작 5분 전에 갑자기 찾아온 화난 학부모, 고장 난 복사기, 갑작스러운 보충수업 요청……. 이런 일들은 끊임없이 발생한다. 이런 일 하나하나는 사소한 불편 사안일 수 있지만, 쌓이면 지치게 되고, 회복탄력성은 낮아지고, 결국 교사는 번아웃(소진)burnout을 경험하게 된다. 따라서 자극과 반응 사이, 이 순간은 교사에게 가장 중요한 순간이다. 속도를 늦추고 이런 순간을 찬찬히 살펴보면, 그리고 새로운 반응 방법을 개발할 수 있다면, 우리 모두가 학교를 행복한 곳으로 변화시킬 수 있다.

사실 변화는 어떤 형태로든 찾아온다. 우리가 원하지 않을 때도 비는 오고, 하필 우리가 지쳐 있을 때 아이들은 기분을 상하게 하는 말을 내뱉을 것이고, 학교 관리자들도 계속 바뀔 것이다. 그러나 우리 교사들은 어떤 일이 생길 때 그것을 해석할 강력한 힘을 가지고 있다. 그래서 예상하지도, 원하지도, 좋아하지도 않는 크고 작은 사건들에 대한 반응을 할 수 있다. 일어난 일에 대한 해석에 따라 회복탄력성을 기를 기회가 생긴다. 해석은 행동을 결정하기 때문이다. 비 오는 금요일, 학생의 불쾌한 발언에 대해서도 해석을 어떻게 하는가에 따라 각각 다른 방식으로 행동할 수 있다. 이런 행동은 의도하거나 의도하지 않은 결과를 가져오며, 우리 자신, 학급 그리고 학생과의 관계에 영향을 준다. 우리 교사들에게 이 순간은 선택이 가능한 시간이다.

좀 더 들어가보자. 회복탄력성이 길러질 수 있는 정확한 순간이 있다. 하루하루를 경험하더라도 그 방식을 다르게 해볼 수 있다. 세상의 혼란과 예측불가능성의 희생양이 될 필요는 없다. 변화는 어떤 형태로든 생길 수밖에 없다. 하지만 그것에 대해 어떤 반응을 할지는 우리가 선택할 수 있다.

나는 교사들이 아이들에게 긍정적인 영향을 주고 싶어서 교직을 선택했다고 믿는다. 바로 이 목적을 달성할 수 있게 해주는 열쇠가 자극과 반응이 연결되는 순간에 존재한다. 우리가 이 순간을 찬찬히 살펴보고 습관적으로 해온 것과 다른 행동을 한다면, 교육 평등에 기여할 수 있다. 회복탄력성을 개발해 우리가 교사라는 직업을 선택한 의도를 달성할 수 있다. 덧붙여서, 회복탄력성을 개발할 방법을 안다면, 번아웃 때문에 교직을 떠나는 교사를 위해 뭔가 할 수 있다. 또한 학생들에게 삶에서 불가피하게 다가오는 도전에 대해 어떻게 대처할 수 있을지 역할 모델이 될 수 있을 뿐 아니라, 안정성과 지속성을 제공할 수도 있다.

회복탄력성 : 정의, 목적, 방법

간단히 말해, 회복탄력성은 삶에서 폭풍을 견뎌내고 어려운 일을 겪은 후에 다시 일어서게 하는 힘이다. 회복탄력성을 증가시키는 것이 가장 중요하다. 회복탄력성은 적응에 필요한 행동의 집합이다. 이 책에서 나는 교사 여러분의 내면에 이미 존재하는 회복탄력성을 발견하고, 이를 개발할 다양한 방법을 찾아가는 여행의 안내자 역할을 할 것이다.

회복탄력성의 상당 부분은 습관, 태도와 행동에 관한 것이기에 이 책에서는 이에 초점을 두겠다. 그러나 회복탄력성은 환경과 연결되어 있고, 그 제약을 받을 수밖에 없다는 인식을 할 필요도 있다. 또한 과학자들은 정서적 회복탄력성이 신경학적 토대를 기반으로 한다는 사실도 발견했다(Osorio, Probert, Jones, Young & Robbins, 2017). 이 연구는 힘든 일에 대한 대응 방식에 사람들마다 왜 차이가 나는지를 이해하기 위한 것이었다. 믿을 수 없을 정도의 큰 고난도 극복해내는 사람이 있는가 하면, 스트레스 때문에 완전히 번아웃되는 사람도 있다. 우리 몸, 특히 뇌는 다양한 메커니즘으로 살면서 겪는 스트레스에 대해 어느 정도 회복탄력성을 가지도록 되어 있다. 유전적 조합도 그 역할을 한다. 아마도 어느 정도의 회복탄력성은 가지고 태어났는지도 모른다. 떠오르는 연구 분야인 후생유전학은 우리 조상이 경험한 스트레스 요인이 회복탄력성 수준에 어떤 영향을 주는지에 관한 연구를 한다.

이 연구가 흥미롭기도 하고 언젠가 유익한 시사점도 얻을 수 있겠지만, 일단 우리가 주목하는 것은 회복탄력성의 상당 부분이 일상적인 습관에서 길러진다는 점이다. 이 책은 회복탄력성에 관해 보다 확장된 정의를 기반으로 하는데, 그 정의는 다음과 같다.

- **회복탄력성은 어려움으로부터 빠르게 회복되고 이전보다 더 강해져서 삶의 목적을 달성하게 하는 존재 방식이다.**
- **회복탄력성은 복잡한 환경에서 습득한 개인의 상호작용을 포함하는 적응적·역동적 과정이다. 여기에는 맥락이 작용한다. 회복탄력성은 단순히 개인적 행동의 기능이 아니다. 우리가 누구인지, 또 어디에 있는 것인지가 회복탄력성을 개발할 능력에 영향을 미친다.**
- **회복탄력성은 특정한 습관을 익히고, 특정한 성향을 습득함으로써 개발된다.**
- **회복탄력성은 단지 생존하기 위해서가 아니라 성장을 위해 필요한**

것이다.

왜 우리는 회복탄력성에 주목해야 하는가

학교는 스트레스가 많은 공간이다. 평판 좋고 자원이 풍부한 사립 학교나 도시 외곽의 학교, 예산이 부족한 소외 지역의 학교 등 어느 학교에서 가르치든, 가르치는 일은 감정이 소모되고 스트레스가 많다. 이는 어느 정도는 다른 사람을 돕는 직업 그리고 복잡한 조직에서 아이들을 보살피는 일이 가진 속성이라 할 수 있다. 건강한 스트레스라면 좋다. 오히려 그 때문에 도전과 발전이 이루어질 것이기 때문이다. 그러나 대부분 학교에서는 건강한 스트레스보다는 해로운 스트레스가 더 많다. 해로운 스트레스는 우리의 적응 능력을 넘어서는 요구가 있을 때 생긴다. 해로운 스트레스는 먼저 생산성을 감소시키고, 불안, 해리, 좌절, 그리고 결국에는 번아웃 같은 심각한 증상을 가져온다. 미국에서는 매년 약 50만 명 정도의 교사가 교직을 떠나는데, 이는 20%가 넘는 이직률이다(Alliance for Excellent Education, 2014).

학교와 교육청 리더들은 학교 변화를 위해서도 교사의 회복탄력성 향상에 초점을 두어야 한다. 신규 교사의 교직 이탈률은 지난 20년간 약 40%로 증가했다(Ingersoll, Merril & Stuckey, 2014). 교사의 의욕, 책임감, 급여 같은 요인도 문제가 될 수 있지만, 스트레스와 스트레스에 대한 관리가 잘되지 않는다는 점도 교사의 이직률을 높이는 중요한 원인이었다(Carver-Thomas&Darling-Hammond, 2017).

번아웃은 육체적·감정적 피로이므로 이에 대처할 수 있다. 이직률은 도심 지역과 중등 과정 그리고 특수교육, 수학, 과학, 외국어같이 인력이 부족한 과목에서 훨씬 높게 나타났다(Carver-Thomas&Darling-Hammond, 2017). 교사 이직으로 인한 발생 비용은 연간 22억 달러 이상으로 추산되며, 도심 지역의 경우 교사 한 명을 새로 구하는 비용은 1인당 2만 달러를 넘는다(Carver-Thomas&Darling-Hammond, 2017). 학교 관리자의 이직률은 도심 지역에서는 비교할 수 있으나, 교사 이직률 통계 자료처럼 체계적으로 수집되어 있지는 않다.

그러므로 회복탄력성이 부족하면 재정 부담이 증가하고, 교사의 안정성을 위협하며, 결과적으로 학생의 배움과 경험에도 부정적인 영향을 준다. 높은 교사 이직률 때문에 전문적인 자원의 축적이 어려워지고 교육과정 실행도 힘들어진다. 또한 교육 당사자(일반적으로 학교 운영자, 교사, 교직원, 학생, 부모, 가족, 지역사회 구성원, 지역사업 지도자, 학교 이사회, 선출직 공무원을 포함해 학교 및 학생의 복지와 성공에 투자되는 모든 사람을 말한다.-옮긴이) 간의 신뢰를 떨어뜨리고 교사와 학생의 문화를 깨지기 쉽게 한다. 따라서 재정적 관점으로만 봐도 교사의 회복탄력성에 중점을 두는 것이 필수적이다.

물론 최종적인 목표는 단지 교사의 회복 자체가 아니라, 학생의 필요를 충족시키는 일이다. 아이들은 열정적이고 유능하고 헌신적인 교사를 필요로 한다. 그런 교사들이 학교에 계속 남아 있게 하려면 학교의 리더들은 교사가 일하면서 직면하는 도전과제를 해결할 수 있도록 자원을 제공해야 하며, 이를 통해 배우고 극복하는 경험을 하고, 궁극적으로 자신의 목적에 도달할 수 있게 해야 한다. 교사의 목적은 일하고 가르치고 지도하는 학교에서 학생이 학문적·사회적·정서적으로 성장할 수 있게 하는 것이다. 모든 학생이 회복탄력성이 있는 공동체에 소속되어 있다는 것을 느낄 수 있게 해야 하고, 모든 교사는 회복탄력성을 개발해야 한다.

지난 10~20년간 미국을 비롯한 여러 국가의 수많은 학교에서는 학생의 사회정서학습social and emotional learning; SEL에 관심을 기울였다. 교육과정과 기준을 개발하고, 사회정서학습 프로그램에 자원을 배당하고 교사 교육을 했다. 이것은 아이들을 복잡하고 다면적인 존재로 인정하는 엄청난 진전이었다. 아이들이 사회적으로, 정서적으로 성장하고 생산적인 삶을 살아가는 데 필요한 기술을 습득하도록 하는 일은 어른의 책임으로 봐야 한다.

이제 교사, 그리고 학교에서 일하는 성인도 똑같은 렌즈로 봐야 할 시점이 되었다. 사회적·정서적 영역을 포함한 학습욕구를 가진 사람으로 말이다. 대부분의 학교에서 필요한 것은, 학문 담론이나 기준의 재구성이나 교육을 주도할 데이터 활용 방법 등이 아니다. 학교에는 스트레스를 관리하고 회복탄력성을 키울 시간, 공간, 그리고 관심이 필요하다. 이 책을 읽고 있는 여러분이 이 분야의 역량을 키우려는 교사이거나, 학교를 떠나는 교사에 관해 관심이 많은 리더라면, 이 책이 도움을 제공할 것이다. 신체적·정서적 스트레스를 관리하고, 삶을 더욱 즐기고, 그리고 교육자로서 본래의 목적을 이루기 위해서, 무엇보다도 교사는 회복탄력성 개발에 집중해야 한다.

교사가 꼭 나눠야 할 3가지 대화

회복탄력성 개발을 통해 학교에 변화를 가져오기 위해서는 다음에 제시된 3가지 대화가 필요하다. 그림 1-1은 이를 나타낸다.

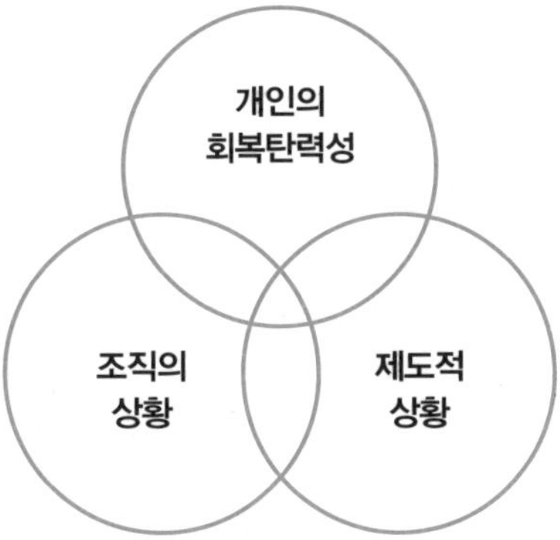

그림 1.1 | 학교 변화를 위해 교사가 꼭 나눠야 할 3가지 대화

1. 개인의 회복탄력성. 우리는 교사 개인의 회복탄력성을 높이고, 웰빙을 향상하고, 번아웃을 막기 위해 많은 일을 할 수 있다. 궁극적으로 우리가 영향력과 통제력을 가장 많이 발휘할 수 있는 영역은 생각, 감정, 행동이다. 자신의 회복탄력성에 주의를 기울이는 것은 모든 교사에게 주어진 의무다.

2. 조직의 상황. 개인의 웰빙과 행동에 주의를 기울이는 것만으로 충분하지 않다. 학교의 상황과 맥락이 최상의 상태가 아닌데, 교사에게 더 많이 자고, 자기 태도를 점검하고, 감사하는 마음을 가지라고 말하는 것은 그다지 도움이 되지 않는다. 개인의 웰빙을 보장해주지 못하는 조건에 있는 조직이 많다. 여기서 조건이란 학교문화, 리더십, 그리고 기본적인 학교 일과와 체제를 의미한다. 교사 번아웃과 이직률 문제를 해결하기 위해, 학교의 리더들은 근무 조건을 근본적으로 바꿀 책임이 있다. 그때까지는 교사가 학교를 떠나는 상황이 지속될 것이다. 아무리 높은 수준의 회복탄력성을 가진 교

사라 할지라도 말이다.

3. 제도적 상황. 교육환경의 거시적·정치적·경제적 맥락을 다루어야 한다. 교사에게 더 많은 보수를 주어야 한다. 교사를 생각하고 배울 수 있는 존재로 여겨야 한다. 교사 및 관리자 준비과정을 개선해야 한다. 학교를 포함해 교육기관에 존재하는 인종차별, 계급주의, 성차별 문제를 다뤄야 한다. 평가와 점수, 그리고 성과급 이야기도 필요하다. 교육 체계 안에 존재하는 구조적·체계적 역기능의 뿌리를 파헤치기 전까지 높은 교사 이직률은 여전할 것이다. 판도라의 상자를 열어야 할지도 모른다. 자본주의와 식민주의의 유산, 재산세, 그리고 누구에게 투표할 것인지에 관한 정치적 문제도 이야기할 필요가 있다. 가부장제와 일부 집단의 비인간화 이야기도 필요하다. 회복탄력성과 웰빙은 연결되어 있기 때문이다. 우리의 진정한 목표가 학교의 변화라면 바로 이런 주제의 대화를 해야 한다.

다음은 나의 행동이론이다. 개인의 회복탄력성이 높아지면, 조직과 제도의 상황을 개선하는 데 필요한 에너지를 더 많이 가질 수 있다. 공교육에 자금을 지원할 수 있고, 교육자를 비인간화하는 정책에 반대하며, 교사를 로봇으로 만들고 학생을 채워넣어야 하는 문서함으로 여기는 징벌적 평가 정책과 틀에 박힌 교육과정에 반대하는 정치가와 행정가를 선출할 필요가 있다. 더 많은 에너지와 회복탄력성으로 공동체를 성장시키고 강화할 수 있다. 또한 편견을 성찰하고 전문 능력을 신장시키며, 서로를 관찰하고 함께 배울 수 있는 곳으로 발전시킬 수 있다.

내가 이 책을 쓴 이유는 교사가 해야 하는 첫 번째 대화인 개인의 회복탄력성을 증진할 전략을 제공하기 위해서다. 그러나 두 번째와 세 번째 대화에도 도움이 될 것이다. 개인적 전략을 습득해서 회복탄력성을 갖춘 교사가 되면 사회의 하위 단위인 교실, 좀 더 큰 하위 단위인 학교, 그리고 더 큰 단위인 교육청과 제도도 변화시킬 수 있기 때문이다. 회복탄력성이 있는 교사는 거시적 맥락에 관한 대화에 참여하고, 더 큰 사회를 변화시키는 행동을 할 수 있는 에너지를 가지고 있다.

많은 사람이 바라는 공정하고 평등한 사회를 만들기 위해서는 엄청난 회복탄력성이 필요하다. 우리가 살아가고 일하는 거시적 상황과 구조를 바꿔야 하는데, 그러려면 신체적·정서적 자원을 모두 모아야 한다. 미국의 사회개혁가 프레데릭 더글라스Frederick Douglass가 "권력은 요구하지 않는 것은 어떤 것도 인정하지 않는다."라고 말한 것처럼, 요구를 위해서는 더 많은 에너지가 필요하다.

회복탄력성의 개념 틀

회복탄력성의 개념 틀은 4가지 부분으로 나누어져 있으며, 각 부분에는 회복탄력성의 핵심 요소와 그 개발 방법이 포함된다. 4가지 부분은, '우리는 누구인가', '우리는 어디에 있는가', '우리는 무엇을 하는가', '우리는 어떻게 사는가'다. 그림 1.2는 이 개념 틀이다.

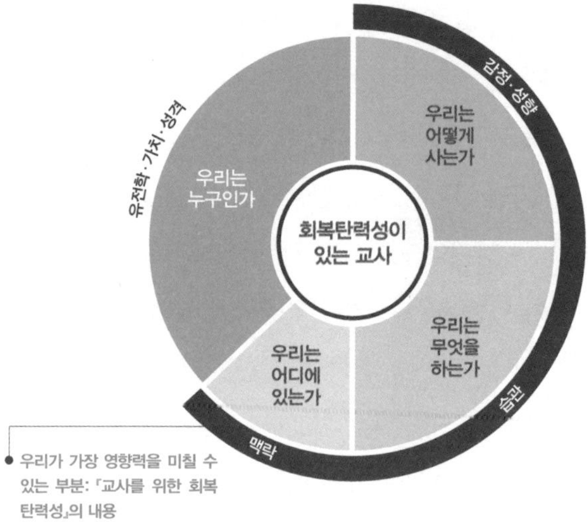

그림 1.2 | 회복탄력성 파이(개념 틀)

우리는 누구인가 : 시작 지점

'우리는 누구인가'를 결정하는 상당 부분은 유전적 기질, 성격, 정체성 등에 의해 어느 정도 고정되어 있다. 그러나 이런 요소들에 관한 깊은 이해가 있어야 회복탄력성을 개발할 수 있다. 그래야 고정되어 있다고 생각한 부분 중에도 우리가 영향을 미치거나 변화시킬 수 있는 부분이 있다는 것을 이해할 수 있다. '우리는 누구인가'는 다음을 포함한다.

- 유전학
- 성격 특성
- 가치와 신념
- 적성과 강점
- 사회정치적 정체성(성별, 인종, 나이, 능력, 성적 지향 및 사회경제적 지위)
- 정신(감정의 생리학적 구성 요소 포함)

우리는 어디에 있는가 : 맥락의 중요성

맥락은 중요하다. 맥락을 바꾸거나 영향을 줄 수 있는 능력이 제한적이어도 말이다. 맥락에는 다음이 포함된다.

- 환경과 상황
- 사회정치적·문화적·경제적 맥락
- 생애 주기와 경력 단계

'우리는 누구인가'와 '우리는 어디에 있는가'는 여러 가지 방법으로 연결되어 있다. 맥락에는 개인적인 생활환경, 즉 어린 자녀를 양육하는가, 학교가 집에서 멀리 떨어져 있는가 등이 포함된다. 또 일하는 지역, 학교 또는 조직의 특성과 어려움 같은 직업적 맥락도 있다. 14년간 일 잘하는 교장 선생님이 재직하는 자원이 잘 갖춰진 교외의 작은 학교에서 일하는가, 예산이 적은 도심지의 큰 학교에서 일하는가에 따라 회복탄력성의 맥락은 달라진다.

우리가 일하는 사회정치적·문화적·경제적 맥락 역시 회복탄력성에 영향을 준다. 학교 예산, 교육 정책, 그리고 인구통계 변화 등과 같은 요인들 말이다. 사회·문화·정치·경제 체계는 교사의 신념과 사고방식에 깊은 영향을 미친다. 이것을 인식하고 명명할 수 있어야 한다. 그렇지 않으면 무의식이라는 어둠 속에서 큰 통제력을 행사할 것이다.

마지막으로, 경력 단계도 맥락이 된다. 경력 단계에 따라 회복탄력성에 영향을 주는 요인도 달라진다. 예를 들어, 신규 교사는 효율적으로 일하는 방법에 대한 고민이 많은 반면, 경력 교사는 헌신하는 마음이나 일의 동기에 대한 고민이 많을 것이다(Day, Sammons, Gu, 2008).

맥락은 중요하다. 따라서 그 영향력의 범위를 명확히 하고, 생각과 감정에 대한 알아차림awareness 수준을 높이기 위해서는 이렇게 맥락과 관련된 요인을 제대로 인식하고 있어야 한다.

우리는 무엇을 하는가 : 회복탄력성이 있는 교사의 습관

습관과 행동은 이 개념 틀의 세 번째 요소로, 이 책에서 중점적으로 다루는 부분이다. 회복탄력성은 의도적으로, 전략적으로, 방법론적으로, 그리고 체계적으로 개발될 수 있다. 나는 연구를 통해 교사의 회복탄력성이라는 건물을 세우는 데 가장 영향력을 발휘할 수 있는 12가지의 습관을 밝혀내고, 이 습관을 근간으로 이 책을 썼다. 서문 후반부에 '회복탄력성이 있는 교사의 12가지 습관과 성향' 표를 제시했다.

우리는 어떻게 사는가 : 회복탄력성이 있는 교사의 성향

역경에 처해도 꿈과 열정을 계속 추구하며 나아가는 사람들에 대해 생각해보자. 이 사람들의 태도나 성격을 어떻게 묘사할 수 있겠는가? 낙관적이다? 집요하다? 유머감각이 있다? 이런 것들이 성향인데, 보다 구체적으로 성향은

- 기질, 성격, 체질, 태도, 마음 또는 분위기이고,
- 존재 방식이며,
- 행동이나 습관을 통해 드러나고,
- 개인의 신념과 생각을 반영한다.

성향은 고정된 것이 아니라, 학습될 수 있다. 더 낙관적인 성향을 갖는

방법도 배울 수 있다. 습관을 통해 새로운 성향을 습득할 수 있다. 그래서 이 책에서는 회복탄력성을 키우는 습관을 더 강조하고, 상대적으로 성향은 덜 강조하고 있다. 매일 습관을 실천하면 회복탄력성과 관련된 성향을 개발할 수 있다.

다양한 분야의 연구를 통해 회복탄력성을 가진 사람들의 성향이 밝혀지고 있다. 나는 그 결과를 통해 교육의 맥락과 가장 관련성 높고 회복탄력성이 큰 교사에게서 가장 뚜렷한 성향을 모아서 분류했다.

서문 후반부의 '회복탄력성이 있는 교사의 12가지 습관과 성향' 표에서 이를 확인할 수 있다. 교사의 기분과 기질에 이런 성향이 반영되면 교실 분위기가 어떻게 달라질까? 만약 학교 교장이 이런 성향을 많이 가지고 있다면 교사의 학교생활 경험은 어떻게 달라질까? 장학사가 그렇다면 어떤 변화가 생길까? 회복탄력성과 관련된 이 책에서 제시한 습관과 그 실천을 통해 누구라도 이런 성향을 개발할 수 있다.

무엇이 이 책에 영향을 주었을까?

8살 때부터 나는 인간의 회복탄력성에 관심이 있었다. 어머니가 칠레의 독재자 피노체트 장군 치하에서 수감되어 고문받던 한 칠레 망명자와 결혼했을 때였다. 내가 자란 지역에는 남아프리카공화국의 자유투사, 남미에서 망명한 교사, 전 세계 곳곳에서 반유대주의를 경험한 나이 지긋한 유대인 이민자들이 살고 있었다. 그래서 나는 아이들이 알아도 되는 수준 이상으로 상세하게 이들의 경험을 알았다. 그러나 동시에 이들이 삶의 기쁨을 찾는 모습, 즉 노래하고 축하하고 춤추고 사랑하는 모습도 볼 수 있었다. 이들에게는 고통에 저항할 때 무기로 사용했던 이타적이면서도 독특한 유머감각이 있었다. 공동체를 위해 의미 있는 삶을 살고, 세상을 변화시키기 위해 힘차게 나아가는 모습도 목격했다. 이들은 자신을 희생자로 여기지 않았으며, 투쟁으로 삶을 끝내지도 않았다.

단지 역경을 견뎌낸 것 정도가 아니라, 사회의 변화를 위한 에너지와 열정을 가지고 더 강하고 긍휼한 마음을 가지고 살아가는 그들의 모습에 나는 오랫동안 매료되었다. 게다가 나는 이혼가정의 아이였고, 이민자 출신에, 암으로 어머니가 돌아가시는 개인적인 어려움을 겪기도 했다. 이런 내 개인적 경험은 이 책을 쓰는 데 큰 영향을 주었다.

이 책은 교사의 회복탄력성 개발에 관한 책이다. 물론 이 책에 쓰여진 회복탄력성 개발의 습관은 일반 독자에게도 도움이 되겠지만, 특히 교육 분야에서 일하는 사람들에게 도움을 주기 위한 것이다. 교육서비스를 제공하고, 아이들과 함께 시간을 보내며, 학교라는 복잡하고 역동적이면서 가끔은 고장 난 시스템에서 일하는 교사들이 회복탄력성을 키워낼 수 있도록 특별한 시사점을 담았다.

교육 분야에 몸담았던 25년이라는 나의 시간도 이 책의 밑거름이 되었다. 나는 캘리포니아주 오클랜드 통합교육청 소속 교사로서 오랫동안 학생들을 가르쳤고, 이 지역에서 다른 역할로도 일했다. 지난 10년 동안 수업 및 리더십 코치, 코치 양성가로 일해왔고, 코칭과 팀 코칭에 관한 두 권의 책『The Art of Coaching』,『The Art of Coaching Teams』을 출간한 경험도 이 책을 쓰게 된 좋은 바탕이자 배경이다. 코칭은 본질적으로 사람의 습관을 바꾸고 성향을 강화하는 것을 돕는 일이다. 이 책에 쓰인 코칭과 그 방법이 모든 사람에게 와닿지는 않을 수 있지만, 성장을 돕는 코치로서의 내 모든 기술을 이 책에 담았다.

그동안 나는 개인적인 그리고 직업적인 호기심을 가지고 정서적 회복탄력성, 심리학, 시스템적 사고, 변화관리를 연구했다. 긍정심리학과 신경생물학 자료를 뒤졌고, 마음챙김과 동양철학에 관해 전문가와 현자들에게 자문했고, 회복탄력성을 키우는 방법에 관한 통찰을 얻고자 자기계발서를 탐독했다. 특히 교사의 회복탄력성에 관해서 찾을 수 있는 모든 책과 자료를 읽었다.

이 책과 함께 나는 워크북『The onward workbook』, 2018도 따로 저술했다. 장마다 30개 활동을 담아, 이 책에 등장하는 개념을 탐색하고 실천할 수 있게 구성했다. 매일의 활동을 목표로, 회복탄력성을 하루에 하나씩 개발할 수 있게 했고, 팀 코칭에서 사용할 수 있는 질문도 담았다. 이 방식은 연습과 내면화, 회복탄력성을 높이는 습관을 적용하는 데 도움이 될 것이다. 이 책을 읽은 후 필요하다면 워크북 활동을 따로 찾아 활용하는 방식도 시도하기 바란다.

이 책은 누구를 위한 것인가?

교직 1년 차든, 15년 차든, 혹은 30년 차든 상관없다. 이 책은 교사인 우리를 위한 책이다. 삶은 끊임없는 변화와 도전을 가져다준다. 하지만 삶의 우여곡절에 대처하는 데 필요한 모든 수단을 갖추고 있는 사람은 없다. 이 책을 쓸 때 나는 신규 교사 또는 새로운 학교에 부임해서 새로운 학년이나 과목을 가르치고 새로운 역할을 맡는 등 새로운 노력을 시작하는 교사를 최우선순위에 두었다. 변화의 순간은 스트레스 요인을 증가시키고, 의도적으로 회복탄력성을 높이라는 요구를 한다.

만일 교사의 웰빙과 이직률을 염려해서 이 책을 선택했더라도 나는 무척 기쁠 것이다. 특히 이 책이 의사결정을 내리고, 코칭하고, 감독하고, 지도하는 교사들에게 읽히기를 바란다. 자신이 교사의 회복탄력성을 높이기 위해 이 책을 읽는 리더라면, 그 일에 필요한 기술과 지식을 얻게 될 것이다. 그러니 다른 교사를 돕고자 한다면, 먼저 이 책의 주제를 탐색해보고 또 이 책에 소개된 전략을 경험해보기 바란다. 변화를 위한 노력을 이끌어내려면, 먼저 자신의 변화에 주의를 기울이는 것부터 시작해야 한다.

특히 리더를 위해

나는 이 책을 읽는 교육기관의 리더들이 자신과 다른 교사의 회복탄력성을 개발할 수 있게 하기 위해 가능한 한 최선을 다했다. 이를 위해 장마다 '리더를 위한 제안'을 수록해서 구체적 전략과 팁을 담았다. 이는 수년간의 리더 코칭 경험 그리고 리더의 역할과 상황 이해를 바탕으로 한 나의 조언과 제안이라 할 수 있다.

이 책의 구성

내용

각 장은 1개의 습관과 그 습관이 회복탄력성을 키우는 데 어떻게 도움이 되는지에 초점을 둔다. 각 장에는 다음 내용이 포함된다.

- '깊이 이해하기 : 감정' 부분은 특정한 감정(예를 들어, 분노 또는 수치심)을 탐색하고, 각 장에서 제시한 습관과의 연결을 보여준다.
- '성향' 부분은 12개 중 1개 성향을 논의하며, 해당 달의 습관과 어떻게 연결되는지 보여준다.

일부 장에는 '맥락에 대한 이해' 단락이 있는데, 사회적·정치적·역사적·문화적 맥락을 어떻게 인식해야 하는지, 그리고 이러한 인식과 학교에서 하는 일의 연관성을 밝혀두었다.

이 책은 행동, 습관, 일상에서 크고 작은 변화를 만들기 위해 쓰여졌다. 쉽게 찾고 자주 참조할 수 있도록 부록 A~F를 수록해, 자기진단표, 새로운 습관을 효과적으로 유지하는 법, 심화학습을 위한 자료 등 다양한 정보를 소개했다.

이 책을 읽는 순서

학교의 연간 생활리듬에 맞게, 각각의 내용이 순차적으로 도움이 될 수 있는 형태로 회복탄력성과 관련된 12가지 습관을 배열했다(9월에 새학기가 시작되는 미국의 학제를 기준으로 쓰여졌으므로 한국 학기제를 감안해서 참조하기 바란다.-옮긴이). 한꺼번에 읽어도 괜찮지만, 이 책에 나오는 전략을 1년 동안 연습하고 소화하는 것이 내면화를 위해 가장 좋다.

각 습관은 특정 주제와 가장 잘 맞는 달과 연결되어 있다. 이상적으로는 첫째 달부터 이 책을 공부하면 제일 좋다. 첫째 달은 자기 자신 이해하기의 습관에 초점을 두었다. 한 학기가 끝나가는 달에는, 대부분의 선생님이 번아웃을 경험하는 시점이기 때문에 자기돌봄에 대한 내용을 제시했고, 1년이 끝나는 달에는 그 시기에 맞게 축하하기에 관한 내용을 제시하였다. 서문 후반부의 학습 달력에 월별 습관을 요약해뒀으니 참조하기 바란다.

이 책의 첫 3개 장은 순서대로 읽기를 권한다. 회복탄력성 구축을 위해 필요한 기본적인 접근방법을 제공하기 때문이다. 그다음 장부터는 제일 도움이 되겠다고 생각하거나 현재 시기에 가장 잘 맞는다고 생각하는 장으로 건너뛰어도 된다. 부록 A에 수록된 '회복탄력성이 있는 교사의 습관과 성향: 자기평가표'는 이 책을 어떤 순서로 읽을지 결정할 때 도움이 될 것이다.

회복 여행으로의 초대

회복탄력성이 교육의 신체적·감정적·인지적 요구를 모두 해결해 줄 마법의 묘약은 아니다. 그러나 회복탄력성은 일상의 스트레스 요인을 관리하고, 피할 수 없는 좌절로부터 회복할 수 있는 능력을 실질적으로, 극적으로 증가시킬 수 있다. 회복탄력성은 학생과 학부모의 말을 경청하게 해주고, 듣기 힘든 이야기도 잘 소화할 수 있게 해준다. 왜냐하면 회복탄력성은 우리가 보고 듣는 것에 마음을 열어둘 수 있도록 해주기 때문이다.

또한 회복탄력성은 자신은 물론, 다른 사람의 강한 감정을 관리할 수 있는 우리 능력에 대해서도 자신감을 준다. 또한 회복탄력성은 힘들고 불편한 대화를 해낼 수 있게 한다(이런 대화를 하지 못하면 학교 변화를 위한 노력은 의미 있는 진전을 이루지 못한다). 회복탄력성은 공동체와 교사가 자신의 갇힌 틀에서 나와 건강한 연대 속으로 들어갈 수 있게 한다. 회복탄력성을 강화하면 학교 변화에 참여할 수 있는 더 많은 에너지를 얻을 수 있다.

이 책을 통해 나는 교사 여러분을 자기이해, 그리고 수용을 향해 나아가는 회복의 운동으로 초대한다. 우리가 감정을 포용하고, 그 감정이 우리의 공적이고 직업적인 공간에 들어올 수 있게 되기를, 어른과 어른, 어른과 아이, 아이와 아이 사이에 진정한 공동체가 만들어지기를 바란다. 아이들이 성장에 필요한 기술을 습득할 수 있는 공간을 만들어내기를 바란다. 교사 여러분이 이 운동의 일원이 되기를 바란다. 웹사이트 www.onwardthebook.com(온라인 자료를 찾고 싶다면 이곳을 방문하라)에서 다른 사람들과 함께할 수 있다. 서문의 '회복탄력성 선언문'은 이 운동을 위한 발판을 제공하기 위한 것이다.

이제 우리의 여행을 시작하자. 회복탄력성을 개발하는 일은 생각보다 쉽다. 우리 안에는 이미 우리가 마시고 쉴 수 있는 샘이 있다. 우리 내부에 천연 샘물이, 회복탄력성이 이미 있다. 이 책은 교사 여러분에게 에너지와 자원의 샘으로 돌아갈 수 있는 길을 안내하고, 그것을 채울 방법을 찾게 하고, 어떻게 해야 더 자주 회복탄력성의 샘에서 휴식을 취할 수 있는지 다양하고 새로운 아이디어를 제공한다. 그러니 앞으로, 또 앞으로 나아가자. 이것 말고 우리에게 또 다른 선택지가 있겠는가?

회복탄력성이 있는 교사의 12가지 습관과 성향

* 이 표는 9월에 새학기가 시작되는 미국의 학제를 기준으로 작성되었음을 참조하라. -옮긴이

장 (월)	습관 (행동)	성향 (태도, 성격, 존재 방식)
1장 (6월) (새 학년 시작 전 여름방학)	자기 자신 이해하기 자신에 대해 이해하면, 즉, 자신의 감정, 사회정체성, 핵심 가치 그리고 성격을 잘 이해하게 되면, 일과 생활 영역 모두에서 자신의 목적이 명확해진다. 그 목적에 기반을 두면 수많은 좌절과 어려움을 이겨낼 수 있다.	목적의식
2장 (7월) (새 학년 시작 전 여름방학)	감정 이해하기 감정 이해하기는 감정을 받아들이고 적절히 반응하는 것을 뜻하며, 회복탄력성을 키우는 데 매우 중요하다. 감정을 이해하면, 감정의 존재를 수용할 수 있게 된다. 또한 영향을 줄 수 있는 부분을 구체적으로 인식하고, 통제할 수 없는 부분은 놓아버릴 수 있다.	수용
3장 (8월) (새 학년 시작 전 여름방학, 1학기 시작)	힘을 북돋는 스토리 말하기 사건을 해석하고 이해하는 관점에 따라 정서적 회복탄력성은 높아질 수도, 낮아질 수도 있다. 사건의 어떤 부분을 이야기할 것인가를 스스로 선택할 수 있다. 힘을 북돋는 이야기를 선택하면, 삶을 낙관적으로 바라보고 해석하는 능력, 즉 낙관주의도 한층 높아진다. 낙관주의는 회복탄력성이 있는 사람의 핵심 특성이다.	낙관주의
4장 (9월) (1학기 첫 번째 달)	공동체 세우기 우리는 사회적 존재이기 때문에 성장하기 위해서 서로를 필요로 한다. 강하고 건강한 공동체가 형성되어 있으면, 어려운 일이 닥칠 때 그 안에서 격려받을 수 있고 삶의 기쁨도 경험할 수 있다. 공동체를 세우면 서로 공감할 수 있고, 서로 공감할 수 있게 되면 공동체를 세울 수 있다.	공감
5장 (10월) (1학기 두 번째 달, 1주 방학)	지금 여기에 머물기 판단을 내리지 않고 지금 여기에 머무는 것을 배우면 회복탄력성을 증가시킬 수 있다. 우리 자신이 느끼는 것을 수용할 수 있게 되고, 반응에 대한 선택을 어떻게 할지도 명확해진다. 우리가 온전히 지금 여기에 머물면 힘든 상황에서도 적절한 유머로 스트레스를 감소시킬 수 있다.	유머
6장 (11월) (1학기 세 번째 달, 1주 방학)	자기 자신 돌보기 자신의 신체를 돌보고 건강을 유지하는 것은 다른 습관의 기초가 된다. 신체를 잘 돌보아야 감정도 더 잘 조절할 수 있다. 회복탄력성이 높은 사람들은 건강하게 자아를 인식하고, 자기를 열심히 돌보며, 있는 모습 그대로 자신을 받아들인다.	긍정적인 자기 알아차림

장 (월)	습관 (행동)	성향 (태도, 성격, 존재 방식)
7장 (12월) (1학기 네 번째 달, 1~2주 방학)	강점에 초점 맞추기 자신이 가진 강점, 자원, 그리고 기술에 집중하면 기분이 한결 좋아지고 어려운 상황에 부딪혔을 때도 보다 효율적으로 대처할 수 있게 된다. 강점에 집중하면 자기효능감이 높아지고, 주변에 영향력을 끼칠 수 있는 힘이 생긴다.	힘 북돋우기
8장 (1월) (2학기 첫 번째 달)	긍휼의 마음 개발하기 자신과 타인에 대해 긍휼의 마음을 가지면 대인관계에서 흔히 발생하는 갈등을 해결하는 데 도움이 된다. 또 조망하면 상황의 복잡성을 인식할 수 있다. 조망을 통해 우리는 다른 사람과 공감하고 장기적인 관점을 가질 수 있으며, 순간의 감정에 사로잡히지 않고 좀 더 다양한 범위의 반응을 할 수 있게 된다.	조망
9장 (2월) (2학기 두 번째 달)	학습자 되기 어려움을 무언가 배울 기회로 보고, 어려움에 직면할 때마다 호기심을 가지면 해결책을 찾기가 쉬워진다. 이러한 습관과 성향은 역경 속에서 살아남게 할 뿐만 아니라 이후의 성장에 도움이 된다.	호기심
10장 (3월) (2학기 세 번째 달, 봄방학)	놀기와 창조하기 창의성과 놀이는 스트레스를 풀고, 문제를 해결하고, 삶을 즐기는 데 필요한 내면의 자원을 열어준다. 창의성은 우리를 지혜롭게 하고, 새롭고 독창적인 방법으로 문제를 해결할 수 있게 하며, 용기를 북돋아준다. 사고는 확장되고, 자신뿐 아니라 다른 사람과의 관계도 돈독해진다.	용기
11장 (4월) (2학기 네 번째 달)	변화의 파도에 올라타기 변화는 우리가 의지할 수 있는 것이다. 변화가 생기면, 우리는 신체적·정서적·영적 에너지를 사용해서 가장 큰 차이를 만들 수 있는 방향으로 나아간다. 인내심, 참을성, 용기는 변화의 상황을 헤쳐나가는 데 도움이 된다.	인내심
12장 (5월) (2학기 다섯 번째 달)	축하하기와 감사하기 감사를 표현하고, 개인적으로든 혹은 집단적으로든 같이 축하하는 것은 이 책에서 제시한 여러 습관 위에 최종 마무리를 위한 머릿돌을 놓는 효과가 있다. 감사할 수 있는 상태가 된다면, 회복탄력성을 기를 수 있다. 감사는 자신을 더욱 신뢰할 수 있게 하고, 피할 수 없는 삶의 어려움에 대해 적절하게 대처할 수 있게 한다.	신뢰

학습 달력

* 이 표는 9월에 새학기가 시작되는 미국의 학제를 기준으로 작성되었음을 참조하라. –옮긴이

장	습관	월
1장	자기 자신 이해하기	**6월 :** 이 습관은 가장 기본이 되는 것이다. 지난 1년을 돌아보고, 자신에 대해 더 깊이 이해하게 되면서 새로운 한 해를 어떻게 보낼 것인가 심사숙고할 필요가 있다.
2장	감정 이해하기	**7월 :** 감정에 관해 깊이 생각해볼 수 있는 아주 좋은 시간이다. 그렇게 하면 더 많이 잘 수 있고, 따뜻한 저녁 시간을 즐길 수 있으며, 명상에 필요한 시간을 몇 분이라도 찾아낼 수 있다.
3장	힘을 북돋는 스토리 말하기	**8월 :** 자신의 생각에 회복탄력성을 끼내올 수 있는 열쇠가 있다. 이 중요한 습관으로 새 학년을 시작하라.
4장	공동체 세우기	**9월 :** 이번 달의 가장 중요한 목표는 새로 만난 사람들과 강한 유대관계를 형성하는 것이다. 우리가 만드는 공동체는 회복탄력성의 토대가 된다.
5장	지금 여기에 머물기	**10월 :** 에너지가 떨어지고 쉽게 감정이 촉발될 수 있는 상태가 된다. 지금 여기에 머물기를 배우면 감정을 잘 알아차릴 수 있게 되고, 회복탄력성을 강화하는 선택을 할 수 있다.
6장	자기 자신 돌보기	**11월 :** 자기돌봄self care은 회복탄력성의 근원이다. 특히 방학을 앞두고 몸도 마음도 모두 지쳐 있을 때는 더욱 그렇다.
7장	강점에 초점 맞추기	**12월 :** 지난 달의 피로가 아직 가시지 않은 시점이다. 강점을 찾아보라.
8장	긍휼의 마음 개발하기	**1월 :** 자신과 타인에 대한 긍휼의 마음을 가지고 2학기를 시작하고, 회복탄력성에 필요한 다른 자원들을 찾아보자.
9장	학습자 되기	**2월 :** 한 해의 중반부에 이르렀다. 어떻게 학습할지, 그리고 어떻게 초심자의 마음으로 돌아갈 수 있을지 숙고해볼 시간이다. 학습은 성장과 회복탄력성에 이르도록 하는 길이기 때문이다.
10장	놀기와 창조하기	**3월 :** 봄방학은 놀이와 창의성을 발휘할 기회를 주고, 일상에 이를 통합할 수 있도록 한다. 회복탄력성은 창조에서 나온다.
11장	변화의 파도에 올라타기	**4월 :** 변화는 언제든 생길 수 있지만, 학교에서는 특히 갑작스러운 상황의 변화가 많다. 집중력, 인내심, 끈기 그리고 용기를 발휘하여 그런 변화의 파도에 올라타는 것을 배우라.
12장	축하하기와 감사하기	**5월 :** 마지막 달은 축하와 감사의 시간으로, 앞으로의 회복탄력성을 위한 토대가 된다.

회복탄력성 선언문

선언문이란 원칙과 목적을 공개적으로 발언하는 것이다. 이 선언문은 회복탄력성을 위한 개인과 집단의 노력을 안내하기 위한 것이다.

1. 회복탄력성의 원천은 이미 우리 안에 있다. 우리는 우리가 생각하는 것보다 강하다.
2. 우리는 개인적으로, 그리고 집단적으로 회복탄력성을 가지고 태어났다. 우리의 임무는 이러한 내적인 원천을 발견하고 키우는 것이다.
3. 우리는 단순히 번아웃을 방지하거나 생존하기 위해서가 아니라, 성장하기 위해 회복탄력성을 개발한다.
4. 회복탄력성은 성향을 강하게 만드는 매일의 습관과 사고, 행동을 통해 개발된다.
5. 감정을 탐구하고 표현하는 일은 인간의 권리다.
6. 학생의 정서 지능과 회복탄력성을 키우기 위해 교사 자신의 정서 지능과 회복탄력성도 돌봐야 한다.
7. 강하고 유능한 교육자는 직장에서 감정에 관해 이야기한다.
8. 사건을 해석하고 스토리를 말하는 방식이 가장 중요하다. 해석을 통해, 우리는 태도를 선택할 자유를 연습한다.
9. 우리는 모두 서로와 연결되어 있고 서로에게 책임이 있다. 다른 사람을 돌보는 것은 우리 자신을 돌보는 것이다.
10. 우리는 다른 사람들이 더 강해질 수 있도록 돕기 위해, 자신의 회복탄력성을 개발하고 더 강하게 만들어야 한다. 우리는 세상을 치유하고 변화시킬 힘을 얻기 위해서, 자신의 회복탄력성을 개발한다.

1장 • 자기 자신 이해하기

자신에 대해 이해하면, 즉 자신의 감정이나 사회 정체성, 핵심 가치 그리고 성격을 잘 이해하게 되면, 일과 생활의 영역 모두에서 자신의 목적이 명확해진다. 그 목적에 기반을 두면, 수많은 좌절과 어려움을 이겨낼 수 있다.

6월(새 학년 시작 전 여름방학) : 이 습관은 가장 기본이 되는 것이다. 새로운 학년도가 시작되면, 지난 1년을 돌아보고 자신을 더 깊이 이해하면서 새로운 한 해를 어떻게 보낼 것인가 심사숙고할 필요가 있다.

교직 첫해, 늦은 봄이었다. 나는 교장 선생님 앞에서 흐느끼며 울고 있었다. 그저 약간 흐느끼는 정도가 아니라, 주체할 수 없을 정도로 울음을 터트리고 있었다. 몹시 화난 상태였다.

"우리의 의사소통에 뭔가 문제가 있었나봐요. 선생님도 제 이야기를 다 듣고 나면, 별것 아니었다고 생각할 거예요." 교장 선생님이 내게 말했다. 그렇지만 나는 의사소통 문제에 관한 설명을 들은 후에도,

억울한 마음이 가시지 않았다. 나는 울다가 결국 화를 내면서 교장실을 뛰쳐나왔다. 감정의 소용돌이에 온통 휩싸여 있었기 때문에, 교장 선생님의 놀란 표정도 눈에 잘 들어오지 않았다. 교장 선생님은 매일 정장에 하이힐을 신고 다니는 오랜 경력의 교육자였고, 나는 한 번도 그분을 이름으로 불러본 적이 없었다(그만큼 공식적이고 격식을 차리는 관계였다는 의미 – 옮긴이). 한결같고, 흐트러지는 모습을 찾아볼 수 없는, 차분한 분이기도 했다. 더군다나 수십 년을 교장으로 일해왔으니, 일에 지친 젊은 교사들의 히스테릭한 모습은 이미 충분히 보지 않았겠는가? 그런데도 그때 교장 선생님의 놀란 표정을 다시 떠올려보면, 이렇게 행동한 사람은 내가 처음인 것 같다는 생각이 들 정도였다.

이 사건이 일어난 지 이미 수십 년이 지났지만, 나는 아직도 그 일을 생생하게 기억한다. 그 일 이후 나는 교장 선생님을 보기가 너무 쑥스러워서 내내 피해 다녔다. 학년 말까지는 몇 주 정도만 남겨둔 시점이어서 그 시간이 얼른 지나가고 방학이 되기만을 기다렸다. 방학을 맞이하고 나니 그 기억을 모조리 지워버리고 싶은 마음이 없진 않았지만 그래도 나를 돌아볼 여유가 생겼고, 교장 선생님 앞에서 내가 왜 그렇게 자제력을 잃었었는지 조금 더 이해할 수 있게 되었다.

새 학년이 시작되자 지난 시간을 되돌아보면서, 그때 왜 그리도 화가 났었는지도 깨달았다. 내가 소중하게 생각했던 존중받는다는 느낌, 인정받는다는 느낌이 파괴되는 것 같았기 때문이었다. 그 한 해 동안 나는 제대로 된 평가를 받아본 적이 없었다. 나는 교장 선생님의 인정을 받고 싶었고, 최소한 교사로서 잘해나가고 있다는 단서라도 얻고 싶었다. 사실 학교가 어떻게 돌아가는지, 교직원 사이의 의사소통 문제가 무엇인지는 잘 몰랐다. 물론 세대 차이와 문화적 차이도 의사소통의 어려움이 생긴 한 요인이었다. 지금은 이 모든 것을 제대로 볼 수 있지만, 그 사건 당시에는 제대로 인식하지 못했다. 내가 그런 어려움을 겪게 되었던 것은, 이렇게 자기 알아차림self-awareness이 부족했기 때문이었다. 만약 내가 그날 교장실에서 자기 알아차림을 제대로 했더라면, 깊은 심호흡을 한 다음 아마도 그때와는 매우 다른 모습을 보일 수 있었을 것이다. 자기이해는 행동에 자신감을 주고, 명확한 결정을 내리는 데 도움을 준다. 보여주고 싶은 모습으로 우리 자신을 보여줄 수 있게 된다.

몇 년 후, 다른 교장 선생님과 비슷한 의사소통 문제를 겪게 되었다. 그때도 약간 자제력을 잃기는 했지만, 곧 다시 신중하게 생각하면서 그동안 축적한 자기이해를 적용하여 대화를 시작할 수 있었다. 자기이해를 통해 쌓은 배움과 성장의 결과로, 우리 관계는 오히려 돈독해졌다. 받아들여지고 존중받는 느낌을 받았고, 내 문제해결 방식에도 만족했다.

자기이해가 진정한 힘

자기 자신을 진정으로 아는 교사는 자신의 가치와 신념을 명확하게 알고, 행동에도 이를 일관성 있게 반영할 수 있다. 자신의 성격이 일과 생활에 어떤 영향을 미치고 있는지도 이해한다. 그 지식에 기반하여 의사결정을 하고, 자신의 성격을 수용한다. 자신의 사회정치적 자아를 잘 파악하고 있으며, 지배적인 문화가 자신의 경험에 어떤 영

자아: 자신을 다른 사람과 구별하는 본질적인 의식 혹은 주체로, 가치관, 성격, 적성, 흥미, 정체성, 생각, 마음 등을 포함한다.

향을 주는지 안다. 자신이 무엇을 잘하고, 무엇을 좋아하는지 안다. 자신의 감정을 이해하고, 다룰 줄도 안다.

자신에 대해 깊이 이해하는 교사는 매일 직면하는 수천 가지의 어려움을 능숙하게 헤쳐나갈 수 있다. 강점과 타고난 자원을 발휘하고, 자신의 자산을 이용하여 힘든 순간을 잘 이겨낸다. 속상한 일이 생겼을 때도 무조건 자신의 탓으로 돌리지 않는다. 자신이 누구인지 알고 있으므로, 외부 사건과 자신을 구별할 수 있다. 다시 말해서, 회복탄력성이 있다.

회복탄력성은 우리가 매일 하는 수백 가지의 작은 선택을 통해 길러진다. 최선의 선택을 하려면, 자기 자신을 알아야 한다. 자기이해가 있기에, 자신을 촉발하는 순간을 예측할 수 있다. 다른 사람들과 더 돈독한 관계를 만들어갈 수 있다. 자신의 고유한 재능, 적성, 흥미를 알고 있으면, 자신의 강점을 발휘하고 에너지를 현명하게 사용할 수 있다. 자신의 가치가 명확해지면, 기술, 시간, 그리고 에너지를 삶의 목적에 맞게 조정할 수 있다. 목적의식은 회복탄력성의 가장 중요한 특징이다.

1장에서는 자기 알아차림, 즉 자기 자신 이해하기가 어떻게 회복탄력성을 높이는 중요한 기반이 되는지 알아볼 것이다. 가치와 성격 유형, 사회정치적 정체성, 강점과 적성 같은 자아를 구성하는 요소도 살펴볼 것이다. 정서적 자아가 정서적 회복탄력성의 핵심이기 때문에, 2장에서는 그 부분을 집중적으로 다룰 것이다. 그림 1.1은 1장과 2장에서 살펴볼 자아의 여러 측면을 나타낸 것이다.

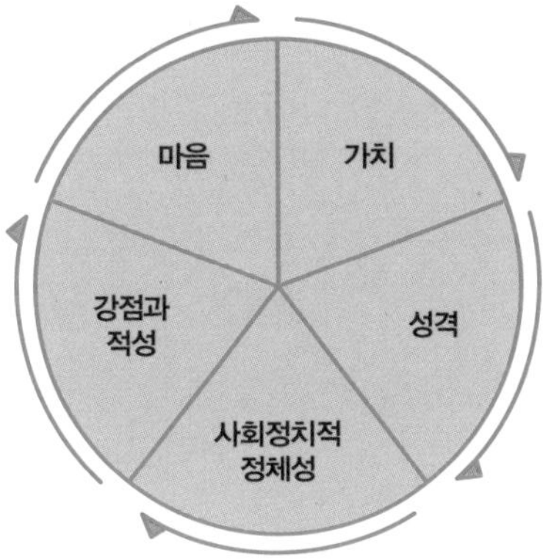

그림 1.1 | 자아의 요소

가치: 우리가 믿는 것

이제 레오 교장 선생님의 하루를 따라가보자. 그는 자신의 가치에 따라 일관성 있게 행동하는 사람이다. 그의 핵심 가치는 가족, 친절, 공정, 이렇게 3가지인데, 이 가치들은 학생, 교직원, 상사, 교사 등 누구와 상호작용을 하든 적용된다. 업무 분담을 결정할 때는, 공정이라는 가치의 렌즈를 사용한다. 학생들에게는 인내와 존중, 높은 기대감을 보여준다. "저는 우리 아이들이 할 수 있다는 것을 알고 있어요." 그는 곤란한 피드백을 할 때도 친절함을 잃지 않는다.

나는 여러 해 동안 레오 교장 선생님을 코칭했다. 코칭하면서 그의 내면의 생각을 들을 수 있었고, 일관성 있게 자신의 가치를 따라 사는 삶을 보고 크게 감동했다. 매년 쏟아져 나오는 그의 리더십에 대한 교직원들의 칭송과 학교 교사들의 높은 근속 기간을 보면 알 수 있듯이, 구성원들 역시도 그를 높이 평가하고 있었다. 레오 교장 선생님은 자신의 가치관과 행동이 일치될 수 있던 것은 내면의 힘 때문이라고 말한다. "저는 제 자신을 잘 알고 있어요. 그래서 이 일의 어려움을 극복할 수 있었다고 봅니다. 스스로를 존중할 수 있으면 되니까요." 끊임없는 압박과 스트레스에도 불구하고, 레오 교장 선생님은 잘 지내고 있다. 회복탄력성이 있는 학교 리더에 관한 여러 연구도, 영향력 있는 리더들은 자신의 가치에 기반을 두고 살아간다는 것을 증명하고 있다(Patterson & Kelleher, 2005).

가치란 행동과 밀접하게 연결된 신념이다. 우리의 핵심 가치는 원가족(결혼하기 전 태어나 자란 가족-옮긴이)이나 종교적 전통에서 비롯된 것일 수도 있다. 긍휼compassion(실천적 공감의 의미를 지닌다.-옮긴이), 책임감, 근면, 정의, 공동체 의식 등을 예로 들 수 있다. 간혹 가치와 신념을 번갈아 사용하기도 하는데, 같은 개념이다. 핵심 가치는 시간이 지나면 바뀔 수 있다. 지금 교사 여러분은 청소년기와는 또 다른 가치를 가지고 살아가고 있을 것이다. 가치는 본질적으로는 신념이고, 신념이라는 것은 굳건히 지켜온 의견이나 견해를 말한다. 따라서 신념은 바뀔 수 있다는 것을 기억하면 좋겠다. 다른 사람의 신념과 마찬가지로 나의 신념도 바뀔 수 있다. 물론 가치가 오랜 시간 동안 유지되기도 하는데, 그것도 괜찮다.

여러분의 핵심 가치는 무엇인가? 자신의 핵심 가치를 잘 모른다면, 다음 질문을 읽고 가장 먼저 떠오르는 것은 무엇인가? "당신은 무엇을 가장 중요하게 생각하는가?", "어떤 행동과 가치를 가장 높이 평가하는가?"

가치관은 지향점을 제시하고, 우리를 이끌고, 정착하게 만든다. 가치관대로 행동할 때 우리는 온전하다는 느낌, 진실하다는 느낌, 통합되어 있다는 느낌을 경험한다. 가치와 맞지 않은 행동을 하면, 기분이 좋지 않다. "이건 내가 아니야."라고 말하고 싶어진다. 행동이 핵심 가치를 반영하지 못했다는 것이다. 그러니 이런 내면의 목소리가 들리면, 그 소리에 귀를 기울여보라. 흥미롭게도, 정신신경면역학자(중추신경계, 자율신경계, 내분비계와 면역계 그리고 스트레스와의 관계를 연구하는 학자 – 옮긴이)는 이렇게 진실성, 통합성, 온전함을 경험하는 정도에 따라 면역체계가 강해지거나 약해진다고 말한다. 자신의 가치관과 맞지 않는 행동을 할 때, 실제로 몸이 안 좋아지기도 한다는 것이다. 그래서 신념에 어긋나는 일을 하면, 문자 그대로 몸이 안 좋아지니까, "이렇게까지 해야 하다니 속이 좋지 않네." 같은 말을 하게 되는 것이다.

최근에 자신의 가치관과 일치하는 행동을 했다고 느낀 때를 떠올려볼 수 있는가? 아니면 가치와 충돌하는 일을 한 때를 떠올려볼 수 있는가? 슈퍼히어로가 자신의 가치를 확신하는 것처럼 우리도 그렇게 할 수 있다면 어떤 느낌이 들까? 가치는 그것을 알아차리게 될 때 힘의 원천이 된다. 지금 당장 나의 가치관이 무엇인지 명확하지 않더라도, 분명 여러분은 자신이 소중히 여기는 가치를 가지고 있다. 우리는 때로 소중히 여겼던 가치를 망각하고, 가치와 맞지 않는 길을 향해 가는 자동조정장치에 자신을 맡길 때도 있다. 내가 누구인지, 내가 소중히 여기는 가치가 무엇인지 생각해보고, 다른 사람들과도 그 이야기를 나누는 것이 필요한 이유가 바로 이것이다.

리더를 위한 제안

- 한 해를 시작하는 가장 좋은 방법은 교사가 자신의 핵심 가치를 파악하고 이것을 공유하게 하는 것이다.
- 교사 중에 혼란스러운 마음 상태에 있는 사람이 있다면, 그에게 핵심 가치를 물어보라. 만일 그가 중시하는 가치가 무엇인지 알고 있다면, 그것을 상기시켜라.
- 조직은 공유된 가치가 분명하고, 그 가치와 일치되는 일을 실천할 때 성장한다. 학교에는 명확하고 살아 있는 가치가 필요하다.
- 사람들은 가치와 연결되기를 원하고, 가치를 통해 서로 연결되기를 원한다. 공유된 가치가 강하지 않으면 각자 자신의 가치를 따르게 되고, 결과적으로 학교의 전반적인 사명은 약화된다. 학교가 얼마나 가치에 대한 일관성 혹은 진실성을 가지고 있는지 진지하게 검토해보라. 학교의 사명과 비전을 재검토해보라. 제대로 설명이 되어 있고, 바로 실천할 수 있을 정도로 명확하게 기술되어 있는가?

성격 : 있는 그대로의 모습

우리가 가진 가치는 평생 발달하고 변화하지만, 성격은 크게 변하지 않는다. 다음 문장을 읽고, 참 또는 거짓으로 응답해보자.

- 개학 1주일 전, 일정이 바뀌면 화가 나고 혼란스럽다.
- 새로운 일을 시작할 때 세부 사항보다 큰 그림을 먼저 이해하고 싶다.
- 새로운 교육 프로그램을 시행하려면 그 효과를 증명하는 데이터가 필요하다고 생각한다. 우리 학교 학생들과 비슷한 학생들을 대상으로 한 관련 연구가 있는지 알고 싶다.
- 마감 시한을 정해두면 동기부여도 잘되고 집중도 잘된다. 일정이 정해지면, 다른 일정은 차단하고 그 일에 매진한다.

- 수업이 진행되고 있더라도 더 효과적인 방법을 알게 되면 현재의 방법을 중단하고 다른 방법으로 바꿀 수 있다고 생각한다. 더 나은 방법이 있는데 한 가지 방법만 고집할 이유가 있겠는가?

위 문항에 대해 어떤 응답을 했는가는 성격, 즉 행동 습관, 특성, 태도, 생각, 선호도 등과 관련이 있다. 심리학자들의 말에 따르면, (심각한 트라우마를 경험하지 않는 한) 성격은 어릴 때 형성되어 나이가 들어도 거의 변하지 않는다. 성격은 일하고, 생활하고, 사람들과 관계를 형성하고, 심지어 감정을 느끼는 것과도 관련되어 있다. 그러나 우리 대부분은 이를 인식하지 못하기 때문에, 화창한 주말을 보내는 방법이나 교장 선생님으로부터 정보를 얻는 방법 등에 대한 특정한 선호가 자신의 성격과 어떤 관련성이 있는지 이해하지 못한다.

심리학에는 성격 유형을 설명하는 다양한 접근 방식이 있다. 가장 쉽게 이해하고 적용할 수 있는 것은 칼 융Carl Jung의 심리학에 바탕을 두고 공공·민간 영역 모두에서 광범위하게 사용되는 MBTI 척도다(Briggs Myers & Briggs, 1995). 이 모델은 각각 2가지 다른 성향을 4가지 성격 영역에서 제시한 것이다.

영역	성향
1. 에너지 방향	외향(E) / 내향(I)
2. 정보에 대한 인식 기능	감각(S) / 직관(N)
3. 의사결정 기능	사고(T) / 감정(F)
4. 외부 구조	판단(J) / 인식(P)

각 영역의 성향은 모두 연속선상에 있다. 예를 들어, 내향성과 외향성 척도라면 상대적으로 더 내향적이거나 외향적이다. 그리고 중간 지점에 가까운 사람도 있는데, 이 경우는 자신을 '양향적 성격'을 가진 사람으로 생각하고 있어 이것이 검사 점수에 반영된 것이다. MBTI 검사(가장 좋은 무료 검사는 www.16personalities.com에 있다)를 하면, 4가지 알파벳 조합으로 된 결과가 나온다. 예를 들면, 나는 INFJ이다. 알파벳 문자 하나하나가 모두 다른 성격 유형을 나타내는데, 내 경우는 내향형Introversion 성격이지만, 직관iNtuitive과, 감정Feeling이 같이 결합된 유형이어서 때로는 외향적인 성격으로 보일 수 있다. 이런 설명 체계는 미묘하고 복잡하지만, 자신에 대한 통찰을 주기도 하고 질문을 하게 만들기도 한다. 그러나 엄밀한 과학이거나 무엇을 대신 결정해줄 수 있는 기준은 아니다. 바로 이런 점을 힘들어하는 성격 유형도 있다.

MBTI 성격 유형을 이해할 때 가장 도움이 많이 되는 특성은 에너지 방향에 대한 것이다. 내향적인가 외향적인가의 구분인데, 에너지를 얻는 방법을 의미한다. 내향형(I)은 혼자 또는 소그룹으로 시간을 보낼 때 에너지가 보충된다. 반대로 큰 모임에 들어가거나 계속 상대가 바뀌거나, 새로운 사회적 상호작용이 많으면 에너지가 소모된다. 그러나 외향형(E)은 집단 규모가 크고 사회적 상호작용이 많을수록 힘을 얻는다. 내향적인 사람은 조용히 혼자 생각을 정리하는 것을 선호하고, 독립적으로 일하며, 일정 기간 같은 동료와 일하는 것을 선호한다. 외향적인 사람은 말하면서 생각을 정리하고, 집단이든 동료든 다양한 조합을 원한다. 학교 상황에서 생각해보면, 교사 자신이 내향성 혹은 외향성이라는 것이 어떤 영향을 줄까?

자기이해는 정서 지능에도 도움이 되는데, 2장에서 살펴보겠다. 성격 특성을 이해하면서 나는 코치로서 이전보다 더 효과적으로 일하게 되었고, 더욱 친절해졌으며, 나 자신의 강한 내향적 성향을 더 많이 수용할 수 있게 되었다. 예를 들어, 새로운 교육과정 자문으로 9학년 교사들을 도와주게 되었을 때, 나는 교사의 성격 유형에 대한 지식을 활용하여 다양한 선택권을 제공할 수 있었다. 어떤 선생님은 여러 프로그램을 같이 검토하면서 각 프로그램이 어디서 사용되었고 어떤 효과가 있었는지에 대한 통계 자료를 원했다. 또 다른 선생님은 프로그램을 시행한 여러 사례를 듣고 싶어 했다. 교육과정을 살펴보면서, "이게 우리 아이들에게 가장 좋을 것 같은 느낌이 들어요."라고 말하거나, "우리 아이들 같은 학생이 다니는 학교에서 실시한 결과에 대한 통계 자료가 있다니 좋네요." 같은 말을 했는데, 사고형인가 감정형인가에 따라 정보를 다르게 받아들이는 것이라 볼 수 있다. 그래서 통계 자료를 원하는 교사들에게도 짜증 내지 않고(내 성향과는 달랐지만), 그 요구를 수용하고 필요로 하는 것을 제공했다. 그리고 통계 결과는 그렇게 중시하면서 통계 결과 너머의 이야기에는 무관심한 리더들에게 내가 왜 화가 났었는지도 이해할 수 있었다. 자신과 다른 사람들의 성격을 이해하면, 공감과 자기긍휼self-compassion의 마음을 갖는 데 도움이 된다. 이런 마음을 가질 수 있게 한다면, 무엇이든 우선순위에 두고 배울 필요가 있다.

성격 유형을 이해하면, 성장하고 배울 수 있는 지점도 찾아낼 수 있다. 예를 들어, 인식형(P)은 외부에서 구조를 제공하면 불편하게 느낀다. "꼭 이 양식대로 수업 계획을 세울 필요는 없잖아. 이건 내 머릿속에 다 있고, 무엇을 가르칠지도 다 알고 있으니까."라고 생각한다.

인식형에게는 자신의 방식이 효과적으로 보일 수 있겠지만, 계획을 세우지 않고 수업을 하다 보면 허술한 점이 생길 수밖에 없다. 인식형도 자신이 좋아할 수 있는 자료정리법이 있다는 것을 알게 되면, 자신에게 안 맞는다는 느낌 없이 수업 계획을 세울 수 있다. 반면, 판단형(J)은 너무 수업 계획에 집착하여 "가르칠 수 있는 순간"이 생겨도 이를 놓칠 수 있다. 우리가 겪는 갈등 중에는 외적인 요구와 내 MBTI 유형 간의 불일치 때문에 생기는 것이 있다.

리더를 위한 제안

- 자신의 성격 유형이 코칭, 관리, 리더십에 어떤 영향을 미치는지 파악하라. 인간은 가장 편안하고 익숙한 방식, 즉, 제 성격에 맞는 방식으로 사람들과 관계 맺는 경향이 있다. 하지만 그 방식이 다른 사람들에게도 늘 적용되는 건 아니다. 자신과 가장 반대인 성격 유형의 사람과 갈등이 제일 많다.
- 교사들에게 MBTI 검사를 받게 하고, 서로 결과를 공유할 기회를 제공하라. 교사의 성격 유형 목록을 찾기 쉬운 곳에 보관해두었다가, 특정 교사와 갈등이 생기면, 그의 성격 유형이 당신과 그가 관계 맺는 방식에 어떤 영향을 주고 있는지 찾아보라.
- 교사들이 내향성·외향성을 배울 회의와 연수를 설계하라. 내향성·외향성 모두의 요구에 맞는 활동을 제공하라. 신학기에 내향성 교사도 편안하게 느낄 수 있는 유대감 증진 프로그램에는 어떤 것이 있겠는가?
- 교사들이 어떻게 정보를 인식하는지, 또 어떤 방법으로 의사결정을 하는지 미리 알아두고, 새로운 정보를 제공하거나 업무를 하게 할 때 이를 활용해 전략적으로, 계획적으로 추진하라.

사회정치적 정체성 : 사회적 소속감과 소속집단

사회정치적 정체성의 어떤 측면이 학생과 상호작용을 할 때 가장 많은 영향을 주겠는가? 연령? 문화적 배경? 성별? 어느 것일까? 교사 혹은 관리자로 일할 때 이런 요소는 상당히 큰 영향을 준다. 그러나 그 영향력과 비교해 이 주제에 관한 논의는 상대적으로 적었다.

사회정치적 정체성은 무엇인가?

우선 사회정치적 정체성이란 용어부터 명확하게 정의를 내려보자. 이는 자신이 속한 사회적 집단(인종, 민족, 성별, 계급, 성적 성향 등)을 말하는 것으로, 여러 요소들이 다양하게 결합하여 사회적 공간에서 갖는 힘의 크기에 영향을 준다. 따라서 정체성과 관련된 요인은 자아의 다른 요인(신념, 가치, 성격, 마음 등)과 분리될 수 없다. 자아는 태어날 때부터 혹은 어린 시절부터 우리의 일부였던 사회정치적 정체성의 영향을 깊이 받는다. 예를 들어, 가치는 문화적 전통의 영향을 받고, 성격도 사회적 성, 즉 젠더gender에 대한 사회적 개념의 영향을 받았을 것이다. 따라서 자아에 영향을 미친 사회적·정치적·문화적 요소에 대한 이해 없이는 자신을 제대로 알 수 없다.

정체성과 관련된 이런 요소들은 학생과 관계를 형성하는 방식 그리고 스트레스를 경험하는 방식에도 영향을 준다. 사회정치적 정체성 때문에 스트레스를 더 받는 환경도 있고, 더 적게 받는 환경도 있다. 자신을 이해하게 되면, 어떤 부분에 회복탄력성이 필요한지 알 수 있다. 예를 들어, 근무하는 학교에 같은 문화권의 사람이 거의 없다면, 소속감을 더 많이 느낄 수 있는 학교 밖 공동체를 찾고 싶어진다.

더 나아가 사회정치적 정체성을 인식하면, 자신의 가치와 신념에 문화적 요소가 어떻게 영향을 주는지도 알게 된다. 자신을 더 잘 알게 되면, 다른 문화권에 속한 사람들과도 효과적으로 일할 수 있는 방식을 찾기 위해 더 노력하게 된다. 우리가 가진 가치가 틀렸거나 나쁜 것이 아니다. 다만 우리가 가진 가치를 모든 사람이 공유하고 있는 것은 아니며, 그렇게 만들 권리도 없다. 이와 같은 자기이해의 과정을 통해 잠재적인 편견을 발견할 수 있게 되므로, 이런 알아차림은 곧 강점이 된다. 정말 강하고 건강하며 회복탄력성이 있는 공동체를 만들고 싶다면, 사회정치적 정체성에 대한 자기 알아차림을 증가시킬 필요가 있다. 이에 대해서는 4장에서 좀 더 살펴보겠다.

사회정치적 정체성을 이해하면 학생과의 관계도 좋아진다

링 선생님이 신규 교사였을 때 나는 2년간 그녀를 코칭했다. 젊은 여성이었던 링 선생님은 고등학생, 특히 남학생들과의 관계를 힘들어했다. 학생들이 해내기 어려운 것을 기대했고, 자주 화를 냈고, 사소한 일에도 폭발했다. 그리고 교직을 시작한 지 반 년쯤 되었을 때, 교직을 그만둘지 말지를 심각하게 고민하게 되었다. '학생들이 저를 무시하는 것 같아서 도저히 참을 수가 없어요.'

링 선생님과 대화하면서 그녀의 경험과 삶의 매듭을 풀어가기 시작하자, 사회정치적 정체성과 관련된 여러 가지 요소가 수면 위로 등장했다. 링 선생님은 중국에서 이민을 왔으며, 어린 시절 매우 가난했다. 링 선생님 가족은 권위와 존경, 남성과 여성의 관계, 연장자와의 관계 등에 강한 신념을 가지고 있었다. 링 선생님은 학생들이 힘들어하는 상황이라는 것을 알아도 '학생들을 응석받이로 대하지 않는 것'이 당연하다고 생각했다. 그런데 자신의 성장 과정과 현재 교사로서의 모

개념 정리 : 인종race과 민족성ethnicity

인종과 민족은 그 의미가 혼동되는 경우가 많아, 다음처럼 정의 내린다.

- **인종:** 사회적으로 중요하다고 여기는 생물학적 특성에서 공통점과 차이점을 가진 집단이다. 다른 인종은 생물학적 특성이 다른 집단이다.
- **민족성:** 민족은 문화적 유산, 즉 공통된 문화적 풍습, 관점, 특징 등이 다른 집단이다. 여러 민족을 구분하는 가장 보편적인 특징은 계보, 역사의식, 언어, 종교, 그리고 의복 형태다. 민족 간에 발생하는 이런 차이점은 유전된 것이 아니라 학습된 것이다.

습이 연결되어 있다는 것을 발견하면서, 학생들에게 크게 공감하는 면도 있다는 사실을 깨닫게 되었다. 학생 상당수가 자신과 마찬가지로 다른 문화에 적응하려 애쓰는 저소득층 이민자 가정이었기 때문이다(우리나라의 경우에는 인종 문제는 적지만, 성별, 출신 지역, 연령대 등으로 사회정치적 정체성과 관련된 어려움을 경험할 수 있다. – 옮긴이).

링 선생님은 무의식적으로 자신의 문화적 가치를 학생들에게 강요하고 있었으며, 자신의 경험에 근거해 그들을 보고 있었다는 것을 알게 되었다. 이 때문에 학생들과 친해지거나 돈독한 관계를 맺을 수 없었던 것이다. 자신의 사회정치적 정체성이 교실에서 어떻게 나타나고 있는지 알아차리게 되면서, 링 선생님은 교실 상황에서도 이전보다 현명한 결정을 내리게 되었다. 교실에서 한 남학생이 자기 차례가 아닌데도 큰소리로 이야기하는 것을 보면서도, 이렇게 생각할 수 있었다. '내가 성장한 문화나 가정환경에서는 저렇게 행동할 수 없다고 보니까, 이렇게 화가 나는 거구나.' 이런 인식이 생기자, 링 선생님은 "토론하려면 손을 들고 하면 좋겠어."라고 그 학생에게 말할 수 있었고, 그로 인해 자신의 감정이 악화되거나 학생과의 관계가 나빠지는 일도 생기지 않았다. 이렇게 다시 지시하면 되니 학생에게 무시당했다는 느낌도 전혀 들지 않았다.

링 선생님에게는 자신의 사회정치적 정체성이 교실에서 어떻게 나타나고 있는지 깨닫는 것이 중요했다. 자신이 변화해야 하는 것도, 자신의 민족성이나 경험이 걸림돌이 되는 것도 아니었다. 사실 이런 배경 때문에 오히려 학생을 더욱 잘 이해하고, 좋은 관계로 발전할 수 있던 적도 꽤 있었기 때문이다. 그렇지만 교사가 특정한 상호작용 상황에서 자신의 사회정치적 정체성이 어떻게 영향을 주는지 뚜렷하게 인식하자, 대응 방법은 더욱 분명해졌다.

학생, 동료 교사, 관리자 때문에 화가 날 때, 그 상황이 사회정치적 정체성과 어떤 형태로든 연관될 수 있다는 점을 고려해보면 어떨까? 어쩌면 자신의 나이나 성별 때문에 누군가가 자신을 경청하지 않는다고 느꼈을 수도 있다. 또한 인종이나 민족성 때문에 학생이 자신을 존경하지 않는다고 느꼈을 수도 있다.

사회정치적 정체성에 대한 자기 알아차림이 깊어질수록, 자신의 강점과 자원뿐 아니라 화가 나는 이유도 더 잘 이해하게 된다. 그렇게 되면 화나는 일을 개인적 차원에서 받아들이지 않고, 그것이 실제가 아니라 오히려 자신이 바꿔야 할 편견의 패턴이며, 다른 차원에서 생각할 수도 있다는 점을 이해할 수 있다. 사회정치적 정체성을 잘 알아차리면, 다른 사람들과의 관계 형성을 위해 이를 활용할 수 있다.

자신에 대한 알아차림과 마찬가지로, 사회정치적 정체성에 대한 알아차림도 우리에게 더욱 힘을 줄 수 있다. 자기정체성은 힘의 원천이 될 수 있고, 정신적 지주가 될 수 있으며, 다른 사람과 관계를 잘 맺는 방법이 될 수 있다. 회복탄력성을 강화하는 방법을 이해하는 데도 도움이 된다. 즉, 다른 사람들과 신뢰관계를 강화하고, 무의식적으로 지닌 자신의 편견을 발견하고 이해하게 하며, 학생, 동료 교사 그리고 관리자와 더욱 깊고 풍성한 관계를 형성할 수 있게 한다.

리더를 위한 제안

- 먼저 자신의 사회정치적 정체성을 이해하는 것이 중요하다. 왜냐하면 자기 정체성은 리더십을 발휘하는 데 있어 핵심적인 역할을 하기 때문이다. 숙련된 리더십 코치의 도움을 받아 이것을 배우고 적용할 수 있게 되면 가장 이상적이다. 물론 동료 교사의 도움을 받아도 좋다. 부록 F에 수록된 '심화학습을 위한 자료'도 도움이 될 것이다.
- 마찬가지로 학교의 교사에게 사회정치적 정체성을 이해하고 그것이 어떤 영향을 미치는지 배울 기회를 제공하는 것이 중요하다. 교사가 학생과 인구통계학적 특성이 비슷하든 아니든, 그 특성에 대한 자기 알아차림은 문화적인 이해를 돕는 데 필요하다. 또 이와 관련된 연수를 신중하게 잘 기획하면, 자기정체성은 교사의 회복탄력성과 학생의 성취에 매우 긍정적인 영향을 줄수 있다.
- 자신에 대한 성찰과 대화를 불편하게 여길 수도 있다. 하지만 리더에게는 교사가 이런 과정에 제대로 참여할 수 있도록 여건을 조성할 책임이 있다. 이미 예상했겠지만, 어려운 작업이다. 과연 할 수 있을지 의구심도 들 것이다. 그래도 배우고 준비하라. 다른 사람들에게 자문하고 함께 협력하라. 그리고 대화를 시작하라. 두려움을 인식하고, 그것이 어디에서 오는 것인지 호기심을 가져라. 그렇지만 두려움 때문에 이 중요한 대화를 늦추지는 말자.

적성과 기술 : 좋아하고 잘하는 일을 하기

어렸을 때 무엇을 좋아했는가? 사람들이 당신에게 정말 잘한다고 한 것은 무엇인가? 쉽고 자연스럽게 배운 것이 있었는가? 이 질문에 대한 답을 하다보면 적성과 타고난 능력, 기술이 무엇인지 알게 된다.

강점으로 시작하라

좋아하는 일을 명확하게 인식하는 것 못지 않게, 자신이 할 수 있는 일이 무엇인지를 아는 것도 자기이해의 또 다른 요인이다. 우리 대다수는 자신의 결점, 성장이 필요한 영역, 그리고 좋아하지 않는 것을 잘 안다. 그러나 흥미와 열정, 기술과 능력을 이해하고 발전시키는 데는 그다지 많은 관심을 기울이지 않는 경향이 있다. 자신이 가진 기술을 알면, 더 좋은 결정을 할 수 있게 된다. 먼저 자신의 강점을 확인하는 것으로 시작해보라. 그런 다음 현재 자신이 하는 역할에 대해 생각해보라. 강점을 활용할 기회가 얼마나 자주 있는가? 일할 때 에너지와 회복탄력성을 갖게 하는가? 부족한 부분의 성장과 결핍 부분을 관리하는 것에 초점을 맞추기보다, 일하는 시간의 적어도 50% 정도는 강점을 활용하고 개발하는 데 사용하는가?

강점을 기반으로 일한다는 것은 성장이 필요한 부분을 무시하라는 의미가 아니다. 강점을 활용하는 일을 하면 에너지가 더 많이 생겨서 새로운 도전이라는 험난한 물결을 헤쳐나갈 수 있다. 신규 교사였을 때, 나는 내가 모르는 것이 무엇인지 예민하게 알아차렸다. 실제로 몇 달이 지난 시점에, 나는 앉아서 그 목록을 한번 적어보았다. 교실에 들어가기 전에는 필요하다는 것조차 몰랐던 기술이 너무 많았고, 가진 지식은 많지 않았다. 목록은 아주 길었다. 다 쓰고 나니 위축감이 들었다. "지금 당장 그만둬야겠어." 지친 내 마음의 한 부분이 말했다.

그때 내 마음의 보다 현명한 부분이 한 가지 제안을 했다. 내가 알고 있는 것 그리고 할 수 있는 것을 목록으로 적어보자고. 그 목록이 비록 길지는 않았지만, 내가 할 수 있는 것이 무엇인지는 볼 수 있었다. 나는 그림책을 읽어줄 수 있었고, 기본적이지만 학생들을 집중시킬 수 있는 과학 수업을 할 수 있었다. 우는 아이를 달래고, 흥분한 학부모를 진정시킬 수 있었다. 스페인어도 할 수 있었다. 교육과정을 문화적으로 적합성 있게 만들어야 한다는 것을 알았고, 무엇보다 학생들을 사랑한다는 것을 확신할 수 있었다. 이 목록(버리지 않고 아직 간직하고 있는)을 작성하면서 그 생각에 도달하자, 비로소 나는 펜을 내려놓고 안도하며 뒤로 기댈 수 있었다. 학생들에 대한 사랑이 있다는 의미, 내가 모르는 것(목록에 '읽기 지도'가 있었다)은 배워야겠지만 사랑이 중요하다는 것이었다. 학생들에 대한 사랑이 나의 배움에 동력이 되리라는 것을 직감할 수 있었다.

이 목록을 작성한 일은 교사로서의 지식과 기술을 성장시키는 첫 시작점이었을 뿐이다. 계획에 없던 소방 훈련이 생기면, 나 자신에게 이렇게 말했다. "아, 지난 9월 훈련 때는 뭘 해야 할지 몰라서 혼돈 그 자체였지. 그렇지만 이제는 어느 정도 알겠어. 나는 내가 안다고 생각했던 것보다 더 많은 것을 알고 있어."라고.

나는 성장 마인드셋mindset(9장 참조)을 개발하고 있었던 것이다. 나는 내가 배울 수 있는 것, 이미 배운 것, 그리고 배워야 할 것이 있다는 것을 알았다. 이런 인식은 나를 자유롭게 해주고, 실력이 성장하는 것을 느낄 수 있게 해주었다.

배울 것을 적어둔 긴 목록에 맞설 수 있는 정서적 강인함을 가지려면 자신의 강점을 알아야 한다. 수업 첫날이라고 해도 아무런 지식과 기술도 가져오지 않은 신규 교사는 없으며, 아무런 강점도 없는데 '저항적인' 경력 교사도 없다. 잠시 멈춰서서 이미 할 수 있는 것이 많고, 또 그 위에 쌓아올릴 좋은 자원을 가지고 있다는 것을 생각해보라. 미친 듯이 바쁜 시간을 보내면서도 회복탄력성을 키울 수 있고, 잠시 동안의 휴식도 즐길 수 있다.

여러분은 무엇을 잘하는가? 잠시 이 대답을 생각해보자.

자신이 성장할 수 있는 곳을 찾아라

우리의 적성을 제대로 확인하고 나면 회복탄력성을 증가시킬 수 있고, 어디서 무슨 일을 할지 선택지도 많아진다. 자신이 가진 기술, 강점, 열정, 가치관, 성격, 그리고 사회정치적 정체성에 대한 인식이 높아지면, 현재 역할에 지치고 번아웃되었을 때, 직간접적으로 아이들을 돌보는 현재와 다른 역할을 찾아낼 수 있다.

미치 선생님은 8학년(한국으로는 중2-옮긴이) 수학 교사였는데, 학생과 좋은 관계를 맺는 일도, 학급경영도 힘들었다. 그렇지만 숫자를 아주 잘 이해했고, 교육 분야에서 계속 일하고 싶었다. 2년간의 힘든 교사 생활을 마치고 나서 그는 교육청 자료분석 부서에서 일하게 되었는데, 그곳에서 그의 능력은 진가를 발휘하게 되었다.

5학년을 가르쳤던 레이첼 선생님은 학생들의 넘치는 에너지와 소란스러운 분위기를 당해내지 못했다. 선생님은 조용한 수업 분위기를 원했지만, 학생들은 그렇지 못했다. 레이첼 선생님은 일대일 만남이나 소그룹으로 가르칠 때, 특히 학업에 어려움이 있는 학생들을 가르치는 능력이 탁월했다. 또 학생의 학습에 도움이 되는 창의적인 비법을 찾아내는 기발한 재주가 있었다. 선생님은 특수교사가 되면서 비로소 자신의 자리를 찾을 수 있었다.

경력이 많은 교사뿐 아니라 신규 교사도 교육 분야에서 자신이 선택할 수 있는 역할은 한정적이라고 생각한다. 그 이유는 다른 역할을 잘 모르기 때문이기도 하고, 자신이 잘하는 것과 좋아하는 것이 뭔지 충분히 알지 못하기 때문이기도 하다. 적성을 정확하게 알고 있으면, 자신에게 더 적합한 다른 일을 알게 되거나 현재 하는 일이 자신에게 적합한 일인지 여부도 알 수 있다.

리더를 위한 제안

- 교사가 자신의 적성을 설명할 때, 그들이 자신에 대해 이해하고 있는 내용을 꼭 들어두라. 업무 배치를 하다보면, 특정 영역에서 이들이 잘하거나 혹은 어려워하는 이유를 알 수 있다. 각자 자신에게 맞는 역할을 찾아가게 하는 것이 훌륭한 리더십이다.
- 교사가 자신의 가치관과 성격 유형을 공유할 수 있는 공간을 만들어 공감대를 형성하도록 하라. 교사가 리더에 대해 알게 되는 것도 좋다.

맥락에 대한 이해 : 지배적 문화

교사들을 코칭하고 있는 마이크 선생님은 자신을 '덩치만 컸지 부드러운 사람'이라고 소개했다. 처음 만난 자리에서 그는 "교사들이 괴로워하는 것을 보면, 저도 울컥할 때가 있어요. 그래서 더 강해지려고 맥락은 우리가 영향력을 거의 행사할 수 없는, 통제권 밖의 영역처럼 느껴진다. 하지만 때로 우리는 생각보다 맥락에 많은 영향을 줄 수 있다. 그리고 우리가 처한 맥락을 인식하고, 그것이 어떤 맥락인지 이름을 붙여주는 것 자체가 매우 중요하다.

노력하는 중이에요."라고 말했다. 마이크 선생님의 이런 자기 알아차림은 지배적 문화가 남성과 남성의 감정에 대해 부과하는 가치를 내면화했기 때문에 생긴 것이다. 지배적 문화의 이런 가치 체계를 벗어나면, 자신이 누군지 알 수 없게 될 수도 있다.

지배적 문화란, 다양한 문화가 존재하는 사회나 조직 내에서 가장 강력하고 광범위하며 영향력 있는 문화다. 문화란 우리가 행동하는 방식, 즉 우리의 가치관, 관습 그리고 의사소통 방식이다. 학교에서, 문화는 우리가 서로 협력하는 방식, 학교 관리자와 교직원 간의 권력, 피드백을 주고받는 방식, 의사결정 방식 그리고 그 이상의 것들에 영향을 미친다. 이런 것들이 규범norm처럼 보이니까 누구도 의문을 제기하지 않고 결과적으로 표준standard이 되는 것이다.

예를 들어, '남성은 자신의 감정을 억제해야 된다.'라는 인식, 특히 '직장에서는 더욱 그렇게 해야 한다.'라는 인식이 너무나 보편적으로 받아들여지기 때문에 그것이 사회적으로 구성된 개념이라는 것을 망각할 수 있다. 미국을 비롯한 수많은 서구의 나라에서는 남성, 백인 유럽인, 기독교인, 중산층, 이성애자가 지배적 문화다. 이런 정체성을 모으면 소위 "정상"이라는 것, 가치 있는 것, 존경해야 하는 것에 대한 정의definition가 내려진다. 성인 남성이 우는 것을 스스로 불편하게 느낀다면, 남성의 감정표현 방법에 대한 이런 가치를 내면화했기 때문이다.

지배적 문화는 우리가 자신에 관해 제대로 아는 것을 방해할 수 있다. 우리는 성별, 인종, 민족성, 성적 지향, 능력, 경제적 지위 그리고 이런 것들이 교차하는 영역에서 지배적 문화의 관점으로 우리를 보는 시선에 지속적으로 노출되어왔다. 게다가 우리 자신도 그런 관점을 받아들이고 그것을 우리 자신의 것으로 채택해왔다. 마이크 선생님은 남자라면 감정적이 되어서는 안 된다고 믿고 있었는데, 이것은 지배적 문화가 정한 가치를 그대로 받아들인 것이다.

몇 가지 예를 더 생각해보자. 60대 초반인 모하메드 수업 코치 선생님은 파키스탄 출신 이슬람교도였다. 피부색이 검었는데 매일 모자를 쓰고 있었다. 그는 자신이 무슬림이라 다른 선생님들이 두려워할까 봐 걱정되어 항상 미소를 지으려고 노력했는데, 때로는 억지로 그러기도 했다. "계속 미소 짓고 있으려니 너무 힘들어요." 하고 그는 말했다.

모하메드 선생님의 두려움이 전혀 근거 없는 것은 아니었다. 수백 년간 서구 세계는 피부가 검은 남자와 무슬림에 대해 인간성을 경시하는 메시지를 보내왔으며, 권력자들도 이 메시지를 유지해왔다. 수백 년간 어떤 인종인가 하는 문제가 자유를, 투표권을, 집을 살 권리를, 특정한 직업을 가질 수 있는 권리를, 그리고 심지어 경찰에게 총을 맞아도 되는지 여부를 결정해왔다. 모하메드 선생님은 교사들을 코칭할 때, 특히 여성 교사들을 만날 때, 지배적 문화가 그에 대해 만들어낸 왜곡된 인식이 어떻게 작용하게 될지 잘 알고 있었기 때문에 여성 교사가 무슬림 남성에 대해 가질지 모르는 두려움을 경감시키려는 노력을 해야 한다는 압박감이 있었다.

티파니 선생님은 한 시골 학교의 나이 든 백인 교장 선생님이었다. 그녀는 그 지역 출신이었는데, 교사 중 젊은 사람 상당수가 외지인이었다. 티파니 교장 선생님은 자신이 '빈민가'에서 자랐으며, 자신의 출신 배경 때문에 몇몇 교직원은 자신을 존경하지 않는 것 같다고 말했다. “교사들은 제가 유능한 교장이라는 것을 믿지 않는 것 같아요. 그래서 저는 매일 제가 이 역할을 할 자격이 있다는 것을 그들에게 증명해줘야 할 것 같은 생각이 들어요.”

모하메드 코치 선생님과 마찬가지로, 티파니 교장 선생님의 회복탄력성도 고갈됐다. 이것은 정체성(성별, 계급, 인종, 문화, 종교)의 문제가 아니다. 오히려 이들의 정체성을 과소평가하고, 이들의 문화가 아닌 지배적 문화를 규범으로 만들어버린 이 사회의 문제다. 지배적 문화는 우리를 묶는 보이지 않는 실로 만든, 복잡하고 끈끈한 거미줄 같은 것이다. 이 선생님들은 지배적 문화가 자신들이 살아온 삶에서 어떤 역할을 했는지 점차 알게 되었고, 그에 따라 자신에 대한 지식도 발전했다. 자신에 대한 지식이 명료해질수록, 이들의 회복탄력성도 향상되었다.

지배적 문화의 속박에서 벗어날 방법은 다음과 같다. 지배적 문화의 거미줄을 인식하고 구체화하라. 역사적 맥락 안에서 지배적 문화에 부여된 권력에 이름을 붙이라. 그리고 지배적 문화가 일상적인 사회적 상호작용에 어떻게 영향을 미치고 있는지 그 미묘한 차이를 구별하라. 지배적 문화가 얼마나 많은 사람에게 상처를 주는지 인식하는 것은 고통스러운 일이 될 수도 있다. 그리고 인식한다고 해서 억압의 체계가 사라지는 것도 아니다. 지배적 문화는 실재하며, 대다수 사람의 삶에 지속적인 영향을 줄 것이다. 그러나 그것을 인식하게 되면 지배적 문화 밖에서 자신을 규정할 수 있게 되고, 그 속박을 벗어나 행동할 수 있는 순간이 생기고, 자신의 회복탄력성을 발전시킬 수 있게 된다. 나아가 지배적 문화를 인식하게 되면 우리의 경험을 객관화시킬 수 있게 되고, 지배적 문화 자체를 문제로 다룰 수 있게 되므로, 그것을 바꿀 힘을 갖게 된다.

나는 모하메드 선생님과 티파니 교장 선생님에게 지배적 문화의 영향력을 인식하도록 했고, 이와 함께 자신의 사회정체성을 탐색할 수 있도록 코칭했다. 지배적 문화가 작용하는 것을 보면 어떻게 반응할지도 연습했다. 몇 번의 코칭 회기를 마치고, 티파니 교장 선생님은 예전 같으면 화났을 대화지만 이제는 제대로 대응할 수 있게 됐다면서 최근 경험한 대화 상황을 이야기했다. "교사 경력 1년 차인 한 남자 선생님이 내년 학사일정 때문에 교장실에 들렀어요. 그의 말과 어조는 상당히 권위적이었지요. 실제로 저 보고 그의 생각을 메모하라고 하더군요. 저는 생각하기 시작했어요. '이 선생님은 설마 내가 일정 짜는 방법도 모른다고 생각하는 건가? 아니면 나이 든 여자나 저소득층 출신에 대해 우리 문화가 가지고 있는 관점을 그대로 내면화한 것인가?'라고요. 그가 말한 일은 제가 이미 잘 아는 것이었기 때문에, 그의 도움은 필요하지 않았으니까요. 그래서 이렇게 말했지요. '도움을 주려는 것이지요? 감사해요. 그렇지만 왜 내가 도움을 필요로 할 거라고 생각했는지 궁금하네요. 나는 여기서 12년 동안이나 교장으로 일하고 있는데 말입니다.' 그렇게 말하고 나니, 생각이 명료해지고 제 안에 있는 힘도 느껴졌어요. 문화의 영향력을 이해하고 나니 이런 일들이 점점 더 개인적인 일로 느껴지지 않게 되고, 그러니까 기분도 괜찮았어요."

티파니 교장 선생님으로부터 이 질문을 받은 교사는 다소 불편한 기색을 보이기 시작했지만, 교장 선생님은 말을 더 이어나갔다. 혹시 자신이 가진 특정한 문화적 배경 때문에 이 이야기를 한 것이라면 그것은 우려할 만한 일이라는 취지의 이야기였다. "스스로에게도 말했어요. '만일 이 선생님이 그런 가정을 한 채 이야기한 거라면 결국 문제가 될 수 있으니까, 이 문제를 표면화해서 다룰 필요가 있어. 좋은 관리자가 되려면 이건 지금 당장 해야 할 일이야.'라고 말이지요." 티파니 교장 선생님은 이 이야기를 할 때 평소에는 축 처져 있던 자세가 확 달라졌다. "그 선생님이 교장실을 나간 후, 기분이 좋아졌어요." 그녀는 등을 뒤로 기대고 웃으면서 말했다. "사실 그날이 올해 최고의 날 중 하루였지요."

모하메드 선생님은 다른 방법을 시도했다. "저는 이제 별로 많이 웃지 않아요. 그래도 괜찮네요. 저도 정상인처럼 느낄 권리를 가지기로 결심했으니까요." 모하메드 선생님은 자신의 경험을 토론할 수 있는 다른 유색인 남자 선생님들을 만날 수 있었다. 그들과 동지애를 느끼고 인종차별을 다룬 책을 함께 읽으면서 활기를 찾았다. "제가 이런 문제를 몰랐던 것은 아니에요. 어쨌든 저는 62세이고, 인생 대부분을 검은 피부를 가진 무슬림 남자로 미국에서 살아왔으니까요. 그렇지만 달라진 것은 지금은 제가 보아왔던 이 일에 대해 이름을 붙일 수 있는 언어가 많아졌다는 거예요. 이해력도 향상되고 에너지가 올라오는 것도 느낍니다. 제가 경험하는 일들은 여전하지만, 스스로의 탓을 덜하게 되었고, 어떻게 대응해야 할지 그 방법도 이전보다 더 분명해지고 있어요."

티파니 교장 선생님과 모하메드 선생님은 사회정치적 정체성에 대한 이해가 커지면서 지배적 문화, 암묵적 편견, 인종차별을 해결하는 일에 대한 헌신과 확신도 같이 확장할 수 있었다. 두 리더는 사회정치적 정체성과 지배적 문화에 대한 연수를 기획하고 진행했다. 이 연수는 호평받았으며 참여 교사 모두에게 강력한 배움의 경험을 제공하는 시간이 되었다. 수면으로 떠오른 이런 이슈를 논의하는 일대일 대화 시간도 많이 가졌다. 티파니 교장 선생님은 나와의 코칭 과정이 다 끝난 후, 다음과 같은 내용의 이메일을 보내왔다.

> 모든 에너지가 소진된 상태에서 코칭을 신청했습니다. 학교를 효율적으로 운영하고 싶었을 뿐이었는데, 젊은 교사들의 편견과 판단 때문에 지쳐버렸지요. 지금은 골치 아픈 상황이 해결되었고, 저는 이제 관리자로서 제대로 된 평가를 받고 있습니다. 교사들이 저소득층 출신 사람들에 대해 어떻게 생각하는지 제대로 알 수 있게 되었고, 다른 모든 영역에서 성장을 이루어 냈습니다. 많은 것이 달라지고 있고, 제가 그 일을 해내고 있어요. 이것은 단순히 학교를 효율적으로 운영하는 것보다 더 중요하다고 생각해요. 이제는 15년 전보다 훨씬 더 힘이 납니다.

사회정치적으로 구성된 자신을 이해하게 되면 스스로 힘을 북돋아 줄 수 있다. 인종, 성별, 나이, 민족성, 그 외 다양한 사회정체성에 상관없이 세상을 살아가는 방식이나 다른 사람들의 반응에 대해 어떤 선택을 해야 할지 통찰력을 얻게 된다. 다른 사람들, 특히 동료 교사, 학생, 그리고 학부모를 더 잘 이해하게 된다. 이와 같이 자신을 이해하는 일은 건강한 공동체를 세우는 데 있어 필수적이며, 이 내용은 4장에서 더 다루겠다.

잠시 책읽기를 멈추고 1장에서 다루는 내용을 생각해보자. 지배적 문화가 자기 알아차림에 어떤 역할을 한다고 생각하는가? 여러분의 가치, 신념 또는 행동은 지배적 문화를 어떻게 반영하고 있는가? 지배적 문화와 자기이해가 잘 연결되지 않는 지점은 어디인가?

지배적 문화가 자기 알아차림과 회복탄력성에 어떤 영향을 미치는가에 관해서는 아직 탐구할 것이 많이 남아 있다. 이 단락의 의도는 이런 맥락을 인식하고, 질문을 제기할 수 있게 하고, 바라건대 더욱 심도 깊은 탐구가 이루어지도록 하기 위한 것이다.

깊이 이해하기 : 취약성

2017년 여름, 나는 2,000여 명의 낯선 청중 앞에서 기조 강연을 했다. 강연 내용 중에는 내가 교육자로서 커다란 수치심을 느꼈던 순간, 그리고 내 무의식적인 편견을 깨닫게 된 순간에 관한 솔직한 이야기가 있었다. 강연 후반부에는 흑인 소년 3명의 이야기도 있었다. 그 소년들을 내가 의도적으로 다른 아이들보다 훨씬 가혹하게 대했다는 말을 했다. 심지어 나는 남편이 흑인이고, 흑인 남자아이의 엄마인데도 말이다. 이런 사실을 이야기하면서 나는 더욱 부끄러움을 느꼈다.

이 기조 강연 이전에는 이 사건을 쓰거나 이야기한 적이 없었다. 하지만 '공정한 학교 만들기'라는 주제로 강의를 준비하면서 이 이야기를 해야겠다고 결심했다. 기조 강연의 주된 내용은 우리 대부분은 편견의 뿌리가 깊기 때문에 무의식적으로 불공정한 행동을 반복한다는 것, 우리 감정을 솔직하게 받아들이고 의식적 행동과 무의식적 행동 모두에 대해 책임질 필요가 있다는 것이었다. 다른 사람들에게 이런 요청을 하려면, 나 역시 흑인 소년 3명의 이야기를 하는 게 맞겠다는 생각이었다.

기조 강연을 하는 동안, 나는 집중했고 그 시간을 충분히 즐기고 있었다(나 같은 내향형은 대중 앞에서 말하는 것에 대한 두려움은 없는 편이다). 큰 강당은 어두워서 청중의 얼굴을 하나하나 볼 수는 없었는데 그것도 도움이 되었다. 그러나 강의를 마친 후 나는 강단에서 내려와 서둘러 강연장을 빠져나왔다. 무력함이 파도처럼 몰려왔다. 복도를 지나면서는 사람들과 눈도 마주치지 못했다. 내가 너무 노출된 느낌이었다. 사람들이 무슨 생각을 할까?

그러나 내가 이렇게 취약한 마음 상태가 될 수 있는 이야기를 한 것은 이때가 처음은 아니었다. 글을 쓰거나 워크숍을 할 때도, 나는 교사이자 코치로서 '폭망'했던 이야기를 한다. 이런 이야기를 하고 나면 심장이 뛰고, 손바닥에 땀이 나고 긴장되지만, 마음의 일부에서는 '도대체 지금 뭐 하고 있는 거야?'라는 목소리가 들리기도 하지만, 어쨌든 나는 내 이야기를 계속한다. 말하고 싶지 않다는 생각이 든 것은 부끄러움을 느꼈기 때문이었지만, 그게 도움이 되는 생각은 아니라고 보았다. 진실, 공정 그리고 공동체에 대한 내 열정이 판단과 거절을 두려워하는 소심하고 겁먹은 마음보다 더 컸다. 그리고 내가 배운 것은 진실을 말하는 것 그리고 상처받을 수 있는 취약한 상태로 자신을 노출시키는 것이 오히려 높은 평가를 받는다는 것이다. 내가 이런 이야기를 함으로써, 다른 사람들도 자신의 이야기를 나눌 수 있게 된다. 우리는 인간이라는 것, 일을 그르칠 수 있다는 것, 그러나 그 일에 책임을 지고, 거기서 배우고, 계속 나아갈 필요가 있다는 이야기를 할 수 있게 된다. 우리가 학교에서 반복해온 불공정한 행동을 이야기하려면 용기를 내야 하고, 때로는 고통에 직면해야 하고, 불편한 마음을 감수해야 한다. 이런 여정에서 취약성의 감정을 경험하는 것은 불가피한 일이다.

무엇이 상처받기 쉬운 취약한 상태가 되도록 하는가? 취약성을 느낄 때는 무엇을 하는가? 언제 취약한 상태가 되기로 선택하는가? 어떤 동기로 그런 선택을 하는가?

취약성에 관한 세계적인 권위자인 사회학자 브레네 브라운Brené Brown은 '취약성은 자기 자신이 될 수 있는 용기'라고 정의했다. 그에 따르면, 취약한 상태가 될 수 없으면 자기 자신을 알 수 없다. 자신의 연약한 부분을 기꺼이 느끼고, 자신의 특별한 재능과 재주를 인식하고, 그리고 자신의 그림자 부분, 즉 제대로 잘 모르기 때문에 별로 좋아하지 않았던 자신의 일부분도 볼 수 있어야 한다는 것이다. 다른 사람들과 같이 있을 때 취약성을 기꺼이 감수할 수 있으려면, 먼저 혼자 있을 때 자신의 생각, 감정, 성찰 등에 대해 취약해질 수 있어야 한다.

1장을 포함해 이 책이 취약성을 기꺼이 경험하게 해주리라 기대한다. 그렇지만 결국 자기 자신을 자세히 관찰하고 성찰하면서, 기꺼이 취약성을 감내하는 스스로의 노력이 있어야 한다. 그럴 가치가 충분히 있기에 기꺼이 취약성을 경험해보자고 제안하는 것이다. 그렇게 할수록 자기 자신에 대해 알게 되며, 더 강해지며, 힘을 얻게 되며, 용기를 얻고, 자신을 더욱 수용하게 된다. 다른 사람들과도 더 깊은 관계를 형성할 수 있게 된다.

동료 교사들과 이 책을 읽는다면, 취약성 경험을 더 많이 할 수 있다. 취약성은 온전함 그리고 연결된 관계로 나아갈 수 있는 길이다. 물론 자신의 이야기를 나눌 때 신중한 태도로 임해도 좋다. 수영장의 가장 깊은 곳에, 머리부터 당장 집어넣을 필요는 없다. 혼자서 또한 동료 교사들과 함께 조금씩 취약성을 경험하는 연습을 해보라. 편안한 수준에서부터 시작해서 조금씩 앞으로 나아가라. 우리는 자신이 생각하는 것보다 훨씬 강하다.

리더를 위한 제안

- 교사들과 함께 취약성을 경험해보는 것이 효과적이다. 항상 자신감 있고 유능하며 권위 있는 이미지로 보여야 한다고 생각하면, 오히려 리더십이 약화될 수 있다. 그 이미지는 진짜가 아니기 때문에, 사람들은 가짜라는 것을 금방 알아챈다. 오히려 신뢰감을 약화시킨다. 진실한 사람이 되기 위해서는 자신이 누구인지 알아야 하고, 그에 맞는 행동이 뒤따라야 한다.
- 교사들에게 답을 모른다고 마지막으로 인정한 것이 언제인가? 일에 대한 목표와 리더로서 스스로에 대해 무엇을 배우고 있는지 공유할 수 있는가? 이것 또한 자신을 취약성에 노출하는 방법이다.

성향 : 목적의식

자기이해는 목적의식 성향을 키우기 위해서도 필요하다. 목적의식이 있으면, 걸음걸이와 말투에도 자신감이 있고, 넘어져도 털고 다시 일어설 수 있다.

1장의 핵심 주제인 '자기 자신 이해하기' 습관(이 습관은 사실 시간과 공간의 여유가 약간이라도 있는 방학 때 가장 적합하다)은 회복탄력성을 가진 사람의 가장 핵심적인 성향 중 하나인 '왜why', 즉 우리의 목적, 그러니까 우리가 아침에 일어나는 이유를 찾아내는 일이다. 자신을 더 잘 알게 될수록, 목적도 더욱 분명해진다. 내재적 동기에 확고한 기반을 둘 때, 왜 아침에 침대에서 일어나 120명의 학생을 가르치기 위해 학교에 가야 하는지 알고 있을 때, 그날을 시작하는 우리의 걸음에 활기가 충전될 것이기 때문이다. 힘든 순간이 와도, 우리의 눈은 목적의식의 성취라는 상을 바라보고 나아갈 수 있다. 결정을 내리고 전투를 해야 할 때, 목적에 닻을 내리고 있으면 대담해질 수 있다. 회복탄력성에 관한 모든 연구에서 공통적으로 밝혀낸 것이 있다. 회복탄력성이 있는 사람은 목적이 확고하고 명확하다는 것이다.

왜 이 일을 하는가? 왜 가르치고 지도하고 코칭하는가? 이 질문들에 대답할 수 있어야 한다. 그리고 이런 성향을 구현하려면 뼛속 깊이 그 대답을 느끼고 있어야 한다.

목적이 명확하지 않으면, 목적을 찾으라

카멜라 선생님은 유치원에서 학생을 가르치는데, 교육과정에 있는 내용 대부분이 별로 내키지 않았다. 스스로도 짜증 내는 일이 많다고 말했다(관찰한 바로도 그랬다). 자주 아팠고, 관리자들은 그녀를 반항적인 교사로 여기고 있었다. 코칭을 시작하면서, 선생님께 사명 진술을 해달라고 요청했다. 처음 제출한 내용은 상당히 일반적이었다. 그러나 그녀를 계속 알아가면서, 선생님을 움직이게 하는 동력이 예술에 대한 사랑이라는 것을 알게 되었다. 카멜라 선생님은 아이들이 자신만의 예술을 창조하고 타인의 작품을 이해할 수 있도록 하는 일, 그것이 자신의 사명이라고 생각했다. 그러나 현재 유치원 교육과정으로는 이런 목적을 이룰 수 없었다. 2년 후 근처 다른 학교에서 미술 교사로 자리를 잡았는데, 그녀의 표현을 빌리면, 완전히 "다른 사람"이 되었다. 내가 그 학교를 방문했을 때, 선생님은 활기가 넘쳤으며 매우 즐거워 보였다. 교실에는 학생들의 멋진 예술 작품이 가득했으며, 교장 선생님은 카멜라 선생님이 자신의 학교에 근무하게 된 것이 얼마나 행운인지 모른다며 칭찬했다.

때로는 이렇게 쉽게 해결될 수도 있다. 자신의 사명이나 목적과 동떨어져 있다고 느끼면서 일하면 정신과 영혼이 다 고통스럽다. 짜증나고, 반항적이 되고, 집중하지 못하고, 아프고, 피곤해지고, 무기력해진다. 자신의 목적이 반영되지 않는 공동체에서 일하는 교사, 자신의 사명과 맞지 않는 과목이나 학년을 가르치는 교사, 사명감에 따라 행동하는 것은 불가능하다고 느끼는 관리자에게서 나는 이런 모습을 여러 번 보았다. 목적에 대한 명확한 인식은 의사결정을 돕는다.

하지만 목적에 대한 명확한 인식이 반드시 학교를 그만두거나 옮겨야 한다는 의미는 아니다. 목적의식이 있으면 힘든 순간을 견뎌낼 수 있고, 일상적이고 지루한 것을 넘어 보다 큰 관점을 갖게 된다. 목적이 명확해지면 어려운 도전에 대한 동기가 생긴다.

목적을 찾아내려면 시간이 더 필요할 수도 있다. 때로는 목적 찾기를 주저할 수 있는데, 받아들이기 어려운 진실, 그러니까 자신의 사명이 실은 전 세계를 다니며 씨앗을 모으거나 브로드웨이에서 춤추는 것이라는 등의 발견을 하게 되지는 않을까 하는 두려움이 있기 때문이다. 그런 마음이 들더라도 사명을 찾아나서라. 안개 속에서 헤매는 것보다는 해야 할 일을 아는 것이 훨씬 낫기 때문이다. 만약 그 결과, 자신이 현재 자신에게 맞지 않은 일을 하고 있다는 것을 알게 되더라도 새로운 교육과정을 가르치는 것이 너무 힘들었던 이유가 학교의 교장 선생님 때문은 아니라는 것을 알게 되기 때문이다. 이렇게 사명이 명확해지면 잠재적인 힘이 더 생길 것이다. 그 이유는 여러분의 현 위치와 현재 하고 있는 일이 자신의 영향력 범위 안에 있다는 것을 알게 되기 때문이다.

목적이 명확해지면 깊은 내면의 에너지도 사용할 수 있다. 학교에서 일이 잘되는 날을 떠올려보자. 왜 잘되었는지 생각해보자. 그렇게 만든 요소 중 목적의식과 연결된 게 있는지 확인해보자.

교사 시절 내게 가장 보람찬 시간은 학생들이 내게서 배운 새로운 아이디어를 붙잡고 운동장에서도, 하굣길에서도, 가족과 함께할 때도 생각하며 씨름했다는 이야기를 들었을 때였다. 시간이 많이 걸리는 단원 수업을 하고 나면, 복잡한 구조와 실행 방식을 다루어야 했으니 퇴근 무렵에는 피곤해질 때도 있었지만, 목적에 충실한 시간을 보냈다는 느낌이 들어서 에너지가 충만해진 느낌으로 퇴근했다. 목적에 대한 알아차림은 그만큼 중요한 것이다. "너무 지쳤지만, 그래도 이 일은 내 천직이야."라고 스스로에게 말할 수 있어야 한다. 자기 알아차림 없이는 이런 연결이 불가능하다.

혼란스러울 때 기억해야 할 것

캘리포니아주 오클랜드 교육청에서 일한 19년간, 가장 힘들었고 삶이 최하점을 지나던 순간을 떠올려보면 바로 내 삶에 큰 변화가 생기고 무기력함을 경험한 시간이었다. 그 당시 내가 뭔가 결정할 수 있도록 이끌어준 것은 바로 스스로에 대한 지식이었다. 내가 누구인지 명확해질수록 가치관과 목적도 더 확고해졌고, 자신의 능력과 성격을 더 많이 수용하게 되었으며, 의사결정도 더 쉬워졌다.

관리자가 내가 그토록 반대했던 일을 하도록 강요했기에, 결국 나는 사직하게 되었다. 그때 들었던 생각은 '이것은 내 모습이 아니다.'였다. 생각이 명확해지니 자유로워질 수 있었다. 강요받은 지시를 생각하면 슬프고 화가 났지만, 혼란스럽지는 않았다. 혼란스러움까지 경험했다면 정말 고통스러웠을 것이다. 교육청의 방향과 관련해 내가 어떤 위치에 있는지도, 해야 할 일도 알았다. 나는 고통스러운 이별 상황을 헤쳐나가기 위해 비축해둔 회복탄력성을 사용했다. 사실 나는 정말이 교육청을 떠나고 싶지 않았다. 그렇지만 그 과정에서 회복탄력성을 더 키워낼 수 있었던 것도 사실이다.

자기이해는 혼란의 시기에 매우 중요하며, 변화의 과정에 있거나 변화를 주도하려고 할 때 생기는 힘들고 어려운 감정을 잘 다룰 수 있게 한다. 자기이해는 어떤 슈퍼히어로에게든 기본이 된다. 교사가 원더우먼이 될 필요는 없다. 그러나 원더우먼은 자신이 누구인지 알았기에 우리는 거기서 교훈을 찾을 수 있다. 원더우먼은 자신이 추구하는 가치가 무엇인지 알고, 그 가치에 부합하는 행동을 했다. 진정한 자신감은 자기이해에서 나온다. 자신이 누군지 알면, 뼛속까지 그것을 느낄 수 있고, 복도를 걸어갈 때도 걸음걸이에서 벌써 "나는 여기에 존재한다."라는 느낌이 전달된다. 우월함을 느끼는 상태를 의미하는 것은 아니다. 내적인 깊은 힘이 있는 상태다. 자기이해는 자신의 목적을 알기 위한 사전 단계이기도 하다. 자신이 누구인지 모른다면, 무엇을 해야 할지 어떻게 알겠는가? 원더우먼은 자기가 해야 할 일을 알고, 의사

결정을 해야 할 때 갈피를 못 잡거나 혼란스러워 하지 않았다. 내면에 있는 나침반이 자기이해에 근거해 나아갈 방향을 알려주었기 때문이다. 또한 자기가 무엇을 잘하는지 알고 있었으며, 목적에 도달하기 위해 어떤 기술과 재능을 사용해야 하는지도 알았다. 자신의 내적 한계를 수용하는 한편, 변화하고 성장할 영역이 있다는 것도 알았다.

슈퍼히어로들은 가끔 변장을 하지만, 진정한 자신의 모습을 항상 기억하고 있기에 필요하면 망토를 두르고 자신이 해야 할 일을 한다. 그것이 그들이 지구에 존재하는 이유이기 때문이다. 아마도 우리의 열쇠는, 우리 자신의 슈퍼히어로 같은 모습과 일상의 모습을 통합하는 일일 것이다. 변장하지 않고도 온전한 나 자신이 되도록 말이다. 그것이 진정한 힘이다.

함께 생각해볼 문제

- 이 장에 나온 다양한 자아 요소 중에서 교사로서의 일상적 경험에 가장 큰 영향을 미치는 것은 무엇인가?
- 자아의 여러 요소 중에서 더 배우고 싶은 것은 무엇인가?
- 어떻게 하면 자신의 목적을 탐색하고 목적의식을 더 많이 느낄 수 있을까?

2장 • 감정 이해하기

감정 이해하기는 감정을 받아들이고 적절히 반응하는 것을 뜻하며, 회복탄력성을 키우는 데 매우 중요하다. 감정을 이해하면 감정의 존재를 수용할 수 있게 된다. 또한 영향을 줄 수 있는 부분을 구체적으로 인식하고, 통제할 수 없는 부분은 놓아버릴 수 있다.

7월(새 학년 시작 전 여름방학) : 감정에 대해 깊이 생각해볼 수 있는 아주 좋은 시간이다. 그렇게 하면 조금이라도 더 많이 잘 수 있고, 따뜻한 저녁 시간을 즐길 수 있으며, 명상에 필요한 시간을 몇 분이라도 찾아낼 수 있다.

수년간 나는 내 감정과 다른 사람의 감정을 제대로 다루지 않은 채 코치가 되려고 했다. 할 일이 너무 많아서 감정을 돌볼 시간이 없었기 때문이다. 수업도 준비해야 했고, 학부모 상담도 해야 했고, 부조리한 일이 생기면 해결해야 했다. 그래서 내 감정이 올라올 때나 다른 사람의 감정이 느껴질 때면 이렇게 생각했다. "슬픈 거 알아. 하지만 얼른 감정을 추슬러야지. 이제 눈물을 닦고 일하러 가자." 공감 능력이 부족한 것은 아니었지만 내가 다 큰 어른의 감정까지 살필 필요가 있다거나 그런 일을 해야겠다는 생각은 들지 않았다. 그러나 이런 태도로는 코치로서, 리더로서, 그리고 한 인간으로서도 내가 하고 싶은 일을 제대로 할 수 없었다.

이제는 나도 교사들이 자신의 감정을 살피는 것을 매우 중요한 일이라 믿고 있다. 그렇게 하지 않으면 아이들을 제대로 교육할 수 없다. 이런 확신에 이르게 되기까지는 일련의 사건이 있었다. 어느 날 학교에서 일어나는 문제에 관해 내가 하는 이야기를 듣고 현명한 친구 하나가 이렇게 말했다. "넌 참 냉소적이야. 냉소적인 사람들은 모두 마음에 상처가 있더라." 그 순간, 마치 내 눈을 가렸던 베일이 걷히는 것 같은 느낌이 들었다. 그리고 비로소 내 슬픔이 그려낸 광활한 풍경을 볼 수 있었다. 그것을 보는 게 두렵기도 했지만, 이제까지 흐릿했던 내 감정의 풍경이 뚜렷하게 보이면서 안도감이 느껴지기도 했다. 또한 지금까지처럼 항상 낮은 수준의 분노를 경험하는 것에 그치지 않고 또 다른 감정을 경험하는 일이 가능하다는 것도 알게 되었다.

이제 나는 타인의 감정을 피하거나 강압적으로 밀어내기보다 그것을 인정하고 존중하는 쪽으로 조심스럽게 마음을 기울이기 시작했다. 그러면서 긍휼과 호기심을 가지면 감정을 잘 살필 수 있다는 것을 발견했다. 그래서 신규 교사를 코칭할 때, 무능감incompetence의 감정을 탐색하면서도 수업 계획을 다시 세워보게 하는 일 2가지가 다 가능했다.

내가 일한 몇몇 학교에서는 사회정서학습을 실시했다. 교사들은 사회정서학습의 목표를 제시하고, 그 중요성을 설명한 다음 수업을 시작했다. 사회정서학습이 이루어지는 장면을 관찰하면서, 나 자신이 코치가 아니라 학생인 것처럼 느껴질 때가 있었다. 나도 어렸을 때 학생들처럼 감정에 대해 잘 몰랐기 때문이다. 그리고 어른이 된 지금도 감정의 이름이나 감정의 정의 등 기본적인 것을 잘 모르고 있다는 것을 깨달았다. '피곤하다는 게 감정인가? 좌절이 뭐지? 냉소주의는 슬픔인가? 성인을 위한 사회정서학습 교육과정은 어디서 배울 수 있지?' 같은 질문이 떠올랐다.

감정에 대해 배우고 난 다음, 이 새로운 접근 방법을 접목해 학교에서 코칭을 하게 되었는데, 이전보다 훨씬 더 코칭을 잘할 수 있게 되었다. 일하면서 기분이 더 좋아지고 에너지가 생겼으며, 개인적인 생활에서도 갈등 대처를 더 잘할 수 있게 되었다. 내 감정뿐 아니라 다른 사람의 감정으로 나를 소모하지 않는 방법을 배웠다. 내 감정을 다스리고 다른 사람들이 감정을 다스리도록 돕는 일이 생각보다 쉽다는 것도 알게 되었다. 교사도 감정에 관한 대화를 나눠도 된다는 것을 알게 되었다. 교사로서의 목적을 이루기 위해서는, 다음과 같은 대화를 할 수 있는 용기가 꼭 필요하다.

생각해야 할 질문

- 감정에 관해 생각하고 말하는 것이 얼마나 편안한가?
- 감정에 관한 지식과 이해의 정도가 더 높았다면, 교사의 일과 개인적인 삶이 어떻게 달라졌을까?
- 감정이 올라올 때 이에 반응할 방법이 더 많았다면, 교사의 삶이 어떻게 달라질 수 있었을까?

감정이란 무엇인가?

최근 몇 주 동안 강한 감정을 느꼈던 때를 떠올려보자. 그 감정에 이름을 붙일 수 있을까? 무슨 일이었는가? 그 감정이 생각인가, 아니면 생각에서 비롯된 것인가? 그 감정은 신체적 경험인가, 생화학적인 자극인가? 이것들이 무엇인지 확실히 알아보자.

감정은 일련의 사건이다

감정은 사건event에 대한 반응reaction이다. 어떤 일이 일어나고 마음에서 그에 대한 처리 과정이 진행되면, 몸이 반응한다. 마음의 해석과 몸의 반응에 따라 행동을 하게 된다. 감정은 생리적·인지적·행동적 경험이다.

사건 발생: 예상치 못한 소방 훈련, 취소된 회의, 울고 있는 학생, 밤새 교실에 도둑이 든 일 같은 주변 환경, 즉 외부에서 일어난 일이다. 또한 사건은 우리의 내면에서도 일어날 수 있으며, 생각, 기억 또는 다른 감정 등이 될 수 있다.

해석: 마음은 사건을 이해한다. 사건은 교사의 평가, 이해, 신념, 가정을 통해 걸러지고, 특별한 방식으로 자신에게 그 사건을 설명한다. 예를 들어, 계획에 없던 소방 훈련을 갑자기 하게 될 때, 교감 선생님은 평소 교사가 얼마나 힘들게 일하는지 모른다는 해석을 할 수 있다. 교감이 1학년을 가르친 적이 있다면 금요일 점심시간은 소방 훈련에 적당하지 않다는 것을 알았을 거라는 생각도 한다. 아마 이번 훈련은 원래보다 더 일찍 하기로 되어 있었는데, 교감

그림 2.1 | 감정의 순환 주기

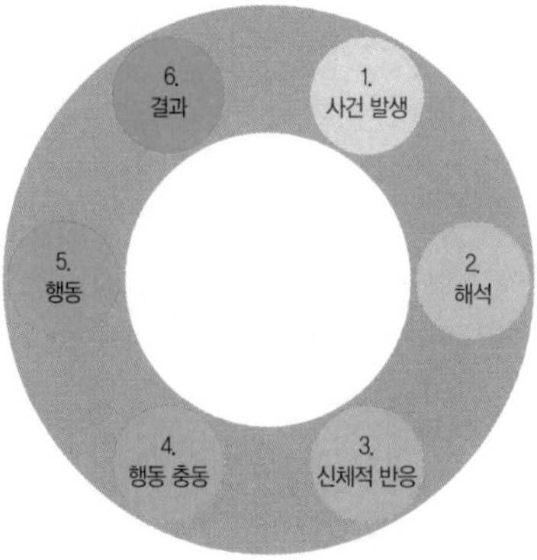

선생님이 주말이 되기 전에 간신히 훈련을 마친 거라고 볼 수도 있다. 이 사건을 교감 선생님의 무능함, 그리고 교사들을 존중하는 마음의 부족으로 해석하는 것이다.

신체적 반응: 사건과 그에 대한 해석이 되고 나면 신체적 반응이 생긴다. 교감 선생님이 교사를 존중하지 않는다고 생각하면, 스트레스 유발 호르몬이 생성되어 심장이 빠르게 뛰고, 목이 조여들고, 손이 떨리는 증상이 나타날 수 있다.

행동 충동: 신체적 반응과 거의 동시에 무엇인가를 하고 싶다는 충동이 생긴다. 이 충동에 따라 행동할 수도 있고 하지 않을 수도 있지만, 충동이 생겼을 때 바로 그것을 알면 도움이 된다. 교감 선생님의 무능함과 무례함에 화가 나서 교장 선생님에게 좌절감을 표현한 이메일을 보낼 수도 있다.

행동: 행동은 실제로 행하는 일이다. 이 시점에서 자신이 행동을 통제하고 있다고 느낄 수도 있고 아닐 수도 있다. 학급 명단과 비상

배낭을 들고 학생들을 밖으로 이동시키면서 필요 이상으로 소리를 지르거나 문을 쾅 세게 닫을 수 있다. 교감 선생님이 출석부를 달라고 할 때 그를 삐딱하게 바라볼 수도 있다. 아니면 훈련이 끝난 후에 교감 선생님에게 화를 내며 이메일을 보내거나, 스트레스 해소를 위해 달콤한 쿠키에 손을 뻗을 수도 있다.

결과: 마지막으로 감정은 다른 감정, 생각, 행동, 그리고 몸에 영향을 준다. 또한 다른 감정 순환을 촉발하는 자극적인 사건을 일으킬 수 있다. 때로는 원래의 감정을 해결하기까지 많은 과정을 거쳐야 하고, 그 과정에서 이차적 감정이 촉발되기도 한다. 예를 들어, 교감 선생님에 대한 분노가 자신의 직업에 대한 불안으로 이어질 수 있다. 결과에는 신체적인 피로나 자신의 행동에 대한 후회 등이 포함될 수 있다.

이것이 모든 감정 경험의 보편적 구조다. 이 주기는 어느 부분에서든 중단될 수 있으므로, 자기 내면에서 일어나는 감정 주기가 어느 부분에 해당되는지 구체적으로 확인해보는 것이 좋다. 어느 단계에서든 개입은 할 수 있다. 교감 선생님이 계획하지 않은 소방 훈련을 갑자기 하는 사건에 대해, "확신하는데, 교감 선생님은 정말 배려 없는 멍청이야."라고 해석하는 바로 그 지점에 개입해서 그것과 다른 해석을 시도해볼 수 있다. 아니면 손이 떨리고 분노로 목이 조여들 때(오후에 멋진 수업을 계획했는데 모두 엉망이 되었기 때문에), 감정의 순환 주기 중 신체적 반응 부분을 다르게 해볼 수도 있다. 즉, 자신이 어디에 위치하는지 인식하고, 깊게 심호흡하며 신체의 긴장을 풀어줄 수도 있다. 아니면 행동

단계에서 마음을 다잡고 소리를 지르지도, 문을 쾅 닫지도, 기분 나쁜 표정을 짓지 않을 수도 있다.

감정 주기 중 어느 단계에 있는지 찾을 수 있는가? 이 책을 읽는 것을 잠시 중단하고, 감정 주기가 촉발했던 지난주 사건을 한번 생각해보라. 그 사건을 어떻게 해석했었는지 기억해보자. 신체적 반응은 어땠는가? 실제로 어떻게 행동했는가? 그리고 그 감정의 결과는 무엇이었는가?

감정은 일시적이다

감정의 순환 주기를 인식하면서 얻는 가장 좋은 교훈 중 하나는 감정은 일시적이라는 것이다. 우리는 때로 감정이 영원히 계속된다고 잘못 생각하기 때문에 감정을 두려워한다. 감정을 경험할 때는, 감정이 매우 강력하게 느껴진다. 회복탄력성이 있는 사람은 역경을 겪은 후에도 빠르게, 예전보다 더 강하게 일어선다. 지치고 힘들 때 회복되기 위해서는 현재 겪고 있는 감정이 일시적이라는 것을 알아야 한다. 감정의 주기가 있다는 것을 인식하면, 다시 일어서는 데 도움이 된다. 우리를 일으켜줄 다른 사람을 기다리거나 외부 세계가 바뀌기를 기다릴 필요가 없다. 다시 일어서기 위해서는 현재 자신의 상태에 대해 스스로 어떤 생각을 하고 있는지가 중요하다. 감정 주기의 어느 단계에서 개입할지, 어떤 방법을 사용할지 알아야 한다. 이 책에서는 감정 주기에 개입할 수 있는 여러 방법을 제시한다.

감정에 대한 생각은 감정의 경험에 영향을 준다

만약 분노나 슬픔 같은 격렬한 감정에 빠져본 경험이 있다면, 왜 역사적으로나 전 세계적으로나 그런 감정이 바람직하지 않고 두려운 것으로 여겨졌는지 이해할 수 있을 것이다. 고대 그리스인들은 감정을 외부에서 작용하는 힘으로 묘사했다. 우리는 분노에 "압도"당하고, 기쁨에 "점령"되며, 사랑에 "구속"된다. 뉴질랜드 원주민 마오리족 사이에서 공포는 사람을 지배하는 유령으로 묘사된다. 강한 감정이 일시적으로 생기는 것을 인정하고 환영하는 문화도 있지만, 감정 표현을 용납하지 않는 문화도 있다.

서구 문화권 내에서는 감정이 어떻게, 어디서, 언제 표현되어야 하며, 남자아이와 여자아이, 남성과 여성이 어떤 방식으로 감정을 표현하는 것이 적절한지에 관해 강력한 의견들이 있다. 나이, 성별, 인종, 민족에 따라 감정은 다르게 해석된다. 예를 들어 분노로 고통당하는 여성을 '히스테릭하다'라고 보는 문화처럼 말이다. 감정에 어떻게 반응해야 하는지에 관한 설명을 듣다보면 때때로 감정이 바람직하지 않은 것처럼 암시하기도 한다. 마치 제멋대로인 부하나 아이들처럼 관리하고, 통제하며, 억눌러야 한다고 말이다. 감정에 대한 알아차림의 부족과 감정에 대해 우리가 세워둔 가설은 결국 우리가 감정을 대하고 경험하는 방식에 영향을 미친다.

감정은 종종 "긍정적" 혹은 "부정적"인 것으로 언급된다. 그러나 감정은 좋은 것도, 나쁜 것도 아니다. 오히려 감정에 반응하는 방식에 긍정적인 것, 부정적인 것이 있다. 좋든 싫든 우리는 끊임없이 감정을 경험한다. 대부분은 우리가 알아차리기 어려운 낮은 강도의 감정들이다. 지금 잠깐 책읽기를 멈춰보자. 어떤 기분이 드는가? 약간의 평온함이나 만족감이 느껴지는가? 아니면 약간의 긴장감이 느껴지는가? 우리는 감정이 강하게 느껴질 때야 비로소 알아차리는 경향이 있고, 불편한 감정을 차단하는 데 에너지를 소비하는 경우가 많다.

감정은 사건에 대한 반응이며, 우리 몸에 정보를 전달하고 행동을 지시하는 중요한 역할을 한다. 내 경우는 "편안한", "불편한" 또는 "괴로운" 등의 단어로 감정을 나타내기를 좋아한다. 반면에 분노는 좀 불편하다. 분노는 제대로 반응하지 못하면 나와 타인에게 부정적인 영향을 줄 수도 있다. 하지만 분노를 잘 다루는 방법을 배우면 분노를 통해 많은 것을 배울 수 있다.

바로 여기에 회복탄력성을 기르는 열쇠가 있다. 감정을 정보 전달자로, 잠재적인 에너지원으로, 그리고 우리가 인간으로 존재한다는 사실을 증명해주는 것으로 인식하라. 그러면 감정이 밀려올 때 잠시 멈추고 그 감정이 자신에게 무엇을 말하고 싶어 하는지 들을 수 있다. 감정에 대한 생각은 감정의 경험도 바꿀 수 있는 것이다.

리더를 위한 제안

- 교사들이 감정에 대해 어떻게 생각하고 느끼는지 알아보라. 교사들의 마인드셋이 어떤지 알게 되면, 감정에 대한 대화와 탐구를 보다 효과적으로 이끌 수 있다.
- 감정에 대한 자신의 생각과 신념을 명료화하라. 스스로 분명하지 않은 것을 지도할 수는 없다.
- 부장 교사에게 감정을 이야기하고 다룰 기회를 부원 교사들에게 제공하도록 격려하라.

정서 지능 이해하기

지난 세기 동안 심리학 분야에서는 감정을 회피하고 억압하고 부정하는 문화가 감정을 탐구하고 받아들이는 문화로 바뀌었다. 이 운동의 선구자이며 연구자, 작가, 교수인 대니얼 골먼Daniel Goleman, 1995은 자기 알아차림, 자기관리, 사회적 인식, 사회적 관리의 4가지 요소로 정서 지능(감성 지능)을 정의한다.

| 표 2.1 | **정서 지능의 정의**

- **자기 알아차림:** 자신의 감정을 인식하고, 언제 감정이 생기는지를 알고, 그것에 이름을 붙일 수 있는 능력이다. 이러한 자기 알아차림을 통해 감정이 미치는 영향과 자신의 장단점을 알게 된다.
- **자기관리:** 감정에 대해 어떻게 반응할지 의식적인 결정을 내리는 능력이다. 자기통제, 통찰력, 적응력을 포함한다.
- **사회적 인식:** 다른 사람의 감정을 인식하고 이해하는 능력이다. 여기에는 공감(타인의 감정을 느끼고, 관점을 이해하며, 그들의 관심사에 적극적인 관심을 갖는 것)과 그에 대한 적절한 반응(타인의 요구를 인식하고 충족시키는 일)이 포함된다.
- **사회적 관리:** 다른 사람과 건강한 관계를 형성하고, 갈등을 해결하며, 협동해서 일하고, 다른 사람에게 동기를 부여하고 영감을 주는 능력이다. 사회적 관리 능력이 있으면 사람들에게 신뢰를 쌓을 수 있다.

이 역량들은 서로 연결되어 있다. 감정이 있다는 것을 알지 못하면 감정을 관리할 수 없다. 감정을 인식하지 못하고 그에 반응할 도구가 없다면 다른 사람과의 관계에 어려움을 겪는다.

정서 지능에 관한 이 연구 결과는 소중하지만, '지능'이라는 용어에 대해서는 다소 불편한 느낌이 든다. '지능' 용어는 '지적 지능', 즉

IQ intelligence quotient, 지능지수에서 비롯되었다. 오랫동안 지적 지능은 힘과 특권에 연결된 것이었다. 이와 비슷하게 '관리'라는 용어도 문제가 있다. 감정 표현은 매우 인간적인 것인데, 여기에 기술적으로, 산업적으로 접근하고 있기 때문이다. 이 용어들이 워낙 널리 퍼져 있어서 이 책에서도 계속 사용하겠지만, 감정에 대해 시대에 뒤떨어지고 건강하지 못한 사고방식을 반영하는 이러한 용어에서 벗어나기를 바라는 마음으로 이 책에서는 비슷한 용어와 통합해 사용하겠다. 예를 들어, 화를 "관리"하라고 제안하기보다 화에 "반응"하거나 "함께"하도록 제안할 것이다. 감정이 우리 집을 찾아온 손님이라고 생각하면, 감정이 문을 두드릴 때 그것을 관리하거나 억지로 의자에 앉혀서 정면을 보도록 할 필요가 없다. 감정과 교류하는 데 필요한 도구 창고로 들어가기만 하면 된다.

최근 몇 년간 정서 지능이 개인의 삶에 도움이 되는 것은 물론, 직업적 성공과도 관련이 있다고 알려지면서 기업에서 군대에 이르기까지 사회 전반적으로 정서 지능에 대한 관심이 증가하고 있다. 연구 결과, 정서 지능이 성공적인 업무 수행의 가장 강력한 예측 변수로 나타나기도 했다. 브래드베리와 그리브스Bradberry&Greaves, 2009가 실시한 조사에서는 모든 분야, 모든 수준, 전 세계 모든 지역의 업무수행자 상위 90%가 정서 지능이 높은 것으로 나타났다. 연구 결과를 통해 정서 지능이 스트레스를 조절하고, 분노를 다스리며, 예상치 못한 변화에 대처하고, 다른 사람들과 협력하는 데 도움이 된다는 것을 알 수 있다. 정서 지능은 다른 사람과 신뢰를 쌓고, 대인관계를 잘하며, 융통성이 있으면서도 자기주장을 할 수 있는 능력의 바탕이 된다고도 볼 수 있다.

정서 지능에 관해 알아야 할 가장 중요한 점은 바로 정서 지능은 학습이 된다는 것이다. 우리는 자신의 감정을 이해하는 법, 더 행복해지는 법, 몸과 마음이 강건해지며 다른 사람들과 더욱 친밀하게 연결되는 방법을 배울 수 있다.

감정과 친구 되기

픽사의 영화 〈인사이드 아웃〉은 우리가 어떻게 감정과 연결되어 있는지 보여주는 혁신적인 영화다. 〈인사이드 아웃〉은 감정을 우리 안에 존재하는 각기 다른 특성을 가진 캐릭터로 묘사했다. 이 영화는 각각의 감정이 우리를 정서적으로 안정시키는 데 어떤 역할을 하는지 보여준다. 이 영화를 아직 보지 않았다면 꼭 한번 보길 바란다. 이 영화는 감정을 자유롭게 표현할 수 있는 문화를 만들었다.

인간은 좋은 관계를 갈망한다. 학급경영의 어려움은 학생과의 관계에서 비롯되는 경우가 많다. 학생은 교사가 자신의 말에 귀를 기울이지 않거나, 자신이 이해받거나 존중받는다고 느끼지 않으면 말썽을 피운다. 이는 교사가 명확한 경계를 세우지 말라는 것도, 학생의 행동에 대한 기대를 유보하라는 뜻도 아니다. 학생에게 그저 법칙을 정해주려고만 하지 말고 학생을 이해할 필요가 있다는 의미다.

이는 감정에도 적용된다. 우리는 자신의 감정을 이해해야 하며, 동시에 경계도 세워야 한다. 영화 〈인사이드 아웃〉에서 보여준 것처럼, 감정을 캐릭터로 생각하면 감정과 건강한 관계를 맺을 수 있다.

리더를 위한 제안

- 영화 〈인사이드 아웃〉을 보고 교사들과 감정에 관해 대화해보라.

감정에 이름 붙이기

정서 지능의 첫 번째 요소는 자신이 느끼고 있는 감정을 파악하는 것이다. 하지만 감정은 겹겹이 쌓여 있고 복잡하기 때문에 정확하게 파악하는 게 어려울 수 있다. 만약 교장 선생님에게 애써 계획한 체험 학습을 승인받지 못하면, 처음에는 실망의 감정을 경험하고, 그다음에는 분노와 슬픔을 느끼다가, 나중에는 안도감을 느낄 수도 있다.

감정은 파도처럼 다가오지만, 그 강도에는 차이가 있다. 좌절은 분노의 그늘이며, 경쟁심을 느끼는 것에는 질투가 살짝 있으며, 안도감은 행복과 연결되어 있다. 분노, 질투, 행복은 전문가가 말하는 '핵심 감정'이다. 심리학자들은 얼마나 많은 핵심 감정이 있고 어떻게 그것을 분류할 것인가에 관해 많은 논쟁을 해왔다. 그중 8가지 핵심 감정과 그 감정의 특성을 설명하는 용어를 정의한 에린 올리보Erin Olivo, 2014의 목록을 수정해 제시했다. 핵심 감정을 찾는 데 유용한 자료가 될 것이다. '핵심 감정' 목록은 부록 C에 수록되어 있다.

부록 C의 목록을 처음 접했을 때, 거칠고 불투명한 나의 다양한 감정이 표 하나에 모두 담길 수 있다는 게 놀라웠다. 현재 내 기분을 나타내는 단어를 손가락으로 콕 짚을 수 있게 된 것이다. 그러자 마음이 놓였다. 코칭하면서 교사들에게 이 목록을 자주 보여주었는데, 반응이 나와 비슷했다. 교사들은 이 목록을 보면서 명확성, 통찰력, 그리고 내면의 힘을 키웠다. 이해하기 어려웠던 감정을 확인할 수 있게 되자, 무엇을 할지에 대한 결정력이 생겼고, 경험이나 감정의 영향력도 다소 느슨해지는 것을 느낄 수 있었다.

이 책은 골먼이 설명한 4가지 영역에서 정서 지능을 높이는 데 도움이 될 것이다. 분명히 말하지만, 정서 지능을 높이는 일은 회복탄력성을 키우는 데 기초가 된다.

"너무 스트레스를 받아서 힘들어요"

교사들에게 기분을 물었을 때 가장 많이 듣는 말은 "너무 피곤해요.", "너무 벅차요.", "너무 스트레스를 받아요." 같은 표현이다. 어디서 많이 들어본 것 같지 않은가? 그런데 피로, 부담, 스트레스는 특정한 감정이 아니기 때문에 부록 C에 나와 있지 않다. 즉, 감정군에 해당이 되지 않는다. 감정 상태를 의미하는 것이지, 감정은 아니라는 말이다. 그것들은 감정에서 비롯된 증상이다. 마찬가지로 "괜찮다"와 "좋다"도 감정 상태를 나타내지만, 감정 그 자체는 아니다. 이런 용어들은 긍정적인 감정을 나타내거나 괴로움을 감추는 말이다. "기분이 좋지 않다", "언짢다", "멍하다" 또한 감정의 상태다.

8가지 핵심 감정을 감정과 관련된 8가지 군으로 생각해보자. 감정군마다 감정이 언제, 왜 일어나는지, 그것을 경험할 때 어떤 느낌이며, 어떤 모습인지, 어떻게 들리는지, 이후에 어떻게 느끼는지에 따른 고유한 특징이 있다. 화가 났는지, 슬픈지, 두려운지 분간하기 힘들겠지만, 감정을 파악하는 일은 감정에 반응하는 첫 번째 단계다. 감정군에 따라 구별되는 특징을 이해할수록 자신이 느끼는 감정을 더 잘 다룰 수 있게 된다.

번아웃

교사가 된 지 10년 정도 되었을 때, 나는 극심한 번아웃 상태를 경험했다. 어머니가 돌아가신 후 겪었던 우울증과는 너무 다른 느낌이어서, 뭐라고 이름을 붙여야 할지 모르는 감정 상태였다. 학생들에게 계속 좌절감을 느꼈고, 이전에는 별로 신경 쓰지 않았던 작은 일에 대해서도 괴로움을 느꼈다. 교실에서 느꼈던 기쁨이 사라져버렸다. 소외된 지역사회의 아이들에게 무엇을 해줄 수 있을지도 비관적이었다. 퇴근해서 그냥 소파에 누워 TV만 보고 싶었다. 그건 (지금도 그렇지만) 내 성향과는 어긋난 것이었다. 무언가 해야 한다는 것은 알고 있었지만, 이런 마음 상태를 가져오는 요인을 해결할 방법이 없었다. 하지만 나는 소파에서 벗어나 아침 6시에 운동을 시작했고, 다시 머리가 맑아지기 시작했다. 격렬한 번아웃 상태를 겪은 후, 나는 직장 생활에 변화가 필요하다는 것을 받아들이고, 코칭으로 진로를 바꿀 길을 모색하기 시작했다.

스트레스가 높은 직장에 종사하는 전체 노동자의 절반 정도가 번아웃 때문에 고통받고 있다(Salzberg, 2013). 스트레스, 불안, 우울증이 번아웃의 증상으로 나타나는 경우도 있지만, 더 분명한 특징은 무관심, 피로, 좌절, 분노, 우울, 불만족이다. 번아웃 예방을 위한 연구 결과에는 그다지 특별한 내용이 없었다. 전략적으로 자신을 새롭게 충전하고, 잠을 많이 자고, 자주 쉬는 것이 번아웃을 예방하는 방법이다. 회복탄력성을 높이면 번아웃되는 것을 막을 수 있다.

흥미로운 사실은 내향적인 교사들이 외향적인 교사들보다 번아웃을 경험할 가능성이 더 크다는 것이다(Cano-Garcia, Munoz&Carrasco-Ortiz, 2005). 내향적인 사람들은 외향적인 사람들보다 재충전을 위해 조용하고 혼자 있는 시간을 더 많이 필요로 한다. 가르치는 일은 본래 시끌벅적하고, 사회적인 참여가 필요한 일이기 때문이다. 내가 코칭해 온 내향적인 교사 대부분은 학생들이 원하는 것보다 교실이 더 조용하기를 원했고, 전문적인 공동체 모임에 참여하는 데도 어려움을 겪었다. 또한 번아웃은 학교 관리자로부터 지원받지 못하거나 관리자와 관계가 좋지 않은 교사, 그리고 학생들과 친밀한 관계를 갖지 못하는 교사에게 더 많이 발생한다(Hirschkorn, 2009; Howard&Johnson, 2004; Yost, 2006).

의사를 찾아가야 할 때

감정은 기분으로 바뀔 수 있다. 기분이 오래 지속되면 우울증이나 불안장애같이 치료가 필요한 정서적 문제가 될 수 있다. 부록 D '우울과 불안 척도'에 우울증과 불안에 대한 자기평가 자료가 수록되어 있다. 만약 "압박감"을 많이 느낀다면, 이것은 우울증의 징후일 수 있다. 또한 너무 자주 "스트레스"를 받는다고 느낀다면, 불안 증상의 신호일 수 있다. 우울증의 징후를 아는 것, 도움받거나 격려받아야 할 시점을 아는 것은 중요한 일이다.

일반적인 우울증 증상

- 수면, 식욕, 집중력, 에너지 수준, 일상 행동 및 자존감에서의 변화
- 지나친 울음, 동요, 짜증, 사회적 고립, 기쁨을 주던 활동에 대한 흥미나 즐거움 상실
- 지속적인 절망 상태, 죄책감, 불안, 슬픔 또는 무관심의 지속

리더를 위한 제안

- 연구자들은 교사의 10%가 우울증을 앓고 있다고 추정하며, 이는 일반인 평균 6.7%보다 높은 수치다(Wulsin, Alterman, Timothy Bushnell, Li&Shen, 2014).
- 교사가 스트레스를 많이 받고 이를 관리하기 위한 지원을 거의 받지 못하면, 제대로 된 대처를 하지 못하기 때문에 결과적으로 스트레스로 인한 생리적 · 정서적 · 행동적 징후를 보일 수 있다. 또한 교사의 스트레스는 교실에서 학생들에게 부정적인 영향을 준다.
- 교사의 우울증은 학생에게 해로운 영향을 미친다(Jeon, Buettner&Snyder, 2014). 교사가 우울증을 경험하고 있으면 건강한 교실 분위기를 조성하지 못하며, 학생과 의사소통하는 데 시간을 더 적게 사용하고, 학생과의 관계에도 주의를 더 적게 기울인다.
- 교사는 자신의 우울증 징후에 대해 매우 예민해져야 한다. 우울증 기질이 아니거나 우울증을 한 번도 경험해본 적 없는 사람이라 하더라도 우울증에 빠지거나 불안장애에 걸릴 수 있다. 우울증이 의심되면 의사에게 도움을 청하라.
- 자신이 코칭하는 교사에게 의사의 도움이 필요하다고 판단되면 이렇게 말할 수 있다. "제가 정말 선생님을 아끼는데, 선생님이 지금 매우 괴로워하고 있는 것 같아요. 선생님이 필요한 치료를 받을 수 있도록 도와주고 싶어요. 그런데 저는 치료를 해줄 수 없고, 그런 기술을 가지고 있지 않아요. 정신 건강 전문의와 상담을 한번 해보면 어떨까요?" 만약 교사가 동의한다면 그 자리에서 바로 의사에게 전화해서 상담 약속 시간을 잡도록 하라.

우리가 살고 있는 이 몸

인간은 감정을 느끼고 생각하기에 앞서 신체적 경험을 먼저 한다. 2장에서는 우리 몸이 주기적으로 무엇을 경험하고 전달하는지, 신체적 경험이 어떻게 회복탄력성을 약화시키거나 증가시키는지 살펴보겠다. 정서적 경험은 몸 상태에 따라 달라지기 때문에 몸에 대한 탐구를 건너뛸 수는 없다.

자기 알아차림 능력을 높이기 위한 몸 조율하기

수업 종료종이 울리자마자 화가 난 학부모가 교실로 들이닥쳤다면, 심장 박동수가 증가하고 호흡이 빨라지며 땀이 나는 것은 우리 몸에서 일반적으로 나타나는 반응이다. 혈압이 치솟고, 스트레스 호르몬이 폭증하며, 혈액이 주요 근육으로 흘러간다. 우리의 중추신경계는 위협적으로 인식되는 대상에 빠르게 반응하고, 이에 대한 반응은 또 다른 반응을 야기한다. 고차원적인 뇌 기능이 느려지고, 생존에 필수적인 것이 아닌 모든 것, 즉 문제해결 능력, 학습 능력, 공감, 유연한 사고 등은 포기한다. 주의력도 고정되고 좁아진다.

정서 지능이 높은 사람은 자신의 신체 상태를 인식하고 신체 반응을 조절해서 보다 명확하게 사고할 수 있는 상태로 돌아간다. 그때 감정 주기에 개입할 수 있다면 분노에 찬 학부모에게도 나중에 후회할 말은 하지 않게 된다.

신체 반응을 조절하는 방법을 배우는 이유는 인간관계를 위해서만은 아니다. 불편한 감정으로 인해 생기는 신체적 증상은 즉각적으로든 혹은 장기적으로든 기분을 상하게 만든다. 결국 두통이나, 소화불량, 불면증 등을 겪게 된다. 괴로운 감정은 면역체계를 약화시키거나, 질병의 발생, 진행, 그리고 결과에 영향을 줄 수 있다.

신체적 반응은 종종 지금 교사가 어떤 감정을 느끼고 있는가를 보여주는 지도가 된다. 감정을 조절하는 첫 번째 단계에서 할 수 있는 일 중 하나는, 강한 감정을 나타내는 신체적 반응을 식별하는 것이다. 감정을 관리하는 일은 몸과 친구가 되는 것에서 시작할 수 있다.

다음은 신체에 대한 알아차림을 증가시키기 위한 몇 가지 방법이다.

- 몸 전체 훑어보기: 어깨, 턱, 가슴, 팔 등 신체 여러 부분의 상태를 느껴보자. 몸의 반응을 알아차리면서, 감정 상태를 자각해보자. 몸이 편안해진 것을 느꼈다면 행복감을 느끼고 있는지 살펴보자. 손에 땀이 나는 것을 알아차렸다면 긴장감을 느끼고 있는 것은 아닌지 살펴보자.
- 강한 감정을 느끼고 몸이 반응하는 것을 알아차렸다면, 심호흡을 세 번 하고 그 호흡이 감정에 반응하는 신체 부분으로 들어가는 상상을 해보자.
- 우리를 자극하는 사람을 예상했다면(예를 들어 특히 짜증 나는 의사소통 방식을 가진 특정 학생), 그 사람이 나타나거나 말하는 즉시 집게손가락을 엄지손가락에 대보도록 하자. 이것이 자신의 몸을 인식하고, 긴장된 신체 부위로 호흡이 들어갈 수 있는 신호가 되게 하자.

몸은 감정에 대한 단서를 제공한다. 몸에 관심을 더 가질수록, 감정을 더 잘 이해할 수 있다.

감정 강도 낮추기

호흡은 격렬한 감정을 일으키는 혼란을 중지시키고, 그 경험을 전환시키는 가장 빠른 방법이다. 호흡을 늦추면 심장 박동이 느려지고, 호르몬 분비가 정상화되며, 긴장된 근육이 이완된다. 호흡은 가끔 저절로 켜지는 것처럼 느껴지는 정서적 고통의 신호를 끌 수 있는 스위치다.

호흡 방법은 다음과 같다. 천천히 숨을 내쉰다. 코로 숨을 들이마시고 입으로 내쉬면서 천천히 하나에서부터 시작해서 다섯까지 센다. 다음번에도 강하고 불편한 감정에 사로잡히게 되면 호흡하라. 심호흡을 천천히 다섯 번 하면, 생리적 변화가 생겨 명확하게 생각하는 능력이 회복되기 시작한다.

신체 언어에 주의를 기울여 사회적 관리 능력을 향상시키기

다른 사람의 신체 언어(보디랭귀지)를 아는 것도 중요하지만, 자신의 비언어적 의사소통 방식을 아는 것도 중요하다. 이는 '사회적 관리'로 알려진 정서 지능의 핵심 기술이다. 특정한 감정을 느끼면, 몸은 신호를 보낸다. 슬픔을 느끼면 털썩 주저앉을 수도 있고, 괴로울 때는 눈썹을 찡그리거나, 등을 기대고 팔짱을 끼기도 한다. 부끄러움을 느끼면, 몸을 움츠릴 수 있다. 사람들에게 신뢰를 주고 관계를 쌓기 위해서 우리는 이런 신체 언어를 의식할 필요가 있다.

내가 코칭했던 소니아 교장 선생님은 뛰어난 사람이었다. 깊이 있고 혁신적인 사상가였으며, 나는 그녀의 리더십에서 많은 것을 배웠다. 그녀는 폭넓게 책을 읽었고, 체계적으로 계획을 세웠으며, 효율적으로 일을 잘 수행했다. 그런데 어느 날 소니아 교장 선생님이 한 교사와 상호작용에 문제가 생겼다며 조언을 구해왔다. 소니아 교장 선생님은 그 교사에게 신중하고 조리 있게 피드백했는데, 말을 시작하자마자 그 교사는 "교장 선생님은 제가 하는 모든 일에 비판적이시군요. 제가 잘하고 있는 것에 대해선 전혀 말씀해주지 않으세요."라며 울음을 터뜨리고 교장실을 뛰쳐나갔다고 했다.

소니아 교장 선생님은 그 사건을 이야기하면서 어깨를 움츠리고 숨을 얕게 쉬며, 주먹을 쥐고 이를 악물고 있었다. 나는 그녀에게 몸에서 무엇이 느껴지는지 물었다. 내 질문을 받고 교장 선생님은 나를 멍하니 바라보았다. 그리고 잠시 조용히 앉아 있다가 "모르겠어요. 원래의 제 몸 같지 않네요."라고 말했다. 교장 선생님은 마치 낯선 이의 몸을 살펴보듯 아래를 힐끗 내려다보더니 "전혀 모르겠어요."라는 말만 되풀이했다. 나는 교장 선생님의 어깨, 턱, 손 등을 보고 내가 관찰한 모습을 말해주었다. 그녀는 내 이야기를 듣더니 놀라워했다. "와, 제가 제 몸과 너무 분리되어 있군요."

아마도 그 교사와의 상호작용에서 소니아 교장 선생님이 느낀 감정적인 고통과 좌절감이 몸으로도 나타났을 것이다. 나는 이전에도 교장 선생님이 사려 깊은 말로 대화하고 있지만 속으로는 감정이 들끓는 것처럼 보이는 비언어적 표현을 여러 번 본 적이 있었다. 그날 나는 소니아 교장 선생님을 비언어적 의사소통에 관한 탐구 프로젝트에 참여하도록 초대했다. 훌륭한 기획자의 장점을 살려, 소니아 교장 선생님은 자신의 몸을 알아가는 것을 목표로 설정하고 실천 계획도 세웠다.

그다음 주에 소니아 교장 선생님을 만났을 때, 그녀는 이렇게 말했다. "오늘은 어깨에 집중하고 있어요. 종일 제 어깨를 관찰하고 있죠.

다른 사람과 이야기할 때 어깨에 힘을 빼려고 노력하고 있어요. 어제는 눈썹에 집중했지요. 회의 동안 제 모습을 녹화한 후 소리를 끄고 눈썹의 움직임만 살펴보았어요. 대부분 솔직하고 활기찬 느낌을 주었지만, 인상을 찌푸리고 무섭게 보일 때가 몇 번 있었어요." 소니아 교장선생님은 자신의 신체 언어를 관찰하고 분석했다. 이후 감정에 대한 인식과 통찰력이 증가하면서 자신의 감정에 보다 능숙하게 반응하고, 교사들과도 더욱 효율적으로 상호작용할 수 있게 되었다.

기분의 생리학 탐구하기

이 책을 읽으면서 여러 시도를 했는데도 여전히 두려움에서 벗어나지 못하거나 불안감을 느낄 수도 있다. 자신의 삶을 위해서 에너지가 더 많이 필요하다고 느낄 수도 있다. 의사가 처방해준 약을 먹고 기분이 조금 나아졌지만, 여러 가지 약으로 인한 부작용 때문에 불쾌감을 느낄 수도 있다. 기분이 좋아지려고 노력했지만 원하는 만큼 되지 않는다면, 감정 상태에 바탕을 둔 생리학을 탐색할 필요가 있다.

의학적으로 몸, 감정, 정신 상태 사이에 어떤 연관관계가 있는지에 관한 연구가 아직 많지는 않다. 우리가 먹는 것이 기분에 영향을 미치며, 마찬가지로 얼마나 많이 자고 얼마나 몸을 활발하게 움직이는지도 기분에 영향을 준다는 것 정도를 밝혔을 뿐이다. 이 책에서 제안하는 모든 습관을 시도했더라도, 만약 자신의 몸에 필요한 영양이 부족하고, 휴식을 취하지 못하며, 운동을 하지 못한다면, 행복해지거나 건강해지기는 어렵다.

기분이 나아지기 위해 할 수 있는 모든 것을 했어도 별로 효과가 없다면, 영양사와 함께 새 식단을 짜보거나, 기분, 영양, 그리고 신체 건강 사이의 연관성을 탐색하기를 권한다. 예를 들어, 호르몬은 우리의 기분에 큰 영향을 준다. 오랜 기간 큰 스트레스를 받았다면 부신 기능이 제대로 작동하지 않아 호르몬에도 영향을 주어 결과적으로 피곤하고 우울해질 수 있다. 아미노산을 섭취하지 않는다면, 에너지가 떨어져서 우울증을 느낄 수 있다. 비타민 B와 D가 부족한 사람도 많다. 충분한 물을 마시지 않아서 탈수 현상을 겪고, 결과적으로 머리가 아프고 둔해지는 느낌을 받는 교사도 많다. 불안하거나, 슬프거나, 에너지가 떨어지는 것에는 다양한 생리학적 이유가 있다. 그럴 때는 관련 연구를 찾아보고, 전문가 조언을 구하고, 영양제를 먹고, 식단을 바꿔라. 이 주제에 관한 자세한 내용은 6장에서 확인하도록 하자.

일하는 환경 검토하기

일의 환경은 정서 건강에 큰 영향을 미친다. 나는 교사와 학생의 생물학적 필요와 리듬을 존중하는 학교를 꿈꾸곤 한다. 이 상상의 학교에서는 적당한 시간에 수업을 시작한다. 예를 들어, 오전 9시에 수업을 시작한다. 그러면 수업 시작 전까지 학생과 교사 모두 충분히 수면을 취하고, 운동도 할 수 있고, 교사들은 아침에 동료들과 이야기를 나눌 수도 있다. 수업을 몇 시간 한 후, 교사들은 2시간 동안 휴식을 취한다. 이 시간 동안 교사들은 앉아서 함께 점심을 먹고, 잠깐 명상하거나 산책하고 낮잠도 잔다. 그러고 나서 수업을 몇 시간 더 한다. 방과후에 교사들은 다음 날 수업을 준비하고, 제시간에 집에 와서 저녁을 준비하거나 댄스 학원에 가는 것이다.

생물학적 욕구를 존중하는 이런 학교를 상상해보자. 잘 쉬고 잘 먹고 산책하면서 휴식, 음식, 운동, 명상 같은 생물학적 욕구를 충족한 교사는 분명 학생들에게 더욱 너그럽게 대할 수 있고, 더 잘 가르칠 수 있다.

업무 환경이 이렇게 바뀔 때까지는, 휴식을 더 많이 취하고, 주말 동안 더 잘 쉴 수 있는 방법을 찾아보아야 한다. 이것은 지금도 할 수 있다. 이 책에서는 끝없이 쏟아지는 교사 스트레스 요인에 대처할 수 있는 수백 가지의 방법을 제시하기 때문이다. 특히 내향적인 교사라면 재충전 시간을 더 부지런히 찾아보아야 한다. 자신의 회복탄력성을 키울수록, 우리 교사 모두가 더 나은 조건에서 일하기 위해 필요한 구조적 변화를 주장할 수 있는 에너지도 더 많아진다.

깊이 이해하기 : 분노

교사들이 둘러앉아 자신의 분노에 관해 이야기하는 것을 보는 일보다 내게 더 즐거운 일은 거의 없다. 진담이다. 모든 감정 중에서 분노는 아마 모두가 가장 두려워하는 감정일 것이다. 논란의 여지가 없을 부분이다. 사실 분노의 감정에 대해서는 조심해야 할 충분한 이유가 있다. 우리의 세계와 가정에 많은 혼란을 가져오기 때문이다. 하지만 분노를 이해하고 적절히 사용하려면, 분노와 친구가 될 필요가 있다. 분노에 관해 솔직하게 이야기할 수 있다면, 학교를 개선하는 데도 엄청난 도움이 된다.

리더를 위한 제안

교사의 번아웃으로 이어지는 수많은 외부 요인을 리더가 다 통제할 수는 없다. 하지만 교사들에게 전략적 회복을 돕는 기회를 제공할 수는 있다. 이를 위한 몇 가지 방법이다.

- 학년 초는 교사의 에너지가 집중되는 시기다. 신입생과 학부모를 만날 뿐 아니라, 학교 교육과정 설명회와 새로 편성된 위원회 회의, 교사 모임 등에 참석하고 새 교육과정도 실행해야 한다. 에너지가 지나치게 소모되지 않게 하기 위해, 에너지를 쓰는 일과 회복 사이에 균형을 맞추는 선택을 하라. 또한 이 모든 사회적 관계가 내향적인 교사에게는 더 힘든 일이라는 것을 기억하라. 구조화된 형태로 상호작용을 진행하게 하면 예측 불가능한 측면을 최소화할 수 있어서 에너지 소모를 최소화할 수 있다.
- 저녁과 주말에 교사에게 일을 요청하지 말라. 교사가 윗사람의 말을 거절하기는 어렵다. 교사가 정말로 휴식을 필요로 할 때, 일에서 벗어나 쉴 수 있도록 배려해야 한다.
- 교사들이 종일 수업하고 오후 연수에 참가하는 경우라면, 먼저 자기성찰, 짝과의 대화, 시 읽기 등 다른 사람과 교감하거나 혼자서 조용히 내면을 들여다보는 활동으로 시작하라. 연수 중 침묵 시간을 가지라. 그리고 교사에게 아몬드, 사과 같은 영양가 있는 간식을 제공하라. 일과 마무리 시간에는 몸이 지쳐 있기 때문이다.
- 교사들이 정기적으로 만나 수업 계획과 평가 문항 제작을 하는 경우, 조용히 작업할 수 있도록 통합적인 구조를 조성해야 한다. 공유 문서 같은 협업 도구를 사용해보라.
- 수업을 시작하고 10분 정도는 선택적으로 '마음챙김' 명상을 할 수 있도록 하라(5장 참조). 한 고등학교에서는 매일 아침 몇몇 교사가 이렇게 명상을 하는데, 외향적인 이 학교 교장 선생님에게도 명상이 큰 도움이 되었다.
- 번아웃의 징후를 보이는 교사가 있으면 걱정만 하지 말고 직접 이야기하라. 교사의 이야기를 잘 듣고, 걱정되는 마음을 표현하고, 교사를 지원할 수 있는 계획을 세워라. 번아웃은 영구적으로 지속되는 현상이 아니다. 번아웃에서 회복해 제 일을 계속하는 교사도 있고, 이전과 다른 일을 선택해서 새롭게 시작하는 교사도 있다.

분노의 위험

우선 분노와 공격성에 대해 명확하게 알아보자. 분노와 공격성에는 차이가 있다. 분노는 행동이나 생각으로 나타날 때 공격성이 되는 에너지다. 공격성은 접시를 집어 던지거나, 누군가를 얕잡아보거나, 입을 닫고 말을 하지 않거나, 지나치게 비판적이거나 분개하거나 억울해하는 것이다. 공격성은 고통에 대한 부적응적인 반응인데, 분노 그 자체가 아니라 그 반응이 문제다. 누군가가 분노를 표현하는 방식이 불편하다면, 분노 자체를 비난하기보다 그 표현 방법을 살펴봐야 한다. 분노는 뭔가를 자신에게 말하려고 하지만, 그 표현 방식이 자신과 주변 사람들에게 피해를 준다. 자신의 분노를 잘 살펴보고, 감정을 표현할 수 있는 다른 방법을 찾아내야 한다.

자신의 분노 알기

우리는 자신의 분노를 알아야 할 책임이 있다. 분노는 가장 다루기 힘든 감정이지만, 그 일을 해내야 한다. 분노는 너무 불편해서 대부분 사람은 뒤로 밀쳐두거나, 비난하거나, 문을 닫아버리거나, 도망쳐버린다. 하지만 우리는 분노를 잘 살펴보아야 하고, 이를 위해 때로는 용기가 필요하다. 분노는 어디에서 오는 것일까? 몸에는 어떻게 나타나는가? 수면, 기분, 그리고 사람들과의 관계에 어떤 영향을 미치는가? 분노는 내게 무엇을 말하려는 것일까? 이렇게 분노에 대해 호기심을 갖는 일부터 시작해야 한다.

분노는 보통 한 가지 감정으로 존재하는 것이 아니다. 분노는 슬픔, 두려움, 무력감, 좌절, 그리고 극심한 공포 등을 포함하는 경우가 많다.

여름이 끝나가던 어느 해, 개학 1주일 전에야 비로소 나는 지난 몇 년간 내가 담당해온 선택 과목을 더는 가르치지 못하게 되었다는 것을 알았다. 그 대신 나는 정해진 교육과정에 따른 읽기 중재 프로그램을 가르치도록 배정되었다. 화가 치밀어올랐다. "어떻게 개학이 얼마 남지 않은 상황에서 이런 결정을 할 수 있지? 왜 내 의견은 묻지 않았지? 왜 관리자들은 교사의 상황이나 학생들의 요구를 알지 못하는 교육청에 항의하지 않지?" 분노가 가라앉고 나자, 내게 상처받은 마음이 있다는 것을 알게 되었다. 그동안 선택 과목에 쏟은 내 노력이 제대로 평가받거나 인정받지 못했다는 생각이 들었기 때문이다. 몇 년 동안 나만의 수업을 만들어왔는데, 이제 더 이상 그 수업을 못한다고 생각하니 마음이 아팠다.

분노 속에는 슬픔이 있고 때로는 그 슬픔이 분노보다 더 힘들게 느껴진다. 분노는 나를 일으켜 문밖으로 나오게 하고 폭발적인 에너지를 제공하지만, 슬픔은 두렵고 허전하고 피곤한 느낌을 갖게 한다. 그것이 내가 분노를 탐구하고 싶지 않은 이유이기도 했다. 분노 속에서 무엇을 찾게 될지 너무 두려웠다. 그 후 오랜 시간이 걸렸지만 나는 분노가 찾아올 때 두려워하지 않는 법을 배웠다. 그리고 이제는 더 많은 방법으로 분노를 탐색하고 또 대응할 수 있게 되었다.

분노를 배우는 것이 불편하게 느껴질 수도 있다. 분노는 두려움과 수치심을 가져올 수도 있다. 왜냐하면 어떤 것에 압도당하고 자신을 통제하지 못하는 상황을 두려워하기 때문이다. 그러한 "부정적" 감정이 자신의 일부라는 것을 부끄럽게 생각해, 분노를 억누르거나, 분노에 대항하는 행동을 한다. 하지만 반대로 분노를 통해 강한 감정을 생산적으로 다루는 방법을 배울 수 있다. 우리 가운데 많은 사람이 분노를 억누르거나, 분노의 감정을 전혀 경험하지 않으려고 한다. 그렇지만 감정을 온전히 느끼면서도, 고통스럽거나 문제를 일으키는 방식으로 행동하지 않을 수 있다. 또한 분노는 우리의 이성을 마비시키므로 명확하게 생각하고 현명한 결정을 내리기 위해서는 먼저 속도를 늦춰야 한다.

분노를 잘 활용한 이후 놓아버리기

분노는 위기의 순간을 통해 우리를 도울 수도 있지만, 우리 몸에 스트레스를 주고, 큰 그림을 보지 못하게 하고, 판단력을 흐리게 하며, 공격적으로 행동하게 할 수도 있다. 분노를 자기 자신이라고 생각하지 말고, 왔다 갔다 하는 에너지로 생각하면 놓아버리기가 훨씬 쉽다. 미국인은 마치 화나는 일이 고정된 상태나 되는 것처럼, "나 화났어."라는 말을 자주 한다. 로망스어(라틴어에서 발달한 프랑스어, 이탈리아어, 스페인어 등을 말함 – 옮긴이)에는 '나에겐 분노가 있다.'라는 구문이 있다. 티베트인은 "분노가 존재한다."라고 말한다. 문화적 사고방식과 이를 반영하는 언어가 우리의 감정에 영향을 미치기는 하지만, 우리가 감정 자체는 아니다.

권위나 특권을 가진 사람들은 종종 자신과 다른 계층의 사람들이 화를 낼 자격이 없다거나, 그렇게 흥분해서는 안 된다거나, 그들이 겪는 것은 무엇이든 다 그들의 책임이고 잘못이라는 말을 한다. 사실 화를 낼 때는 그럴만한 충분한 이유가 있다. 건강하지 않은 대인관계와 사회정치제도를 생각하면 화가 나는 것은 어쩌면 당연하다. 우리가 부당한 일을 당했을 때, 분노는 그 일에 저항하고 더 나은 대우를 주장할 수 있도록 하며, 우리가 내린 결정에 힘을 실어준다. 그러나 분노에 사로잡혀 있으면 생각이 좁아지고 마음의 문은 닫힐 수 있다. 또 혼란스럽고 적대적이고 분개하는 상태에 계속 머물 수 있다. 그러므로 우리는 화를 낼 권리가 있지만, 적절한 방식으로 표현할 책임이 있다. 고통 속에 계속 사로잡혀 있지 않고, 자신의 건강과 행복을 지키는 방식으로 행동할 필요가 있다. 분노를 억누르는 것, 분노를 계속 붙잡고 있는 것, 분노를 공격성으로 바꾸어버리는 것은 모두 회복탄력성을 떨어뜨리는 일이다.

분노의 힘

가장 순수한 형태로 분노를 잘 사용하면 분노는 세상에 선을 가져올 수 있다. 짜증 내거나, 싫증 내거나, 격분하는 것은 사회에서 문제를 찾아 경종을 울리고, 개인의 삶에 닥친 위협과 상처를 의식할 수 있게 한다. 분노는 이기심, 착취, 그리고 부당함을 바로잡기 위해 행동할 수 있도록 격려하고 힘을 불어넣는다.

자신의 진심을 담아 이야기하거나 권력 앞에서 진실을 말하기 위해 분노가 반드시 필요한 것은 아니다. 여기에는 확신, 상대에 대한 깊은 긍휼, 진정성이 필요하다. 인권운동가 마틴 루터 킹 목사는 인종차별의 불평등을 알리기 위해 공격성이 아닌 공분의 에너지를 사용했다. 남아프리카공화국의 데스몬드 투투 대주교, 망명자인 티베트 지도자 달라이 라마, 영국으로부터의 독립을 위해 노력한 인도 지도자 마하트마 간디 등 수많은 사람이 비생산적인 분노에 사로잡히지 않고도 변화를 이끌 수 있다는 것을 보여주었다.

우리는 다른 사람들의 분노(공격성이 아닌) 앞에서 겁먹거나 입을 다물지 않는 법을 배워야 한다. 학교와 사회를 변화시키기 위해서는 우리의 역사에 관해 대화를 나누어야 한다. 아메리카 원주민 대량학살, 노예제도, 그리고 분노를 불러일으킬 수많은 불의에 대해서 말이다. 우리를 갈라놓은 깊은 상처를 치유하고 공정한 학교를 세우려면, 자신과 다른 사람들의 감정을 다룰 수 있는 기술과 전략이 필요하다. 교사들이 함께 자신의 분노에 관해 이야기할 날이 오면 좋겠다. 그러면 우리는 자신의 분노를 인정하고 그로부터 배우며, 다른 사람들이 분노했던 경험을 듣고 언제가 그것을 풀어줄 수 있을 것이다. 그러한 대화를 통해 우리는 진정한 치유와 변화를 경험할 수 있다.

나는 아직 학교 현장에서 그런 대화가 제대로 이루어지는 것을 본 적이 없다. 그러나 내가 주최한 워크숍에서 교사들에게 분노에 관해 이야기할 시간을 주었을 때, 몇 가지 몰랐던 사실을 알게 되었다. 처음에는 이 주제에 관한 이야기를 제대로 할 수 있을지 걱정하다가도 나중에는 대화에 몰입한다. 호기심을 가지고 서로의 말을 경청하면서, 때로는 울기도 하고 괴로워한다. 대화가 끝나면 많은 교사가 피곤하다고 말한다. 동시에 필요한 이야기를 할 수 있었던 시간에 감사하고, 분노에 관해 이야기할 필요를 인정한다. 분노에 관한 대화를 나눈 다음에는, 항상 교사들에게 산책하게 한다. 신체를 움직이면 긴장을 푸는 데 엄청난 도움이 된다. 교사들은 산책 후 워크숍에 돌아와서 "대화를 나누면서 너무 긴장했지만, 같이 대화할 수 있어서 너무 좋았어요.", "대화하는 게 생각보다 어렵지 않았어요."라고 토로한다. 이런 대화를 한번 시도해보라. 방과후에 동료 교사들과 차를 마시거나 산책하면서, "학교에서 선생님은 언제 분노를 느끼는지 이야기해주세요."라는 말을 꺼내보자.

성향 : 수용

내가 코칭을 하고 있었던 아티 교육감은 학교 이사회와 큰 싸움을 하고 있었다. "제가 카드 게임의 선수라고 한다면, 제 손에는 지금 낼 수 있는 카드가 하나도 없어요." 아티 교육감이 말했다. "무슨 말이지요?" 나는 그의 비유를 이해하고 싶어서 다시 질문했다.

"화가 나요. 지난 1년간 그들과 게임을 침착하게 하려고 노력해왔는데, 지금은 너무 화가 나요." 그가 말했다. 나는 고개를 끄덕였다. 그동안 진행된 몇 번의 코칭 회기에서 그가 자신의 분노 감정을 알아차릴 수 있게 하려는 시도를 여러 번 했지만, 내게는 너무나 명백해 보이는 분노를 그 스스로는 인정하려 들지 않았다.

"그러면 분노도 카드 중 하나인가요? 카드는 어떤 상황인가요?" 나는 물었다.

"분노도 카드 중 하나예요. 또 다른 카드는 좌절, 또 다른 건 짜증이에요." 그는 잠시 말을 멈추고 의자에 앉아 나를 외면했다. 핵심 감정(부록 C 참조) 카드가 테이블 위에 놓여 있었다. "그리고 슬픔도 있네요." 그는 덧붙였다. "슬퍼요. 다들 저한테 왜 이러는 거죠? 배신감도 느껴요." 나는 잠자코 그의 말에 귀를 기울였다.

그는 내게서 등을 돌리고 몸을 앞으로 숙였다. "이것들은 제가 분노와 슬픔을 느끼고 있다는 걸 이해하는 데 도움을 주는 감정 카드지만, 다른 한편으론 상황이기도 해요. 이사회는 지난봄에 이번 일을 결정했는데, 지난번 회의 때가 되서야 그 얘기를 하더군요. 그들은 제가 이 일을 하기를 원해요." 말할 때마다 그는 가상의 카드를 하나씩 내려놓는 동작을 취했다. 그러면서 웃었다. "그렇지만 제겐 아직 에이스 카드 몇 개가 남아 있네요!" 아티 교육감의 기분이 약간 달라진 것 같았다.

"지금 기분은 어때요?" 내가 물었다.

"제 감정을 카드로 보니까 상황을 눈앞의 일로 볼 수 있어요. 지금 당장 제가 가진 건 손뿐이지만요. 상황이 바뀔 수도 있지만, 지금은 여기 있는 것으로 게임해야 해요. 이렇게 생각하니 기분이 좀 나아지는군요. 예전에 제 손에 든 건 훨씬 형편없는 것이었어요. 이제는 약간의 인내심, 명확한 사고력, 그리고 전략이 있으면 이 상황을 해결할 수 있을 것 같습니다."

감정이 뒤죽박죽이면 현실을 명확하게 파악하기 어렵다. 의도를 가지고 명확하게 행동할 수 없다. 현실을 받아들이지 못한 결과가 고통으로 나타나기도 한다. 우리는 상황이 달라지기를 원한다. 현재 있는 곳에 있고 싶지 않고, 함께 있는 사람들과 있고 싶지 않고, 자신의 있는 그대로의 모습을 원하지 않는다. 우리가 현실을 싫어하고, 원하지 않고, 밀어내면, 그것이 고통을 낳는다. 회복탄력성이 있는 사람들은 현실을 받아들인다. 불편한 감정을 느끼는 순간에는, 자신이 바꿀 수 있는 것이 무엇인지 확인하고, 바꿀 수 없는 것은 수용한다.

수용은 체념이 아니다. 회복탄력성이 있는 사람들은 "음, 저도 노력했다고요!"라고 말하지 않는다. 수용은 비록 마음에 들지 않더라도 그 순간을 있는 그대로 받아들이는 것을 의미한다. 그것을 통해 우리는 더 차분해지고, 앞으로 나아갈 많은 길을 명확하게 볼 수 있다. 수용은 감정을 이해하고, 통과하는 열쇠가 될 수 있다.

내게도 교사로서 받아들여야 하는 불편한 순간이 많았다. 그러나 힘든 현실을 받아들였을 때, 그리고 떠오르는 여러 감정을 수용했을 때, 내 안에서 더 많은 에너지가 솟아나는 것도 발견했다. 나는 새로운 의무인 교육과정을 시행할 수밖에 없다는 것을 받아들여야 했다. 그리고 그에 따른 분노도 받아들여야 했다. 내 최고의 동료 교사였던 케이코 선생님이 교단을 떠난 일도, 그에 따른 슬픔도 받아들여야 했다. 내가 교실을 떠나 학교에서 다른 역할을 해야 한다는 것도, 안도감과 슬픔이 뒤섞인 감정도 받아들여야 했다.

처음에는 이런 모든 순간이 마음에 들지 않았다. 상황이 달라지길 원했다. 내 마음속에 떠오르는 감정을 경험하고 싶지 않았다. 하지만 그럴수록 감정이 격화되거나, 감정을 다른 식으로 표현할 방법을 찾았다. 수용은 그런 감정을 인식하는 데 도움이 되었다. 감정이 차오르다가도 다시 수그러들기도 한다는 것을 볼 수 있게 해주었다. 그리고 궁극적으로는 내가 성장할 수 있도록 도왔다.

감정에 대한 자신의 권리 되찾기

다른 장에서는 감정 주기에 어떻게 개입하는지 더 탐구하겠다. 일단 감정은 생길 수밖에 없다는 것을 받아들여야 한다. 왜 우리가 감정을 느끼는지, 감정이 우리에게 어떤 도움을 주는지를 이해하면, 감정을 수용하는 데 도움이 된다. 감정이 인간의 육체적 생존에 중요한 요소라는 것을 이해한다면 감정을 더 높이 평가할 수 있다. 아프리카 사바나 지대에 살던 우리의 고대 조상은 많은 역경에도 불구하고 살아남았다. 무엇을 두려워해야 하는지, 어떻게 유대감을 가지고 공동체를 형성하는지, 자신을 보호하기 위해 사회집단에서 어떻게 생활해야 하는지 등을 배웠기 때문이다. 분노와 질투는 인간에게 많은 해를 입히기도 했지만, 인간이 살아남도록 돕는 역할도 했다. 우리는 소위 부정적인 감정이라고 여겨지는 것들에게도 도움을 받았던 것이다.

감정은 어떤 일을 계획하고, 행동하며, 우선순위를 정하고, 문제를 해결하도록 동기를 부여한다. 감정은 또한 다른 사람의 감정에 적응할 수 있게 도와주고, 사회적 유대감을 형성하고 유지하는 데도 도움을 준다. 감정은 기회가 찾아왔을 때 구별하고 반응하는 데도 도움이 된다. 우리는 감정이 우리에게 주는 메시지를 듣고, 그 교훈에 주의를 기울일 수 있다. 감정 이해하기는 회복탄력성을 기르기 위한 토대가 되므로, 이 책에서는 특정한 감정을 깊이 파고들어 그 목적과 영향을 고려하는 법을 배울 것이다.

회복탄력성은 역경에 직면했을 때 그 역경을 딛고 예전보다 더 강하게 다시 일어설 수 있는 능력으로, 우리의 목적을 달성하는 데 효과적이다. 우리가 매일 내리는 결정은 수십, 수천 가지나 된다. 학생이 내뱉는 비난 섞인 말에 어떻게 반응해야 하는지, 교장 선생님께 현장학습에 대한 결정을 재고해달라고 어떻게 요청해야 하는지, 어떻게 직장을 그만두어야 하는지, 이런 각각의 결정은 회복탄력성을 증가시키기도, 대폭 감소시키기도 한다. 감정적 자아를 이해하면, 자신이 선택할 수 있는 것을 구별하고 궁극적으로 바꿀 수 없는 것은 수용함으로써, 자신이 할 수 있는 것에 에너지를 쏟을 수 있게 한다.

너무나 오랫동안 감정은 전문적인 환경에서 설 자리가 없는 것으로 여겨져서, 학교장, 교육장 등과 감정에 관해 이야기하는 일이 반문화적인 것으로 느껴질 수도 있다. 감정은 예측 불가능하고 지저분하다는 악명을 떨쳐왔다. 감정은 여성과 어린아이의 것으로 밀려났고, 감정을 다루는 일은 심리치료사에게 맡겨졌다. 감정은 부끄러운 것이고, 감정을 표현하는 것은 수치스러운 일이라 여겨졌다. 하지만 우리는 생물학적으로나 사회적으로나 감정과 연결되어 있다. 감정을 부정하는 것은 우리 일부분을 잘라내는 일이다. 학교가 발전하고 교사와 학생이 성장하는 곳이 되려면, 감정을 느낄 권리를 되찾고 함께 감정에 관해 이야기해야 한다. 그러면서 우리는 교사로서 우리의 목적에 도달할 수 있는 에너지와 힘을 얻고, 서로 더욱 연결될 수 있다.

함께 생각해볼 문제

- 이 장의 내용을 읽고 학교에서 감정에 관한 이야기를 나누는 일에 대해 어떻게 생각하게 되었는가?
- 이 장의 어떤 내용이나 아이디어가 새롭게 다가왔는가?
- 감정과 관련해 더 배우고 싶은 것은 무엇인가?

3장 • 힘을 북돋는 스토리 말하기

사건을 해석하고 이해하는 관점에 따라 정서적 회복탄력성은 높아질 수도 있고, 낮아질 수도 있다. 사건의 어떤 부분을 이야기할 것인가는 스스로 선택할 수 있다. 힘을 북돋는 스토리를 선택하면, 삶을 낙관적으로 바라보고 해석하는 능력, 즉 낙관주의도 한층 높아진다. 낙관주의는 회복탄력성이 있는 교사의 핵심 특성이다.

8월(새 학년 시작 전 여름방학, 1학기 시작): 교사의 생각, 거기에 회복탄력성을 꺼낼 수 있는 열쇠가 있다. 이 중요한 습관으로 새 학년을 시작하라.

신규 교사 시절, 나는 주눅 들어 있었고, 끊임없이 일했지만 지쳐 있었다. 효과적으로 일 처리를 하지 못해서인지, 일정이나 계획에 사소한 변화라도 생기면 무척 당황스러웠다. 우리 교실은 종이 더미, 뚜껑 열린 물감, 버려진 과학 과제물, 분실물로 늘 엉망이었다. '올해를 버텨내지 못할 거야. 계속 교직에 남는다는 건 불가능해. 나는 완전히 실패자야.'라는 생각이 종종 들었다.

이듬해 초, 나는 종이와 펜을 놓고 앉아서 앞으로 펼쳐졌으면 하는 일을 그려나갔다. 먼저 나와 학생들을 그리고, 그 옆에 말풍선을 그린 다음 나만 알아볼 수 있는 글씨도 적어넣었다. 그림 속 우리 교실은 정돈되어 있고 깨끗하고 차분했다. 내 책상 위에는 건강식단 도시락을 그려넣었다. 학생들은 수업에 집중하면서 학습에 몰입하고 있었고, 서로 자신이 배운 것을 이야기하고 있었다. 가장 중요한 것은 내 머리 위에 그려진 말풍선의 내용이었다. 거기에는 '나는 가르치는 것을 좋아해!', '아이들이 아주 잘 배우고 있어.', '어젯밤 나는 충분히 잠을 잤어. 그리고 갑자기 자율학습이 취소되긴 했지만, 괜찮아!', '올해는 작년보다 정말 좋아졌어!'라고 쓰여 있었다.

여기가 나의 터닝 포인트였다. 나는 부정적인 생각을 물리치며 이 그림을 그려냈다는 사실이 뿌듯했다. 사실 그림을 그리는 동안 '이런 일은 절대 일어나지 않을 거야.', '이건 네 꿈일 뿐이야.'라는 말이 계속 들렸다. 그럴 때마다 나는 조용히 하라고 말했다. 실제로 "닥쳐!"라고 외치기도 했다. 요즘도 가끔 나 자신을 비판하는 소리가 커지면 그렇게 한다. 공감해주는 말이 뒤늦게 찾아오기는 한다. 그렇지만 이렇게 부정적인 생각이 나를 방해하면 그것을 내쫓기 위해 총천연색 언어를 사용한다. 그림이 완성된 후, 나는 그것을 벽에 붙여놓았다. 그리고 매일 아침 그 그림을 보면서 지금과는 사뭇 다른 현실이 가능할 것이라는 생각을 떠올렸다.

이후로도 몇 주 동안, "난 올해를 절대 못 버틸 거야."라는 소리가 내 안에서 들려오면, "넌 버틸 수 있어. 그리고 내년에는 올해와 다를 거야."라는 이야기를 나 자신에게 했다. 교실이 엉망진창이 되었을 때는 이렇게 말했다. "자, 교실을 정리하려면 뭐부터 해야 할까? 일단 시작해보자고." 조금씩 조금씩 일이 쉬워졌다. 이듬해에 나는 확실히 좋아졌고, 그림으로 그렸던 일이 실제로도 이루어지고 있었다.

스토리텔링의 약속과 함정

언어는 자신과 세상에 대해 이해한 것을 구체적으로 표현한다. 흩어져 있는 사실과 순간이 이야기로 엮어질 때, 우리 삶의 사건에 형태와 의미 그리고 생명이 부여되는 것이다. 언어를 통해 사건의 본질이 구현된다. 스토리는 과거, 현재, 미래를 연결하고, 우리의 기억 속에 남아서 지혜를 전해준다. 스토리는 우리가 누군지, 또 우리가 무엇을 할 수 있는지 알게 해준다. 신규 교사로 하루를 보낸 다음에도, 그 하루 시간에 관해 매우 다양한 스토리를 만들어낼 수 있다. 예를 들면 신규 교사로서 배움의 여행을 한 시간이었다는 스토리를 만들 수도 있고, 신규 교사로 아주 형편없는 모습이었다는 스토리를 만들 수도 있다.

스토리는 위험한 것이 될 수도 있다. 한 학생이 눈을 치켜뜨면서 우리를 볼 때, '저 학생은 나를 무시하고 있군.'이라고 생각한다면, 회복탄력성을 약화시키는 스토리를 스스로 만들어내는 것이다. 또한 우리는 의식적으로 혹은 무의식적으로 다른 사람을 폄하하는 스토리를 만들고 또 전파하기도 하는데, 우리의 더 큰 사명에 이런 일은 도움이 되지 않는다. 우리는 스토리를 만들 수 있기 때문에, 이 순간은 회복탄력성을 증가시킬 수 있는 소중한 시간이다.

이런 습관은 기르기가 정말 어렵지만 아주 중요하다. 우리가 무엇을 생각할지 결정할 수 있도록 힘을 주는 습관이기 때문이다. 출근길에 교장 선생님이 교사를 본체만체하고 지나갔다면, '내가 뭘 잘못했지? 교장 선생님은 왜 나를 무시하지?'와 같이 생각할 수도 있고, '교장 선생님이 아침부터 생각할 일이 많은가보다.' 이렇게 생각할 수도 있다. 바로 이때가 교사의 해석이 필요한 순간이다. 어떤 생각을 했는가에 따라, 또 그에 기반해서 어떤 스토리를 만드는가에 따라, 그날의 회복탄력성이 조금씩 올라가기도 하고 내려가기도 한다. 이런 연습을 매일 수백 번 할 수도 있을 텐데, 이것은 결국 삶의 서사에 들어갈 내용적 요소를 교사 자신이 직접 선택할 수 있다는 이야기다. 바로 이 습관, 즉 자신에게 '힘을 북돋는 스토리 말하기' 습관은 낙관주의에 가장 직접적인 영향을 미치게 되는데, 낙관주의는 회복탄력성이 있는 사람의 핵심적 성향이다.

3장에서 우리는 개인의 심리적 수준에서의 스토리텔링에 대해 먼저 살펴볼 것이다. 또한 학교, 지역, 그리고 사회같이 더 큰 규모에서의 스토리텔링에 관해서도 생각해볼 것이다. 우리에게 도움이 되지 않는 생각과 신념을 바꾸는 방법, 그리고 새로운 스토리를 만들 수 있는 방법도 살펴보겠다.

힘을 북돋는 스토리를 말하려면, 다음 같은 6가지 요소를 고려할 필요가 있다. '생각 알아차리기', '왜곡된 생각 인식하기와 바꾸기', '부정적인 생각의 바탕에 놓인 핵심 신념 뿌리 뽑기', '새로운 스토리 만들기', '우리 주변 조직의 스토리 인식하기', '스토리 공유하기'가 그것이다. 이 요소들은 항상 그런 것은 아니지만, 순차적으로 진행되는 경우가 많다. 물론 '왜곡된 생각 인식하기와 바꾸기'를 배우는 중에도 '새로운 스토리 만들기'를 할 수는 있다. 그러나 왜곡된 생각을 충분히 드러내고 해체하지 못한 채 새로운 스토리를 만들었다면 그다지 영향력을 발휘하지 못한다. 그림 3.1은 '힘을 북돋는 스토리텔링의 6가지 요소'를 보여준다.

그림 3.1 | 힘을 북돋는 스토리텔링의 6가지 요소

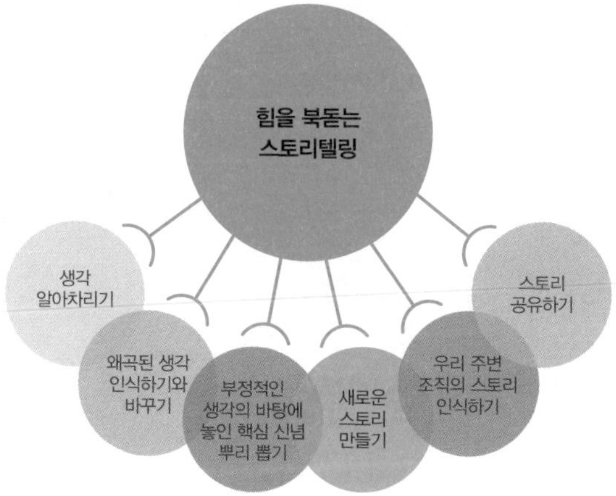

결론은 이렇다. 감정이 달라지기 바란다면, 먼저 자신이 생각하는 방법을 바꾸어야 한다. 우리의 스토리는 우리의 생각이고, 우리는 우리에게 도움이 되는 생각을 만들 수 있다. 이제 '스토리 만들기'의 출발점, 즉 우리의 해석 방법을 살펴보자. 이것을 이해하면 회복탄력성을 높이는 방식으로 우리 삶에서 일어나는 사건을 이야기할 수 있다.

해석의 뿌리 파헤치기

선불교에는 안갯속에서 천천히 자기 배의 노를 저어가던 한 남자에 관한 유명한 이야기가 있다. 색을 갓 칠한 새 배였는데, 그 남자는 자신의 배에 대한 자부심이 대단했다. 그때 또 다른 배 한 척이 다가오는 것을 보고 힘껏 소리쳤지만, 그 보람도 없이 결국 다른 배를 피하지 못하고 충돌했다. 다행히 그는 다치지 않았지만, 그의 새 배는 심하게 긁히고 말았다. 그는 다른 배에 타고 있던 사람들에게 화가 치밀어올랐다. 그런데 가까이 다가가보니, 그 배에는 아무도 타고 있지 않았다. 묶어놓은 줄이 풀어져 표류하고 있었을 뿐이었다. 사건에 대한 생각의 틀, 즉 해석이 달라지자 그의 분노는 순식간에 사라져버렸다. 이 이야기의 교훈은 바로 여기에 있다. 생각의 틀을 바꾸면 감정을 조절할 수 있다. 이제 개인의 심리적 수준에서의 스토리텔링에 대해 먼저 살펴보도록 하자.

인식의 수준 높이기: 해석이 전부다

기억하라. 감정에는 6단계가 있다. 감정을 촉발하는 사건 발생, 그에 대한 해석, 신체적 반응, 행동하고 싶은 충동, 행동, 결과. 사건은 항상 발생한다. 그와 관련해 우리가 할 수 있는 일은 별로 없다. 그러나 사건이 일어난 후에는 사건에 대한 해석을 내리기 전에 개입할 수 있는 부분이 있고, 그 때문에 같은 사건도 다른 방식으로 경험할 수 있다.

교사에게 흔히 있는 스트레스 요인과 그에 대한 해석을 다음같이 간단한 시나리오로 만들어 살펴보자.

사건	X교사의 해석	Y교사의 해석
학부모가 갑자기 상담을 요청한다.	내가 지금 뭘 한 거지? 나는 제대로 하는 게 하나도 없어. 이 사람은 분명히 나를 비난하러 오는 거야. 오늘 이 사람의 아이와 어떤 대화를 했는지 기억도 나지 않는데. 아마 분명 내가 한 일 때문에 화가 났을 거야. 화가 잔뜩 난 학부모를 상대하는 것으로 내 하루가 시작되겠군.	무슨 일인지 궁금하네. 아이에게 별일은 없어야 할 텐데. 아마 지난번 학부모 상담을 놓쳐서 상담을 요청한 걸 거야. 만나보면 좋을 것 같아.
복사기가 또 고장 났다.	도대체 여기는 제대로 작동하는 게 없어. 행정실 직원들은 정말 무능해.	복사기가 고장 났네. 기계가 낡아서 교체 부품을 구하기 어려운가봐.
학생에게 질문하자 눈을 치켜뜨고 쳐다본다.	정말 무례한 아이네. 구제불능이야.	아이가 왜 이럴까? 아이와 좀 더 이야기해봐야겠어.
복도에서 교장 선생님이 아는 체도 하지 않고 그냥 지나간다.	교장 선생님은 나를 좋아하지 않나봐. 내가 이 학교에 있는지 없는지도 전혀 모르는 것 같아.	교장 선생님이 일이 많은가보네. 아마 힘든 하루를 보내고 계시는 거겠지.

첫 번째 칸에 나온 X교사의 해석을 보면, 성급한 결론을 내리고 있다는 것을 알 수 있다. 우리도 알아차림이 없으면 이렇게 된다. 세상에서 살아남기 위해, 우리는 이렇게 몇 초 안에 해석할 때가 많다. 그러나 우리가 이렇게 만들어낸 스토리는 문제 있는 경우가 많다. 때로 우리의 생각이 우리의 친구가 되어주지는 않는다. 회복탄력성을 키우는 생각을 보려면 두 번째 칸 Y교사의 해석을 보자.

무슨 생각을 하는가에 따라 감정이 결정된다. 해석을 어떻게 하는가에 따라 정서적 고통을 유발할 수도 있고, 이를 악화시키거나 심화시킬 수도 있다. 반면 해석을 바꾸면 낙관주의를 증진시키고 다른 사람들과 연결될 수 있도록 돕고, 우리 자신을 돌볼 수 있게 하고, 회복탄력성을 증진시키는 여러 습관을 기를 수도 있다. 감정을 만드는 것은 우리의 해석이다. 해석이 좋아지면 감정도 더 좋아진다.

해석 중단시키기

좋다. 그러면 이제 무엇을 해야 할까? 생각을 제대로 하기 위해서는 마음을 차분하게 가라앉혀야 한다. 강한 감정이 올라와 자신을 사로잡는 게 느껴지면, 스스로 긴장을 풀 수 있는 시간을 주라. 심호흡하고 근육을 이완시키는 게 도움이 된다. 그리고 어떤 감정이든 그것을 느낄 수 있도록 허용하라. 문제를 해결하려 하거나 분석할 필요가 없다. 그저 감정을 느끼고 경험할 필요가 있다.

이제 이렇게 하자. 먼저 앉아라. 그리고 슬픔, 분노, 거절감 등의 감정이 느껴지면 그대로 허용하라. 어떤 것도 할 필요가 없다. 신체적으로 강한 반응이 올라오면, 숨을 깊게 내쉬라. 그러면서 이렇게 말하라. "난 정말 화가 났어. 화가 난 게 맞아. 턱과 어깨로도 느껴져. 나는 화가 난 거야." 이렇게 자신의 감정을 인정하는 말이 분명히 도움이 된다.

다음으로 할 일은 스스로의 생각을 구체화하는 건데, 생각보다 어려운 일이다. 다음의 질문이 도움이 될 것이다.

자신의 생각을 구체화하기 위한 질문

- 감정을 촉발하는 사건이 일어났을 때 가장 먼저 떠오른 생각은 무엇인가?
- 그 사건에 관해 지금 자신에게 어떤 이야기를 하고 있는가?
- 무엇 때문에 그렇게 속상한가?

- 그 사건이 어떤 기억을 떠오르게 하는가?
- 그 사건이 자신과 자신의 인생에 관해 말해주는 것은 무엇이라고 생각하는가?
- 그 사건 때문에 다른 사람들은 나를 어떤 사람으로 생각하는 것 같은가?
- 그 사건을 통해 다른 사람들에 관해 무엇을 알게 되었는가?
- 혹시 일어날까봐 걱정되는 일은 무엇인가?

생각 구체화하기: 예시

사건: 겨울방학이 끝난 개학날 아침, 교장 선생님이 복도에서 눈을 마주치지도, 웃지도, 인사도 하지 않은 채 내 옆을 지나쳐 갔다.

- 가장 먼저 떠오른 생각: 어떻게 저럴 수가 있지? 정말 이상한 사람이야.
- 나 자신에게 하는 말: 저렇게 둔하고 무례한 사람 밑에서 일할 순 없어.
- 속상한 점: 이렇게 무시당하고 인정받지 못하다니 너무 화가 나. 교장에게 내가 들은 말은 전부 비판적인 내용뿐이었어. 교장은 내가 여기 있든 말든 신경도 안 쓰는 거야.
- 떠오르는 기억: 나를 무시하거나 배려하지 않았던 다른 교장들과 일했던 기억이 떠오르네.
- 이 사건이 나 자신과 내 인생에 대해 말하는 것: 이 일은 내가 학교에서 인정받는 사람도, 가치 있는 사람도 아니며, 심지어 한 사람의 인간으로서도 대우받지 못하고 있다는 것을 말해주는 거야.
- 나에 대한 다른 사람들의 생각: 다른 사람들이 나에 대해 어떻게 생각하는지는 잘 모르겠어. 어쩌면 존중할 필요도 없고 무시해도 괜찮은 교사라고 생각하는지도 모르지. 아마도 나를 인정받을 필요가 없는 고용인에 지나지 않는다고 여기는 것 같기도 해.
- 교장에 대한 내 생각: 교장은 정말 이상한 사람이야. 절대 존경할 수가 없지.
- 걱정되는 일: 어쩌면 내가 한 일이 문제가 돼서 나를 아는 척하지 않은 것일 수도 있어. 아니면 정말 나한테 전혀 관심이 없는 것일 수도 있고.

앞의 예시를 읽고 다시 생각해보자. 이런 생각은 사실 과민반응이다. 이 교사는 성급한 결론으로 치닫고 있다. 그러나 이렇게 왜곡된 생각에 빠지는 것은 우리에게도 흔히 있는 일이다. 이에 관해서는 다음 장에서 좀 더 자세히 다루겠다. 지금의 기분과 이전의 감정적 경험을 포함해 수많은 요소가 우리의 해석에 영향을 준다. 이미 부정적인 상황 가운데 놓인 상태라면, 사건을 부정적으로 해석할 가능성은 더 커질 것이다. 그러나 생각을 어떻게 하는가에 따라 부정적인 고통을 피하거나 줄이는 데 도움을 받을 수 있다. 기억하라. 생각을 바꿀 수 있으면 감정도 바꿀 수 있다.

리더를 위한 제안

교사의 성장을 돕고 학교 조직의 변화를 이끌려면, 교사들이 자신의 노력, 학생, 전문성, 교수teaching, 그리고 학습에 대해 어떤 생각을 하는지 자유롭게 이야기할 수 있게 해야 한다. 그런 다음 이런 생각을 다시 정립할 수 있도록 도와주라. 다음은 이런 주제의 대화를 시작할 때 사용할 수 있는 질문이다.

- 선생님은 이미 그 사건에 대해 결론 내린 것처럼 들려요. 그게 뭔지 말해줄 수 있나요? 어떻게 그 결론을 내리게 되었는지 과정을 말해줄 수 있나요? 지금 내린 결론과 다른 결론을 내릴 수도 있을까요?
- 화나는 일이 있었다고 들었어요. 그 일을 겪으면서 자신에 대해 어떤 생각이 많이 들었나요? 다른 사람들이 선생님에 대해 어떤 생각을 할 것 같은가요? 그 사건을 다른 방식으로 해석해볼 수도 있을까요?
- 선생님이 그 일을 겪으면서 __________ 같은 감정을 느꼈고, __________ 라는 결론을 내렸다고 들었어요. 선생님이 내린 결론이 그것이라면, 다른 사람과의 관계, 교사로서의 잠재력 등에 대해 선생님은 어떤 일을 할 수 있을까요?

왜곡된 사고: 스토리는 교사의 웰빙을 어떤 방법으로 저해하는가?

생각을 바꾸기 위한 첫 번째 단계는 도움되지 않거나 부정확한 생각이 무엇인지 인식하는 것이다. 심리학자가 말하는 왜곡된 사고는 일련의 패턴으로 구성되어 있다. 이러한 사고방식은 대부분 습관적으로 진행되기 때문에 인식이 어렵다. 수년 동안 알아차리지 못한 채, 해오던 대로 그냥 한다. 강하면서도 괴로운 감정을 경험할 때면 이렇게 도움되지 않는 해석의 패턴 중 한 가지 또는 그 이상을 사용해 성급하게 결론을 내리는 경우가 많다. 한꺼번에 이 모든 사고 패턴을 사용하는 경우도 있고, 가장 선호하는 사고 패턴이 있는 경우도 있다. 표 3.1은 가장 보편적인 왜곡된 사고의 패턴들이다.

표 3.1 | 왜곡된 사고의 공통 패턴

왜곡된 사고(생각)	설명 및 예시
흑백논리	A교사는 "항상", "모든" ,"절대" 같은 단어를 자주 사용한다. A교사에게는 모든 일이 맞거나 틀리고, 전부 아니면 아무것도 아니고, 아주 좋거나 아주 끔찍하다. 회색지대도 없고, 사람이나 상황의 복잡성을 인정하지 않으며, 중간지대도 없다고 본다. 자신이 원하던 대로 정확하게 되지 않으면, 완전히 실패한 것이라고 단정해버린다. "우리 교장 선생님은 내가 잘하고 있다는 말을 한 번도 한 적이 없어요!"라는 식으로 말한다.
성급한 결론 내리기	B교사는 사실관계를 다 몰라도, 때로는 아무것도 모르는 상황인데도 성급하게 결론을 내린다. 근거가 없는데도 부정적으로 가정한다. 다른 사람이 자신에 대해 어떻게 느끼는지 판단하는 일에 매우 자신만만하다. 상대방의 말을 전혀 듣지 않고 그 사람의 동기와 감정을 추론한다. 아직 일어나지 않은 일에 대해 거의 항상 부정적인 결과를 예상한다. 즉, 이런 식이다. "오늘 교장이 갑자기 나를 보러 우리 교실에 들렀어. 무슨 일인지 모르지만 분명히 나에 대해 안 좋은 평가를 적어낼 거야." B교사는 표정이나 비언어적 의사소통을 포함한 다른 사람의 행동을 자신의 생각만으로 해석한다. 그 가정이 맞는지 틀린지 확인도 하지 않는다. 예를 들어, "코치가 날 싫어하는 게 분명해. 날 보면서 웃는 걸 본 적이 없으니 말이야."라는 식이다.

비현실적 기대	C교사는 다른 사람이나 일반적인 삶에 있어서, 자신이 "그래야 한다."라고 생각하는 부분에 부응하지 못하면 화를 낸다. 상황이 어떻게 진행되어야 하는지에 관한 자신만의 엄격한 규칙이 있다. 통제할 수 없는 일에 대해서도 자신과 다른 사람들을 비난하고, 가혹하게 대한다. "~해야 해."라는 말을 많이 사용하며, "나는 완벽주의자가 아니라, 단지 기준이 좀 높을 뿐이야."라고 말한다.
긍정격하	D교사는 사람, 상황 또는 경험의 부정적인 측면에 초점을 맞추고 이를 확대해서 본다. 긍정적인 사실이나 경험은 무시하거나 설명하지 않으려 한다. 아이들이 말을 잘 듣는 날에는 "오늘은 운이 좋았던 거야. 내일이면 다시 통제 불능이 될 거야."라고 말한다. 만약 누군가가 그에게 고마움을 표현하면, "아무것도 아니에요. 누구나 할 수 있는 일이지요."라고 말한다.
과잉일반화	E교사는 하나의 근거만 가지고 빠르게 결론을 내린다. 학년 초에 교장 선생님이 가르치는 내용을 보여달라고 한 적이 있자, '이 사람은 나를 믿지 않아. 이런 사람과는 일할 수 없어.'라고 생각했다. 복사기가 고장 날 때는 '이 학교에는 제대로 되는 일이 하나도 없네.'라고 생각한다. 자신이 선택한 하나의 사실, 상황, 사건 등을 가지고 결론을 내버린다.
파국화	F교사는 모든 일이 잘못될 것이라고 생각한다. 최악의 시나리오를 생각하고 그것을 다른 사람들에게 경고한다. 상황이 너무 끔찍하고 참을 수 없다고 말한다. 새 학년이 시작되고 한 달이 지난 다음에 전학생이 오자, 교실의 균형은 무너질 것이며 좋은 시간은 다 지나갔다는 식으로 선언했다. 교장 선생님이 새로운 행동 지침을 발표하면 "이건 절대 안 되는 일이야."라고 중얼거린다.
감정적 추리	G교사는 자신의 감정이 실제 상황을 반영한 것이라고 믿는다. 자신의 감정이 곧 사실인 것이다. '만약 내가 이렇게 느낀다면, 그것은 사실일 거야.'라고 생각한다. 아주 작은 실수 하나를 해놓고도, 자신은 틀림없이 바보일 것이라는 결론을 내린다.
개인화	H교사는 모든 것, 특히 나쁜 것을 자신과 연관시킨다. 부정적인 것은 무엇이든 자신과 관련이 있으며, 자신이 그 일에 책임이 있다고 확신한다. 통제할 수 없는 일에도 책임을 지려고 한다. 무슨 일이 잘못되기라도 하면, '내 잘못이 틀림없어.'라고 생각한다. 회의 시간이 자신에게 맞지 않게 조정되면 '내가 화를 내도록 만들고 싶었나보네. 아니면 회의에 참석하지 않기를 바라고 그랬을 수도 있어.'와 같이 생각한다.

이 패턴 중 익숙한 것이 있는가? 때로 우리는 이런 왜곡된 사고습관에 빠진다. 하지만 이런 생각은 별로 도움이 되지 않는다. 반드시 기억하라. 우리는 생각에 개입할 수 있고, 도움되지 않는 방향으로 흘러가는 감정 주기를 중단시킬 수 있다. 이런 사고를 인식하고 전환하는 데 필요한 활동을 찾아야 한다.

상황을 악화시키는 핵심 신념

이지 선생님의 코칭을 시작했을 때, 나는 6학년 교실에서 흔히 일어나는 일에 대한 선생님의 반응에 당황하지 않을 수 없었다. 이지 선생님은 저학년을 3년간 가르쳤기 때문에, 가르치는 일 자체가 처음은 아니었다. 그러나 교장 선생님이 학부모에게 보내는 자기소개서를 수정했으면 좋겠다고 하거나, 학생들이 과제를 제대로 해내지 못하거나, 동료 교사가 어떤 질문을 하면 마음이 무너져 내리는 것처럼 보였다. 선생님은 울면서 전화를 걸어서는 이렇게 말했다. "저는 교사가 되지 말았어야 했어요. 정말 바보 같아요! 우리 부서 동료 선생님들은 절대 저처럼 이렇게는 안 할 거예요. 우리 반 아이들은 저 대신 다른 선생님에게 배우는 게 더 좋겠어요." 나는 선생님이 과민반응을 한다고 생각했지만 어떻게 도와줄 수 있을지 확신이 들지 않았다.

이지 선생님을 코칭할 때마다 단단한 바위에 부딪히는 느낌이 들었다. 다섯 걸음 걸었다 싶으면, 자신에 대한 이런 단단한 바위 같은 생각에 부딪히곤 했다. 선생님의 사고과정과 해석 밑바탕에는 자신은 근본적으로 문제가 있거나 무능하다는 믿음이 있었다. 이지 선생님이 교사로서 자신이 겪는 어려움에 대해 말할 때, "문제는 오히려 선생님의 생각이에요!"라고 말해주고 싶었다. 모든 경험과 사건이 이렇게 문제 있는 생각을 통해 필터링되고 있는데도, 선생님은 이 사실을 자각조차 하지 못하는 것 같았다.

어느 주말, 나는 사회복지사인 친구를 만났다. 약 20년 전에 처음 만난 이후, 친구는 지금까지 자신에 대한 "핵심 신념"이 어떻게 변해왔는지를 이야기해주었다. 이야기를 나누면서 나는 비로소 이지 선생님을 이해할 수 있었다. 선생님이 가진 자신에 대한 핵심 신념이 교사로서 성장할 수 있는 자신의 능력까지도 왜곡시키고 있었던 것이다. 나는 그전까지 핵심 신념이라는 말을 들어본 적도 없었기 때문에, 친구에게 설명을 부탁했다. 그때 배운 핵심 내용은 다음과 같다.

- 핵심 신념은 완고하고 뿌리 깊어서 바꾸기 어렵다. 그것은 떼려야 뗄 수 없는 우리의 일부처럼 느껴진다. 그리고 때로는 이것이 문제가 된다.
- 무가치함(자신이 근본적으로 흠이 있거나 무능하다는 일반적인 느낌)도 핵심 신념 중 하나다. 문제가 되는 또 하나의 핵심 신념은 자신이 사랑받지 못한다고 느끼고 다른 사람들이 자신을 이해하거나 받아들이지 않을 거라는 가정이다.
- 일부 핵심 신념은 특정한 시기에 형성되었다. 당시에는 이런 생각이 필요한 이유가 있었겠지만, 지금은 더는 필요가 없는데도 여전히 우리에게 존재한다.
- 핵심 신념에 대한 인식을 통해 우리는 그것이 아직도 필요한지 평가할 수도 있고 바꿀 수도 있다.

나는 핵심 신념을 연구하면서, 문제가 되는 핵심 신념에는 공통된 주제, 즉 무가치함, 사랑받을 수 없음, 불신, 무기력감, 우월감, 자기희생주의, 완벽주의, 부정적 성향 등이 있다는 것을 알게 되었다(부록 E '문제가 되는 일상적인 핵심 신념'을 참조하라). 나는 이지 선생님이 자신에 대해 무가치함이라는 핵심 신념을 가지고 있으리란 생각이 들었다.

그다음 번에 이지 선생님을 만났을 때, 나는 이렇게 말했다. "저는 선생님이 교사로서 발전하도록 최선을 다해 돕고 있어요. 또 선생님과 공유하고 싶어서 배우고 있는 것도 있어요." 나는 핵심 신념을 설명하고, 그중 무가치함에 대해 배운 것을 말했다. 그러자 선생님은 내가 묻기도 전에 울음을 터뜨렸다. 나는 그녀가 진정될 때까지 기다렸다. 울음을 겨우 멈추고 그녀가 말했다. "그 말을 들으니 정말 안심이 되네요." 나는 그녀의 말에 놀랄 수밖에 없었다.

"그게 무슨 뜻이죠?"

"선생님 말씀이 맞아요, 저는 자주 스스로 가치가 없다고 느껴요. 하지만 그걸 전혀 인식하지 못했어요. 아마도 그렇다고 결론 짓는 것은 두려웠던 것 같아요. 하지만 다른 사람들도 이런 일을 겪는다는 것을 알고 나니, 이상하게 기분이 나아지네요."

"선생님이 그런 신념을 가지고 행동하는 경우, 그게 다른 사람에게는 어떻게 보이거나 들릴 것 같아요?" 이지 선생님은 그런 신념이 자신의 인식 밑바탕에 있다는 것을 보여주는 지표를 나열하고 있었다. 그 지표에는 모든 일을 의심하고, 지나치게 자기비판적이며, 다른 사람들의 비판이나 피드백에 과민반응하는 모습이 포함되어 있었다.

"만약 선생님이 그런 신념대로 행동한다면, 교사로서 그리고 한 인간으로서 선생님에게 어떤 일이 일어날까요?”

“저는 계속 끔찍한 기분일 테고, 일도 제대로 못할 거예요. 그리고 제가 도와야 하는 학생들을 돕지 못하겠지요.”

“그런 잘못된 신념이 떠오르면 자신에게 뭐라고 이야기해줄 수 있겠어요? 자신이 느끼거나 말하거나 행동하는 것, 그 이면에 있는 잘못된 신념을 보면요.”

이지 선생님은 잠시 멈추더니 말했다. “지옥에나 가버리라고 할래요!” 나는 웃음이 났다. 선생님은 말을 계속 이었다. “저는 그런 핵심 신념이 어디에서 비롯된 것인지는 이제 알겠어요. 그리고 그게 진실이 아니라는 것도요. 그 신념이 제게 영향을 미치도록 내버려둘 이유가 없어요.” 나는 이지 선생님에게 그런 신념이 어디서 비롯된 것인지 물어보지 않았다. 그것은 코치가 아니라 심리치료사의 일이기 때문이다. 물론 문제가 되는 핵심 신념이 어디에서 비롯되었는지 밝혀내면 힘을 북돋는 데 도움이 된다. 왜냐하면 그런 신념의 기원, 우리가 그 신념을 채택했을 당시에 그 신념이 한 역할, 그리고 그것이 현재에 미치는 영향을 구별할 수 있기 때문이다. 때때로 나는 내가 코칭하는 교사에게 심리치료를 통해 자신의 핵심 신념, 특히 완고한 핵심 신념이 어디서부터 비롯된 것인지 알아보라고 제안한다.

이런 대화를 나눈 지 며칠 후, 이지 선생님이 전화했다. “제가 얼마나 자주 스스로 가치가 없다고 생각하는지 그 생각의 횟수를 세어봤어요. 그랬더니 이번 주에는 17번이나 그런 생각을 했더라고요.”

그녀는 말을 계속했다. “그 생각을 인식하고 구분해낼 수 있다는 게 너무 좋았어요. 문제가 되는 핵심 신념을 인식할 때마다 저 자신에게

'이게 바로 문제가 되는 핵심 신념이야.'라고 말해요. 그러면 그 신념이 조금 약해져요. 그리고 '난 형편없는 사람이 아니야. 그 신념이 형편없는 거야. 그 신념을 받아들일지 말지는 내가 결정해.'라고 말해요."

문제가 되는 핵심 신념 파악하기

이런 핵심 신념은 우리가 항상 진실이라고 붙잡고 있는 생각이다. 지엽적인 것이 아니라, 포괄적인 영향을 주는 것들이다. 이러한 핵심 신념이 가진 문제 중 하나는, 우리가 보는 세상을 필터링하면서 그에 반대할 만한 근거도 같이 필터링한다는 점이다. "나는 어디에도 맞지 않아." 같은 핵심 신념을 가지고 있다면, 이 핵심 신념을 뒷받침하는 근거에만 집중하기 때문에 내가 잘 맞을 수 있는 곳을 찾아내지 못하게 한다.

문제가 되는 핵심 신념을 어떻게 알 수 있을까? 사건에 대한 보다 균형 잡힌 해석을 하는 게 어렵다면, 핵심 신념이 어딘가에 내재할 가능성이 크다.

회복탄력성의 근원이 사건을 해석하는 방식에 있다는 사실을 이해하겠는가? 어떻게 해야 자신의 생각을 인식하고, 도움되지 않는 생각은 떨쳐버리고 새로운 생각을 만들어내서 회복탄력성을 끌어낼 수 있을까? 힘을 북돋는 스토리 말하기의 이면에 있는 자유를 이제 알아볼 수 있겠는가?

우리는 생각을 선택할 수 있는 힘을 가지고 있다. 무엇을 생각하고 싶은가? 어떤 생각이 행복하고 의미 있는 삶을 사는 데 도움을 줄 수 있을까? 어떤 스토리가 일할 때 목적을 달성할 수 있도록 해줄까?

새로운 스토리 만들기

왜곡된 생각과 문제가 되는 핵심 신념이 무너지면, 이제 마음을 붙잡을 수 있는 힘을 북돋는 생각을 식별해낼 필요가 있다. 새로운 스토리라인을 만들려면 연습이 필요하다. 연습하면 이후 해석이 필요한 사건이 발생할 때 새로운 스토리를 보다 쉽게 찾아낼 수 있다. 그렇게 되면 다음에는 교장 선생님이 복도에서 무시하며 지나가더라도 무가치함과 두려움이라는 잘못된 신념에서 나온 스토리라인에 매달리지 않고, 교장 선생님이 뭔가에 몰두해서 완전히 집중하고 있었기에, 교장 선생님의 행동이 나와는 무관할 것이라는 더 강력한 스토리에 마음의 무게를 실을 수 있게 된다.

이 책을 통해서 나는 새로운 스토리를 제공하고 싶다. 이제 3가지의 루틴, 즉 일상 습관을 통해 '실제로 이루어지기 바라는 것을 시각화하기', '긍정적인 자기선언문 만들기', '목표 설정하기'를 살펴볼 것이다. 이 3가지 루틴은 새로운 스토리를 만드는 데 도움이 되며, 이 책에서 제안하는 여러 가지 습관에 적용해보는 것도 좋다.

실제로 이루어지기 바라는 것을 시각화하기

새로운 스토리라인을 만들 수 있는 첫 번째 방법은 실제로 이루어지기 바라는 것을 시각화하는 것이다. 시각화란 문자 그대로 눈을 감고 마음의 눈으로 이미지를 그려보는 방법으로, 이렇게 마음의 눈으로 그린 것을 실제 그림으로 그려보거나, 써보거나, 다른 사람에게 말해볼 수 있다. 예를 들어, 건강한 학교공동체의 일원이 되고 싶다면 그곳에 있는 자신을 시각화하라. 그리고 동료 교사들과 나누는 대화를 상상해보라. 듣고 싶은 이야기를 적어보라. 예를 들면 다음과 같은 것들이다. "이 상황에 대한 선생님의 생각을 듣고 싶네요.", "학생이 수업시간에 그렇게 행동했을 때 선생님은 어떻게 반응했나요?", "선생님이 우리 부서에 계시니 정말 우리는 운이 좋네요." 회의에 들어갔을 때, 동료 교사들이 미소 짓는 모습을 그려보라. 퇴근하고 집에 갈 때의 기분도 시각화해보라.

자신에게 도움되지 않는 스토리를 버리고 싶다면, 내가 바라는 새로운 스토리를 만들어야 한다. 예를 들어 수업하고 있는데 학생들이 교사를 무시한다는 스토리라인이라면 벗어나고 싶을 것이다. 어떤 모습을 떠올리면 될까? 창의력을 발휘해야 한다. 현재와 다른 모습을 상상해볼 수 없다면, 새로운 스토리를 만들기는 더 어렵다. 알지도 못하는 것을 어떻게 시각화할 수 있겠는가? 내가 '샤르제트무아오'라는 말을 시각화하라고 한다면, 그게 무슨 말인지 모르니 시각화하기도 어려울 것이다('샤르제트무아오'는 내가 만든 단어다. 구글에 검색해도 나오지 않는다). 물론 '수업하면서 존경받는 느낌이 뭔지 전혀 모르겠어.' 하는 생각이 들 수도 있다. 마음속으로 그림을 그려볼 수도 없다. 그러나 주변에는 그 느낌을 아는 교사들이 있다. 그들에게 물어보라. 이는 마치 특이한 의상을 입는 것과 같다. 요정이 아니라도, 요정이 되는 기분을 상상할 수 없는 것은 아니다. 자신을 위한 새로운 심리적 모델, 즉 새로운 스토리를 만들어야 한다. 그렇게 살고 싶다면. 아마 학생들에게 존경받는다는 게 어떤 느낌인지 아주 조금이라도 떠오르는 것이 있을 것이다. 그러니 '아무 생각도 떠오르지 않아.' 같은 흑백논리에 매이지 말자.

시각화를 위한 또 하나의 유용한 팁이 있다. 자신이 원하는 대로 스토리를 만들라. 그리고 그 이야기에 열중하라. 원하는 내용은 얼마든지 가져올 수 있다. 하고 싶은 말, 듣고 싶은 말, 생각하고 싶은 말을 대본으로 작성하자.

긍정적인 자기선언문 만들기

새로운 스토리를 만드는 작업을 할 때, 긍정적인 자기선언을 말로 해보라. 이 연습은 엉뚱해 보이거나 뉴에이지 같은 영적인 활동처럼 들릴 수도 있지만, 과학적인 배경이 있다. 긍정적인 선언을 하면, 기분을 좋게 만드는 호르몬 수치가 올라가고, 뇌에는 "긍정적 생각" 뉴런 다발이 만들어진다. 이것은 마치 마음속에 전선을 재배치하는 것과 같다. 간단하고 쉽지만 효과는 강력하다.

자신에게 들려줄 말이니, 자신에게 의미 있는 맞춤식 언어로 만들어보라. 짧고 긍정적이며, 말할 때 기분 좋아지는 것이어야 한다. 가장 강력한 자기선언문은 자신이 직접 만든 것이겠지만, 다음과 같은 말로 시작해도 좋다.

- 나는 이겨낼 것이다.
- 나는 힘이 있다.
- 나는 소중하고, 여기에 소속되어 있다.
- 모든 것은 연결되어 있다.

- 나는 충분히 잘하고 있다.
- 매일 나는 더 나은 교사가 된다.
- 어려운 순간은 빨리 지나간다.

목표 설정하기

목표를 설정하는 것은 새로운 스토리를 만드는 데 도움되는 연습이다. 학생들을 가르치고, 회의에 참석하고, 지도하기 어려운 학생의 부모와 이야기하고, 성적표를 작성하는 일을 하기 전에 목표를 설정해 두는 것이다. 어떤 것을 경험하고 싶은지, 혹은 어떤 상황을 원하는지 등 간단한 루틴이다. 다음은 목표 설정하기의 예시다.

- 나는 오늘 5교시에 차분하게 인내하며 수업할 것이다.
- 나는 학년회의에서 다른 사람들의 말을 경청할 것이다.
- 나는 평가회에서 나오는 나에 대한 피드백을 흔쾌히 받아들일 것이다.
- 나는 현장학습을 즐길 것이다.

목표는 어떻게 살아가고 싶은지에 대한 스토리를 준다. 방향을 제시한다. 목표를 설정하고 나면, 우리 마음은 그에 도달할 수 있는 선택을 하게 된다. 현장학습을 즐기겠다는 목표를 잡았다면, 우리의 마음은 그 목표 도달을 확인해줄 근거 자료를 찾으려 할 것이다. '지금 저 녀석 표정 봐! 엄청 좋아하고 있네!' 이렇게 학생이 즐거워하는 표정을 찾아내면서 자신이 지금 얼마나 즐거운 경험을 하는지 인식하는 것이다. 만약 회의에서 경청하겠다고 다짐했다면, 다른 선생님이 하는 말이 틀렸다는 생각이 들 때나 마음속으로 그의 말에 대한 반박을 시작할 때도, '오늘 내 목표는 경청이야. 그러니 잘 들어보자.'라는 생각을 할 수 있다.

네브래스카주 교육감인 사이먼 박사는 내 워크숍에 몇 번 참석했다. 평생 미국 중서부에서 살았고 매일 정장을 입는 나이 지긋한 남자분이었다. 두 번째 만남에서 그는 이렇게 말했다.

"선생님, 오클랜드에서 열린 선생님의 첫 워크숍에서 목표 설정하기에 대해 말씀하셨지요? '목표 설정이라고? 내가 지금 캘리포니아주에 와 있다는 게 실감 나네.' 이런 생각이 들었지만 그래도 저는 배우는 데 열심인 사람이라 배운 것을 반드시 실천하겠다고 결심했어요. 몇 달 전에 학교 이사회가 있었어요. 논쟁이 많이 있을 테고 그 과정에서 제가 힘들어질 것을 알고 있었지요. 그래서 저는 회의가 열리기 전에 목표를 설정했고 이를 지켰어요. 그날 회의는 제가 지난 12년간 참석했던 학교 이사회 중 단연 최고였어요. 저도, 이사진들도 이전과는 달랐거든요. 모두 제가 목표를 설정했기 때문에 가능했던 일이라고 생각합니다. 요즘 저는 마치 개종한 전도자처럼 우리 지역 전체에 목표 설정하기를 퍼트리고 있어요. 감정을 숨기지 않고 솔직하게 표현하는 캘리포니아주의 것이긴 하지만, 그래도 효과가 있어요. 그리고 저는 그런 효과적인 방법을 계속 찾고 있답니다."

목표 설정하기는 교사에게 그 상황에 어떻게 존재할지 선언할 기회를 준다. 궁극적으로는 그 상황 전반에서 교사가 어떤 모습으로 나타날지, 무엇을 경험할지 진정한 통제권을 가지게 된다. 이 방법은 일상생활에 통합할 수 있는 가장 강력한 루틴이다. 한 달 동안 매일 시도

하면 이전과 달라지는 변화를 느낄 것이고, 심지어는 완전히 달라졌다는 느낌이 들 것이다.

> 우리는 결국 우리 자신의 스토리인 셈이다. 그 스토리는 감옥이 될 수도 있고, 감옥의 문을 부수어 열 수 있는 지렛대가 될 수도 있다. 우리는 자신을 구하는 스토리, 자신이나 타인을 가두는 스토리, 자신의 한계와 두려움을 쌓은 돌담에 맞서 자신을 일으켜 세우거나 부수기 위한 스토리를 만든다. 자유는 항상 스토리텔링을 하는 과정, 즉 기존의 스토리를 깨뜨리고, 침묵을 부수고, 새로운 스토리를 만들어가는 과정에서 주어진다. 자유로운 사람은 자신만의 스토리를 말한다. 존중받는 사람이란 자신의 스토리가 자리를 차지하고 있는 사회에서 사는 사람이다. – 리베카 솔닛, 미국의 작가

집단에 힘을 주는 스토리텔링

우리는 우리 시대와 삶 전반에 걸쳐 일어나는 사건에 대한 스토리를 말한다. 앞에서는 한 개인의 해석이 어떻게 자신의 회복탄력성을 약하게 혹은 강하게 만드는지 살펴보았다. 우리가 스스로 말하는 스토리는 우리 시대가 같이 공유하는 스토리가 된다. 그러나 스토리텔링이 사회적 수준이 되면, 권력과 특권이 더 큰 역할을 한다. 즉, 어떤 이야기가 전해지도록 할지, 누가 그것을 이야기하도록 할지, 어떤 방법으로 듣게 할지 등에 영향을 미친다. 이제 개인의 심리적 수준을 벗어나 더 넓은 맥락에서의 스토리텔링을 살펴보도록 하자. 사회적 수준의 스토리텔링은 학교 교사, 교육 관계자, 그리고 시민의 회복탄력성을 구

축하는 길이 될 수 있다.

우리가 물려받은 파괴적이고 지배적인 스토리 유산

여성, 가난한 사람들, 시골 사람들, 어두운 피부색의 사람들, 장애를 가진 사람들, 그리고 자신의 젠더에 순응하지 않거나 이성애적인 성적 정체성을 갖지 않은 사람들의 인간성을 비하하는 스토리는 여전히 우리가 사는 세상 곳곳에 존재한다. 이런 스토리가 지속된다면 집단의 회복탄력성은 약해진다. 그런 스토리를 말할 때와 들을 때 이를 인식하고 해결하는 것이 우리의 책임이다.

이렇게 인간성을 비하하는 스토리는 사회·정치·경제 권력을 가진 지배층에 의해 사람들을 대상화하고 그들의 권리를 박탈하는 방법으로 사용되어왔다. 유럽이 아프리카, 아시아, 아메리카를 식민지로 만들면서, 엘리트 계층은 노예제도와 식민지 착취의 명분이 될 수 있도록 이 지역의 주민들이 인지적으로 열등하다는 스토리를 만들었다. 우리가 사는 세상에도 여전히 이런 스토리는 존재한다. 이런 스토리 중 어떤 것은 약화되거나 변형되었고, 어떤 것은 교묘하게 위장했으며, 또 어떤 것은 여전히 노골적으로 존재한다.

파괴적이고 지배적인 스토리가 힘을 얻는 방법은 다른 사람들의 스토리를 침묵시키는 것이다. 말하기, 쓰기, 읽기 같은 도구에 대한 접근을 제한해 그들의 스토리를 많은 사람이 듣지 못하도록 막는 것이다. 노예주들은 노예가 읽고 쓸 수 있게 되면 노예제도의 야만성을 드러내는 그들의 스토리 때문에 노예제도를 정당화하기 어렵다는 것을 알고 있었다. 다른 시간과 공간에서도 소외된 사람들의 이야기가 공개

되면 지배적인 스토리는 신뢰를 잃거나, 때로 파괴되기도 했다. 거의 모든 권위주의 정권이 권력을 잡고 나서 하는 첫 번째 일 중 하나는 책 읽기를 금지하고 책을 태우는 것이다. 사람들이 침묵할 때마다, 일부 집단의 스토리를 말할 수 없을 때마다, 그 사회의 건강과 웰빙, 그리고 회복탄력성은 훼손된다.

세상에 대한 치유는 어떻게 이런 스토리를 들을 수 있는 공간을 만드는가, 어떻게 이런 스토리를 듣는가, 그리고 어떻게 우리의 스토리를 말하는가에 달려 있다. 2009년 TED 강연에서 나이지리아의 작가 치마만다 응고지 아디치에Chimamanda Ngozi Adichie는 다음과 같이 말했다. "스토리는 무언가를 빼앗거나 비방하기 위해 사용되어왔습니다. 하지만 동시에 스토리는 힘을 북돋아주고 인간성을 회복하는 데 사용될 수도 있어요. 스토리는 인간의 존엄성을 무너뜨릴 수도 있지만, 회복시킬 수도 있습니다."

스토리텔링은 정치적이다. 자신의 스토리를 말하는 것은 자유를 위한 행동이 될 수 있고, 타인의 스토리를 듣는 것은 연대를 위한 행동이 될 수 있다. 따라서 스토리를 말하고 듣는 것은 학교 현장, 지역, 국가의 집단적 회복탄력성을 높이는 방법이다.

진실 말하기와 진실 듣기

권력과 특권에 대한 접근을 전환하기 위해 큰 차원에서 일하는 것과는 별개로, 집단의 회복탄력성을 높이기 위해 오늘 우리가 할 수 있는 일이 있다. 잘 모르는 사람을 초대해서 그의 스토리를 듣는 것이다. 그리고 그 사람의 이야기에 마음을 열고 경청하기 위해 최선을 다하는 것이다. 상대방의 의견에 동의하지 않더라도, 그가 무엇을 믿든 그가 믿고 있는 것을 이해하자는 목표를 세우라. 그 사람의 의견에 동의할 필요는 없다. 그저 그가 어떻게 생각하는지 듣고, 그의 신념이 어디에서 왔는지 궁금해하고, 그를 인간적으로 존중하면 된다. 책임감 있는 태도로 그 사람의 말을 신뢰하면서 감사하는 마음으로 경청하라.

만약 누군가가 스토리를 말해달라고 요청하면, 진실을 말하라. 말하기 기술을 연마하고, 최선을 다해 다른 사람들이 이해할 수 있는 방식으로 말하라. 주의할 점은 "진실을 말하라"라는 것이 말을 무기처럼 휘두르라는 뜻은 아니라는 것이다. 자신의 의견을 설득하거나, 상대방이 자신의 말을 따르도록 하는 것도 효과적인 방법이 아니다.

학교에서는 무엇을 가르칠 것인지, 어떻게 가르칠 것인지, 학생의 행동을 어떻게 관리할 것인지 등에 대해서 서로 의견이 일치하지 않는 경우가 많다. 그런데 이렇게 일치하지 않으면 대화하기가 어려워지고 갈등이 생겨 학교에서 하려는 수많은 훌륭한 프로젝트가 무력화된다. 교사들이 서로의 말을 잘 들으려면 어떻게 해야 할까? 만약 우리가 그렇게 한다면 어떤 일이 일어날까?

서로의 스토리에 귀를 기울이는 것은 차이를 극복하는 데 도움이 된다. 미국의 저널리스트이자 팟캐스트 진행자 크리스타 티펫Krista Tippett은 다음과 같이 썼다. "나는 당신의 의견에 반대할 수는 있지만, 당신의 경험에 반대할 수는 없다. 일단 당신의 경험을 알게 되면, 우리는 관계를 맺고 연결되며, 서로의 입장이 복잡하다는 것을 인정하면서도 이전보다는 덜 방어적으로 경청하게 될 것이다. 여전히 의견의 차이는 남겠지만, 더 이상 그것이 우리가 함께할 수 있는 일을 규정짓지는 못한다."
(2016, p.22)

스토리에서 의견을 찾으라

학생의 행동을 지도하는 방법에 대한 자신의 의견은 무엇인가? 교사 자신의 의견이 등장하는 스토리가 있는가?

학생 행동에 대한 내 의견은 어린 시절 자신의 행동을 통제하지 못했던 남동생 이야기에서 비롯된다. 남동생은 셀 수 없을 정도로 교장실에 불려 다녔다. 내가 이 스토리를 말한다면, 남동생이 앓았던 간질과 뇌종양, 아버지가 세상을 떠난 후 우리 가정이 겪었던 불안, 남동생을 어떻게 지도해야 할지 몰랐던 교사들에 대한 스토리가 될 것이다. 남동생은 학교에 소속감을 느끼지 못했고, 결국 16살 되던 날 자퇴했다.

다른 사람들이 우리의 신념과 의견을 이해할 수 있도록 스토리를 말하자. 우리의 이야기가 다른 누군가를 변화시키기를 바라서가 아니라, 그것이 우리의 스토리이며 우리 마음 안에서뿐 아니라 밖에서도 존재할 가치가 있기 때문에 말하는 것이다. 그리고 반대로 우리가 듣는 입장이 되었을 때는, 다른 사람들의 스토리가 우리를 변화시킬 수 있도록 허용하자.

맥락에 대한 이해 : 조직의 스토리

개인과 마찬가지로 조직도 자신의 스토리를 말한다. 조직의 스토리는 개인의 스토리를 뒷받침해줄 수도, 약화시킬 수도 있다.

교사가 말하는 것은 중요하다

일부 학교에서는 수십 년간 같은 스토리를 반복한다. "지금 이런 상황에서 뭘 어떻게 할 수 있어요?", "지역교육청에서는 우리를 항상 속이고 있어요. 교육감이 누군지는 중요하지 않아요." 이런 스토리는 일을 진행하는 방식에 영향을 주고, 우리의 수많은 행동에도 반영된다. 조직의 스토리도 개인의 스토리, 신념, 생각과 거의 같은 방식으로 작용한다. 우리에게 힘을 북돋아주고 회복탄력성을 갖게 도와줄 수도 있지만, 반대로 우리를 침체시키거나 번아웃시킬 수도 있다.

학교, 교육계 리더, 그리고 교육에 대한 일반적인(긍정적인 혹은 부정적인) 가정은 다음과 같다.

- 모든 학생은 배울 수 있다.
- 교사들은 아이들을 돕고 싶어 한다.
- 학교나 교육 조직은 복잡하고 모호하며 역설적이다.
- 리더들은 자신의 개인적인 정치적 의도에 따라 결정을 내린다.
- 학교는 현상유지를 위해 만들어졌다.
- 학교는 아이들의 교육에 실패하고 있다.
- 아이들에게는 통제가 필요하다.

이 중 여러분이 가지고 있는 가정은 무엇인가? 학교와 교육청에서는 어떤 스토리가 계속 반복되고 있는가?

파괴적인 조직의 스토리는 보통 어느 정도는 사실이지만 궁극적으로 우리의 사기를 떨어뜨리고 기운 빠지게 하는 것들이라 다루기 쉽지 않다. "이 학교는 너무 오랫동안 아이들을 제대로 가르치지 못했어요.", "어떤 큰 사건이 일어나지 않는다면, 우리가 원하는 종류의 학교를 지을 수 없을 거예요.", "이 지역에서 일어나고 있는 일을 볼 때 우리가 할 수 있는 일은 많지 않아요." 같은 말에는 이런 특성을 가진 스토리가 반영되어 있다. 우리는 이런 스토리를 구분해내야 한다. 그러기 위해서는 그 스토리에 동의하면서, 이를 계속 만들고 지지하는 사람들의 말을 잘 들어봐야 한다.

힘을 빼앗는 조직의 스토리에 빠져 있다는 것을 알았다면, 이를 중단시키거나 빠져나와야 한다. 만약 학교나 교육청의 스토리에 대처할 수 있는 에너지가 있다면, 지치지 않도록 함께할 동료들을 찾아라. 그리고 그 싸움을 둘러싼 당신의 스토리와 파괴적인 조직의 스토리, 그것을 믿는 사람들을 명확히 의식하고 구분하라. 그렇지 않으면 의도치 않게 원래 있던 스토리 위에 또 다른 파괴적인 스토리를 덧붙이게 될 수도 있다.

교사가 자신의 이야기를 말하는 것이 중요하다

노스스타학교에서는 방과후 학교에 남는 벌을 학생에게 주지도 않고, 정학을 주지도 않고, 교복도 입지 않고, '침묵하며 똑바로 걷기'도 하지 않는다. 학습 능력이 부족한 학생들은 하루 중 대부분 시간을 자기주도학습에 사용하고, 스스로 자신의 학습을 평가하고 학습과정도 설계한다. 외부에서 보기에는, 특히 초기에는 학교가 약간 혼란스러워 보였다. 개교하고 얼마 지나지 않았을 때 지역교육청 장학사들은 학교를 돌아보고 우려를 표했다. 쉬는 시간은 소란스러웠고, 학생들은 교복 대신 후드티를 입었으며, 복도에서 서로 팔짱을 끼고 걸어 다녔다. 같은 지역의 다른 학교에서는 이런 일이 없었기 때문에 장학사들은 이 학교를 걱정하기 시작했다. 그러나 열정적이고 힘차고 낙천적인 노스스타학교의 여자 교장 선생님은 교육청의 불안을 예상하고 이를 해소하기 위해 노력했다. "우리 학교에서 무엇을 하든 우리가 이야기하겠습니다. 우리가 아닌 다른 사람들이 우리 학교 스토리를 말하도록 내버려두지 않겠어요. 우리 말고는 누구도 우리 학교 학생들을 제대로 이해하거나 통찰력을 가지고 있지 않기 때문이지요." 노스스타학교는 영상, 가정통신문, 학생이 쓴 글 등 다양하고 창의적인 방법으로 학교의 스토리를 만들었으며, 이제까지와는 다른 방식으로 학교를 운영했다. 그러자 학교에 대한 교육청의 우려가 점점 줄어들었다. 학생들은 이전에는 경험하지 못했던 방식으로 학습에 성공했으며, 노스스타학교는 이름 그대로 그 지역의 빛나는 별, '스타'가 되었다.

학급, 부서, 학교 또는 교육청 어느 수준에서든 교사가 뭔가 새로운 일을 하려고 한다면 그게 어떤 일인지 사람들에게 이야기하는 게 중요하다. 그렇지 않으면 다른 사람들이 그 스토리를 대신하게 될 것인데, 그들의 스토리가 마음에 들지 않을 수 있기 때문이다.

그러니 여러분이 조직의 어느 위치에 있든, 자신이 믿고 말하고 만들어내고자 하는 스토리에 신경을 써야 한다.

리더를 위한 제안

- 리더의 생각과 믿음은 조직에 엄청난 영향을 미친다. 교사의 회복탄력성을 높이는 스토리를 말하고, 궁극적으로 학생을 돕는 것은 리더의 책임이다. 파괴적이거나 아무에게도 도움되지 않는 스토리가 있다는 것을 알았다면, 그런 스토리를 힘을 북돋아주고 도움되는 스토리로 바꿀 책임이 리더에게 있다. 학교에서 계속 전해지는 스토리를 자신도 모르게 받아들일 수 있으므로 교사들과 함께 새로운 스토리를 만들라. 그렇지 않으면 도움되지 않는 스토리를 방치한 책임을 져야 할 것이다.
- 이런 일을 꼭 혼자 할 필요는 없다. 힘을 북돋는 스토리를 말하는 동료 교사들을 찾거나 리더십 코치를 찾으라. 먼저 리더 자신의 생각과 스토리에 집중하라. 그리고 교사들을 초대해서 리더인 당신의 스토리를 공유하라.
- 리더의 스토리는 다른 사람들이 말하는 스토리의 바탕이 되므로 그 어떤 스토리보다 중요하다. 수년간 학교에서 일어난 모든 문제에 대해 교육청 탓을 해왔다면, 그런 스토리를 그만두는 데는 시간이 걸린다. 그러나 명심해야 한다. 교사들은 리더가 말하는 스토리가 옳다고 믿을 가능성이 크다. 그러니 리더는 할 수 있는 한 가장 진실된 스토리를 말해야 한다.

깊이 이해하기 : 사랑

학교에서의 회복탄력성을 말하는 이 책에, 그리고 힘을 북돋는 스토리를 말하는 장에서 왜 갑자기 사랑이 등장하는 것일까? 사랑은 우리가 말할 수 있는 가장 강력한 스토리이기 때문이다. 사랑은 슬픔과 고통만큼이나 가치 있는 이야기다. 이 단락을 계기로 수요일 오후, 학교 도서관에서 진행되는 교사연수에서 사랑에 관해 이야기하는 것이 불편할지 아니면 기꺼이 하고 싶어질지 생각해보았으면 한다. 동료 교사들과 사랑에 관한 대화를 나누면 어떤 일이 벌어질까?

학생들에 대한 내 사랑을 이야기하고 싶을 때, 나는 용어의 한계에 부딪힌다. 현재 서구 세계에 살고 있는 우리에게는 사랑을 표현할 수 있는 말이 부족하다. 고대 그리스인은 사랑을 표현하는 말을 훨씬 많이 가지고 있었다. 덕분에 우리는 낭만적인 사랑을 뜻하는 에로스eros, 친구나 동료, 인간에 대한 사랑을 뜻하는 필리아filia, 낯선 사람에게도 베풀 수 있는 친절을 뜻하는 아가페agape 같은 단어를 갖게 되었다. 내가 학생들에게 느꼈던 강렬하고 깊은 감정을 설명하기 위해 사용할 수 있는 단어는 무엇일까? 일단 '사랑'이라는 단어를 사용하기로 하고 더 이야기해보자.

어느 해 9월 1일 아침, 오클랜드주 동쪽 깊숙이 위치한 스톤허스트 초등학교로 2학년 때 내가 가르쳤던 학생 32명이 불쑥 찾아왔을 때, 나는 예상치 못한 사랑의 감정이 솟아오르는 것을 느낄 수 있었다. 그런 감정은 어색하기도 했고, 주체하기도 힘들었다. 내가 오스카, 마누엘, 빌리, 리제트, 바네사를 세심하게 보살피기 위해 들인 노력을 생각해보면, 오히려 수업 계획을 세우고 평가 시스템을 개발하는 게 더욱 쉬운 일이었다. 무려 22년이 지났는데도 나는 그때 가르쳤던 아이들의 이름과 얼굴을 어렵지 않게 떠올릴 수 있다. 우리가 항상 첫사랑을 기억하는 것처럼.

누군가 여러분에게 자신이 사랑한 학생들에 관한 이야기를 해달라고 하면 어떨 것 같은가?

또한 나는 교사 여러분이 학교에서, 아마도 교실 벽 너머에서, 상처받고 무너졌던 시간에 대해서도 알고 싶다.

학교에서 힘든 일을 견딜 수 있었던 것은 바로 사랑 때문이었다.

오랜 세월 교직에 있으면서 나는 많은 학생들을 사랑했다. 학생들을 사랑하는 일이 쉽지만은 않았다. 관계를 맺기 어려운 학생들도 있었고, 나를 자극하는 학생들도 있었다. 나는 성자처럼 학생들을 온전히 사랑하고 용서하지는 못했다. 모든 학생이 내게 사랑받았다고 느꼈는지 그것도 잘 모르겠다. 사랑에 관해 이야기할 때는 상대방을 놓친 순간, 사랑하지 않았던 순간, 상처받았던 순간에 관해서도 이야기해야 한다. 이러한 주제로 이야기를 나누면 우리는 위로받을 수 있다.

일단 비교적 쉽게 이야기를 나눌 수 있는, 학생에 대한 사랑이라는 주제로 한정해서 이야기를 시작해보자. 그래야 넓은 관점에서 서로를 이해하고 또 신뢰를 쌓을 수 있기 때문이다. 나는 지금까지 자기가 사랑한 학생들에 관해 이야기하지 못하는 교사를 만난 적이 없다. 어떤 교사든 자신이 사랑한 학생들에 관해 이야기를 시작하면 이제까지와는 다른 사람이 된다. 눈을 밝게 빛내고, 자세를 곧게 펴며, 표정은 부드러워지고, 말에 생기가 돌며, 자연스럽게 미소 짓는다. 스토리텔링은 우리에게 활력을 주고 긍정적인 말을 할 수 있도록 하며, 정서적인 안정을 준다. 가장 좋은 스토리텔링은 우리가 사랑을 갈망하고 다른 사람들을 사랑하고 싶어 한다는 것을 일깨워준다.

결국 우리는 마틴 루터 킹 박사가 실천해야 한다고 주장했던 사랑에 관한 이야기도 하게 될 것이다. 성자들과 부처가 우리에게 보여달라고 단호하게 주장하는 그런 사랑 말이다. 학교에서 이런 종류의 사랑을 실천한다는 것은 어떤 것일까? 우리가 무조건적인 사랑을 가지고 학교에서 가르치고, 리더십을 발휘하고, 코칭하려면 무엇이 필요할까? 나와 갈등을 겪었던 동료 교사, 내가 좋아하지 않는 누군가를 생각해보자. 어떤 종류의 사랑이 그들과의 의견 차이를 극복하고 다양한 관점을 받아들일 수 있도록 해줄까? 그렇게 할 수 있다면 어떤 일이 일어날까?

대부분의 학교에는 교사들이 그동안 논의할 수 없었던 주제가 엄청나게 많다. 여기에는 의견 차이, 갈등, 서로의 상이점뿐만 아니라 사랑도 포함된다. 그 주제에서부터 시작해서 그동안 논의하지 못한 주제들을 같이 살펴보자. 사랑은 수요일 오후에 학교 도서관에서 열리는 교사연수에서 논의할 주제로 충분한 가치가 있다. 사랑은 우리의 스토리텔링에서 중요한 자리를 차지할 자격이 있다.

성향 : 낙관주의

> 비관주의자는 모든 기회에서 어려움을 본다.
>
> 낙관주의자는 모든 어려움에서 기회를 본다.
>
> – 윈스턴 처칠

노스스타학교의 새로운 디 교장 선생님을 처음 만났을 때, 나는 그녀가 혹시 망상에 빠져 있는 것은 아닌가, 의심했다. 자신이 학교에서 겪게 될 어려움을 알면서도 이를 해결할 수 있을 것이라는 자신감이 어마어마했기 때문이다. 디 교장 선생님은 수십 년간 어려움을 겪었던 학교를 인수했고, 교사도 전부 새로 뽑은 상태였다. 당시는 미국 공통핵심기준Common Core Standards, CCSS이 교과과정, 교수법, 평가에 막 적용되기 시작하는 시점이었다.

나는 디 교장 선생님에게 성공적인 학기를 시작하려면 무엇이 필요할지 물어보았다. "우리는 이미 필요한 것은 모두 가지고 있어요. 우리 학생들은 아주 훌륭해요! 마치 곧 왕좌에 오를 왕과 왕비들처럼 말이죠!" 나는 작년의 학생 결석률이 대략 25%였다는 것을 언급했다. "글쎄요, 이제는 학생들이 학교를 멀리할 수 없도록 할 거예요. 3년 이내에 결석률을 5%로 낮출 겁니다."

나는 교사들이 실행해야 할 새로운 계획이 많고, 전체 교사 중 신규 교사가 많다는 데 우려를 표명했다. 그런데 교장 선생님은 오히려 신규 교사들과 이 일을 함께 시작하게 되어서 감사하다고 했다. 그러면서 자신이 처음 만난 교장 선생님이 어떻게 제 역할 모델이 되었는지 이야기했다. "계획이 너무 많은 건 사실이에요. 그건 제 잘못이지요. 우선순위를 정해서 올해는 좀 잘라내야겠어요."

나는 비관적인 사람은 아니지만 노스스타학교에는 해결할 문제가 아주 많았다. 교장으로 일한 지 4년밖에 안 된 디 교장 선생님이 이전의 세 교장 선생님처럼 고군분투하다가 그만둘까봐 걱정되었다. 디 교장 선생님은 이런 문제가 있다는 사실을 모두 알고 있었지만 장기적인 안목을 가지고 있었고, 자신감도 넘쳤다. 자신이 만날 장애물에도 불구하고, 그것이 자갈만큼 작은 것이든 바위만큼 큰 것이든, 문제를 해결하기 위해 해야 할 일과 장애물을 피해 돌아가는 방법 모두를 알고 있었다.

어느 날엔가 학교에 도둑이 들어와 컴퓨터를 모두 훔쳐가고 교실도 엉망이 된 적이 있었다. 디 교장 선생님은 이렇게 말했다. "이제 보험금을 받게 됐으니 성능이 우수한 컴퓨터를 구입해야겠어요. 교실도 어차피 페인트를 새로 칠해야 하는 상황이었고요." 나는 물었다. "교장 선생님은 항상 이렇게 낙관적이신가요?"

내 말에 디 교장 선생님은 웃음을 터트렸다. "제가 신규 교사였을 때, 우리 교장 선생님이 농담 삼아 저를 '데비 다우너Debbie Downer'(분위기를 다운시키는 사람-옮긴이)라고 불렀다는 사실을 알면 놀라시겠죠? 예전의 저는 무슨 일이 일어날 때마다 최악의 시나리오를 생각하곤 했어요. 지금처럼 낙관적인 사람이 되기까지는 긴 여정이 있었지요."

학교에 부임한 첫해에 디 교장 선생님이 학교를 놀랍게 변화시키는 것을 목격하면서, 나는 종종 그녀의 낙관적인 성향이 자신의 회복탄력성과 교사의 역량을 향상시키는 데 어떤 역할을 했을지 생각해보곤 했다. 디 교장 선생님은 결코 순진하거나 비현실적이지 않았으며, 해결하기 어려운 장애물이나 누구나 경험하는 고통을 가볍게 여기지도 않았다. 하지만 그녀는 항상 학생과 교사에게 긍정적인 영향을 미치는 낙관적인 태도를 잃지 않았다.

낙관주의의 기본 원리

전문가들 역시 디 교장 선생님의 스토리를 확인해준다. 낙관주의는 누구나 배울 수 있고 강화될 수 있으며, 이는 회복탄력성이 있는 사람의 핵심적인 특성이기도 하다. 낙관주의의 수준이 늘 고정되어 있거나 영구적인 상태로 있는 것이 아니다. 그러므로 현재 비관적인 경향이 있는 사람이 미래에는 오히려 더 낙관적인 사람이 될 수 있다. 다음에 나오는 2종류의 낙관주의자에 관한 설명은 디 교장 선생님 같은 리더와 망상에 빠진 비현실적 낙관주의자 리더를 구별하는 데 도움을 준다.

- **현실적 낙관주의자**는 디 교장 선생님처럼 자신도 상황을 어렵게 만드는 데 어떤 역할을 하는지, 실제로 무슨 일이 일어나고 있는지 이해하려고 노력한다. 그들은 현재는 어렵더라도 미래에는 변화가 일어날 것임을 믿는다. 그들은 현실의 한계를 인정하고, 역경이 닥쳐도 긍정적인 전망을 유지할 수 있는 능력이 있다. 또한 모든 일을 장기적인 관점에서 본다. 단기적인 관점으로 보면 아무리 낙관주의자라도 부정적인 생각을 할 수 있기 때문이다. 그들은 언젠가는 좋은 일이 일어날 수 있을 것이라 믿지만, 그때까지 해야 할 일이 많다는 것을 알고 있다.
- **비현실적 낙관주의자**는 무슨 일이 일어나고 있는지 이해하기 위해 시간을 들이지 않는다. 또한 현실을 성급하게 판단한다. 그들은 역경이 초래할 위험을 과소평가한 나머지, 미래에는 아주 좋은 결과가 있을 것이라고 확고하게 맹신한다.

낙관주의자는 순진하지도 이상주의적이지도 않으며, 삶의 현실을 부정하지도 않고 맹목적이지도 않다. 대신 그들은 이렇게 한다.

- 큰 그림을 보고 가능한 모든 선택지를 파악한다.
- 역경 속에서 기회를 찾는다.
- 문제의 근본 원인을 찾고 책임을 다른 사람에게 돌리지 않는다.
- 그 여정을 즐긴다. 그리고 모든 일을 여정의 일부로 본다.
- 인생에는 기복이 있음을 이해한다.

- 삶이 불공평하고 어렵고 힘들 수 있다는 사실을 받아들인다.
- 갈등은 외부에 있고 일시적이며 구체적임을 인식한다.
- 문제에 대한 해결책을 찾고 불평하지 않는다.
- 자기 자신과 긍정적으로 대화한다.
- 내면의 행복을 추구한다.
- 크고 작은 일에 감사한다.
- 감정은 전염성이 있다는 걸 알고, 부정적인 사람을 피한다.
- 미워하는 마음을 흘려보내고 용서한다.
- 웃는다.

위 목록을 처음 읽었을 때, 나는 디 교장 선생님이 생각났다. 디 교장 선생님은 위의 모든 항목에 해당되었다. 나는 디 교장 선생님을 점차 더 잘 알아가게 되었다. 그녀에게도 분명 희망이 꺾이고, 피곤하고, 슬플 때가 있었다. 하지만 그녀는 내가 본 다른 현실적 낙관주의자 리더들처럼 점차 앞으로 나아갔다. 디 교장 선생님은 노스스타학교에서 5년간 일했다. 그동안 학교를 떠난 교사들은 거의 없었고, 디 교장 선생님이 부임한 지 몇 년 안에 결석률은 약 3%로 떨어졌으며, 학생들은 주어진 기회를 잘 활용해서 성장해갔다.

회복탄력성에 관한 나의 연구에서 다른 어떤 것보다 더 많이 논의되고 언급되는 것은 낙관주의다. 회복탄력성이 있는 교사들이 낙관적이라는 것은 부인할 수 없는 분명한 사실이다. 그렇다고 해서 그들이 슬퍼하거나 걱정하지 않는 것은 아니다. 나는 이른바 전문가들이 말하는 "현실적 비관주의자" 성향이 있었기 때문에 낙관주의자가 되는 방법을 계속해서 탐구했고, 수년간 낙관적인 사람이 되기 위해 노력했다. 내 노력의 핵심은 내가 말하는 스토리를 인식하고 신경 쓰는 것이었다. 여기가 우리의 해석, 우리의 스토리 만들기의 힘이 있는 장소이고, 낙관주의의 씨앗에 양분을 줄 수 있는 곳이다.

신중하게 스토리 선택하기

우리는 사건(예를 들어 우리를 무시하는 학생, 내가 원한 자리에 임명된 동료 교사, 상사의 건조하고 지나치게 짧은 이메일 등)을 해석할 때마다, 하나의 짧은 스토리를 만든다. 이 해석을 어떻게 하는가에 따라 우리의 회복탄력성은 높아질 수도 있고 고갈될 수도 있다. 이 짧은 스토리들은 다른 역할도 한다. 즉, 우리 삶에 가장 영향을 주는 스토리를 강화시키는 것이다. "나는 충분히 좋은 교사가 아니야." 또는 "이 학생들은 나를 존중하지 않아." 아니면 "나는 내 인생을 내가 원하는 대로 만들어갈 수 있어." 등과 같이 전체적인 줄거리가 될 수 있다. 이 짧은 스토리들이 거대한 스토리에 불을 지피기도 하고, 변형시킬 수도, 약화시킬 수도 있다. 그러므로 우리 교사들은 자신의 스토리를 신중하게 골라야 한다.

개인의 스토리가 모여 집단의 스토리가 된다. 우리가 학교나 지역 교육계나 교육청의 스토리, 즉 조직의 스토리를 만들어내는 것이다. 그리고 스토리는 사회적 차원에서 엮어진다. "교사들은 가장 열심히 일하지만 가장 인정받지 못하는 집단이다.", "달리 할 수 있는 게 없는 사람들이 교사가 된다."처럼 우리 교사들을 지배하고 있는 스토리에는 또 무엇이 있을까? 그런 스토리를 누가 말하는가? 그 스토리들은 우리에게 어떤 영향을 미치고 있는가? 우리에게 도움되지 않는 스토리를 어떻게 해체할 수 있을까? 스토리텔러는 항상 사회에서 중요한 위치를 차지한다. 우리가 만들어낸 스토리는 우리의 미래를 예측하고, 유산을 보호하며, 회복탄력성에 영향을 준다. 우리는 선택할 수 있다. 그러니 힘을 북돋는 스토리를 말하자.

함께 생각해볼 문제

- 교사 여러분이 말하는 스토리에서 자신은 어떤 통찰력을 얻었는가?
- 만약 우리가 다른 스토리를 말한다면, 어떤 감정이 달라질까?
- 이 장의 어떤 부분이 자신을 새롭게 이해하는 데 도움이 되었는가?

4장 · 공동체 세우기

우리는 사회적 존재이기 때문에 성장하기 위해서는 서로를 필요로 한다. 강하고 건강한 공동체가 형성되어 있으면, 어려운 일이 닥칠 때 그 안에서 격려받을 수 있고 삶의 기쁨도 경험할 수 있다. 공동체를 세우면 서로 공감할 수 있게 되고, 서로 공감할 수 있으면 공동체를 세울 수 있다.

9월(1학기 첫 번째 달): 이달의 가장 중요한 목표는 새로 만난 사람들과 강한 유대관계를 형성하는 것이다. 우리가 만드는 공동체는 회복탄력성의 토대가 된다.

교직 1년 차였던 해, 처음 한 달 동안 나는 매일 교사 식당에서 동료 교사들과 식사했다. 그런데 모든 선생님이 교사 식당에서 식사를 했던 것은 아니었다. 특히 신규 교사들은 별로 보이질 않아서, 다들 어디로 갔는지 궁금했다. 대신 교사 식당에는 학교 상황을 잘 알고 있는 경력 교사들이 많았기 때문에, 나는 그 선생님들이 가진 지혜를 배우고 싶어서 질문을 이것저것 하게 되었다.

그러나 나는 거기서 지혜를 가진 교사들 대신, 학생들에게 불만 많고, 학부모들에 대해 불평하고, 학교의 규율 부족을 한탄하는, 냉소적이고 심리적으로 번아웃된 교사들을 만나게 되었다. 지금 내가 가르치는 한 학생에 대해 작년에 담임을 맡았던 교사가 이렇게 말했다. "그 아이 주변에는 카페인 중독자, 매춘부, 깡패들밖에 없어요. 그 아이가 행동하는 것을 봤으니 이미 잘 아시겠지요. 아마 15살이 되면 감옥에 가 있을 거예요, 두고보세요." 또 다른 교사도 이렇게 조언했다. "어차피 감옥에 갈 거니까 그에 맞는 내용을 가르치세요. 그곳에서 필요한 질서, 일과, 엄격한 상벌 체계, 격리 같은 것 말이지요. 그게 학생들에게 선생님이 베풀 수 있는 최고의 친절일 거예요." 내가 수업, 주의집중 전략 그리고 교육과정에 대해 질문하자, 그 교사는 대답 대신 자료를 내밀고는 말했다. "교사로 살아남는 비결은 복사기랍니다. 아침 일찌감치 가는 게 좋아요. 선생님들이 너무 많이 써서 오전 8시면 고장이 나니까요."

10월이 되었을 때, 나는 내 자리에서 혼자 밥을 먹었다. 교사 식당에서는 소속감을 느낄 수 없었다. 하지만 나는 줄곧 공동체를 찾았고, 마침내 나와 생각이 같은 사람들을 찾아낼 수 있었다. 교직 2년 차가 되던 해, 나는 우리 학교에서 언어치료사로 일하는 베티나 선생님과 매일 점심을 같이 먹었다. 그리고 베티나 선생님과 함께 점심을 먹는 28분 동안 공유한 우정, 기쁨, 그리고 동료애는 내 회복탄력성의 원천이 되었다.

몇 년이 지나 나는 경력 교사들을 더 깊이 이해하게 되었다. 교사가운데는 그 지역에서 수십 년간 학생을 가르친 분들도 있었고, 그 지역 출신 선생님들도 있었다. 이 선생님들은 그동안 너무나 많은 학생들이 가지 않았으면 하는 길로 가는 것을 그저 지켜보아야 했던 것이다. 선생님들은 무력감을 느꼈지만, 소속된 학교 조직의 억압 때문에 뭔가 하려는 마음을 단념해버렸다. 그렇다고 교사들의 비효과적인 교육 전략이나 학생에 대한 부정적인 말까지 정당화해줄 수는 없다. 하지만 적어도 그 교사들이 어떻게 조직에 의해 망가지게 되었는지는 알게 되었다.

교사로 재직하는 동안, 나는 무엇이든 배우고자 하고 학생들에게 마음이 열려 있는 선생님들을 찾아다녔다. 내게 지혜를 주고 내 신념을 지지해주는 멘토들을 만나기 위해 노력했다. 언제부턴가 내게는 가족처럼 되어버린 학생들이 있는데, 그들을 가르친 지 20년이 지난 지금도 나는 그들을 애정을 듬뿍 담아 '미호mijo'(라틴계 가족 용어로 남자 가족을 지칭하며 이 단어 자체에 사랑과 애정이 가득 담겨 있다. 여기서는 아들의 뜻으로 쓰인다.-옮긴이), 혹은 '미하mija'(미호와 같은 식으로 사용되며 여기에서는 딸의 뜻으로 쓰인다.-옮긴이)라고 부른다. 공동체를 형성하면 우리는 일할 때 보람, 연대감, 그리고 기쁨을 느낄 수 있다.

왜 공동체 세우기에 초점을 두어야 할까?

1940년대 미국의 심리학자 에이브러햄 매슬로Abraham Maslow는 인간의 동기를 설명하는 그 유명한 욕구위계 이론을 발표했다. 매슬로는 인간의 욕구는 수면, 음식, 물과 같은 생리적 욕구부터 시작해, 원하는 욕구가 점점 위로 올라가는 피라미드 형태로 설명될 수 있다고 주장했다. 생리적 욕구 다음에는 물리적 피난처와 신체 건강 같은 안전 욕구가 온다. 매슬로는 피라미드의 하위에 있는 생리적 욕구와 안전 욕구는 생존에 필수적이라 보았지만, 나머지 상위 욕구는 그렇지 않다고 보았다. 상위 욕구로는 애정, 소속의 욕구, 존중의 욕구가 있고, 욕구 피라미드의 맨 꼭대기에는 잠재력 발휘와 관련된 자아실현의 욕구가 있다.

인간은 공동체를 필요로 한다

미국의 사회신경학자 매튜 리버만Matthew Lieberman은 공동체를 주제로 한 연구를 해왔다. 그는 매슬로가 욕구 위계 피라미드의 순서를 잘못 잡았다고 주장했다. 리버만은 우리 모두에게 음식, 집, 물이 필요한 것은 사실이지만, 영유아의 경우 이런 필요를 스스로 충족시킬 수 없다는 점을 지적했다. 즉, 영유아는 생물학적 욕구를 충족시켜주는 양육자가 있어야 생존이 가능하다는 것이다. 이는 사회적 관계가 기본적인 욕구이며, 욕구 피라미드의 가장 밑에 와야 한다는 의미다. 리버만은 다음과 같이 썼다. "매슬로의 피라미드를 이렇게 조정하면 '우리가 어떤 존재인가'에 관해 중요한 것을 알게 된다. 애정과 소속감 없이도 살 수 있는 것처럼 보이지만, 사실 인간은 생물학적으로 사회적 관계에 대한 갈망을 가질 수밖에 없다. 가장 기본적인 생존과 연결되어 있기 때문이다."(2013, p.43).

이 이론은 최대 규모의 난민수용소를 취재한 벤 로렌스Ben Rawlence의 가슴 먹먹한 책, 『가시나무의 도시City of Thorns』(2017)에서도 검증되었다. 이 수용소는 케냐 북부의 사막에 있는데, 약 50만 명의 동아프리카인이 이곳에서 겨우 목숨을 이어나가고 있었다. 로렌스는 수용소 사람들이 사랑하는 사람들과 연락하기 위해 전화와 SNS에 접속하려고 1주일 동안이나 굶주림을 참아내는 모습을 관찰할 수 있었다. 그들은 음식보다 공동체를 선택했다. 그만큼 우리는 서로를 절실하게 필요로 한다.

공동체 세우기에 관해 생각하다보면, 건강한 공동체가 무엇인가, 그 정의를 더욱 정교하게 생각하게 된다. 아마도 사람마다 모두 다를 것이다. 내게 회복탄력성을 키워줄 수 있는 공동체는 다양한 존재 방식을 인정하고, 서로의 이야기를 경청하며, 개인과 집단의 성취를 축하할 줄 알며, 건강하지 못한 갈등은 해결하고, 투명한 의사결정이 이루어지는 곳이다. 이런 요소가 없는 공동체에 있을 때 나의 회복탄력성은 약해졌다. 어떤 종류의 공동체가 우리의 회복탄력성을 키워줄 수 있을까?

건강한 공동체 구성하기에 관한 연구 주제는 면밀한 조사가 필요한데도 이를 별로 중요하게 여기지 않는 경향이 있다. 나는 내 책 『팀 코칭의 기술: 학교를 변화시키는 회복탄력성이 있는 공동체 만들기The Art of Coaching Teams: Cultivating Resilient Communities That Transform Schools』에서 이 주제를 깊이 있게 다루었다. 이 주제에 관해 더 자세히 알고 싶다면 좋은 자료가 될 것이다.

강력한 공동체에 교사가 남는다

공동체를 중시해야 하는 이유가 여기 있다. 즉, 교사들은 건강한 공동체에서는 학교를 떠나려 하지 않고, 학생들도 건강한 공동체에서 더 잘 성장한다. 내가 19년간 일했던 대도시 지역은 아주 문제가 많았고

월급도 인근 지역보다 훨씬 적었다. 자동차로 5분만 더 가면 되는 지역으로 이직할 경우, 적어도 1년에 1만 달러를 더 받을 수 있었다. 그러나 나는 소속감을 느끼고 사랑받는다는 것을 느낄 수 있는 공동체에 있는 게 더 좋았기 때문에, 더 높은 연봉을 거절했다.

연구가 말해주는 것

회복탄력성과 공동체 연구를 요약해보면 다음과 같다. 건강한 관계를 맺을 수 없으면 성장할 수 없다. 회복탄력성이 뛰어난 이들은 서로에 대한 신뢰와 공감을 특징으로 하는 지지를 보내는 친구 그리고 가족들과 돈독한 관계를 맺고 있다(Sarason, Sarason, Hacker& Basham, 1985). 폭넓은 관계를 맺고 있으면 연결되어 있다는 느낌을 경험할 수 있지만, 사회적 지지가 부족할 때는 우울, 불안, 심리적 번아웃뿐 아니라 사회적 소외감도 느낄 수 있다. 연구자들은 많은 시간을 들여 이러한 연구 결과를 얻었지만, 우리는 이미 이 연구 결과가 사실이라는 것을 알고 있다.

역설적이게도 교사는 하루에도 수십 명 혹은 수백 명의 사람들과 함께 지내지만, 교직은 가장 고립된 직업 중 하나다. 다른 동료 교사들과 분리되어 혼자 있는 시간이 많기 때문이다.

이 연구 결과는 우리가 시간과 자원을 어떻게 사용해야 할지 결정할 때 특히 참고할 필요가 있다. 매일 일정한 점심시간이 주어지면, 그 시간에 책상에 앉아 일할 수도, SNS를 검색할 수도 있지만, 동료와 함께 식사하면서 회복탄력성을 높일 수도 있다. 매주 1시간의 회의를 진행해야 하는 팀 리더라면, 8분 정도는 팀 빌딩team building을 위해 사용해보자. 팀원의 회복탄력성에 도움이 될 것이다. 자신이 교장이라면 교사 간의 신뢰와 이해의 기반을 마련하기 위해 개학 전에 이틀 정도 재충전의 시간을 함께 갖고 관계를 돈독히 하는 시간을 가질 수도 있다. 물론 비용이 많이 들겠지만, 교사 이직 때문에 생기는 비용도 만만치 않기 때문이다.

학생 및 학부모와의 관계

동료 교사들과의 관계도 중요하지만, 교사가 가장 많은 시간을 보내는 학생들과의 관계도 중요하다. 나는 학생들과 건강한 공동체를 형성하기 위해 늘 노력해오기는 했지만, 그 가능성에 대해 예전의 생각을 훌쩍 뛰어넘게 만든 경험이 있었다. 나는 2001년에 개교한 오클랜드주 어센드통합학교(유치원·초중등과정)의 창립 교사로서 학생 45명에게 3년 내내 인문학을 가르친 적이 있었다. 긴 시간을 같이 보내면서 함께 새로운 뭔가를 시작하는 경험을 했다는 것 때문에, 나와 학생들 사이에는 긴밀한 유대관계가 형성되었다. 그 3년은 내 교직 경력 중 가장 보람찬 시간이었으며, 그때 만난 학생들과의 관계는 지금까지도 이어지고 있다. 학생들을 아는 것이 교사의 회복탄력성에 기여한다는 연구가 있는데, 나 역시 교사로서 가장 행복하고 유능하다고 느꼈던 때가 언제였는지 생각해보면, 학생과 가장 끈끈한 관계를 맺었던 이 시간이었다(Beltman, Mansfield&Price, 2011; Farber, 1991).

어센드학교에서의 재직 시절, 나는 학부모들과도 공동체를 형성했다. 아들이 태어났을 때, 내 주변에는 조언을 구할 만한 연륜 있는 여성들이 없었다. 그런 상황에서 학부모들은 내게 자신의 지혜를 아낌없이 나누어주었다. 아이들을 같이 키우고, 어려운 단계를 헤쳐나갈 수 있도록 돕고, 당면한 어려움을 함께 해결해가면서 나는 그들에게 종종 진정한 동반자 의식을 느꼈다. 그때 학부모들과의 관계는 상호 존중과 감사를 특징으로 하는 독특하면서도 협력적인 관계였다. 어센드학교에 재직한 몇 년간 나를 지켜준 것은 동료 교사, 학생, 그리고 학부모와의 관계였다. 힘든 일이 생겼을 때 이런 관계는 더욱 중요한 역할을 수행했다.

리더를 위한 제안

신규 교사의 학문적·실제적·정서적 역량 개발을 지원하려면 교수, 멘토, 코치의 지원이 필수적이다(Clements, 2013). 또한 동료 교사들과의 상호 지지적인 관계도 "학습공동체"를 향상시키는 데 기여한다는 연구도 있다. 그런 관계를 통해 신규 교사는 스트레스에 대처하는 능력과 가르치는 기술을 발전시킬 수 있다는 것이다(Kevern and Webb, 2004). 동료 교사의 지지가 있으면 신규 교사가 전문적 정체성을 개발하고, 교직에 대한 헌신의 정도를 높이고, 교육에 더욱 헌신하도록 하며, 근속기간을 늘리는 데도 잠재적인 도움을 줄 수 있다(Clements, 2013). 사회적 지지가 신규 교사의 회복탄력성을 증진시키는 가장 중요한 기제 중 하나라는 결론을 내리는 연구도 매우 많다(Collins, 2008; Trolope, Waters and Everson, 2008; Wilks and Spivey, 2010).

교직같이 다른 사람을 돕는 직업을 가진 사람들은 이미 고도로 발달한 사회적 기술을 가지고 있을 것이라 가정하고, 일반적인 교사연수나 신규교사연수에서도 이런 역량을 확장하는 데 중점을 두지 않는 경우가 많다(Morrison, 2005). 회복탄력성에 관한 연구는 예비교사 교육 프로그램, 신규 교사 지원 및 개발, 그리고 신규 교사 코칭에도 도움이 된다. 또 이를 통해 교사의 정서 지능, 사회적 기술 그리고 의사소통을 함양할 수 있어야 한다. 교사들이 함께 건강한 공동체를 세우게 되기를 바란다.

모든 신규 교사가 이렇게 세련된 기술과 지식을 갖추고 오면 좋겠지만, 현실은 그렇지 않다. 계속 그렇게 되기를 기대할 수도 있지만, 현실에 맞춰 교사연수를 디자인할 수도 있다. 사회·정서 지능(EQ)이 더 높은 교사들을 끌어모으고, 채용하고, 근무할 수 있도록 채용 방법을 더욱 개선할 수도 있지만, 현재 근무하는 교사의 사회·정서 지능을 더욱 향상시킬 필요도 있다. 가르치는 일의 스트레스와 압박감에는 나름 독특한 특성이 있어서, 아무리 정서 지능이 높고 회복탄력성이 강한 사람이라도 처음 몇 년간은 힘들기 때문이다.
이러한 기술을 개발하기 위한 연수는 신규교사전문학습공동체(PLC) 같은 소집단, 일대일 코칭, 혹은 전체 교사연수 시간 등의 형태로 이루어질 수 있다. 다음은 신규 교사를 포함한 대부분 교사에게 필요한 주제 목록의 일부다.

- 동료 교사와 의견이 일치하지 않을 때 해야 할 일
- 교사 식당에서 부정적으로 말하는 교사에게 대처하는 방법
- 교장에게 더 많은 지원과 도움을 요청하는 방법
- 교장의 의견에 동의하지 않는 방법
- 교장과 좋은 관계를 유지하는 방법
- 화가 난 부모를 대하는 방법
- 자신을 싫어하는 학생에게 대처하는 방법
- 학생이 미워질 때 대처하는 방법

이 외에도 수십 개의 주제를 추가할 수 있다. 신규 교사였을 때의 경험을 생각해보라. 동료 교사, 교장, 학생, 학부모와 함께 건강한 공동체를 만드는 데 도움이 될 기술은 무엇인가? 교사들이 다른 학교로 떠나는 것을 막고 싶다면, 교사에게 도움이 되는 건강한 공동체를 만들라.

신뢰 : 건강한 공동체의 기초

신뢰가 건강한 공동체의 전제 조건이라는 것은 두말할 필요 없다. 공동체를 세우려면 학생과의 관계에서건 동료 교사와의 관계에서건, 신뢰감 형성에 초점을 두도록 하라. 공식적인 리더 위치에 있는 사람들이 공동체 구성원이 신뢰를 쌓는 데 핵심적인 역할을 하겠지만, 최적의 조건이 될 때까지 가만히 앉아 기다릴 수는 없다. 적극적으로 함께할 동료들을 찾고 신뢰관계를 쌓아갈 필요가 있다.

신뢰가 무엇인가는 직관적으로 느낄 수 있지만, 지적인 이해도 도움이 되었다. 나는 누군가를 신뢰하는 것이 어떤 일인지에 대한 감각이 뛰어난 편이다. 교사 시절, 나는 내 첫 근무지에서 언어치료사로 일한 베티나 선생님을 절대적으로 신뢰하고 있었다. 신뢰가 무엇인지 이해할 수 있게 되니까 사람들이 나를 더욱 신뢰하도록 할 수도 있고, 내게 신뢰감을 주는 다른 사람들의 행동도 더 잘 인식할 수 있게 되었다. 이는 내가 다른 사람들을 만나고 신뢰할 수 있는 관계를 만드는 데도 도움을 주었다.

신뢰란 무엇인가?

우리 개인의 삶 그리고 교사로서의 삶에서 신뢰란 무엇인지 생각해보자. 정말 신뢰하는 사람을 떠올려보자. 무엇 때문에 그를 신뢰하게 되었는가? 다른 사람들이 나를 신뢰할 수 있게 하는 것이 무엇이라고 생각하는가?

신뢰는 정서적인 상태로, 다른 사람의 성격과 역량에 대한 확신이다. 이 정의를 좀 더 자세히 살펴보자. 성격은 진실성과 관련되어 있다. 이는 우리가 얼마나 정직한지, 행동과 말이 얼마나 일치하는지 그리고 의도가 숨겨져 있는지 드러나 있는지와 관련된 것이다. 역량이란 기술과 능력을 의미한다. 우리는 자신이 하겠다고 말한 것을 실제로 할 수 있는 기술과 지식이 있는 사람을 신뢰한다. 역량에 대한 신뢰 요소는 직업과 관련성이 높다. 예를 들어, 내가 한 동료 교사를 친구로서 좋아하고 내 뒤를 봐줄 사람으로 생각하면서도 그의 전문적 기술, 즉 내년에 우리 반 아이들을 가르칠 역량에 대해서는 의구심이 든다면 그를 신뢰하지 못하는 것이다. 따라서 불신은 진실성과 능력에 대한 의구심이다. 내가 학교에서, 일반적인 어른들의 문화에서 많이 목격한 것이기도 하다. 조직의 기능장애가 상당 부분 신뢰의 부족에서 비롯된다는 점을 감안할 때, 이런 정서 상태를 이해하기 위해 시간을 충분히 할애할 필요가 있다.

관계적 신뢰

수년 전 '관계적 신뢰relational trust'에 대해 배운 적이 있는데, 나 자신과 내가 근무한 학교를 이해하는 데 많은 도움이 되었다. 동료 교사들과 함께 일한 경험 중에서 바꿀 수 있는 것과 없는 것이 무엇인지, 그리고 더 건강한 공동체를 만들기 위해서는 어떻게 해야 하는지도 알 수 있게 해주었다.

브릭과 슈나이더(Bryk&Schneider, 2002)는 연구를 통해 관계적 신뢰 개념을 제시했는데, 여기서 신뢰란 집단 내 대인관계에서 사회적 교환의 결과로 생기는 것이다. 이 연구에서는 회복탄력성과 관련한 공동체의 역할을 다음 3가지로 제시한다.

1. **학생의 학습은 어른 간의 관계적 신뢰 정도에 영향을 받는다.** 교사 사이에, 교사와 학부모 사이에 관계적 신뢰가 높을 때, 학생들은 잘 성장할 수 있다. 관계적 신뢰가 낮은 학교에서는 교사들이 서로 불편함을 느끼는 정도가 아닌 그 이상의 파급효과가 나타난다. 학생들이 부정적인 영향을 받는 것이다.
2. **신뢰가 생기려면 교사들은 자신의 업무는 물론, 다른 사람의 업무도 명**

확하게 이해해야 한다. 우리는 서로 의지하면서 일한다. 서로가 없다면 교육이라는 목표를 달성할 수 없다. 신뢰가 생기려면 역할을 명확하게 아는 것이 매우 중요하다. 예를 들어, 내가 '우리 대학의 학장은 온종일 뭘 하는 거지? 혼자 사무실에 있거나 아이들과 이야기나 하고 있겠지." 등과 같이 생각한다면 그를 신뢰하기는 어렵다.

3. **신뢰는 동료 교사의 의도에 대해 우리가 내린 해석의 영향을 받는다.** 만약 동학년의 동료 교사가 학생들을 돌보기 위해 학교에 늦게까지 남은 것이라 믿을 수 있다면, 그 동료 교사를 더욱 신뢰할 수 있을 것이다. 동료 교사의 의도를 그렇게 해석하려면 많은 요소가 영향을 준다. 이 요소에는 그 교사와의 이전의 상호작용뿐만 아니라 인종, 민족성, 성별, 나이, 학력 등도 포함된다.

우리는 다음 4가지 영역, 즉 존중, 배려, 핵심 업무 역량, 진실성에 대한 진단을 기반으로 동료 교사의 의도를 해석한다. 신뢰할 수 없는 사람이라 느낀다면, 이 4가지 영역에 대한 진단 결과 때문이다. 신뢰해

존중	▪ 우리는 서로에게 진심으로 말하고 경청하는가? ▪ 그 교사는 나를 존중하고 내 생각을 인정하는가? ▪ 우리는 서로 친절한 방식으로 상호작용하는가?
배려	▪ 우리는 직업적으로나 개인적으로나 서로를 배려하고 있는가? ▪ 그 교사는 기꺼이 정해진 것 이상의 일을 하려고 하는가?
핵심 업무 역량	▪ 나는 그 교사에게 맡은 일을 책임지고 효과적으로 수행할 수 있는 능력과 의지가 있다고 믿는가?
진실성	▪ 그 교사는 자신이 하겠다고 말한 것을 실제로 수행하는가? ▪ 어려운 결정을 내려야 할 때 그 교사가 학생의 이익을 최우선으로 할 것이라 믿는가?

도 되는지 확신이 서지 않는 동료 교사에 관해 생각해보자. 그리고 스스로에게 다음 질문을 해보자.

나도 내가 충분히 신뢰하지 않는 동료를 생각하면서 이 질문들에 대해 답해보았다. 존중과 배려 질문에는 '예.'라고 대답할 수 있었지만, 핵심 업무 역량에 관한 질문을 보면서는 긍정적인 대답을 하기 어렵다는 것을 알았다. 이것이 내가 그 교사를 신뢰하지 못한 이유였다. 다시 질문들을 보면서 이번에는 나를 신뢰하지 않을 것 같은 선생님을 떠올렸다. 왜 그 교사가 나를 신뢰하지 않는 것처럼 느껴질까 생각하면서 질문들을 검토해보았는데, 이번에는 배려에 관한 질문에서 멈추게 되었다. 내가 정말 그 교사를 개인적으로나 또는 일과 관련해 배려했는지 확신이 서지 않았다. 이론상으로는 그 교사를 배려했다. 나는 사람들에게 마음을 쓰는 편이기 때문이다. 하지만 내가 그 교사에 대해 아는 바가 거의 없었기 때문에, 제대로 배려하기도 어려웠다. 그 교사의 입장이 되어보니. 그가 왜 나를 신뢰할 수 없는지 알 수 있었다. 나는 그 교사를 몰랐고, 그 교사에 대해 별로 신경 쓰지도 않았다.

이러한 경험에 비추어볼 때, 신뢰를 쌓는다는 것은 구체적으로 무엇을 의미할까? 다른 사람이 나를 신뢰하기를 원한다면, 그들의 말을 경청하고, 배려하고, 역량을 믿고, 하겠다고 약속한 것은 실행해야 한다는 것이다. 이는 내게 친절하게 대하지 않거나, 자신의 역할 수행을 위해 필요한 기술을 갖추지 못한 교사를 내가 신뢰하지 못한 이유이기도 하다. 신뢰는 복잡하고 미묘하며, 과거와 현재, 우리의 정체성과 목표가 연결되는 지점에 있다. 신뢰가 무엇인지 잘 이해하면, 회복탄력성을 키우고 건강한 공동체를 찾는 데도 도움이 된다.

리더를 위한 제안

- 신뢰를 키우고 건강한 공동체를 만드는 것은 모든 리더에게 맡겨진 중요한 임무다. 즉, 여러분이 교실에서 학급을 운영하는 교사이든, 교사 간의 신뢰를 구축해야 하는 교장이든, 지역사회에서 신뢰를 구축해야 하는 교육감이든 마찬가지다.
- 신뢰를 쌓기 위해서는 개인적인 역사와 차이점 못지않게 경청, 대화, 사명, 비전과 가치, 비언어적 의사소통, 약속 준수, 그리고 생각의 불일치와 갈등에도 주의를 기울여야 한다. 교사와 학생이 학년 초에 하는 공동체 세우기 활동만으로는 충분치 않다. 개학파티만으로는 신뢰를 쌓을 수 없다는 말이다. 서로를 존중하는 의사소통이 어떻게 가능할지 이야기해보라.
- 서로에 대해 이해하고 생산적인 대화를 나누며 함께 즐거운 시간을 보낼 수 있는 편안한 상황을 만들어보라. 몸으로 말하는 흉내 내기 게임을 하고, 젠가 탑을 세우고, 꽃을 심고, 함께 식사하는 등 일상적인 일과는 다른 특별한 활동으로 옥시토신과 도파민 수치를 높이는 것이다. 폴 잭(Paul Zak, 2014)의 연구에 따르면, 회의를 시작할 때 8분간 사람들이 서로 이야기를 나누면 옥시토신이 증가한다. 리더의 임무는 구성원의 마음이 서로 연결되고 협력할 수 있도록 만드는 것이다.

공동체 세우기의 방법

때로는 공동체를 세우는 방법이 기술적이고 표면적으로만 설명되는 경우가 있다. 사회적 관계에 대해 표면적으로만 훑고 지나가거나, 우리가 갈망하는 회복탄력성이 있는 건강한 공동체를 만드는 데는 전혀 도움되지 않고, 공동체 세우기에 관한 피상적인 방법만 제시하는 글이었다. 예를 들어, '이웃의 이름을 아는 것'이 공동체 세우기에 도움이 된다는 식이다. 이웃의 이름을 아는 것은 공동체 세우기의 한 부분이 될 수는 있다. 그러나 우리가 알아야 할 것에 비하면, 빙산의 일

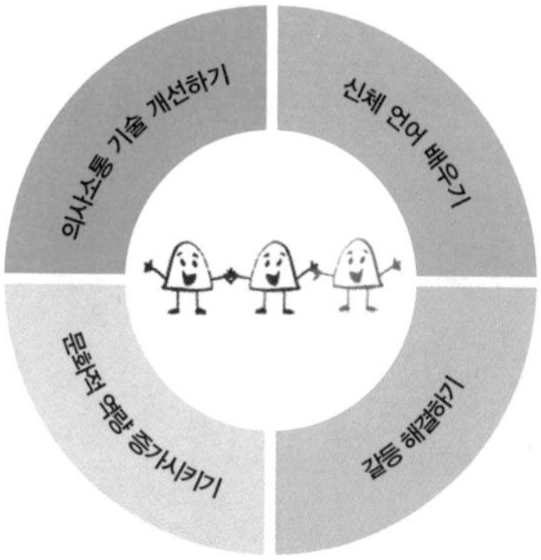

그림 4.1 | 건강한 공동체 세우기

각에 불과하다. 포용적인 공동체를 만들기 위해서는 이웃과 의사소통하는 방법을 알아야 한다.

건강한 공동체를 만들기 위한 여러 가지 방법을 고려해, 최대한 큰 효과를 낼 수 있는 4가지 전략을 정리해보았다. 이 전략들은 실행 가능한 것일 뿐 아니라 공동체 세우기의 심오함과 어려움도 충분히 감안한 것이어야 했다. 이렇게 해서 정리된 4가지 전략을 소개한다. (1) 의사소통 기술 개선하기 (2) 신체 언어 배우기 (3) 문화적 역량 증가시키기 (4) 갈등 해결하기. 위의 그림 4.1의 '건강한 공동체 세우기'는 이 4가지 전략을 나타낸 것이다.

어떤 면에서 공동체를 세우기 위해 가장 중요한 것은 문화적 역량일 수 있다. 이것이 의사소통을 개선하고, 신체 언어를 배우며, 갈등을 해결하는 데 필요한 렌즈가 될 수도 있다. 그러나 나는 보다 전체적인 관점에서 각각을 세부적으로 이해하려고 시도했다. 그런 다음 각 전략의 문화적 역량 측면도 살펴보겠다. 이 내용이 모든 전략을 포괄한 것은 아니겠지만, 적어도 성찰적으로 살펴볼 기회를 제공하며 추가적인 연구가 필요한 영역이 어디인지도 알 수 있게 할 것이다.

의사소통 기술 개선하기

우리는 어떻게 듣고 있는가? 누군가의 이야기를 들으면 어떤 마음이 드는가? 주의 깊게 듣고 마음을 열어 그 사람의 말을 마음에 새길 수도 있다. 반면에 판단이나 조바심이 들어 해결책을 제시하거나 조언하고 싶을 때도 있다. 그러나 우선적으로 우리는 경청해야 하며, 질문한 것에 대해서는 책임져야 한다. 경청은 건전한 사회적 관계의 핵심이다. 이제 경청의 기술을 연습할 시간이다.

제한적인 경청

비유적으로 말하자면, 우리는 갑옷으로 위장한 채 싸움을 일으킬 의도를 가지고 질문해왔다. 자신의 총명함과 지적 능력에 대한 자부심이 담긴 질문도 많이 했으며, 교육기관이나 학문적 오만함은 받아들여질 것으로 생각해 논문을 껴안은 채 다가가서 질문하기도 했다. 허술하게 위장한 속임수 같은 질문들이었다.

이런 군국주의 같은 대화가 가치와 충돌한다는 것을 발견하고는 전략을 바꾼 사람들도 있었다. 상대가 말할 때는 침묵을 지키고, 상대가 말을 마치면 2초 정도 멈추었다가 자신의 주장을 펼치는 전략을 구사하면서 스스로 경청한다고 착각한 것이다. 그러나 이것은 경청이 아니다. 단순히 말하기 전에 시간을 재고, 말하는 것을 모니터링하는 기술일 뿐이다. '경청하고 반응하는 일'을 '상대방이 말할 때 침묵하는 일'로 바꾸어버린 것이다.

그리고 이런 경청에는 의로운 분노가 있다. '의로움'의 요새로 들어가는 문을 삼엄하게 지키는 마음으로 듣는 것이다. 보초병은 잘못 들어온 침입자의 목을 주저하지 않고 벤다. 더 깊이 이해하거나, 더 큰 그림을 보거나, 고통에 귀 기울일 시간이 없다. 그 문은 항상 위급상황에 놓여 있기 때문에, 호기심이나 동정심을 가질 시간이 없다. 변명은 이미 수없이 많은 불의와 통계 자료를 통해 너무 많이 들었다. 그런 것을 들을 시간이 없다.

우리에게 익숙한 또 다른 경청의 방법도 있다. 해결 방법을 다 알고 있는 사람으로서 듣는 것이다. 해답, 지식, 해결책을 이미 가진 사람, 다른 사람이 필요로 하는 사람, 힘을 가진 사람으로 함께하는 것이다. 동정심을 가지고, 상대방을 작고 나약한 존재로 보면서 경청하는 것이다. 지지해주고 싶은 마음에, 사실 여부를 확인하고 싶은 마음을 감춘 채 질문만 하면서 말이다.

이렇게 제한적으로 경청하는 방법이 익숙하겠지만, 우리는 그 이상의 것, 즉 진정한 연결을 갈망하기도 한다. 이런 갈망에 무감각해져 있다가도, 가끔 터져나올 때도 있다. 제한적인 경청 방법으로 진행되는 대화에서는 숨이 막힐 것 같은 답답함을 느낀다. 경청하는 방법에 책임을 진다면, 우리는 더 폭넓게 경청할 수 있게 되고, 다른 사람들과도 더욱 돈독한 관계를 맺을 수 있다.

확장적인 경청

제한적인 경청과 대조되는 방식을 확장적인 경청이라고 한다. 이는 관계를 연결하고 공동체를 세우는 경청의 방법으로, 표 4.1에 다양한 방법이 제시되어 있다.

지금까지의 경청 방법을 부끄러워할 필요는 없다. 긍휼과 호기심을 가져보라. 확장적인 경청을 하려 하거나 새로운 형태의 질문을 할 때 두려울 수 있는데, 이게 정상이다. 생소한 일이기 때문이다. 관대하고 아량 있는 태도로 질문하고, 정직하고 품위 있는 태도를 보이자. 할 수 있는 한 가장 친절하고 부드러운 태도로 질문하자.

확장적인 경청과 관대한 질문을 하려면 용기와 연습이 필요하다. 다른 형태의 존재 방식에 대해 헌신할 필요가 있다. 미지의 세계로 항해를 떠나야 한다. 자신의 의견을 모두 버리거나 경험을 무시할 필요는 없다. 그렇지만 들은 내용에 맞춰 나 자신을 기꺼이 변화시키려는 의지가 필요하다. 우리의 마음과 생각은 유연하게 확장될 수 있는 엄청난 능력을 가지고 있다. 그러기에 이런 형태의 경청이 가능하다.

질문하기와 대답하기

확장적인 경청을 기반으로 하는 관대한 질문은 어떤가? 관대한 질문을 하는 것은 그다지 어렵지 않기 때문에, 여기서 설명을 더 하지는 않겠다. 사람들은 우리가 정확한 언어를 사용하는가 그렇지 않은가에 대해서는 그다지 신경을 쓰지 않는다. 확장적인 자세로 경청하고 겸손한 태도로 질문한다는 것을 느끼면 서투르거나 장황하게 말해도 용서한다. 생각해보라. 사랑하는 마음으로 누군가 경청해주는 것, 교사도 원하는 것 아닌가?

표 4.1 | 확장적인 경청 방법

경청 방법	제안
큰 그림을 생각하며 경청하기	전체, 상호 연결 지점, 교차 지점에 귀를 기울이라. 복잡한 상황을 살펴보면서 거기서 사람과 상황이 어떻게 움직이고 있는지 보도록 하라. 숲과 나무 둘 다 보라.
사랑으로 경청하기	열린 마음으로 경청하라. 상처받지 않고, 많은 사람의 고통과 괴로움을 안아줄 수 있다는 마음으로. 말하는 사람의 인간적인 속성을 이해하고, 그에게 온전히 마음을 기울이라.
고통 경청하기	고쳐주려고 하지 말고 고통을 온전히 경청하라. 스토리 밑에 깔린 감정을 경청하라.
겸손하게 경청하기	나를 신뢰하는 사람에게 감사하는 마음을 가지고 경청하라. 감정과 경험을 마주할 때 겸손한 태도로 들으라.
호기심을 가지고 경청하기	일이 이렇게 되어야 마땅하다는 당위적 생각에 매이지 말고, 또한 과거를 떠올리거나 미래에 집착하지 말고 경청하라. 기꺼이 놀랄 수 있는 마음의 준비를 하라. '~일 것이다'라는 가정을 내려놓으라.
긍휼의 마음으로 듣기	자기 자신은 물론 다른 사람에 대해서도 판단하지 말라. 누구나 자기만의 지식과 기술, 경험과 세계관을 기반으로 선택한다는 사실을 인정하고 받아들이라.
확신하며 듣기	폭넓게 경청하고 또한 폭넓게 반응할 수 있다는 자신감을 가지고 들어라. 동시에 누구든 자기 자신의 문제를 해결할 수 있는 능력이 있다는 확신을 가지고 경청하라.
관계 형성을 위해 경청하기	나에게 힘을 줄 수도 있는 사람들과 건강한 관계를 만들기 위해 경청하라. 앞으로 힘과 도움을 줄 수 있는 사람들의 이야기를 경청하라.
가능성을 찾기 위해 경청하기	또 다른 방법이 있을 것이라는 확신을 가지고, 또 다른 사람이 그러한 방법을 발견할 수 있다는 믿음을 가지고 경청하라. 보이지 않는 가능성에 귀를 기울이라.
희망을 가지고 경청하기	결과에 연연해할 필요는 없지만, 지금까지 인식하지 못한 또 다른 가능성이 존재할 수 있다는 깊은 확신을 가지고 경청하라.

다음은 질문하기와 대답하기를 위한 구체적인 제안이다.

- 서두르지 말고 천천히 질문하라.
- 듣는 동안 심호흡하라.
- 상대가 말을 마치면 "고마워요. 좀 더 이야기해주세요."라고 말하라.
- 말을 너무 많이 하지 말라.
- 대답하기 전에 "잠시 생각할 시간이 필요해요."라고 말하라. 생각하는 동안 창밖을 내다보면서 마음이 흘러가는 내로 내버려두라. 상대가 무슨 생각을 하고 있을지 걱정하지 말라. 생각할 시간을 갖는 것이 훌륭한 일이다.
- 미간을 찌푸리지 말고, 팔의 긴장을 풀고, 턱을 떨어뜨리고, 살짝 미소 지어라.
- 어떤 마음으로 경청하고 있는지 생각해보고, 사랑의 마음을 선택하라.

이를 통해 우리는 다른 사람과 함께한다는 일의 의미를 더 깊이 알게 하는 친밀성, 그리고 동료 교사, 관리자, 학생 그리고 가족과의 협력적 관계 등을 얻는다. 결과적으로 우리 자신 또한 남들에게 받아들여지고 지지받으며, 스스로 유망하고 유능하다는 느낌을 받게 된다.

신체 언어 배우기

최근에 참여했던 회의를 떠올려보자. 테이블에 앉아 있는 자신을 보자. 자신의 신체 언어에서 무엇을 알 수 있는가? 나의 신체 언어로 어떤 메시지를 전달했다고 생각하는가?

그 회의에서 본 동료 교사나 리더의 신체 언어를 떠올려보자. 무엇이 기억나는가? 그들의 신체 언어를 어떻게 해석했는가? 회의에서 상대의 신체 언어를 해석하면서 편안하거나 안전하다는 느낌을 얼마만큼 받았는가?

참석하고 싶지 않았던 최근의 또 다른 회의를 떠올려보자. 아마도 나의 신체 언어가 내 기분을 전달했을 것이다. 나는 팔짱을 낀 채, 등을 기대고 앉아 있었다. 팀장이 나와 눈을 마주치려 하지 않아서 그를 신뢰하기 어렵다는 느낌이 들었다. 팀장은 조급하게 말했고, 어조는 단조로웠으며, 작은 회의실에 같이 있는데도 필요 이상으로 크게 말했다. 나는 질문하거나 내 의견을 나누거나 제안하는 일도 그다지 하지 않았다. 처음 있는 일은 아니었다. 이 팀은 내가 안전하다고 느끼거나 회복탄력성을 높여주는 공동체가 아닌 것이다.

비언어적 의사소통은 말보다 더 많은 것을 전할 수 있다. 말은 전달하고자 하는 메시지의 일부만 전할 수 있다. 공동체를 세울 때도, 자신의 비언어적 표현을 검토하고 다른 사람의 비언어적 표현을 어떻게 해석할지 생각해보기 위해서는 의사소통의 여러 층위를 면밀하게 조사해볼 필요가 있다. 이렇게 성찰하다보면, 하지 않았으면 결코 도달할 수 없었을 진정한 공동체가 탄생하는 지점에 이르게 된다.

우리가 전하려는 메시지는 목소리의 높낮이, 어조, 성량, 속도, 신체 언어를 통해 전달되는 경우가 많다. 전문가들은 의사소통의 약 65%가 자세, 몸짓, 표정, 눈의 움직임 같은 비언어적인 형태로 전달되고 또 받아들여진다고 말한다(Pease&Pease, 2004). 일반적으로 잠재의식적 행동은 그 사람의 태도나 마음 상태를 보여주기 때문에, 우리는 지속적으로 다른 사람의 비언어적 표현을 살펴보며 의미를 부여한다.

신체 언어는 다음과 같은 방식으로 공동체를 세우는 역할을 한다.

- 누군가와 이야기할 때, 그가 사용하는 단어와 비언어적 표현이 일치하지 않는 것을 느끼면 그 사람에 대한 신뢰가 떨어진다.
- 우리의 신체 언어와 말이 일치하지 않으면, 다른 사람들도 우리를 그다지 신뢰하지 않을 것이다.
- 상대에게서 비언어적 표현을 읽을 수 없으면, 상대가 옆에 있을 때 불편함을 느낀다.
- 다른 사람의 신체 언어를 잘못 해석하면 그 사람과 연결되는 기회를 놓칠 수도 있고, 심지어 상대에게 부정적인 영향을 끼칠 행동을 할 수도 있다.

이제 비언어적 표현으로 자신을 표현하는 방법과 그러한 표현이 다른 사람과의 관계에 미치는 영향에 대해 살펴보자. 그리고 다른 사람의 비언어적 표현을 어떻게 해석하는지, 그 해석이 다른 사람과의 관계에 어떤 영향을 미칠 수 있는지도 검토하자.

신체 언어는 보편적 특징과 문화적 특징을 같이 가진다

신체 언어는 보편적이면서도 문화적인 특징이 있다. 연구자들은 두려움, 자부심, 분노, 기쁨, 수치심, 슬픔 같은 감정을 표현하는 신체 언어는 전 세계적으로 동일하다는 것을 발견했다. 예를 들어, 수치심은 몸을 구부리거나 접거나 해서 몸을 작게 만드는 것으로 표현된다. 수치심에 대한 신체적 표현 방법은 전 세계적으로 같다. 이렇게 여러 감정 표현이 문화적으로 공유되기 때문에 다른 사람의 신체 언어를 보다 정확하게 해석할 수 있으며, 우리 자신의 감정도 신체 언어로 표현할 수 있고, 언어나 문화에 상관없이 의사소통할 수 있는 것이다.

그러나 모든 문화에는 고유의 의미를 지닌 신체 언어와 신체적 상호작용 또한 존재한다. 문화가 점점 다양해지는 오늘날 사회에서 의사소통이 복잡해지는 이유가 여기에 있다. 몇 가지 예를 살펴보자. 어떤 문화에서는 아이가 어른과 눈을 마주치는 것을 무례한 것으로 여기지만, 다른 문화에서는 오히려 눈을 마주치지 않는 것을 무례한 것으로 여긴다. 어떤 문화에서는 교사가 학부모를 만났을 때 손을 내밀어 악수하는 것이 예의지만, 다른 문화에서는 여성 교사가 남성 학부모에게 이런 식으로 인사하는 것이 부적절한 행동으로 여겨질 수 있다. 이야기할 때 생동감이 느껴질 수 있도록 손을 사용하며 말하는 문화도 있지만, 과도한 손짓을 무례한 것으로 여기는 문화도 있다.

나는 교실에서 이런 역동을 모두 경험했다. 내 눈을 제대로 보지 않는 학생들 때문에 혼란스럽고 불안했고, 예멘인 아버지에게는 어떻게 인사해야 할지 몰랐다. 악수를 청하려고 손을 내밀자, 그는 놀란 표정으로 내 손을 바라보았다. 학부모의 비언어적 표현(목소리의 높낮이, 속도, 성량) 때문에 당황한 적도 있었다. '저 학부모는 무엇 때문에 저렇게 화가 났을까?' 나는 크고 강하게 말하는 학부모들을 보면서 의아함을 느꼈다. 중학생을 가르쳤을 때는, 이들의 심리적·사회적 발달단계가 더해져 의사소통의 혼란이 가중되었다. 학생들은 자신의 메시지를 전달하기 위해 연극적인 제스처를 많이 사용했다.

이와 같은 의사소통 방식의 차이는 공동체를 발전시키려는 나의 능력에 다음과 같은 방식으로 영향을 주었다. 첫째, 내가 상대방의 메시지를 잘못 해석한 적이 많았다. 이로 인해 학부모와 진정성 있는 관계로 연결될 수 없었다. 둘째, 특정한 비언어적 표현(눈을 마주치지 않는 학생 같은)에 대한 나의 반응으로 인해 학생과 불필요한 거리감이 생기기도 했다. 그런가 하면 상대방이 내 의사소통 방식을 잘못 해석해, 좋은 관계로 발전될 기회를 놓치기도 했다.

상대가 여러분의 비언어적 의사소통 방식을 잘못 해석한 적이 있는가? 다른 사람의 비언어적 표현을 잘못 해석해 결과적으로 그 사람과 자신 사이에 거리감이 생긴 적이 있는가?

행동에 대한 시사점 하나: 잠시 멈추고 생각하기

그렇다면 우리는 이런 지식과 알아차림을 기반으로 무엇을 할 수 있을까? 2장에서 우리는 신체 언어로 나타나는 감정에 대한 인식을 증가시키는 방법을 살펴보았다. 4장 후반부에서도 이 주제를 다시 살펴보겠지만, 먼저 학생, 학부모, 동료 교사의 비언어적 표현을 어떻게 해석해야 할지부터 알아보자.

첫 번째 시사점은 다른 사람에 대한 성급한 해석을 멈추라는 것이다. 다른 사람의 메시지나 감정을 속단하지 말자. 그 사람을 잘 관찰하고 어떤 판단을 내리기까지 잠시 멈추자. 이것이 아주 중요한 지점이다.

행동에 대한 시사점 둘: 무의식적 편견의 역할 탐색하기

이렇게 판단 내리기 전에 잠시 멈출 수 있으면, 상황을 보다 복합적으로 볼 수 있다. 우리 안에 문화적으로 깊이 뿌리 내린 기대와 평상시에는 잘 인식하지 못했던 여러 가지 가정을 살펴볼 수 있기 때문이다.

먼저, 여성은 아이들을 잘 돌보아야 하고, 친절하고 예의 바르게 행동해야 한다는 성역할과 광범위한 문화적 기대에 대해 살펴보자. 이런 기대는 '자주 웃는 것'을 포함한 신체 언어에 반영되어 있다. 사람들은 잘 웃지 않는 여성에 대해 불편함을 느낀다. 잘 웃지 않는 여성에 대해서는 "멍한 암캐 표정resting bitch face"(무표정이라는 뜻으로, 'bitch'에는 여성을 비하하는 의미가 담겨 있다. –옮긴이)을 하고 있다는 말을 사용하기도 한다. 그러나 남성에게는 같은 말을 사용하지 않는다. 잘 웃지 않는 남성은 "사려 깊고, 진지하며, 금욕적인 사람"으로 생각해서 "더 웃으라."라는 요구를 하지 않는다. 성역할에 대한 이와 같은 문화적 기대를 무의식적으로 가지고 있다면, 새로 부임한 교장이 여성이고 별로 웃지 않는 사람일 때, 그녀를 별로 신뢰하지 않거나 남자 교장만큼 기회를 주지 않을 수도 있다. 이런 해석 때문에 회복탄력성을 높일 수 있는 좋은 관계로 발전하지 못할 수도 있는 것이다.

우리 개인의 해석도 문제지만, 그보다 더 근본적인 문제는 사회 체제의 억압이다. 이것은 다른 사람들에 대한 인식에 영향을 미치며 암묵적인 편견으로 나타난다. 암묵적인 편견이란, 특정 집단의 사람들, 특히 인종, 민족, 계급, 성별, 언어에 대한 우리의 반응에 영향을 주는 무의식적인 태도와 고정관념을 의미한다. 암묵적인(또는 무의식적인) 편견은 종종 인식하지 못하는 상태에서 작동한다. 태어날 때부터 편견을 흡수하면서 자라왔기 때문에 우리 모두에게는 편견이 자리 잡고 있다. 이것을 알아차리고 편견이 작용하지 않도록 노력해야 한다.

암묵적인 편견이 어떤 방식으로 비언어적 단서와 행동에 영향을 미치는지 잠시 살펴보자. 사회학자들은 무의식적인 편견과 행동의 관계를 많이 연구했다. 이런 연구에서 자주 인용되는 예가 있다. 거리에서 한 백인 여성이 흑인 남성과 마주하는 상황이다. 백인 여성은 지갑을 움켜쥐고 길을 건너서 걸어간다. 이 행동에는 암묵적인 편견이 자리 잡고 있다. 수세기에 걸쳐 내려온 인종차별주의와 '흑인 남성은 위험하다.'라는 인식이 반영된 것이다.

이러한 편견이 학교에서는 어떻게 나타나는가? 암묵적인 편견은 회복탄력성을 높이는 건강한 공동체를 구축할 수 있는 교사의 능력에 어떤 영향을 미치는가? 스탠퍼드대학교 연구자들은 '아프리카계 미국인 학생이 백인 학생과 같은 행동을 하면 처벌도 똑같을까?'에 관한 한 연구를 진행했다(Okonofua&Eberhardt, 2015). 이 연구에서 진행한 실험은 다음과 같다. 연구자는 교사들에게 학생의 행동기록을 보여주고, 자신의 학생이라고 상상하도록 했다. 교사들에게 보여준 것은 두 번이나 잘못된 행동을 한 남학생들의 기록이었다. 기록에 따르면 학생들은 학교의 규칙을 지키지 않았으며, 반항적인 태도를 보여주었다. 연구자들은 일부 학생들에게는 다넬 또는 드숀과 같이 전형적인 흑인 이름을, 다른 학생들에게는 그렉 또는 제이크와 같이 전형적인 백인 이름을 붙여주었다.

교사들은 학생들의 행동기록을 먼저 검토하고 나서, 다음과 같은 질문에 답했다.

- 이 학생에게 얼마나 화가 나는가?

- 이 학생은 어느 정도의 징계를 받아야 한다고 생각하는가?
- 이 학생을 문제아라고 부르겠는가?

교사들에게 보여준 기록의 차이점은 학생의 이름뿐이었다. 이름을 제외한 학생들의 잘못된 행동은 완전히 똑같았다. 그런데도 연구자들은 교사들이 그렉이나 제이크보다 다넬이나 드숀을 더 강하게 처벌할 가능성이 높다는 것을 발견했다. 연구 결과에 따르면, 교사들은 다넬이나 드숀에게는 정학 처분을 내리고 싶어했다. 심지어 아프리카계 미국인 교사들도 동일한 반응을 보였다. 암묵적인 편견은 흑인 교사들에게도 강력하게 작용하고 있었던 것이다.

2014년 미국 교육부의 보고서에 따르면, 아프리카계 미국인 학생은 백인 학생보다 정학 또는 퇴학을 당할 가능성이 3배나 높았다. 교사들이 아프리카계 미국인 여학생을 교장실로 보내는 가장 큰 이유 중 하나는 곁눈질했기 때문이었다. 이것은 암시적인 편견을 통해 신체 언어가 어떻게 해석되고 또 왜곡되는지를 보여주는 직접적인 결과다. 이런 해석이 학교와 소년원을 이어주는 통로가 되기도 한다.

아직 연구가 끝난 것은 아니지만, 나는 암묵적인 편견이 동료 교사와 관계를 형성할 수 있는 능력에도 영향을 끼친다고 생각한다. 상상해보라. 작은 마을에서 온 한 젊은 신규 교사가 도시로 이직해서 새로운 학교의 교사들과 함께 일하게 되었다. 새 학교에서의 첫날, 교직원 회의가 열리는 회의실에 들어가 앉을 자리를 찾는 상황이다. 그는 자신보다 나이 많은 여성 교사들이 서로 큰소리로 말하는 모습을 보고는 자신과는 다른 문화에 속하는 사람들이라고 생각했다. 여성 교사들의 신체 언어를 보고 그 교사는 빠르게 무의식적으로 그런 판단을 내렸기 때문에, 결국 따로 떨어진 테이블에 혼자 앉는 것을 선택한다. 나중에는 그 교사도 다른 선생님들과 함께 앉게 되었을 것이다. 그러나 사실 '시끄럽고 나이 많은' 여성 교사들 중에도 그의 멘토가 되어줄 좋은 교사가 있었을 것이다. 그랬더라면 이런 문화적 차이를 극복할 수 있도록 돕고 어쩌면 친구가 될 수도 있었을 것이다.

다른 사람의 비언어적 의사소통에 대한 해석, 특히 암묵적인 편견으로 인해 왜곡된 해석 때문에, 동료 교사나 관리자와 함께하는 공동체 세우기가 어려워질 수 있고, 교육자로서 학생을 돕고자 하는 우리의 중요한 목적 달성이 어려워질 수도 있다. 잠시 멈추어 생각해보자. 다른 사람의 신체 언어를 그 사람이 나와 거리를 두려 한다는 식으로 해석했던 적이 있는가? 다른 사람의 신체 언어를 잘못 해석해서 그와 연결될 기회를 놓친 적이 있는가? 다른 사람이 우리의 신체 언어를 잘못 해석했던 적이 있는가? 이러한 일을 떠올리면 어떤 생각이 드는가?

> **사랑하는 공동체는 서로 간의 차이를 없애버림으로써가 아니라, 우리를 구성하고 우리가 이 세상을 살아가도록 하는 자아정체성과 문화적 유산을 서로 이야기함으로써 형성된다.** — 벨 훅스, 미국의 작가 겸 사회운동가

문화적 역량 증가시키기

문화적 역량이란 문화나 신념체계가 다른 사람들을 이해하고 인정하며, 그들과 상호작용하는 능력을 의미한다. 학생을 가르치고, 동료 교사와 협력하며, 친구들과 어울리기 위해 문화 간의 차이를 조율할

수 있는 능력이다. 이러한 문화적 차이는 세대 간에도, 인종 간에도, 성별 간에도 존재할 수 있다. 회복탄력성을 높일 수 있는 강력한 공동체를 만들려면, 먼저 자신의 문화적 역량을 개발해야 한다. 문화적 역량을 높이려면 다음과 같은 노력이 필요하다.

1. 자기 자신이 가진 문화적 정체성, 차이에 대한 신념, 그리고 무의식적인 편견을 인식할 필요가 있다.
2. 특정 문화에 대한 지식뿐 아니라, 문화의 일반적인 역할(의사소통, 감정, 규범, 관계에서)이 어떤 것인지를 알 필요가 있다.
3. 문화 간의 차이를 효과적으로 조율하기 위해 노력할 필요가 있다. 자기 알아차림과 지식이 있다고 해도 이것이 자동적으로 행동할 수 있는 능력으로 전환되지는 않는다.

인종이나 민족, 성별, 사회경제적 배경과 관계없이 우리 모두는 문화적 역량을 길러야 한다. 우리가 진정으로 건강한 공동체를 만들고 싶다면 말이다. 다음은 한 리더가 자신과 교사의 문화적 역량을 기르기 위해 어떠한 노력을 기울였는지를 보여주는 예다.

미국 동부 해안에서 온 아프리카계 미국인 리처드 교장 선생님은 내가 수년간 코칭한 사람이다. 그는 목소리가 크고 생기 넘쳤으며, 대화할 때 손을 많이 사용하고 다양한 감정을 표현하는 사람이었다. 그러나 나는 그가 교사, 특히 백인 교사들과 대화할 때는 목소리가 작아진다는 것을 알게 되었다.

리처드 교장 선생님의 코칭에서 나는 학교의 인종적 역학관계를 이해하고 그 맥락에서 리더로서의 자신을 이해하게 하는 데 중점을 두었다. 나는 그에게 교사들이 자신을 어떻게 느끼는지 인터뷰하도록 했다. 나도 그 과정에 여러 번 함께 참여했다. 그중 한 인터뷰에서 젊은 백인 여자 선생님이 이렇게 말했다. “교장 선생님과 둘이 있을 때, 가끔은 교장 선생님이 너무 화가 난 것같이 보여서 긴장하게 돼요. 어떻게 행동하실지 두려워요.” 리처드 교장 선생님은 침착해 보였으나, 나는 그의 손이 떨리고 있다는 것을 알아차렸다.

나중에 이 인터뷰에 관해 이야기를 나누었을 때, 리처드 교장 선생님은 백인 교사들의 리더가 되는 것은 ‘자신을 비참하게 만드는 경험’이라는 말을 했다. “백인 교사들은 제 검은색 피부를 두려워하는데, 저는 그 감정을 돌봐주면서 괜찮다고 느끼도록 해야 해요. 저를 보면 겁이 난다구요? 제가 어떻게 행동할지 모르겠다고요? 저는 목소리도 높이지 않고 속삭이듯 말한다고요!”

내가 코칭했던 교사 중에, 신체 언어와 말하는 방식 때문에 남들로부터 불편하다는 이야기를 들은 사람이 리처드 교장 선생님만은 아니었다. 너무 크게 말하거나 너무 화가 난 것 같아서 ‘겁이 난다’라는 평을 들었던 아프리카계 미국인 여자 교장 선생님들을 코칭한 적도 있었다. 이런 상황을 접하면서 나는 사회적 비판과 자기성찰, 그리고 자신과 타인의 문화적 역량을 증가시키는 일에 관해 더 깊게 생각할 수 있었다.

문화를 세심하게 조사하기

우리는 백인/유럽인-중산층-가부장적 가치가 지배하는 문화에서 살고 있다. 지배적 문화에 속하지 못한 사람들이 그 규칙을 따르지 않으면 이런 훈계나 경고를 받는다. "너에게 문제가 있어.", "네가 제대로 하지 못하고 있는 거야.", "잠자코 있어라. 친절하게 대하고 미소를 지어라.", "이러한 말투와 구문을 사용해야지." 이런 경우 문화는 억압을 위한 교활하면서도 강력한 메커니즘이다. 문화는 지배층의 가치를 강화한다. 그래서 그 문화에 따르지 않는 사람들은 문화 규범을 위반했다는 비난을 받는다. 이런 맥락에서 리처드 교장 선생님은 그의 의사소통 방식이 무섭다는 피드백을 받았던 것이다.

이제 우리가 할 질문이 몇 가지 있다. 지배적 문화에 속하지 않은 소수집단 안에서는 충분히 수용되는 의사소통 방식인데, 여러 문화가 공존하는 직장에서 자신의 방식을 버리고 지배적인 문화 규범을 따라가야 할까? 지배적인 문화가 다른 문화에 속한 사람들을 억압하면서 따르도록 강제하는 것은 공정한가? 그리고 지배적 문화에 속하지 않은 사람들은 안전과 수용을 위해 지배적 문화의 언어와 표현방식을 묵인하고 동화되며 채택해야 하는가?

인터뷰 이야기를 하면서, 리처드 교장 선생님은 백인 여자 선생님이 한 말에 대해 화를 내며 슬퍼했다. 그의 감정을 충분히 듣고 나서, 나는 공감하며 다음과 같이 말했다. "선생님은 인간으로서 자신의 모습 그대로 있을 권리도 있고, 흑인으로서 여기 있을 권리도 있어요. 하지만 흑인에 대한 왜곡된 사회적 관념을 따를 필요는 없습니다." 그렇다. 이것이 진실이다.

내면을 성찰하기

여기 또 다른 진실도 존재한다. 즉, 우리는 자신이 세상을 볼 때 사용하는 비유적 거울(세상을 볼 때 자신이 인식하는 생각, 개념 또는 가치관 등을 일컫는다.－옮긴이) 속에 자신이 어떤 모습으로 있는지 똑바로 살펴볼 책임이 있다. 우리 모두 말이다. 그리고 이 거울은 내려놓을 수가 없다. 왜냐하면 상황은 계속 달라지고, 자기 알아차림의 여행도 무한정 이어지므로.

리처드 교장 선생님도 거울 속 자신을 보면서 그 상황을 만드는 데 자신이 어떤 역할을 하고 있는지 인식할 수 있었다. 그러면서 젊은 백인 여자 선생님들과 대화할 때, 그들이 자신을 두려워할 것을 두려워했고, 그래서 자신을 "가장 낮은 자리에 두었다."라는 점도 깨닫게 되었다. 그는 말을 이어갔다. "그들과 대화할 때면 아주 불안해져요. 그들이 불안해하는 것도 알 수 있어요. 저에 대해 잘못 알고 있는 거죠. 그 선생님들은 저를 두려워하는데, 사실은 제가 그 선생님들을 두려워하는 것이거나 그들을 불편하게 만들까봐 두려워하는 겁니다. 하지만 이런 제 감정은 이해하지 못하겠지요. 흑인 남성에 대한 왜곡된 관념을 기반으로 오히려 제가 화가 났다고 생각하니까요. 저는 화가 난 게 아니에요. 다만 그들과 있는 게 편안하지 않고, 진정성 있는 대화가 어려운 것입니다."

2장에서 자신의 신체 언어에 대해 성찰하려고 노력했고 이를 위해 자신의 모습을 녹화해 자주 확인하던 소니아 교장 선생님에 관해 언급한 적이 있다. 소니아 교장 선생님은 자기 모습을 보면서(여러 번 자신을 비디오로 촬영했기 때문에 문자 그대로 자신을 본 것이다), 자신이 무의식적으로 좌절감, 조바심, 심지어 경멸감을 비언어적 표현을 통해 전달하고 있다는 것을 알아차렸다. 리처드 교장 선생님과 소니아 교장 선생님은 둘 다 같은 결론에 도달했다. 즉, 다른 사람들은 자신을 왜곡된 방식으로 이해하고 있다는 것이다. 다만 자신은 스스로의 감정에는 책임을 지고 타인과의 의사소통 방식을 바꿀 필요가 있었다. 자신들이 이런 억압적 환경을 만들어낸 건 아니지만, 자신의 의사소통 방식 중 이에 기여하는 요소에 대해서는 책임질 필요가 있으며, 이와 함께 지배적 문화를 바꾸기 위한 노력을 교사들과 함께해야 한다는 통찰이다.

배우면서 변화하기

리더로서 리처드 교장 선생님의 임무는 교사들을 위해 거울을 들고 서서 자신의 사회정치적 정체성을 살펴볼 수 있는 배움의 공간을 모두와 협력해서 만드는 것이었다. 리처드 교장 선생님의 학교에 있는 젊은 백인 여자 선생님들도 자신의 특권을 성찰하고, 지배적 문화의 의미를 인식하고, 다양한 사회집단의 의사소통 방법을 이해할 필요가 있었다. 이는 교사들과 교장 선생님의 관계뿐만이 아니라 학생들에게도 직접적인 영향을 주는 것이다. 리처드 교장 선생님은 교사들이 자신의 행동만 위협적으로 느끼는 것이 아니라 아프리카계 미국인 남학생의 행동에 대해서도 그렇게 느낄 수 있다는 것을 알았다. 상대적으로 더 많은 아프리카계 미국인 남학생이 교사에게 '반항'했다는 이유로 교장실에 보내졌기 때문이다. 리처드 교장 선생님은 오랜 시간 동안의 관찰과 성찰을 통해, 교사들의 문화적 역량을 향상시킬 수 있는 장기 계획을 수립했다.

이 이야기의 교훈은 직위나 역할에 관계없이 모든 교육자와 관련되어 있다. 우리 모두는 서로를 위해, 학생과 그 가족들과의 관계를 위해 문화적 역량을 향상시키고, 학생의 학업적·사회정서적 요구를 충족시킬 책임이 있다. 문화적 역량 없이는 건강하고 사랑받는 공동체를 세울 수 없으며, 학생을 교육하려는 우리의 목적도 달성할 수 없다.

갈등 해결하기

갈등을 생각하면 무엇이 떠오르는가? 대부분의 사람에게 갈등은 긴장되고 두려운 감정의 집합소나 다름없다. 갈등을 다루는 데 가장 어려운 점은 갈등으로 인해 생기는 감정이다. 갈등을 다루는 일이 어려운 것은 아니다. 갈등에 대해 조금씩 배우고, 또 그것을 해결하는 기술을 연습하다보면, 이전과는 다르게 느껴질 것이다. 게다가 건강한 갈등은 회복탄력성이 있는 공동체를 만드는 데 도움이 된다. 사실 갈등은 성장하는 공동체에서는 필수적이다. 건강하지 못한 갈등을 효과적으로 다루거나, 건강한 갈등을 조성할 수 있는 모델은 별로 없으므로, 우리는 좀 더 창의적일 필요가 있으며 자원을 발굴할 필요도 있다. 갈등은 피할 수 없으며, 이로 인해 공동체가 강해질 수도 있고 약해질 수도 있다. 따라서 우리가 유일하게 선택할 수 있는 일은 갈등에 대처하는 방법을 배우는 것이다.

건강하지 못한 갈등

불행히도 조직 내에는 항상 건강하지 못한 대인관계 갈등이 다양하게 발생한다. 예를 들어 설명할 필요조차 없다. 그렇지만 건강하지 못한 갈등이 교사, 학생, 보다 넓은 범위의 공동체에 미치는 영향력에 대해서 같이 생각해보자. 나는 대인관계의 갈등이 조직을 온통 뒤덮고 있던 학교에서 일한 적이 많았다. 이런 학교에서는 교사 간의 상호작용에서도, 교사와 관리자 사이에서도, 주변 어른의 행동을 그대로 따라 하는 아이들의 상호작용에서도 갈등의 모습이 보였다. 이런 공간에서는 교사들도 자주 바뀌기 마련인데, 가장 치명적인 사람들이 남아 있는 경우가 많다. 건강하지 못한 갈등은 해결해야 한다는 것을 알면서도, 그 방법은 잘 모른다.

갈등을 해결하기 위해 가장 먼저 할 일은 갈등을 해결하려는 목적과 이유를 명확히 하는 것이다. 그렇지 않으면 우리는 무턱대고 갈등을 피하려고 할 것이다. 지금 해결하고 싶은 갈등에 대해 생각해보자. 어떻게 갈등을 다루어야 공동체를 건강하게 만들 수 있을까? 아직 갈등 상태인 사람과 교직원회의에서 같이 있거나 짝이 된다면 기분이 어떨까? 갈등을 다루는 것은 두려운 일이므로, 갈등을 해결하려는 내적 동기를 먼저 활성화시키도록 하자.

갈등을 다루려면 준비해야 한다. 갈등 해결에 성공하고 자신감을 가지려면, 상대에게 하고 싶은 말을 미리 생각하고 말해보는 연습을 해보자. 갈등의 복잡성 정도에 따라, 중재자, 촉진자(퍼실리테이터), 또는 조력자가 필요하다. 갈등 해결 방법은 배울 수 있는 또 하나의 기술일 뿐이다. 준비하고, 연습하고, 성찰하라. 갈수록 쉬워질 것이다.

가십과 해로운 문화

대인관계 갈등은 여러 가지 방식으로 나타나는데, 이를 해결하지 못하면 점점 더 커지고 확산되는 경향이 있다. 가십gossip은 공동체의 전반적인 대인관계 건강의 지표가 될 수 있다. 또 해결되지 않으면 빠르게 확산되는 것이기도 하다. 팀워크 전문가 마이크 로빈스는 "조직에서의 가십은 몸에 있는 암세포와 같다. 조직이 붕괴될 때까지 천천히 조직을 갉아먹는다."라고 말했다(Mike Robbins, 2007). 직장에서 가십의 파괴적인 영향을 경험한 사람도 이미 많을 것이다.

로빈스는 다른 사람에 대해 긍정적으로 말하는 '가십금지 구역'을 만들어야 한다고 주장한다. 누군가에게 문제나 불만이 있으면 직접 그 사람에게 이야기하거나, 문제해결 방법을 코칭하거나 피드백해야 하고, 그렇게 할 수 없다면 그대로 두어야 한다. 가십금지 구역에서 누군가가 험담하면, 그러지 않기로 합의한 내용을 친절하게 알려줄 필요가 있다.

걷잡을 수 없이 확산된 가십은 해로운 문화를 부추긴다. 해로운 문화는 개인의 고립, 진영의 분열, 인종이나 민족의 분열, 부정적 성향의 끊임없는 확산, 거부감, 적대적인 교직원회의 같은 특징을 보인다. 아울러 규칙 강요, 기초기술 습득 강조, 소수 엘리트 학생 우대 등 잘못된 가치관으로 나아가게 한다(Deal&Peterson, 2009). 해로운 문화는 전염성이 있다. 교사집단 내에서 영향력 있는 사람이 부정적인 성향을 가지는 경우, 신규 교사는 몇 주 만에도 동화될 수 있다. 긍정적인 성향의 교사는 학교를 떠나거나 방출되기도 한다.

회복탄력성을 키우면 건강하지 못한 학교문화 속에 들어가게 되어도, 학교문화를 바꾸는 데 에너지를 쏟거나, 참을 수 있는 선까지만 허용하는 일이 가능해진다. 그러면서 더 건강한 문화를 갈망하게 될 것이다. 회복탄력성이 높은 사람이라고 해서 순교자는 아니며, 자신의 능력과 적성을 발휘할 수 없는 곳에 있을 필요도 없다. 갈등과 해로운 문화는 명백히 다르다. 회복탄력성이 아주 높은 사람이라 하더라도, 해로운 문화에서는 성장할 수 없다.

건강한 갈등

사람들이 서로 잘 지내는 것처럼 보이지만, 겉보기에만 그렇게 보일 수도 있다. 그런 곳에서는 어려운 질문이나 중요한 질문을 할 수 없다. 이 깨지기 쉬운 공동체는 사소한 의견 차이만 있어도 커다란 혼란에 빠진다. 이 집단은 회복탄력성이 없어서 어려운 일이나 힘든 상황에 관한 대화는 할 수 없다.

건강한 갈등을 통해서 집단은 성장하고 서로의 관계도 돈독해진다. 불편하고 심지어 다소 험악한 순간도 있을 수 있지만, 이를 잘 해결하고 나면 오히려 서로에게 친밀감을 느끼게 된다. 건강한 갈등이 있는 공동체에서는 서로의 생각을 나눌 수 있고, 진지한 질문을 할 수 있고, 기꺼이 서로의 의견을 경청하고 배울 수 있다. 그러려면 비교적 높은 수준으로 서로를 신뢰하는 마음과 취약성을 기꺼이 보여주는 태도가 필요하며, 때로는 건강한 갈등을 주도하거나 참여할 수 있는 용기가 필요하다.

건강한 갈등을 일으키려면 아주 섬세할 필요가 있다. 대화할 때 다음과 같은 문장을 넣어보라.

- 제안하신 내용에 몇 가지 우려가 드는데요, 조금 더 설명해주실 수 있을

까요?

- 그 아이디어는 조금 미루면 좋을 것 같습니다. ~를 알게 되어서 그래요. 그래서 ~와 같이 제안드리고 싶어요.
- 선생님 의견과 같지는 않지만, 조금 더 선생님 생각을 들어보고 싶군요.
- 선생님 의견과 같지는 않지만, 제 생각을 얼마든지 바꿀 용의는 있어요.
- ~에 대해 조금 더 들을 수 있으면, 그 생각을 이해하는 데 더욱 도움이 될 것 같아요.

갈등을 다루는 방법을 더 자세히 알고 싶다면, 내 책『코칭의 기술 The Art of Coaching』(2016)을 참고하라. 갈등 대처를 잘할 수 있으면 회복탄력성을 기르는 데도 도움이 되므로, 갈등에 대해 제대로 이해하기 위해 시간을 들이는 것은 충분히 가치 있는 일이다. 사회적 자신감, 자기주장, 의사소통 기술의 개발, 갈등 해결 노하우는 정서적 회복탄력성을 쌓기 위한 필수적인 기술과 성향이다.

리더를 위한 제안

- 리더에게는 학교문화나 조직문화를 조성할 책임이 있다. 피터 드러커가 말했듯이, "문화는 아침식사로 전략을 먹는다." 학교에 해로운 문화가 있다면, 신규 교사가 그런 문화에 동화되는 데 몇 주밖에 걸리지 않을 것이다.
- 교사 간에 갈등이 있다는 것을 알게 되었다면, 이를 그대로 넘기지 말라. 문제를 해결하도록 격려하고 중재하라.
- 갈등을 다루기 위해서는 이 장에서 다룬 내용보다 더 많은 지원이 필요할 수 있다. 상당히 큰 과제가 될 수도 있으며, 리더십 코치의 도움을 받는 것도 좋은 방법이다.

깊이 이해하기 : 두려움

나는 어렸을 때 힘든 일을 겪었던 적이 있다. 그때 가족들이 모두 죽고 혼자 남겨지는 악몽을 반복해서 꿨다. 그로부터 40년이 지났지만 그 악몽의 끝부분을 아직도 생생하게 기억한다. 나는 끝도 없는 어두운 우주 공간에 홀로 둥둥 떠 있었다. 이 꿈은 혼자가 되는 것에 대한 극단적인 두려움이 무의식적으로 표현된 것이다. 공동체로부터 버림받고 고립되며 외면당하는 것을 두려워하는 것은 나뿐만이 아니다. 이런 지극히 인간적인 두려움 때문에 우리는 서로 연결되고자 한다. 우리는 서로를 필요로 하며, 소속감을 갈망한다. 이렇게 혼자가 되는 것이 두렵기 때문에, 우리는 동료 교사들에게 "그런 결핍된 마음으로 우리 아이들에 관해 이야기하는 방식은 불편하군요."라고 비판하지 못한다. 우리는 동료 교사들이 자신을 싫어하면 어떻게 하나 두려워한다. 부서회의를 할 때도, 동료 교사가 주제에서 벗어난 이야기를 하거나 우리 부서가 해야 할 일을 다 하지 못해 좌절감을 느껴도 말하지 못한다. 동료 교사들이 자신이 그 부서에 있는 것을 원하지 않을까봐 두렵기 때문이다.

두려움은 어떻게 나타나는가? 우리는 무엇을 두려워하는가? 두려움은 어떤 식으로 우리가 진정으로 원하는 것을 얻지 못하도록 방해하는가?

우리는 두려움 때문에 제 마음을 잘 드러내지 못하고, 자신의 이야기를 나누지 못하고, 긍휼의 마음을 가지고 자신의 진심을 말하지도 못한다. 두려움 때문에 학생들을 충분히 지지하지 못한 적도 있다. 우리가 원하는 공동체와 현재 우리가 속한 공동체의 모습은 분명 간극이 있는데도, 두려움 때문에 해결할 수 없다. 혼자가 되는 것이 두려워서 정작 우리 교사들이 원하는 공동체를 만들지 못하는 것은 역설적인 일이다. 그것은 사람들이 자신의 진정한 모습을 본다면, 자신을 싫어할 것이라는 두려움 때문이다. 나는 40대 후반에 접어들면서, 그 두려움은 과거의 어린 시절 나의 것이지, 지금 나의 것은 아니라는 것을 깨달았다. 더 이상 그런 두려움을 느낄 필요가 없게 된 것이다.

학교는 두려움이 만연한 곳이다. 학생의 성적이 좋지 못하면 해고나 질책받을지 모른다는 두려움이 찾아온다. 학생의 성적이 좋지 못하면, 언론에서 우리를 비난할지도 모른다는 두려움도 안고 있다. 우리 일을 제대로 해내지 못하고 있다는 평가를 받을까 두려워한다. 비난을 두려워한다. 우리가 무엇을 하고 있는지 모르고, 중요한 일을 할 수 없고, 별것 아닌 일을 하고 있다는 평가를 받을까 두려워한다. 우리 일을 인정받지 못하고, 우리의 경험과 관점이 환영받지 못할까 두려워한다.

학생을 두려워하는 교사, 교사를 두려워하는 학생, 교장을 두려워하는 교사, 학부모를 두려워하는 교장, 그리고 교사를 두려워하는 학부모를 본 적도 많다.

두려움은 학교에서 우리가 직면하는 가장 큰 문제일 수 있다. 두려움은 공동체를 약화시킨다. 교사가 서로를 돌보지 못하게 하며, 학생이 주변 어른에게 고민을 털어놓지 못하게 만들고, 학부모가 교사에게 도움을 요청하지 못하게 한다. 비난받을까 두려웁고, 거절당할까 두렵고, 배척당할까 두렵기 때문이다. 두려움 때문에 학교의 진정한 변화를 위해 필요한 시스템의 변화, 예를 들면 시험 점수에 대한 과도한 집착 같은 문제를 바꾸지 못한다.

그렇지만 두려움에 대한 비난을 퍼붓기 전에, 잠시 두려움을 인정하고 존중하는 시간을 갖도록 하자. 두려움은 우리 인간의 생존을 위해 필요한 것이었다. 두려움이 있었기에 우리 조상은 자신을 보호해줄 수 있는 사회집단을 만들었다. 안전을 위협하는 대상에게서 도망을 치거나, 전투에 참여하도록 만들었다. 그러나 이제 우리는 더 이상 호랑이에게 먹힐 것을 염려하지 않아도 된다. 공동체가 끝장나도 우리를 받아줄 또 다른 공동체를 찾으면 된다. 대다수 사람과 우리가 의견이 달라도, 우리 공동체에서 사랑해서는 안 된다고 말하는 사람을 사랑한다고 해도 불모지로 쫓겨나지는 않는다.

두려움이 지금보다 덜했다면 무엇을 할 수 있었을까? 어떤 종류의 공동체를 만들 수 있었을까? 두려움이 지금보다 덜했다면, 지금보다는 더 효과적으로 학생들을 돌볼 방법이 있지 않았을까? 그렇게 두려움이 크지 않았다면, 다음과 같은 일을 할 수 있었다고 생각한다.

- 실수를 인정하고 용서를 구하며 공동체에서 뭔가를 바로잡는다.
- 주변 사람들에게 도움을 요청한다.
- 사랑과 슬픔, 고통과 두려움에 관한 이야기를 나눈다.
- 부당한 일을 즉각적으로, 직접적으로 바로 해결한다.
- 동료 교사를 티타임에 초대한다.
- 의미 있고 생산적이며 학생의 학습에 영향을 줄 수 있는 부서회의를 개최한다.
- 관리자의 말과 행동에 대해 피드백하고 권위주의에 도전한다.

- 현상유지에서 벗어나 변화를 꾀한다.
- 비효율적인 구조, 기능에 장애가 있는 시스템을 바꾸기 위해 노력한다.
- 금기시하는 문제를 드러내고 토론한다.
- 다른 사람을 인정하고, 감사하고, 함께 축하한다.

두려움을 느낀다는 것은 지극히 인간적인 일이다. 하지만 적절한 선에서 억제되지 않고 그 두려움이 너무 커지게 되면, 다른 사람들과 소통하고 우리의 목적을 달성하며 자기 자신에 대해 알아가거나 기쁨을 경험하는 능력도 차단당할 것이다. 무엇을 두려워하는가? 두려움을 드러낸다면 무엇이 가능해질까?

성향 : 공감

무당거미는 세계에서 가장 크고 강한 거미줄을 치는 거미다. 무당거미가 치는 줄은 강철보다 5배 강하고 나일론보다 유연하며 방수도 된다. 게다가 높이가 6m 이상으로 길고 수년간 없어지지 않는다. 무당거미의 거미줄은 인조 인대, 방탄조끼 등을 만드는 데 쓰이기 때문에 사람들은 이것을 대량 생산하기 위해 많은 돈과 시간을 들인다. 이렇게 많은 유익을 주는 무당거미는 세계 여러 곳에 서식한다. 나는 곤충을 싫어하지만, 코스타리카의 열대우림 지역에서 이 거미를 본 적이 있는데 감탄하지 않을 수 없었다. 한 가지 주의할 점은 주의를 기울이지 않으면 거미줄에 걸려 넘어질 수 있다는 것이었다.

공동체에서 공감은 무당거미가 만든 줄처럼 강력한 힘으로 공동체를 연결할 수 있다. 공감은 다른 사람의 고통을 느끼는 감각이며, 우리 사이에 존재하는 틈과 오해, 분열을 채울 수 있다. 힘들 때, 누군가 나를 공감해주었던 경험을 떠올려보자. 어떤 느낌이었는가? 어떻게 다른 사람의 공감을 느낄 수 있었는가? 공감이 그 사람과의 관계에 어떤 영향을 미쳤는가?

나 역시 이런 질문에 관해 생각하면, 동료 교사, 멘토, 상사와 대화할 때 경험한 공감의 기억이 떠오른다. 기분이 좋지 않았는데 다른 사람의 공감을 받으면서 깊이 연결되어 있다는 느낌을 받았고, 덕분에 기분이 훨씬 나아졌다. 복도에서 동료 교사가 안부를 묻거나, 힘든 자신을 격려해주던 일은 스쳐 지나가는 순간이지만 그때 받은 공감을 통해 유대감을 느끼게 했고, 학교에서의 수많은 시련과 고난을 견뎌내는 힘이 되었다. 그런 순간은 무당거미의 거미줄처럼 의견의 불일치를 겪고, 지치고 혼란스러운 변화의 상황에 있을 때도 우리를 연결해주었다.

또 다른 기억도 떠오른다. 당시 나는 중학교 2학년 학생 마테오에게 초보적인 수준이지만 열심히 공감을 표현했고, 덕분에 비 오는 금요일 오후, 그 아이의 반항적인 행동에 잘 대처할 수 있었다. 또 언젠가는 한 학생의 어머니에게 공감하며 이야기를 들어주었는데, 덕분에 그 어머니는 자신의 결정과 혼란스러운 상태를 명확하게 이야기할 수 있었다. 어려운 상황에 처한 한 교장 선생님과 나눈 공감의 대화를 통해 생산적이고 협력적인 관계로 가는 길을 제시할 수 있었던 일도 생각난다. 또한 코칭할 때도, 공감을 통해 저항 대신 의미 있는 협력관계로 나아갈 수 있던 수많은 순간이 있었다. 공감 덕분에 수많은 험난한 길을 헤쳐나갈 수 있었고, 회복탄력성이 더 커졌으며, 가장 하고 싶은 일, 즉 아이들을 도와주는 일도 해낼 수 있었다.

공감은 건강한 관계와 공동체를 형성하는 필수적인 정서다. 공동체 구성원이 서로 깊이 공감하고 있으면, 상처가 줄어들고 행동을 조절하며 서로 더 많이 용서하고 수용하고 친절하게 대한다. 표준화된 평가 방법으로 측정할 수는 없겠지만, 우리가 학교에서 공감, 즉 교사와 학생, 학생과 교사, 교사와 교사 간의 공감이 이루어지도록 전략을 세우고 그것을 실행하는 데 1년을 보낸다면, 관리자, 교사, 학부모 등 공동체 전반에 걸쳐 어떤 일이 가능할지 상상해보자. 아마도 우리가 해내려고 결심했던 수많은 목표를 달성할 수 있을 것이다. 공감의 부족이야말로 학교와 사회에 존재하는 수많은 기능장애의 근본적인 원인 가운데 하나다.

사랑과 긍휼을 같이 놓고 비교해보면, 공감과 명확히 구분하기 어려운 면이 있다. 긍휼은 공감에서 비롯된 행동적 실천이다. 행동을 통해 공감을 인식할 수도 있다. 예를 들면 안아주거나, 사려 깊은 질문을 하거나, 친절한 말을 하는 행동에서도 공감이 느껴질 수 있다. 엄밀히 말하면, 이것은 긍휼이라 해야겠지만, 그것을 표현하도록 한 감정은 공감이다. 사랑은 아마도 가장 큰 우리의 열망일 것이다. 누군가의 고통을 덜어주고 싶을 때 긍휼의 마음으로 행동하지만, 행복, 기쁨, 웰빙을 가져다주고 싶을 때는 사랑의 마음으로 행동한다. 어떤 의미에서 긍휼이 고통을 없애려는 반응적 행동이라면, 사랑은 행복을 키워내는 능동적 행동이다. 그러나 우리가 이러한 정의에 사로잡힐 필요는 없다. 사랑, 긍휼, 공감은 모두 가치가 있으며 그중 어느 것이든 우리 공동체에 유익을 줄 것이기 때문이다.

사랑의 공동체를 향해

신뢰할 수 있고, 우리 말에 귀 기울이고, 우리를 믿고 격려하며, 배울 점이 있고, 함께 위대한 일을 할 수 있는 사람들과 같이 공동체를 이루는 일이 가능하다는 상상을 해보자. 학교 복도와 거리에서 이런 경험을 할 수 있다는 상상을 해보자. 어려운 상황 속에 처할 때 이것이 얼마나 중요할지 이해할 수 있는가?

공동체는 매일 다른 사람과의 모든 상호작용에서 경청하고, 서로의 차이점을 인정하고, 건강한 갈등을 포용할 때 구축될 수 있다. 어떤 종류의 공동체에 속하고 싶은지 또는 어떤 종류의 공동체를 만들고 싶은지 먼저 파악하고 나서 움직여야 한다.

마틴 루터 킹 목사는 정의, 기회의 평등, 동료에 대한 사랑을 기반으로 하는 사회, 즉 "사랑의 공동체"를 세우는 것에 대해 말한 적이 있다. 킹비폭력사회변화센터(www.thekingcenter.org)는 다음과 같이 말했다. "마틴 루터 킹 박사가 말한 사랑의 공동체는 모든 사람이 지구의 부를 공유할 수 있는 전 지구적인 비전입니다. 사랑의 공동체에서는 국제적인 인간 존엄성의 기준에 미치지 못하는 빈곤, 기아, 노숙이 용납되지 않습니다. 인종차별을 비롯한 모든 형태의 차별, 편협, 편견은 자매애와 형제애의 포괄적인 정신으로 대체되어야 할 것입니다." 이 책에서도 공동체에 대한 이러한 비전을 따른다.

사랑의 공동체를 건설하기 위해, 우리의 과거를 반성하고 인종적·성차별적·경제적 억압구조를 해체해야 한다. 이 공동체에서는 모든 사람이 환영받을 것이다. 이 공동체로 가는 길은 긍휼과 호기심으로 구축되어야 할 것이다. 우리가 어디에 있든, 특히 교사로서, 학교와 교실, 그리고 운동장에서 사랑의 공동체를 만들기 위해 노력해보자.

함께 생각해볼 문제

- 이 장에서 언급된 내용을 통해 공동체를 구축하는 방법에 대해 얻은 가장 중요한 시사점은 무엇인가?
- 암묵적인 편견이 다른 사람과 관계나 신뢰를 구축하는 데 어떤 영향을 준다고 생각하는가?
- 공동체를 강화하기 위해서 무엇을 하고 싶은가?
- 이 장의 내용을 통해 자신에 대해서 무엇을 알게 되었는가?

5장 • 지금 여기에 머물기

판단을 내리지 않고 지금 여기에 머무는 것을 배우면 회복탄력성을 증가시킬 수 있다. 우리 자신이 느끼는 것을 수용할 수 있고, 반응에 대한 선택을 어떻게 할 것인지도 명확해진다. 우리가 온전히 지금 여기에 머물면 힘든 상황에서도 적절한 유머로 스트레스를 감소시킬 수 있다.

10월(1학기 두 번째 달, 1주 방학): 에너지가 떨어지고 쉽게 감정이 촉발될 수 있는 상태가 되는 시기다. 지금 여기에 머물기를 배우면 감정을 잘 알아차릴 수 있고, 회복탄력성을 강화하는 선택을 할 수 있다.

교직을 시작한 첫해, 핼러윈을 1주일 앞두고 너무나 많은 일이 일어났다. 우리 반 학생 가브리엘이 멍과 타박상이 가득한 채 등교해서, 나는 생전 처음으로 아동보호국에 전화하게 되었다. 담당 경찰관은 가브리엘의 어머니를 만나서 남편과 떨어져 살지 않으면, 네 명의 아이들 모두 같이 살 수 없게 하겠다고 경고했다. 그러나 어디로 갈 수 있었을까? 가브리엘의 어머니는 불법체류자였고 주변에 의지할 친척도 없었으며 가끔 남의 집 청소를 하면서 근근이 살아가고 있었다. 나는 교사로서 이 슬픈 상황을 어떻게 다뤄야 할지 막막한 느낌이 들었다. 내가 무엇을 도와줄 수 있을까? 심장은 빠르게 뛰었고 목소리도 떨렸다. 범불안장애(어떤 사건이나 활동에 대한 과도하고 통제 불가능하며 비이성적일 수 있는 걱정－옮긴이)가 생긴 것이다. 그날 밤 나는 가브리엘에 관한 생각에서 시작해서 끝내야 하는 수업계획서, 교실에 어지럽게 널려 있는 물감들, 시간이 없어 못 낸 고지서들, 그러다 다시 가브리엘 생각으로 옮겨 다니느라 잠을 이룰 수가 없었다. '다른 교사들은 이럴 때 어떻게 할까?' 궁금해졌다.

새벽 5시가 다 되어서야 간신히 몇십 분 정도 잠을 잘 수 있었다. 하지만 곧 다시 일어나서 소파에서 베개를 집어들고는 바닥에 앉았다. 몇 년 동안 명상을 해온 상황이지만 여전히 가만히 앉아 있는 게 힘들었다. 그리고 금방 지루해졌다. 소위 "핵심"을 보지 못했다. 그러나 불면증과 불안의 밤을 보내서인지 나는 이날 자동조종 모드(명상 용어로 일상생활에서 뚜렷한 의식이나 의도 없이 자동적으로 행동하는 상태.－옮긴이)에 들어갔다. 어느샌가 명상에 잠겼다.

명상은 마법이 아니다. 여전히 지루했다. 하지만 교직 첫해, 나는 20분 정도 잠을 자려고 노력했던 때보다 같은 시간 동안 명상하고 난 다음 출근했을 때 훨씬 편하게 생활할 수 있었다. 그해 봄 나는 가브리엘의 일로 또다시 아동보호국에 전화해야 했다. 두 번째로 가브리엘의 엄마와 담당 경찰관을 만났을 때 나는 훨씬 침착하게 대처할 수 있었다. 여전히 큰 슬픔을 느꼈지만 이전처럼 초조하거나 불안해지지는 않았다. '이걸 어떻게 하지?' 하고 생각하는 대신 전화하기, 모임 참석하기, 청소하기, 집으로 운전하기 등 해야 할 일을 차근차근히 해나갔다. 나는 과거와 미래를 불안하게 왔다 갔다 하는 대신, 현재에 더 자주 머물렀다.

5장에서 나는 하루에 몇 분씩(이상적으로는 대략 20분간) 앉아서 눈을 감고 자신의 호흡을 관찰하라는 이야기를 할 것이다. 명상하라고 요청할 것이다. 과학적인 논리로 설득하고, 간절한 마음을 담아 간청하고, 고무적인 이야기도 소개한다. 삶에서 끝없이 계속되는 스트레스를 관리하는 방법을 연구하며 수십 년을 보낸 결과, 나는 명상이 스트레스 해결의 열쇠라는 사실을 깨달았다. 명상은 어디서든 할 수 있고, 누구나 쉽게 할 수 있으며, 비용도 들지 않고 빠르게 효과를 볼 수 있다.

마음챙김 : 정의, 방법, 목적

마음챙김mindfulness은 판단하지 않고 순간순간을 알아차리는 일이다. 마음과 생각에 집중하되, 판단하지 않는 정신적인 상태를 말한다. 차를 마시거나 음식을 먹으면서도 명상할 수 있다. 또한 다른 사람이 하는 말을 주의 깊게 들으면서도 명상을 할 수 있다. 설거지를 하거나 레고를 가지고 놀거나 걸을 때도 가능하다. 명상은 지금 여기에 머물도록 도와주기 때문에 우리는 그 순간에 명확한 결정을 할 수 있다. 명상을 통해 마음챙김을 하고, 마음챙김 명상을 통해 회복탄력성의 깊은 지하 샘물로 들어갈 수 있다.

2가지 길: 습관과 마음챙김

자극과 반응이 연결되는 순간으로 돌아가보자. 예를 들어, 교장 선생님이 교실 문에 갑자기 머리만 들이밀고 이렇게 말한다. "미안하지만 오늘 수업할 협력교사가 오지 않아서 그러는데요, 선생님이 보강을 해주셔야 할 것 같아요." 그 이야기를 듣고 교사인 여러분이 이제 반응을 보이기 직전인 상황 말이다. 사실 내게도 이런 순간이 너무도 많았다. 그리고 보통 후회하는 방식으로 반응했다. 그렇게 촉발하는 사건이 일어나고 나중에 후회한 반응에 관해 생각해보자.

이렇게 감정을 촉발하는 사건이 생기면 2가지 선택의 길이 있다. 하나는 스트레스를 받을 때 습관적으로 선택하는 길이다. 먼저 사건을 빠르게 평가한다('교장 선생님은 나를 무시하네.', '이 학교는 정말 구제 불능이군.'). 이와 같은 평가를 내리고 나면 감정 주기에 빠져든다. 교장 선생님이 내게 보강하라고 말하면, 나는 한숨을 크게 쉬며 이렇게 말했다. "좋아요. 퀴잘디의 어머니와 상담이 잡혀 있었는데 취소해야겠네요. 혹시 보강수업 지도안이 있나요? 아니면 제가 임기응변으로 만들어야 하나요?" 그러면서도 나는 화가 나 있었기 때문에, 교장 선생님의 무능함을 계속 말하고 다녔다.

이 길은 익숙해서 접어들기 쉽지만 회복탄력성을 손상시킨다. 이런 식으로 교장 선생님에게 쏘아붙이고 나서는 교장 선생님과 관계가 악화되고, 관계 회복을 위해 다시 노력하지 않으면 안 되는 상태가 되었다. 이러한 과정에서 생긴 감정의 후유증으로 내가 가르쳐야 할 학생들에게도 부정적인 영향을 미쳤다. 보강수업을 하면서도 학생들에게 짜증 났고, 무기력한 상태가 되었다. 학생들에게도 부정적인 도미

노효과를 주었다. 내 회복탄력성만 위험에 빠진 게 아니었다.

두 번째 길은 마음챙김의 길이다. 이 길에서는 자신의 감정에 집중해 감정의 원인을 알아차릴 수 있으며, 그 순간에 일어나고 있는 일을 충분히 수용하며 우리의 말이나 행동에 대해 의도적으로 신경을 쓸 수 있다. 마음챙김은 순간의 상황에서 잠시 떨어져 나와 판단 없이 상황을 볼 수 있게 하며 긍휼의 마음까지도 갖게 해준다. 이 길을 걸을 때 우리는 보다 명확한 결정을 내릴 수 있다.

마음챙김의 길에서는 교장 선생님이 보강수업에 들어가라고 말할 때 짜증이 나는 내 감정, 갑자기 사라진 내 시간에 대한 실망감, 퀴잘디 어머니와의 상담을 미루는 것에 대한 염려, 학교의 비효율적인 시스템에 대한 좌절의 감정을 있는 그대로 수용할 수 있다. 그런 다음 교장 선생님도 할 수 있는 한 최선을 다하고 있으며, 10년 후에는 이런 일이 기억도 나지 않을 것이라는 것, 그리고 지금 당장 내게는 침착한 마음으로 가르쳐야 하는 학생들이 있다는 것도 인식할 수 있다. 이런 마음으로 반응한다면, 교장 선생님을 판단하지 않고 상황에도 잘 대처해서 그와 좋은 관계를 유지하며, 스트레스를 받아 혈압이 오르는 일도 방지할 수 있다. 보강수업을 할 때도 학생들을 생각하고 돌보는 마음으로 가르칠 수 있다.

일시정지 버튼

마음챙김을 연습한다는 것은 인생이라는 드라마에 내면의 일시정지 버튼을 누르는 것과 같다. 학생이 지시를 거부할 때, 동료 교사가 불쾌한 메일을 보내면서 수신인에 학교 전체 구성원을 포함했을 때,

금요일 퇴근 시간 직전에 긴급회의가 소집될 때, 되받아치거나 '모두에게 응답' 버튼을 누르거나 학교에서 뛰쳐나가기 전에 먼저 일시정지 버튼을 누르자. 일시정지 버튼을 필요한 시간만큼 누르고 있다가 손을 떼면, 자신의 핵심 가치에 맞게 보다 침착하게 그리고 확신을 가지고 반응할 수 있다. 교직 첫해에 교장 선생님 앞에서 나는 눈물을 터뜨린 일이 있었다(이 이야기는 1장에서 이미 했다). 그 당시 마음챙김을 했더라면 어떻게 되었을까 상상해보았다. 아마도 나는 일시정지 버튼을 누르고 재빨리 불안과 좌절의 감정을 인식하면서 더욱 생산적인 방식으로 반응했을 것이다.

우리는 우리의 생각을 곧 우리 자신이라고 생각한다. 마음챙김을 하면 생각은 그 자체로 존재하는 것임을 알 수 있다. 생각은 들어올 수도 있고, 나갈 수도 있다. 마음챙김을 연습하면, 생각이 들어오고 나가는 것을 볼 수 있고, 감정의 주기가 어떻게 움직이는지도 볼 수 있다. 우리가 생각이나 감정 자체가 아니라는 것을 배우게 된다. 생각과 감정은 상황에서 나오는 것이지, 우리의 존재 안에 내재된 것이 아니라는 것을 알게 된다. 많은 사람이 자기 자신의 스토리를 가지고 있고, 자신이 누구인지 그리고 어떻게 살아가야 하는지 돌에 새긴 듯 고정된 생각을 한다. 마음챙김은 이러한 스토리를 흐트러뜨린다.

마음챙김을 하면 우리는 더욱 자주 '현재'에 머물 수 있게 된다. 인식은 편견, 습관, 두려움, 또는 희망 사항 등에 의해 종종 왜곡된다. 마음챙김을 하면 왜곡된 인식을 차단할 수 있고 지금 일어나고 있는 사건과 상황에 집중할 수 있으며, 그에 대한 분별력 있는 선택을 할 수 있다. 마음챙김을 하면 10학년 여학생에게 휴대폰을 집어넣으라고 말했는데, 눈을 흘기며 쳐다보았다는 이유로 교장실로 보내 지도받게 하지는 않을 것이다. 자신을 힘들게 만드는 분노의 감정 주기에 빠져드는 대신, 침착하게 학생에게 규칙을 말해주면서 규칙 위반에 대한 조치를 할 수 있게 된다.

최근에 일시정지 버튼을 누르고 싶었던 순간이 있었는가? 그때 무슨 일이 일어나고 있는지 잠시 생각해보는 시간을 가졌다면 보다 명확한 결정을 내리지 않았을까? 관심이 생기는가? 그렇다면 이제 마음챙김의 근육을 키우는 방법으로 넘어가보자.

자리에 앉아 호흡에 집중하기

마음챙김의 힘을 기르려면 매일 적어도 몇 분씩은 자리에 앉아 있어야 한다. 마음은 마치 원숭이와 같아서 과거에서 현재로, 걱정에서 후회로, 이 일에서 저 일로 자기 멋대로 뛰어다닌다. 때로는 우리 마음이 너무 빨리 움직여서, 무례하고 난폭하게 굴고 있다는 것조차 깨닫지 못할 수도 있다. 이런 상황에 너무나 익숙해져서 혼란을 야기하고 있다는 것조차 인식하지 못하는 것이다. 반응을 촉발하는 사건이 일어나면, 우리 마음속 원숭이가 먼저 알고 반응한다. 마음챙김의 첫 번째 단계는 이러한 우리의 마음 상태를 알아차리는 것이다.

마음을 알아차리는 가장 좋은 방법은 자리에 앉아서 눈을 감고 내 호흡에 집중하는 것이다. 사실 쉽지는 않다. 일단 자리에 앉아서 몸을 편안하게 한다. 그러고는 눈을 감고 숨을 들이마신다. 그다음 내쉰다. 다시 들이마신다. 그러면 뭔가 마음이 이상해진다. 등이 아프기도 하고 코가 간질거리기도 한다. 왜 이걸 하고 있는지 새삼 궁금해지기도

할 것이다. 아마 좀 우스워 보여서 누군가 그 모습을 본다면 웃음을 터트릴 수도 있다. 답장 기한이 지난 메일, 보충할 비타민과 지진용품이 떠오를 수도 있다. '근데 이 냄새는 뭐지? 쓰레기 봉투를 언제 버렸더라? 고양이 건강검진 날짜가 지난 거 아닌가?' 발은 점점 마비되고 코는 여전히 간질거린다. '저 멀리 삐, 하는 소리는 어디서 나는 거지? 이렇게 멍청하게 호흡이나 지켜보면서 시간을 낭비하는 것보다는 조깅을 하러 가거나 교실을 정리하는 게 더 낫겠어.' 하는 생각도 들 수 있다.

한 번도 명상해본 적이 없다면, 이런 묘사 때문에 명상을 주저하지 않았으면 좋겠다. 이는 가만히 앉아 있을 때 우리 마음이 어떻게 움직이는가에 관한 솔직한 설명이다. 마음이 왔다 갔다 한다고 명상을 제대로 못한다고 자신을 비난하지 말고, 다시 호흡에 초점을 맞추면 된다. 그저 부드럽게 다시 자신의 호흡을 관찰하라. 가슴이 천천히 올라가고 내려가는 것을 느끼고, 시원한 공기를 콧구멍과 윗입술로 느껴보라. "숨을 들이쉬고 내쉬고……." 말하면서 해도 되고, 호흡하면서 10까지 천천히 세고 난 다음 다시 시작하는 방법으로 해도 된다.

이게 전부다. 이것이 앉아서 하는 명상의 핵심이다. 호흡으로 돌아가는 연습을 할수록, 점점 더 쉬워진다는 것을 알게 된다. 호흡을 점점 더 길게 할 수 있게 된다. 또한 마음이 분주해질 때도 더 빨리 알아차리게 된다. 분주함을 줄이는 방향으로 마음의 방향을 다시 바꿀 수 있다. 걱정적인 마음의 원숭이도 점차 덜 뛰게 될 것이다. 그리고 가끔 '조용함', '고요함', '중심점' 등을 경험할 것이다. 마치 잔잔한 연못에 힘들이지 않고 평화롭게 떠 있는 것처럼 느껴질 것이다.

명상에 대한 동기가 생기고 또 꾸준히 연습할 수 있으려면, 왜 명상을 하는지, 이것이 나와 다른 사람들에게 어떤 도움을 주는지를 생각해야 한다. 명상을 하기 위해 자리에 앉을 때, 이와 같이 의도를 설정하는 것으로 시작하라. 예를 들어, '오늘 명상을 하면 학생들에게 친절하게 대할 수 있고, 가르치는 기쁨도 느낄 수 있을 거야.' 또는 '오늘 명상의 의도는 내 감정을 더 잘 알게 되는 것으로 하자.'라고 생각하는 것이다.

지금 잠시 이 책을 덮고 5분쯤 명상해보고 싶은 마음이 든다면, 그 생각에 지지를 보낸다.

마음챙김 연습

명상은 마음챙김 연습의 일부다. 이는 운동과 비슷한 방식이다. 필라테스를 배우러 가면 코어 근육을 강화하고 자세를 교정하는 데 집중한다. 그렇게 하면 종일 내가 어떻게 앉고, 서고, 들어올리고, 걷는지를 알아차리게 된다. 수업을 받고 나면 계속 이 과정에 몰입하게 되고, 이를 계속하면 엄청난 변화가 생긴다.

초등학교에서 교직생활을 시작했을 때 가장 싫었던 일 중 하나가 쉬는 시간에 운동장에서 학생들을 지도하는 것이었다. 쉬는 시간 10분간 화장실에 가거나, 다음 시간 수업을 준비하거나, 조용한 시간을 갖지 못하는 게 화가 났다. 그러던 10월의 어느 멋진 날, 나는 운동장에서 잠시 눈을 감고 고개를 들어 햇빛을 맞으며 아이들이 즐겁게 노는 소리에 귀 기울이게 되었다. 부드러운 바람과 따뜻한 기운, 학생들의 유쾌한 재잘거림, 지나가는 갈매기의 울음소리에서 평화로운 기운이 전해졌다. 그 후 운동장에서 학생을 지도하는 일은 마음챙김을 연습하는 기회이자, 내 마음의 휴식 시간이 되었다. 이렇듯 마음챙김은 우리의 일상과 통합될 수 있다.

어디선가 들었을지도 모르지만, 앞에서 말한 것과 다른 형태의 명상 방법도 있다. 예를 들면, 촛불 같은 물체에 집중하는 것이다. 초월명상에서는 한 구절을 반복하면서 집중한다. 이완 운동과 이미지 떠올리기는 몸을 안정시키고 불안을 완화시킨다는 점에서 명상과 비슷한 효과를 준다. 여러 가지 형태로 명상해보고, 마음에 드는 것을 찾아보자.

마음챙김의 기원

마음챙김의 많은 부분은 동양의 전통, 특히 불교에서 나왔다. 일반적으로 동양의 전통적 관점에서는 공동체, 개인, 건강 등을 전인적 관점으로 보는 경우가 많다. 명상을 자신과 공동체에 주어진 위대한 선물로 볼 수도 있다. 명상은 1960년대와 1970년대에 미국인들이 인도와 남아시아를 여행하며 명상의 대가들로부터 전수받은 것인데 이들에게 감사해야 한다. 그들은 자신들이 배운 명상을 서양인들을 위해 접근 가능하고 실용적인 형태로 만들었다. 지난 40년 동안 심리학, 건강, 신경과학 분야의 사람들은 진리를 추구하며 우리에게 명상을 전해준 이들로부터 직간접적인 영향을 많이 받았다.

이 운동의 선구자 중에 하버드대학교 정신과 의사가 있는데, 그는 인도에서 여러 해 동안 머물면서 명상을 연구했고, 람 다스Ram Dass라는 이름으로 알려져 있다. 1971년에 그가 쓴 책 『지금 여기에 머물기Be

Here Now』는 현재도 명상과 동양 영성 분야의 고전이다. 나는 이 책을 통해 교직 첫해(1990년대 초)에 회복탄력성을 키우는 방법을 처음 배우기 시작했다. 그해에 나는 20년이 지난 지금까지도 생생하게 기억날 만큼 힘든 일을 겪었다. 하지만 그 시기는 내가 원하고, 또 나를 필요로 하는 곳에 있다는 것을 깨달으며 아주 많은 즐거움을 경험한 때이기도 했다. 가르치는 일을 하면서 나는 이전보다 더욱 나 자신이 되어 살고 있다는 느낌을 받았다. 행복한 마음으로 퇴근한 날도 수없이 많았다. 중고서점에서 50센트를 주고 산 책 『지금 여기에 머물기』 덕분이었다. 그 책에서 많은 것을 배워서 적용할 수 있었다.

뇌, 몸, 교실을 변화시키는 명상

마티유 리카르Matthieu Ricard에 대해 들어본 적이 없겠지만, 그는 매우 유명한 뇌를 가진 사람이다. 적어도 뇌에 관심 있는 사람들 사이에서는. 리카르는 유명한 프랑스 철학자의 아들로, 과학자이자 승려다. 신경과학자들은 그의 몸을 기계에 연결해서 뇌를 연구했는데 그 결과 놀라운 사실을 발견했다. 명상하는 동안 그의 뇌는 마치 마취된 것과 다름없는 상태를 보였던 것이다(Davidson and Harrington, 2001; Davidson and Lutz, 2008). 이런 결과가 의미하는 것은 그냥 앉아서 호흡에 집중하는 것만으로도 뇌에 변화를 줄 수 있고, 고통을 차단하며 신체적 경험을 완전히 바꿀 수 있다는 것이다.

지난 10~20년 동안 신경과학자들은 달라이 라마 같은 티베트 수도승들과 힘을 합쳐, 현대 과학과 고대 명상을 연결해 매력적인 동반자 관계를 형성했다. 과학자들은 마음과 감정뿐 아니라 신체 건강을 위해서도 명상이 어떻게 사용되는지 보여주면서 명상이 주류가 될 수 있도록 협조한다.

다음은 신경과학자들이 명상이 우리의 뇌에 어떤 영향을 미치는지 연구한 결과다.

- **편도체**는 위험에 처하거나 두려움을 느낄 때 활성화되는 뇌의 한 부분이다. 편도체가 각성되면, 비상 신호를 뇌에 보내서 신경계와 호르몬계를 공황 상태에 빠뜨린다. 편도체는 과잉반응을 하는 경우가 많다. 마음챙김 훈련을 받으면 뇌의 이 부분이 덜 활성화된다(Lutz, Slagter, Dunne&Davidson, 2008; Hölzel et al., 2010).
- **해마**는 뇌에서 학습과 기억을 담당하며 편도체를 통제한다. 명상을 연습하면 해마가 활성화된다(Goldin&Gross, 2010; Hölzel et al., 2011).
- **전전두엽 피질**은 감정과 행동을 통제해서 현명한 결정을 내릴 수 있도록 한다. 규칙적으로 명상하면 뇌의 이 부분이 활성화한다(Chiesa&Serretti, 2010).

스트레스를 많이 받는 직업을 갖고 있다면 편도체를 길들이는 것이 중요하다. 비 오는 금요일 오후에 학생이 반항적인 태도를 보여주고 있다고 생각해보자. 몸과 마음이 지치면 편도체는 반항하는 7학년 학생을 위험하다고 감지하고는 "위험해! 싸워! 아니면 도망쳐! 뭔가 하라고!" 같은 내용으로 소리 질러댈 것이다. 명상은 이런 편도체의 반응을 해결하는 데 도움이 된다.

반대로 해마와 전전두엽 피질은 활발하게 자신의 기능을 다해야 한다. 뇌의 이 부분은 냉철하게 생각하고 배우며 우리의 가르침을 돌아볼 수 있게 도와준다. 이 부분은 우리가 직면한 문제에서 해야 할 일이 무엇인지 파악하고, 이성적으로 해결할 방법을 찾을 수 있게 한다. 이 부분이 제대로 기능하면, 반항하는 7학년 학생에게 다가가서 다음과 같이 침착하게 말할 수 있다. "앞으로 5분 안에 네가 던진 종이를 주워서 재활용 상자에 넣어주렴, 알겠지?" 위기를 기회로 바꿀 수 있게 되는 것이다. 해마와 전전두엽 피질은 회백질의 밀도가 클수록 좋은데, 활발하게 기능하고 있다는 표시이기 때문이다. 놀랍게도 명상 외에는 이 회백질의 밀도를 증가시킬 방법은 거의 없다. 명상은 어떤 방법보다도 스트레스와 불안에 대한 예방접종 효과가 있다.

신경과학자들이 우리에게 전해준 좋은 소식이 더 있다. 연구 결과, 우리의 뇌는 변화 가능할 뿐 아니라, 빠른 시간 내에 변화하는 것도 가능하다. 한 번도 명상해본 적 없는 사람들에게 8주간 하루에 25~30분씩 명상하도록 한 결과, 그들의 편도체, 변연계 부위 그리고 전전두엽 피질이 눈에 띄게 많이 변화되었다(Zolli&Healy, 2012).

게다가 최근까지 심리학자들은 기질은 청소년기 이후로는 거의 변하지 않는다고 믿었는데, 신경과학의 연구 결과에 의해, 뇌도 변할 수 있고, 감정도 변할 수 있다는 것이 알려졌다. 그러므로 공감, 낙관주의, 수용 같은 감정에 집중하도록 우리의 마음을 훈련시키는 일은 충분히 가능하다.

마음챙김학교는 교사에게 매우 도움되는 단체다. 이 비영리단체는 2007년에 캘리포니아주 오클랜드에서 설립되었으며, 미국 50개 주와 100여 개 이상의 나라에서 교육자와 학생에게 봉사하고 있다. 이 학교의 자세한 교육과정은 웹사이트(www.mindfulschools.org)에서 확인할 수 있다.

명상은 교사와 학생 모두에게 도움을 준다

교실이 지저분해서 스트레스를 받는가? 학습 자료를 놓아둔 곳에 말라서 굳은 물감통, 곰팡이가 핀 과학실험 도구, 먼지 쌓인 종이 뭉치가 가득한가? 마음챙김을 시도하자. 그리고 어떤 일이 일어나는지 보도록 하자.

다음은 학교 현장에서의 마음챙김에 관한 연구 결과를 핵심 내용을 중심으로 제시한 것이다. 마음챙김을 실천하는 교사는 다음과 같다.

- **스트레스와 번아웃을 덜 경험한다**(Flook, Goldberg, Pinger, Bonus&Davidson, 2013).
- **업무 효율성이 향상된다**(Jennings, Frank, Snowberg, Coccia&Greenberg, 2013).
- **학생을 정서적으로 더 잘 지지하게 되며**(Jennings et al., 2015), **학급을 더 조직적으로 운영하게 된다**(Flook et al., 2013).

우리의 감정은 전염된다. 이것은 비유가 아니라 과학이다. 우리에게는 타인의 행동과 감정에 반응하는 '거울 뉴런'이라 불리는 뇌세포가 있다. 만일 교실에서 누군가가 소리를 지르며 책을 던지면, 뇌는 그것을 분노의 신호로 읽는다. 스트레스가 많은 학생과 같이 있으면, 교사도 같이 스트레스를 받는다. 기분이 매우 좋지 않지만 애써 행복한 표정을 짓고 있다 해도, 학생들은 교사의 기분을 알아차리고 기분이 안 좋아질 것이다. 교사가 안정되어 있고, 일에 집중하고 있고, 자기 알아차림이 되는 상태라면, 학생들도 그렇게 될 가능성이 크다. 마음챙김학교의 웹사이트에는 이런 글귀가 있다. "아이들은 주변 어른들의 신경계를 반영한다."

아직도 명상을 해봐야겠다는 마음이 서지 않았다면, 마음챙김이 다른 문제를 해결하는 데도 얼마나 도움이 되는지 조금 더 이야기해보겠다. 마음챙김은 집중력, 기억력, 자기통제 능력을 향상시킨다. 또한 명상은 중독에서 벗어날 수 있게 도우며, 면역 반응을 증진한다. 불면증에 도움이 되고, 트라우마 극복과 우울증, 만성통증 관리에도 큰 역할을 한다. 기억하자. 명상은 이상한 부작용이 없으며, 비용도 들지 않고, 어디에서나 할 수 있다.

앞의 3장에서는 우리가 말한 스토리가 우리의 경험과 삶의 대본을 어떻게 구성하는지 살펴보았다. 우리는 우리의 스토리를 바꿀 수 있으며, 더욱 힘을 북돋는 스토리로 만들어낼 수 있다. 마음챙김을 하면 스토리를 바꿀 필요도 없을 수 있다. 그냥 알아차리면 된다. 스토리로 인해 촉발되는 감정을 인식하고, 사건과 스토리가 몸에 어떤 영향을 미치는지 알아차리기만 하면 된다. 그럴 때 스토리의 전체적인 맥락을 보게 된다. 우리는 그저 마음이 스토리를 만들어낸다는 사실을 받아들이고, 다시 호흡으로 돌아가 집중하면 된다.

명상은 혼란을 줄여준다

2년 동안 나는 매우 역기능적인 학교에서 일한 적이 있다. 하지만 떠나야겠다는 생각은 좀처럼 하지 못했다. 학교는 전체적으로 문제가 많았지만, 누군가는 남아서 아이들을 위해 좀 더 좋은 학교를 만들어야 한다는 생각이 들었기 때문이다. 이런 생각 때문에 나는 선택을 하기가 힘들었다.

당시 나는 명상을 하지 않았는데(점차 나아지고는 있었지만, 꾸준히 하는 사람은 아니었다), 다시 명상을 시작하면서 스스로를 지탱할 수 있게 되었다. 경계를 설정할 수 있게 되고, 상황에 대한 인식도 명확해졌다. 명상하면서 드라마적인 상황에서 벗어나서 상황에 대한 통찰력을 얻게 되었다. 또한 그 학교를 떠나 다른 길로 가는 것이 마음에 평안을 주고, 장기 목표에 더 가까이 가며, 나의 핵심 가치에 부합하는 일임을 깨닫게 되었다. 학교를 떠나기로 결심했을 때, 도망치는 것이라고 생각하지 않았다. 내가 살아 있는 목적과 이유, 기쁨과 만족, 그리고 건강한 공동체와 웰빙을 향해서 더 나아가는 것이라고 판단했다.

혼란과 불명확한 상태야말로 가장 견디기 힘든 감정이 될 수 있다고 생각한다. 모든 것이 뒤죽박죽이어서 선택과 결정을 계속 반복하는 것은 정말 힘든 일이다. 명상은 이 모든 것을 정리하는 데 도움을 준다. 명상을 주기적으로 하면 명확해지는 순간이 더 빨리, 더 분명하게 찾아온다.

마음챙김이 일반적으로는 잠재력을, 또한 특히 건강과 웰빙을 향상시킨다는 확신을 갖기 바란다. 마음챙김은 내면세계와 경험을 변화시킬 뿐만 아니라 다른 사람에 대한 고정관념도 바꾸어준다. 마음챙김은 공정한 학교를 만드는 핵심 자원이 될 것이다.

문화적 역량을 키우는 마음챙김

이 책은 나 자신과 다른 사람들의 삶을 향상시키기 위해 가능한 일, 즉 우리 영향력의 범위 안에 있는 일에 초점을 둔다. 그래서 의식의 영역에 초점을 맞추고 있다. 오늘 교사 여러분도 앉아서 자신의 생각에 대한 알아차림을 향상시킬 수 있다. 이렇게 하다보면 자신의 사고에도 패턴이 있음을 알게 된다. 즉, 다른 사람에 대한 우리 생각은 실제로 사회적으로, 문화적으로, 정치적으로 영향을 많이 받는다.

우리는 모두 무의식적인 편견, 즉 다른 인종이나 민족을 볼 때 생기는 자동적인 생각과 감정을 가지고 있다(다른 것에 대해서도 무의식적인 편견을 갖고 있지만, 이 장에서는 인종에 대한 편견에 초점을 맞추어 이야기해보자). 이 편견은 우리가 의식하지 못하는 상태에서도 세상에 대한 관점을 형성하고 행동에도 영향을 준다. 그러나 거듭 말하지만 좋은 소식도 있다. 연구에 따르면 우리의 편견은 필연적인 것이 아니며 변할 수 있다. 다른 인종이나 민족에 대한 무의식적인 편견을 인식하고 마음의 회로를 재조직하려면, 고정관념을 내려놓고 공감의 관점을 갖기 위해 노력해야 할 것이다. 다른 문화권의 사람들과 만날 기회를 자주 가져볼 필요가 있다. 마음챙김은 우리 안에 내재된 무의식적인 편견을 알아차리고 그것을 바꿀 수 있도록 도와준다.

무의식적인 편견이 표면으로 떠오를 때

코칭을 받던 K교사는 자신이 5년간 생활교육위원회(선도위원회)로 의뢰한 학생 통계 자료를 살펴보다가 흐느껴 울기 시작했다. "제가 보고 있는 이 자료가 이해가 안 돼요. 흑인 학생들을 훨씬 많이 생활교육위원회로 보냈네요. 제가 이렇게 했다니, 믿어지지 않아요."

나는 휴지를 건네면서 자료를 살펴본 용기를 먼저 인정해주었다. K교사가 내게 이 자료를 추려달라는 부탁을 하긴 했지만, 이런 결과를 기대한 건 아니었을 것이다.

"제가 아이들을 생각하면서 특정 인종의 학생들이 다른 학생들보다 더 문제가 많다고 말한 적은 없어요. 그게 저예요. 그렇지 않겠어요? 그런데 제가 흑인 학생들을 대할 때 뭔가 다른 것이 있다는 거죠? 제게 편견이 있는 걸까요?"

나는 K교사에게 우리는 사회적으로 조건화되고 신경학적으로 뿌리가 깊은, 때로는 자동조정장치 같은 방식으로 행동한다고 이야기했다. 무의식적인 또는 암묵적인 편견을 가질 수 있다는 이야기다. K교사의 인종이나 민족을 언급하진 않겠다. 백인일 수도, 흑인일 수도, 라틴계일 수도, 아시아계일 수도 있었다. 우리 모두 무의식적인 편견을 갖기가 쉽고, 학교 안에 만연한 불평등에 알게 모르게 기여할 수 있다는 것이다. 우리 모두 자신의 편견을 이해하고, 왜곡된 사고방식을 인식하고, 편견을 뿌리 뽑아야 할 책임이 있다. 마음챙김은 이 과정에서 사용할 수 있는 핵심적인 도구다.

대부분의 미국인은 공개적으로는 인종평등의 입장을 취하며 인종주의적인 견해를 대놓고 주장하지는 않는다. 그러나 인종차별은 여전히 존재한다. 인종에 대한 편견은 학교에서 누가 성공하고, 누가 졸업하고 누가 교도소에 들어가는지 등에 관한 통계 자료에서도 나타나지만, K교사의 통계 자료에서처럼 교실에도 명백히 존재한다. 버클리대학교의 존 파웰 교수는 무의식이 이상과 현실 사이의 간극을 만든다고 설명한다(John Powell, 2015). 그는 자신의 저서에서 "무의식은 부분적이기는 하지만 오늘날 새롭게 등장한 인종차별과 편견의 원인이 되고 있다."라고 서술했다.

이 연구 결과를 받아들이기 어려울 수도 있다. 자신을 평등의 챔피언이라고 생각했던 K교사는 이를 듣고 싶어 하지 않았다. 그러나 사회신경과학 연구자들은 편견이 자동적이고 무의식적으로 작동한다는 사실을 증명했다. 1,000분의 1초 만에 상대방의 인종, 성, 나이를 식별하고, 이것이 고정관념, 편견, 행동 충동 같은 복합적인 네트워크를 활성화시킨다.

이렇게 즉각적인 판단이 비공식적인 혹은 공식적인 문화의 영향을 받아 편견이 되어가는 것이다. 가족, 미디어, 경험 그리고 수많은 통로를 통해 전달되어 수년간 쌓인 명시적이고 암묵적인 문화적 메시지를 통해, 특정한 신체 특징이 수많은 기질 특성과 연결되는 것이다. 이러한 메시지들(예를 들면, 백인의 우월함) 중에는 식민주의, 현대 자본주의, 아프리카와 비유럽 민족의 노예화처럼 수세기 전으로 그 기원을 거슬러 올라갈 수 있는 것들도 있다. 우월함과 열등함에 관한 메시지는 우리 의식 속에 내재화되고, 제도 속에 공고히 자리를 잡고 있다. 이러한 메시지는 우리 주변에 널려 있다. 인종주의는 마치 감기 바이러스 같다. 누구든 쉽게 감염되기 때문에 누구 탓을 하기가 어렵다. 그러나 감염을 방지하고, 다른 사람에게 전파되지 않게 하고, 의도치 않게 만들어낸 혼란 상황이 있다면 말끔하게 정리해야 할 책임 역시 우리에게 있다.

삶과 죽음이 시사하는 문제

이 문제는 단지 우리 개인의 잘못된 생각에 관한 이야기가 아니다. 똑똑하지 못해서 그렇게 생각하는 것도 아니다. 무의식적인 편견은 삶 그리고 죽음과 연결되어 있다. 시카고대학교의 심리학자 조슈아 코렐Joshua Correll은 한 연구에서 경찰과 지역주민, 학생이 비디오게임을 할 때 무장한 백인보다 무장한 흑인을 먼저 쏘는 경향이 있음을 보여주었다. 문화적 고정관념과 무의식적 편견은 0.2초 안에도 머릿속에 등록될 수 있다(Correll, Park, Judd, and Wittenbrink, 2007).

경찰에 의해 사살당한 수백 명의 비무장 흑인 남성과 여성을 봐도 알 수 있듯이, 무의식적인 편견 때문에 죄 없는 사람들이 죽음에 이를 수 있다. 비무장한 유색인이 살해당하는 일은 최근 일어난 현상이 아니다. 단지 카메라에 잡혀서 언론의 조명을 받고 조직적인 대중의 항의와 수사로 이어진 것이 최근일 뿐이다. 2015년 조사에 의하면, 젊은 흑인 남성이 경찰에게 사살될 가능성은 다른 인종의 미국인보다 9배나 높았다(The Guardian, 2015).

평등의 가치에 반대하면서, 자신이 속한 집단은 우월하고 다른 집단은 열등하다고 믿는 사람들이 있다는 것을 알고 있다. 이러한 공개적 인종차별주의자들에게 어떻게 반응할지를 여기서 다루려는 게 아니다. 만일 주변에서 이런 일이 일어나고 있다면, 자신이 속한 조직과 공동체에서 함께할 동료를 찾아야 한다. 함께 전략을 짜고, 대화하고, 이런 행동이 일어나는 시스템과 구조를 바꿀 계획을 세워야 한다. 만일 공개적 인종차별주의자가 학교의 리더라면, 이런 행동을 막고 해결하기 위해 학습하기, 전략 짜기, 용기 북돋기, 실천 등 필요한 모든 일을 책임지고 수행해야 한다.

개인적 수준에서 인종차별 문제를 다루는 것에는 한계가 있다. 편견, 인종주의, 그리고 억압은 제도의 벽과 기초 안에 존재하고 있다. 이것을 철저히 정비하거나 해체하지 않으면 평등이나 정의는 존재할 수 없다. 우리의 교육제도, 부동산, 형사법, 보건의료, 고용 시스템은 누군가에게는 특권을 부여하고 있으며 또 다른 누군가의 권리는 과소평가하는 방식으로 운영되고 있다. 더욱 상세한 내용은 부록 F에 수록된 '심화학습을 위한 자료'를 살펴보라.

마음챙김은 무엇을 할 수 있나?

마음챙김은 지금 일어나는 상황에 주의를 기울일 수 있게 한다. 분명하게 보고 말하게 하며, 의도를 가지고 행동할 수 있게 한다. 마음챙김은 내적으로 결함 있고 심지어 뿌리 깊은 편견이 있는 자동조정장치의 작동과는 정반대다. 자신의 열망과 신념에 일치하도록 이끌어, 교사가 무의식적인 편견에 따라 행동하지 않도록 한다.

4장에서 무의식적 편견의 예를 보여주기 위해 언급한 연구 사례를 다시 제시하겠다. 한 백인 여성이 거리를 걸어가다가 흑인 남성이 자신을 향해 걸어오는 것을 본다. 그녀는 지갑을 꼭 움켜쥐고 그를 피하기 위해 길을 건넌다. 의식적으로는 그를 두려워하고 있다고 생각하지 않을 것이다. 그저 자동적으로 일어나는 반응일 뿐이다.

마음챙김을 연습하고 나면 이 여성은 흑인 남성이 자신에게 걸어 보는 것을 보고 스스로에게 이렇게 말할 것이다. '내가 지금 느끼고 있는 두려움은 진짜가 아니야. 흑인 남성은 위험하다는 잘못된 메시지가 내면화된 결과일 뿐이야. 두려움 때문에 저 사람을 인간적으로 대하지 못하고 있어. 그렇게 대하면 다른 사람들과의 의미 있는 관계도 끊어지게 될 거야. 바로 여기, 바로 지금, 나는 두려워할 이유가 없어.' 그런 후에 이 여성은 그 남성 곁을 지나가면서 그와 눈을 마주치고 심지어 미소까지 지어 보일 것이다. 다른 백인 여성이나 남성이 옆을 지나갈 때와 마찬가지로. 편견에 대해 배우고 이런 마음챙김의 순간을 여러 번 보내고 나면, 지갑을 움켜쥐려는 충동은 서서히 가라앉거나 사라지게 된다. 마음챙김은 이전에 만들어진 자극과 반응의 연합을 방해할 수 있는 하나의 도구다(Lueke and Gibson, 2014). 하지만 우리가 무의식적 편견을 뿌리 뽑기 위해서는 마음챙김을 좀 더 배우고 연습해야 한다. 그리고 성장하기 위해서는 배운 것을 진심으로 깊이 실천해야 한다.

적어도 마음챙김과 긍휼의 실천은 편견을 줄일 수 있는 일반적인 조건을 만들어준다. 즉, 우리의 감정을 알아차리고, 다양한 관점을 취하고, 반응을 통제하고, 불안을 줄이고, 공감 능력을 키우는 데 도움이 된다. 편견을 뿌리 뽑으려면 이러한 정신적·정서적 상태를 키우고 유지해야 한다. 무의식적 편견은 내면화되어 강력하게 기능하기 때문에, 의식적 생각만으로는 그것을 다룰 수 없다.

평등한 학교를 간절히 바란다면, 우리의 무의식을 의식적인 가치와 맞출 수 있는 방법을 찾아야 한다. 종교주의를 해결하려 한다면 의식적 수준만으로는 충분치 않다. 마음챙김은 무의식적 편견에 따른 의사결정을 하려 할 때 적절하게 반응할 수 있도록 돕는 매우 가치 있는 자원이다. 교사가 자신의 이 암묵적 편견에 대해 오래전에 알고 있었든 아니면 지금 막 알게 되었든, 강한 감정을 촉발할 수 있다는 사실을 인식해야 한다. 강한 감정에 사로잡히더라도 생각과 감정을 알아차릴 수 있다면, 그 감정이 우리의 더 큰 목적을 이루는 데 도움이 되도록 만들 수 있다. 마음챙김은 무의식적 편견을 알아차리게 해서 심장이 요동치는 것을 멈추게 하고, 다음에 무엇을 말할지를 생각할 수 있게 하며, 무엇보다 타인에게 계속 마음을 열 수 있도록 한다. 편견을 해결하려면 마음챙김은 필수적인 과제다.

다시 K교사의 이야기로

이제 이전 이야기로 돌아가보자. 나는 먼저 이렇게 말했다. "선생님은 무의식적 편견을 가지고 있는 것 같아요. 선생님뿐 아니라 우리 모두에게 있는 것이기도 하지요. 선생님이 다른 학생들보다 흑인 남학생들을 생활교육위원회로 더 많이 보낸 것은 사실이에요. 선생님 말씀이 맞아요. 흑인 학생들이라고 다른 학생들보다 더 문제가 많은 것은 아닙니다."

K교사는 이 지점에서 강한 감정을 드러냈다. "지금 느낌이 어떠세요?" 나는 물었다. K교사는 눈물을 흘리면서 말했다. "죄책감이 들고 부끄럽습니다. 제가 학생들의 자존감을 망가뜨리고, 이후에 STPP School-To-Prison Pipeline(학교에서 감옥으로 가는 파이프라인, 교육불평등으로 인해 열악한 사

회경제적 지위에 있는 청소년들이 감옥으로 가는 경우가 상대적으로 많은 상황을 뜻한다.-옮긴이)에 기여했다는 사실이 정말 두려워요. 제가 인종차별에 동참했다는 사실을 믿을 수가 없어요."

나는 심호흡을 했다. K교사의 감정을 이해하려고 하거나 고치려는 대신, 아무 말도 하지 않고 감정이 올라오기를 기다렸다. 그러는 동안 내게도 어떤 감정이 올라오고 있음을 알아차렸다. K교사는 조금 더 울고 나서 심호흡했다. "오늘 배움에 감사드려요. 이 모든 것을 받아들일 시간이 좀 필요할 것 같군요."

다음 코칭 시간에 우리는 학생이 과제에서 벗어나거나 규칙을 어기는 순간에 무엇을 할지, 행동의 흐름과 패턴을 보기 위해 자료를 보다 효과적으로 활용하려면 어떻게 할지, 자신의 편견을 탐색하고 그 뿌리를 살펴보기 위해서 어떻게 할지 등을 논의하기로 했다. 또한 학교에 출근하기 전에 매일 마음챙김을 실천하기로 약속했다. "더 좋은 선생님이 되고 학생들을 더 잘 돌보기 위해서 무엇이든 할 겁니다. 제가 무의식적으로 한 일이라 해도 죄책감을 느껴요. 제 행동을 바꾸기 위해 최선을 다할 거예요."

이 대화 이후 얼마 안 되어 학기가 종료되고 나는 직장을 바꾸게 되어, K교사에 대한 코칭은 그렇게 종결되었다. 그로부터 약 1년이 지난 어느 금요일 저녁, 슈퍼마켓에서 K교사와 마주쳤다. 나는 힘든 1주일을 보낸 이후라 기운이 빠져 있었는데, 그는 긍정적인 에너지가 넘쳐 보였다. "그거 아세요?" K교사가 자랑스럽게 말했다. "1년 내내 한 명의 학생도 교실 밖으로 내보내지 않았어요!" 그의 얼굴이 환하게 빛났다. "우리 교실에 있는 타임아웃 코너에 학생들을 세워두었기 때문도 아니고, 힘든 학생들이 없었기 때문도 아니었어요. 힘든 학생들도 여전히 있었거든요." 그는 씩 웃으며 말을 계속했다. "그게 가능했던 것은 혼란스러운 마음이 들 때 그 감정에 충분히 머물 수 있었기 때문이에요. 그렇게 하니까 예전과 같은 방식으로 감정이 촉발되지 않았어요. 학생들의 말이나 행동에 자동적으로 반응하지 않고 침착하고 빠르게 학생들을 지도할 수 있게 되었어요." K교사는 잠시 말을 멈추고 심호흡했다. "흑인 남학생들에 대한 제 반응이 공격적이었다는 걸 알게 되었거든요. 마음챙김을 연습하기 시작한 이후로, 흑인 남학생들이 두려웠기 때문에 제가 더 심하게 대했다는 걸 깨달았어요. 그 깨달음 덕분에 저는 변할 수 있었어요. 교사로서, 아니 한 인간으로서 그렇게 살고 싶지는 않았으니까요."

나는 K교사에게 축하를 해주었고 이야기를 들려주어서 고맙다고 말했다. K교사는 말을 이었다. "처음에 무의식적 편견에 관해 말씀해주셨을 때, 어려운 과정이 될 거라고 생각했었어요. 지금도 그 편견이 완전히 사라진 것은 아니에요. 그렇지만 제 행동은 계속 변하고 있고, 제가 원하는 모습에 점점 가까워지고 있어요. 명상하는 데는 20분 정도밖에 안 걸리는데, 우리 모두 할 수 있지 않을까요?"

평등한 학교를 만드는 것에는 마음챙김 명상 이상의 것이 필요하다. 그러나 마음챙김 없이 가능하리라고 생각하지는 않는다. 마음챙김은 분명 그 목표를 위해 우리가 할 수 있는 가장 쉬운 출발점이다.

리더를 위한 제안

- 무의식적 편견이 학교에서 작용한다는 것을 이해하면 불평등을 다루기가 더 쉬워진다. 그렇게 되면 비난과 감정적 책임은 분명 좀 덜어질 것이다. 그렇지만 무언가를 해야 하는 책임에서 자유로워지는 것은 아니다.
- 리더가 이 일을 하려고 할 때 한 가지 어려움은 이 일을 스스로 해야 한다는 것이다. 반성하고, 이해하고, 학습하고, 실천하는 것 말이다. 이렇게 하려면 시간이 많이 들 수 있다. 학습과 성찰부터 학교에서 먼저 시작할 필요가 있다. 학생들에게 언제까지고 기다리라고 말할 수는 없을 테니까. 천천히 속도를 늦추고, 앉아서 고요한 마음으로 자신을 살피라. 그다음 일어나 학교를 바꾸라.
- 오늘 바로 시작하라. 마음챙김 시간을 정해 이번 주 달력에 표시하라.
- 교사모임을 마음챙김 활동으로 시작해보라. 모임이 끝날 때 그 활동이 각자에게 어떤 영향을 미쳤는지 나누라.
- 이런 명상 실천을 학생에게 가르치고 싶어 하는 교사들을 찾아서 훈련과정을 제공하라.

매 순간 현존하는 능력은 매일의 삶의 취약성, 불편함, 그리고 불안을 받아들이는 능력 그 이상도 그 이하도 아니다.

— 달라이 라마, 데스몬드 투투, 더글러스 에이브럼스

깊이 이해하기 : 기쁨

이 책은 궁극적으로 기쁨에 관한 것이다. 구체적으로는 일상의 삶에서, 서로에게서, 교사로서, 리더로서 일하면서 어떻게 더 많이 기쁨을 발견할 수 있을지, 다른 사람들도 기쁨을 누리게 하려면 어떻게 해야 할지에 관한 책이다. 이 책은 학교에서 단지 생존하는 것이 아닌, 성장하는 일에 관해 다룬다. 성장은 기쁨을 의미한다. 우리 모두 기쁨을 느낄 자격이 있다. 감정이 완전히 무시될 때도 많지만, 감정에 관해 이야기하거나 탐구할 기회가 주어지더라도 주로 슬픔, 분노, 두려움 같은 힘든 감정에 초점을 맞추는 경우가 많다. 기쁨같이 우리가 키워내고 싶은 감정에 대해서는 별로 생각하거나 말하지 않는다. 하지만 성장하려면 기쁨 같은 감정을 더 많이 생각하고 탐구할 필요가 있다.

여러분에게 기쁨은 어떤 의미를 갖는가? 누군가에게 기쁨은 조용하고 세밀하고 부드러운 것이며, 또 다른 누군가에게는 흥분으로 가득 차고 에너지가 넘치며 소란스러운 것일 수 있다.

지금 잠시 하던 일을 멈추고 기쁨으로 가득 찼던 순간을 생각해보자. 무엇이 떠오르는가? 연대감이나 친밀감을 느꼈는가? 재미있었는가? 감사했는가? 기쁨에 관해 생각하면 어떤 이미지가 떠오르는가? 기쁨을 어떻게 표현하겠는가?

학교에서는 어떤가? 기쁨을 경험했던 순간을 회상할 수 있는가? 아마도 기뻤던 시간이 많이 떠오를 것이다. 교사로서 기뻤던 순간을 생각하면, 어느 해 겨울 3학년 학생들과 요세미티국립공원으로 1박 2일 여행을 갔던 때가 떠오른다. 학생 대부분이 그때까지 눈을 본 적이 없었기 때문에 학생들의 기쁨과 공동체 정신을 공유했던 그 순간이 정말로 좋았다.

이 외에도 기뻤던 순간은 많았다. 별로 친하지 않았던 6학년 학생들이 같이 모여 책을 읽고 나서 열정적인 토론을 벌였던 문학 동아리도 생각난다. 그때도 기쁨의 순간이었다. 학생들에게 책을 읽는 시간이 끝났다고 하자, 다 같이 "몇 분만 더 주세요!" 외쳤다. 한 학생이 어머니 앞에서 자신의 최종 프로젝트 결과물을 발표하면서 얼굴에 자부심이 가득 넘쳤던 순간도 떠오른다. 쉬는 시간에 지나치게 흥분 상태에 있던 학생 옆에 앉아 위로해주던 때도 있었고, 새로운 단원을 소개했을 때 학생들이 흥미와 호기심을 보였던 순간도 있었다. 학습에 어려움이 있는 학생에게 시험 절차를 설명해주었는데, 그에 대한 감사를 표현했던 학생의 할머니도 떠오른다. 방학식 날 교실 문을 잠글 때와 한 해를 마감하면서 만족감을 느꼈던 때가 떠오른다. 이렇게 수많은 기쁨, 만족, 연대, 현존, 감사의 순간이 존재했다.

만일 학교에서 기쁨을 더 자주 경험할 수 있다면 어떨까? 무엇이 가능해질까? 매일 작은 기쁨의 순간을 갖는 것이 가능할까?

다시 생각해보자. 기쁨은 태어날 때부터 갖는 권리인가? 살아 있는 것만으로도 기쁨을 느낄 수 있다고 생각하는가? 단호하게 "예!"라고 대답하지 못한다면, 다음 연구 결과를 살펴보는 게 좋다. 기쁨을 경험할 때 일을 더 잘하게 된다는 연구 결과가 있다. 『일하는 두뇌Your Brain at Work』라는 책에서 데이비드 록은 스트레스가 인지력을 떨어뜨리며, 행복한 사람들이 새로운 아이디어를 더 잘 떠올린다고 설명했다(David Rock, 2009). 삶에서 더 많은 기쁨을 갖는 것이 실질적으로 도움된다는 근거가 필요하다면 그의 책을 참고하라.

지금 당장 해보기

정말로 기뻤던 순간을 떠올려보자. 그때의 경험을 생생하고도 자세하게 그 감각까지도 떠올려보자. 그 경험에는 어떤 색, 소리, 냄새가 있는가? 그 순간에 몸은 무엇을 느꼈는가? 그 순간을 기억하면 어떤 느낌이 떠오르는가?

우리는 매일 학교에서 작은 기쁨의 순간들을 경험한다. 누군가와 연결되고 만족하고 충족되는 느낌이 드는 순간들이 많을 것이다. 하지만 그런 순간 중에는 알아차리지 못한 순간도 많을 것이다. 두뇌는 부정 편향성을 갖고 있기 때문에(우리는 어려운 순간을 더 잘 목격하고 기억한다) 기쁜 순간들을 놓쳐버린다. 적어도 나는 그렇다. 만족감을 느끼는 순간들이 많이 있었으나, 알아차리지 못하고 그대로 지나쳐버렸다.

이제 릭 핸슨의 연구에 기반해 기쁨을 수집하는 효과적인 연습 방법을 소개하겠다(Rick Hanson, 2013).

1. 마음에 기쁨, 만족, 행복 등의 순간을 알아차리라고 지시하라. 아침에 학교에 걸어갈 때 이렇게 말하는 것이다. "이봐, 마음아! 하루 동안 이런 감정이 느껴지면 알려줄래? 고마워." (3장의 '목표 설정하기' 단락과 관련 있다)
2. 마음이 "지금이야. 행복의 순간이야!"라고 소리치면 멈춰 서서 그 순간을 음미하라. 모든 감각을 동원해서 그것을 경험하라. 몸이 어떻게 느끼는지 알아차리라. 어떤 소리가 들리는지 알아차리라. 가장 중요한 요소를 집중적으로 상상하라. 정확하게 무엇이 들리는가? 어떤 장면이 보이는가? 신체와 감정은 어떤가?
3. 그 순간의 알아차림으로 빠져들라. 그 기억을 저장하는 보물상자가 마음에 있다고 상상하라. 또는 그 기억이 몸과 마음에 흡수된다고 상상하라. 자신에게 이렇게 말하라. "나는 지금 웰빙의 순간을 저장하고 있어." 그리고 마음에게 집중해줘서 고맙다고 말하라.

우리는 매일 만족과 기쁨을 누릴 권리가 있다. 이 사실을 받아들이고 그러한 순간을 알아차릴 수 있는 능력을 갈고 닦자. 그 능력은 존재한다. 장담하건대, 우리의 회복탄력성도 크게 향상될 것이다.

리더를 위한 제안

- 행복한 사람이 일을 더 잘하며 '적절한 수준의 어려움'은 우리를 행복하게 한다. 하버드대학교의 심리학자 대니얼 길버트Daniel Gilbert가 쓴 『행복에 걸려 비틀거리다』(김영사, 2006)를 보면, 사람은 어렵지만 성취 가능한 목표에 도달하기 위해 적절한 수준의 어려움을 경험할 때 가장 행복해진다. 구성원이 긍정적이면서 생산적인 방식으로 배우고 일할 수 있는 환경을 만드는 것이 리더의 임무임을 기억하라.
- 개인적인 어려움의 수준과 직업 만족도 사이의 직접적인 관계를 생각해볼 때, 리더는 교사들에게 적절한 수준의 도전과제를 제공해야 한다. 이때 어느 정도가 적절한 어려움의 수준인지 잘 생각해야 한다. 위협적으로 느껴지면 적극적으로 임하기 어려울 것이다.
- 학교 전반에 걸쳐 '적절한 수준의 어려움'이 어느 정도인지 가늠하려면 여러 가지 방식으로 생활교육위원회로 의뢰된 학생 수, 학생의 출석과 교사의 출근 상황, 학부모 상담 횟수 등 다양한 자료를 검토해볼 필요가 있다.

남아프리카공화국의 데스몬드 투투 대주교와 티베트의 정신적 지도자이자 정치적 리더인 달라이 라마는 높은 회복탄력성을 지녔다. 둘 다 수십 년간의 억압과 망명생활을 견뎌내면서도 기쁨을 잃지 않았다. 두 사람의 비디오 영상을 보면 그들의 미소와 웃음에 전염성이 있다는 것을 알 수 있다. 그들은 서로를 '코미디 짝꿍'으로 부른다(Dalai Lama, Tutu, and Abrams, 2016, p.215). 2015년에 투투 대주교와 달라이 라마는 함께 만난 자리에서 그들의 삶을 돌아보면서 '우리는 어떻게 삶에서 피할 수 없는 고통을 겪으면서도 기쁨을 발견했는가?' 등 삶의 본질과 관련된 질문에 관해 토론했다. 이 대화는 우리에게 희망을 주고, 마음을 사로잡는다. 이 내용은 『기쁨의 발견』(예담, 2017)에 실려 있다.

성향 : 유머

> 유머감각이 없는 사람은 스프링 없는 마차와 같다.
>
> 길에 있는 모든 조약돌마다 걸려 흔들거릴 것이다.
>
> — 헨리 워드 비처, 미국의 사회개혁가

성장기에 내 주변에는 유머감각이 있는 사람들이 많았다. 그들은 유머를 사용해서 슬프고 불확실한 순간을 밝게 만들고, 인간적인 결점을 재미로 넘기고, 난관을 만났을 때 균형감각을 유지했다. 유머는 말로 쉽게 표현하기 어려운 것을 표현할 수 있게 하고, 웃음으로 사람들을 가깝게 해준다. 내 할아버지와 할머니는 자기 비하적인 유머를 아주 잘 사용하셨는데, 그건 스스로의 실수에 대해 자신을 용서하는 방법 같았다. 분노의 배출구로 세련되게 풍자를 사용한 것이다. 질병과 관련된 유머는 홀로코스트나 고문 같은 실제로는 무시무시한 경험을 우리가 간접적으로 탐구할 수 있게 해주었다. 또한 할아버지는 자신은 전혀 웃지 않고 유머를 구사하셨기 때문에 언제가 진지한 상태인지 전혀 짐작할 수 없었다. 항상 농담하고 계신 것처럼 보였다. 유머는 필수 식품처럼 늘 제공되었다. 지금도 어려운 일이 생기면, 할아버지와 할머니는 이럴 때 어떻게 반응하셨을지 상상해본다. 지금은 살아계시지 않지만 말이다. 그분들이 할 말을 상상하기만 해도 상황이 좀 가벼워지는 것 같다.

유머는 우리가 지금 여기에 머물 수 있도록 도와준다. 유머는 우리가 경험이라는 드라마에서 벗어나게 하며, 과거에 대한 반추나 미래에 대한 걱정에서 빠져나와 현재에 집중하게 한다. 교직을 시작한 지 한 달째인 마지막 목요일 오후, 나는 2학년 학생들 34명에게 학습활동을 시키고 있었다. 활동을 시작한 지 몇 분 만에 물감통 12개가 떨어져 카펫을 온통 물들이는 일이 벌어졌다. 새 한 마리가 교실로 날아들어서는 나갈 곳을 찾느라 교실 안 여기저기를 헤매며 마구 부딪혔기 때문이다. 말레나는 그 와중에 뭔가 "사고"를 당했는지 울면서 교실을 뛰쳐나갔다. 바로 그때 이제까지 한 번도 우리 교실을 방문한 적 없던 교장 선생님이 학기의 마지막 날까지 열심히 가르치고 있는 나를 격려해주려고 들어왔다. 평소에 늘 인자한 표정을 짓고 있던 교장 선생님의 얼굴에 걱정하는 표정이 떠올랐다. 새를 잡으려던 오스카가 물감통에 미끄러져 넘어지면서, 잘 다려진 흰색 셔츠에 얼룩이 크게 져버렸다. 내가 할 수 있는 일은 웃는 것뿐이었다. "괜찮아요, 교장 선생님. 저는 아주 잘 지내고 있답니다!" 그러자 나는 정말로 기분이 괜찮아졌다.

웃음에는 공통된 기반이 있다. 사실 유머라는 단어는 겸손humility과 인류애humanity라는 단어에 공통적으로 들어간 'humus', 즉 비옥한 땅이라는 어원에서 비롯된 말이다. 자신을 유머의 대상으로 삼을 수 있을 때 우리는 스스로를 심각하게 여기지 않을 수 있게 된다. 다른 사람들과 같이 웃을 때, 우리 사이의 장벽은 무너지고 공감대가 형성되며 회복탄력성이 생긴다(Larsen, 2015; Pande, 2014). 덴마크 출신의 음악가 빅터 보르게는 이렇게 썼다. "웃음은 두 사람 사이를 이어주는 가장 짧은 거리다."

웃음에는 과학적 근거가 있다. 1964년 잡지 편집장이자 언론인으로 평소 스트레스를 많이 받았던 노먼 커즌스Norman Cousins가 흔치 않은 질병을 판정받았다. 의사는 그에게 생존 확률이 500분의 1밖에 안 된다고 말하며 신변을 정리하라고 충고했다. 커즌스는 의사의 충고를 무시하고는 휴직하고 호텔로 들어갔다. 그곳에서 그는 재미있는 영화를 보며 배가 아플 때까지 웃었다. 약 6개월 후에 다시 검진받았는데 놀라운 일이 일어났다. 검진 결과 그가 기적적으로 치유되었던 것이다. 그 이후로 다양한 연구에서 웃음이 면역체계를 강화한다는 것이 밝혀졌다.

모든 성향과 마찬가지로 유머는 개발될 수 있다는 것을 기억하라. 데스몬드 투투 대주교는 다음과 같이 말했다. "만일 여러분이 삶에서 유머를 찾으려 한다면, 찾을 것이다. 그리고 '왜 내게 이런 일이?'라는 질문을 멈추고, 우리 모두에게 일어날 수 있는 일임을 알게 될 것이다. 유머는 모든 것을 더 수월하게 만들어준다. 다른 사람을 받아들이고, 삶이 가져다주는 모든 것을 수용할 수 있는 능력을 포함해서 말이다." (Dalai Lama, Tutu, and Abrams).

> 반가운 여름비처럼, 유머는 순식간에 지구와 공기, 그리고 우리들을 깨끗하고 시원하게 해줄 수 있다. – 랭스턴 휴스, 미국의 시인

우리가 매일하는 6만 5,000개의 생각

우리는 하루에 약 6만 5,000개의 생각을 한다(Blackburn&Epel, 2017). 이 중 어떤 생각이 마음속에 자리 잡게 할지 선택할 수 있을까? 생각과 감정은 우리 마음의 문을 두드리는 방문객과 같다. 명상을 하

면 우리는 생각과 연결되고, 그리고 생각이 우리에게서 떠나가는 것을 지켜보는 방법을 배울 수 있다. 불안하고 초조하며 수치스럽게 만드는 생각을 곁에 머물게 할 필요가 없다. 이 생각들 자체가 우리는 아니기 때문이다.

마음챙김을 하지 않는다는 것은, 원하지 않는 감정을 마음에 초대해서 제 마음대로 하도록 고삐를 풀어두는 것과 같다. 그 감정들과 자신을 동일시해 그것이 마음속 먼지 쌓인 한구석에 쪼그려 앉아 있도록 할 뿐임을 알지 못한다. 상황이 힘들어지면, 우리는 늘 현재 상태가 계속되리라 생각한다. 이게 우리의 본모습이라고 생각하면서 말이다. 우리가 상황을 선택하고 바꿀 수 있다는 것을 잊어버리면, 어려운 상황을 견뎌낼 수 없다. 부정적인 마음이 영원히 지속될 것처럼 느껴질 것이다. 우리 인생이 그렇게 될 필요는 없다.

정서적 회복탄력성은 개방성, 즉 사람들에게 일어나는 일을 볼 수 있는 넓은 마음의 알아차림에 달려 있다. 우리는 인생의 폭풍을 이겨내는 방법을 배울 수 있다. 우리 마음을 하늘처럼 만들고, 모든 것이 거기 있게 할 수도 있다. 그러나 폭풍우가 몰려드는 것은 피할 수 없다. 하지만 마음챙김을 하면 폭풍우는 스쳐 지나가는 것이고, 따라서 거기에 휘말려들 필요가 없다는 것을 알게 된다.

마음챙김 명상을 할 때 구슬을 돌리거나 외국어를 암송할 필요는 없다. 지금 여기에서 일어나고 있는 것에 온전히 집중하면 된다. 본질적으로 이것이 마음챙김의 전부다. 날마다 연습하고 약간의 형식과 정확성을 더한다면, 마음챙김은 이미 가지고 있지만 몰랐던 우리 내면의 회복탄력성을 강화시켜줄 것이다.

함께 생각해볼 문제

- 현재의 순간에 온전히 존재하는 것이 스트레스를 관리하고 회복탄력성을 키우는 데 어떤 도움을 줄 수 있을까?
- 마음챙김이 문화적 역량을 키우는 데 어떤 도움을 줄 수 있을까?
- 마음챙김이 삶의 목적을 달성하는 데 어떤 도움을 줄 수 있을까?
- 이 장을 읽은 후 더 하고 싶거나, 배우고 싶은 것은 무엇인가?

6장 • 자기 자신 돌보기

신체를 돌보고 건강을 유지하는 것은 다른 습관의 기초가 된다. 신체를 잘 돌봐야 감정도 더 잘 조절할 수 있다. 회복탄력성이 높은 사람들은 건강하게 자아를 인식하고, 자기를 열심히 돌보며, 있는 모습 그대로 자신을 받아들인다.

11월(1학기 세 번째 달, 1주 방학): 자기 돌봄은 회복탄력성의 근원이다. 특히 방학을 앞두고 몸도 마음도 모두 지쳐 있을 때는 더욱 그렇다.

교직 3년 차에 나는 나 자신에게 다음과 같이 편지를 한 통 썼다.

네가 지금처럼 뼈 빠지게 일한다고 해서 세상을 구원할 수는 없어. 눈이 충혈되고, 몸이 아프고, 눈물이 나고, 목이 막히고, 초조하고, 잠을 제대로 못 잔다면, 아이들에게 인내심을 발휘하기도, 또 세심한 주의를 기울이기도 어려워지겠지. 물론 세심하게 잘 짜인 개별화 수업도 하기 어렵고, 학생들의

상태를 포착해서 제대로 된 형성평가를 하는 것도 어려울 거야. 서 있는 것조차 힘들 정도로 무리하게 일하면, 결국 너는 훌륭한 교사가 될 수 없어.

교사 여러분은 이미 이것을 알고 있었을지 모르지만, 나는 이 사실을 배우는 데 오랜 시간이 걸렸다. 자기돌봄을 기본적인 위생이나 옷을 갈아입는 정도로만 이해하고 있다면, 여러분도 지금 최상의 상태는 아닐 것이다. 지치고 에너지가 고갈되면 결국 몸이 아프게 된다. 반대로 충분한 숙면 후에는 수업이나 업무를 훨씬 수월하게 해낼 수 있다. 자기돌봄은 중요한 일이다.

그러면 우리는 왜 자기 자신을 더 잘 돌보지 못하는 것일까? 그렇게 하려면 무엇이 필요할까? 몸과 감정은 서로 떼려야 뗄 수 없는 관계다. 신체 상태가 감정 상태를 만들어낸다. 즉, 감정은 신체의 영향을 받는다. 이 책에서는 전반적으로 정서적인 자기돌봄을 이야기하고 있지만, 6장에서는 좀 더 잘 자고, 잘 먹고, 운동하면서 몸을 돌보려면 어떻게 해야 하는지 살펴볼 것이다. 튼튼하고, 휴식과 충분한 영양분을 섭취하고, 즐거운 상태에 있으면, 정서나 감정을 돌보는 일도 훨씬 쉬워진다.

잠시 멈추고 돌아보기

- 그동안 자기돌봄을 어떻게 실행했는가? 점점 좋아지고 있는가? 아니면 점점 악화되고 있는가?
- 왜 자신을 더 잘 돌보지 못한다고 생각하는가?
- 자신에게 더 적합한 자기돌봄의 방법은 무엇이라고 생각하는가?

좌절감이 생기기 시작할 때

신규 교사들에게 10월 중순에서 추수감사절 사이의 기간은 학기 중 가장 감정적으로 힘든 시기다. 신규교사센터The New Teacher Center, NTC는 이 시기를 새 학년의 설렘과 희망, 아드레날린이 고갈되고 방학은 멀게만 느껴지는 '좌절감의 시기'라고 부른다. 신규교사센터의 엘런 모이어는 "6주에서 8주간 쉬지 않고 일하며 스트레스를 받았던 기간이 끝나면, 신규 교사들은 좌절의 단계로 들어간다. 신규 교사들은 자신의 헌신적인 마음과 교사로서의 역량 둘 다에 의문을 품기 시작한다. 신규 교사 중에는 이 시기에 아픈 사람들도 많아진다."라고 말했다(Ellen Moir, 1990). 교직 첫해의 태도 변화 단계가 그림 6.1에 제시되어 있다.

그림 6.1 | 교직에 대한 신규 교사의 태도 변화 단계

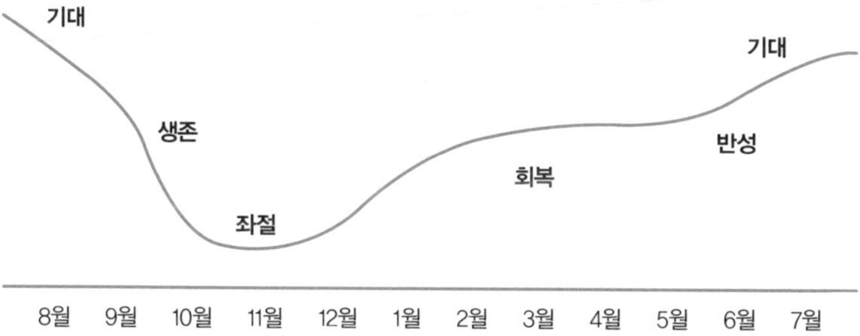

게다가 이 시기는 아직 학생들이 교사의 에너지와 노력에 부응하지 못하는 시점이다. 열심히 가르쳤지만 아직 그 결과는 나타나지 않은 상황이다. 이 때문에 스스로 이렇게 말할 수 있다. '이렇게 열심히

일하는 것이 정말 가치 있는 것일까?'

이 시기는 경험이 많은 교사들도 사기가 떨어지는 때다. 나도 교사, 코치, 관리자 등의 일을 해보았지만, 어떤 일을 할 때도 이때가 제일 힘든 시간이었다. 몇 달 동안 새로운 학년에 적응하며 동료 교사, 학생과 좋은 관계를 만들기 위해 최선을 다하느라 자기돌봄을 우선순위에 두기가 어렵다.

이 시기로 접어들 무렵에는 신체적·감정적 필요를 돌보는 데 시간과 에너지를 들이면 어떨까? 이 기간에 교사들이 서로 격려하면서 산책도 하고, 영양이 풍부한 점심식사도 하고, 푹 잘 수 있으면 어떨까? 교사들이 아프지 않고, 더 행복해지고, 그리고 학생을 좀 더 효과적으로 가르치게 된다면, 한 달 동안 자기돌봄에 집중하는 것이 그만한 가치를 발휘한 것 아닐까?

지난 20년 동안 꾸준히 나아지고는 있지만, 아직도 내 자기돌봄의 수준이 원하는 선에 다다르지는 못했다. 그래서인지 나는 주변 다른 교사들에게 지나칠 정도로 자기 자신을 돌보라고 강조하게 된다. 학교에는 자기 자신을 우선순위에 두지 않는 선생님들이 너무 많다. 동료 교사들과 대화하면서, 코칭하면서, 관리자로 일하면서 나는 이런 경우를 수없이 보았다. 그래서 나는 '8시간 수면을 취하도록 하려면 어떻게 해야 할까?'를 계속 고민했다. 자기돌봄이 부족해서 교사나 리더로서의 성장이 제대로 이뤄지지 못하는 경우를 무수히 보았기 때문이다.

교사가 자신을 돌보지 않는 4가지 이유

내가 생각할 때, 우리 교사들이 자신을 돌보지 않는 이유는 다음과 같다.

1. 정보를 모르기 때문이다. **지식 격차** knowledge gap 라고 할 수 있다. 우리가 운동, 수면, 건강식에 대한 새로운 정보(또는 이전에 들었던 것이라도 새롭게 인식한 정보)를 알게 되면, 행동을 변화시키기 위해 노력하게 될 것이다.
2. 방법을 잘 모르기 때문이다. 더 좋은 식사를 하고 싶으면, 어디서부터 시작해야 할까? 정확하게 무엇을 해야 할까? 각자 다른 크기의 **기술 격차** skill gap 가 있다. 자기돌봄은 배워야 하는 과제다.
3. 교사 자신을 돌볼 필요가 없다고 생각하기 때문이다. 잠은 최소한으로만 자도 되고, 감기에 걸려도 학생들을 가르치는 일은 해야 하며, 휴식이야 나중에 시간이 될 때 하면 되는 것이라 생각한다. 이것이 **의지 격차** will gap 다.
4. 자신이 돌봄을 받을 만한 가치가 없다고 느끼기 때문이다. 교사 자신의 가치를 성과와 연결 지어 생각하기 때문에, 열심히 일하지 않으면 존중받을 수도, 호감을 얻을 수도, 사랑받을 수도 없다고 생각하는 것이다. 그래서 일을 거절하지 못한다. 너무 열심히 일하고, 지나치게 헌신한다. 이것이 **정서 지능 격차** emotional intelligence gap 다. 자신을 소중히 여기고 자기돌봄의 가치를 느끼는 것이 정서 지능의 핵심이다.

이런 격차들은 공존하는 경향이 있다. 자신의 신체 건강을 별로 가치 있는 것으로 생각하지 않는 사람이라면(정서 지능 격차), 설탕이 어떤 식으로 몸을 파괴할 수 있는지 알려주는 정보채널을 들으려고 하지도 않을 것이다. 어떤 격차가 먼저 생긴 것인지는 알 수 없다. 정서 지능 격차 때문에 의지 격차가 생긴 것일까? 아니면 의지 격차가 먼저 생겼던 것일까? 더 근본적 원인인 격차가 무엇인지 찾아보는 것도 필요할 수 있다. 그렇지만 어떤 격차가 먼저인가 하는 것이 실제 상황에서는 그다지 중요하지 않다. 오히려 중요한 것은 그러한 격차들을 해소하기 위한 노력이다. 가장 쉽게 느껴지는 것부터 시작해보는 것이 좋다. 이 책을 읽고 있다는 것은 회복탄력성을 기르기 위해서가 아니겠는가? 몸을 건강하고 제대로 휴식을 취한 상태로 만드는 것이야말로 정서적 회복탄력성의 기초가 된다. 6장에서는 의지 격차와 정서 지능 격차를 집중적으로 다루겠다.

다른 사람의 건강 권유 활용하기

수면 부족 때문에 어려움을 겪던 한 교육청 관리자를 코칭한 적이 있었다. 그는 신체적·정신적 건강이 모두 어려운 상태여서, 아무리 리더십 코칭을 해도 효과가 별로 없었다. 어느 날 그가 엉망진창으로 진행하는 회의 장면을 보고, 나는 단호하게 말했다. "더는 어쩔 수가 없어요! 지금처럼 계속 잠을 제대로 자지 않으면 제가 코칭을 그만두는 수밖에요. 먼저 잠을 좀 자고, 아침을 먹고, 하루에 15분 정도는 햇볕 쬐는 시간을 갖는 것이 좋겠어요. 그렇게 하지 않으면 수천 명의 학생에게 영향을 주는 그런 결정을 제대로 내릴 수 없어요. 잠을 좀 주무시든가 제게 코칭받는 것을 중단하시든가 결정을 내리셔야 해요."

이 관리자는 나를 신뢰하고 있었고, 내가 자신을 잘 이해하고 있다는 것도 알고 있었다. 그래서 내가 계속해서 코칭해주기를 바라고 있었다. "말씀대로 하겠습니다. 저는 더 좋은 리더가 되고 싶거든요. 그러기 위해 더 자야 한다면 그렇게 하지요." 우리는 함께 자기돌봄 계획을 세우면서, 자기돌봄의 목표를 SMART(구체성Specific, 측정 가능성Measurable, 성취 가능성Attainable, 관련성Relevant, 시기적절성Timely) 원리를 적용해 구체화했다. 그리고 이것을 다른 어떤 전략 문서보다 우선순위에 두었다.

이런 계획을 세우면서, 그는 자신이 왜 이렇게 열심히 일해야 한다는 신념을 가지게 되었는지 이야기했다. "지금까지 제 주변에는 항상 일의 가치를 강조하는 사람들이 많았어요. 게으름을 경계해야 했고, 열심히 일해서 생활을 꾸리는 남성의 역할을 강조했지요. 그런 신념이 어느새 저의 신념이 된 것 같습니다." 이처럼 일과 휴식에 대한 문화적 사고방식과 가치를 자신의 것으로 내면화한 사람들이 많다. 여성의 경우는 자신을 돌보기 전에 다른 사람들을 먼저 돌보라는 이야기를 많이 듣는다. 희생과 근면, 봉사에 관한 이런 메시지는 매우 소중한 것이지만, 자기돌봄과 균형을 이루어야 한다. 이런 가치들을 포기하라는 것이 아니다. 다만 우리의 몸, 마음, 감정, 그리고 영혼에 대한 지식과 조화를 이루어야 한다는 말이다.

자기돌봄은 소통의 끝이 아니라 시작이다. 그 해에, 앞서 말했던 교육청 관리자는 2만 5,000명의 학생이 있는 지역에서 학생들에게 큰 영향을 미치는 3가지 목표과제를 모두 달성했다. 마지막 코칭 시간에 나는 그에게 다음과 같은 질문을 했다. "올해 이렇게 성공할 수 있었던 이유는 무엇일까요?" 그는 "하루에 8시간 자고 아침을 먹고 햇볕을 쬔 덕분이지요."라고 대답했다. "어떻게 그렇게 하셨어요? 몇 년 동안 잠을 거의 못 주무셨잖아요." 나는 다시 물었다. "제게는 잠을 자라고 명

령하거나 허락해주는 사람이 필요했어요. 자신을 위해 뭔가 하는 것이 어려웠거든요. 우선순위가 아니었어요. 그것을 먼저 하라는 말씀을 해주셔서, 비로소 시작할 수 있었어요."

이 이야기의 교훈은 이것이다. 만일 프로테스탄트 직업윤리에 사로잡혀 있거나, 다른 사람들을 먼저 돌봐야 한다는 생각에 사로잡혀 있다면 도움을 구하라. 신뢰하고 존경하는 주변의 몇몇 사람들에게 "충분히 쉬어!"라는 말을 아주 세게 해달라고 부탁하자. 이렇게 해두면 일종의 발판이 마련되는 것이다. 자기발견과 자기돌봄을 하는 데 도움이 될 것이다. 발판을 차버리지 말라. 다 이유가 있어서 존재한다.

어쩌면 의사로부터 흡연을 그만두라거나 몸무게를 조절하라는 말을 이미 들었을지도 모른다. 사랑하는 사람으로부터 하루 정도 쉬면서 마사지를 받아보라는 말을 들었을지도 모른다. 부모나 가장 친한 친구, 코치나 리더, 형제, 자녀, 이웃, 목사나 신부 등 주변의 누군가로부터 몸을 잘 챙기라는 말을 들은 적도 있을 것이다. 그와 같은 말을 해준 사람들이 주변에 있다면, 이제 다시 부탁하자. 그동안에는 여러분을 아끼는 사람들이 이런 말을 했어도, 외면했을 것이다. 이제 다시 그 사람들에게 이 말을 해달라는 요청을 하자. 건강을 챙기는 이 프로젝트를 시작할 수 있게 도와달라는 요청 말이다.

자기돌봄이 너무 어려울 때

너무 힘들어서 내일 출근이나 할 수 있을지 모르겠다는 심정으로 지금 이 책을 읽고 있는가? 아무래도 자기돌봄이 어렵다면, 정신 건강 전문가를 찾아가보는 것도 좋다. 깊이 뿌리박힌 문제나 어린 시절에서 비롯된 문제 등이 있을지도 모르고, 어쩌면 트라우마와 관련된 부분이 있을 수도 있다. 여러분은 이런 종류의 돌봄을 받을 가치가 있다.

리더를 위한 제안

- 늦가을에는 저녁이나 주말에 할 일을 줄이는 것이 좋다. 또한 신규 교사가 우선순위를 잘 세울 수 있도록 돕고, 잘 먹게 하고, 수분 공급을 취하게 하라. 햇볕을 쬘 수 있도록 야외에서 교직원회의를 하거나, 회의를 취소하고 집에 일찍 퇴근하게 해보라. 신규 교사가 주말에 학교에 오게 하거나, 방과 후 프로그램을 하지 않도록 하라. 신규 교사가 학교생활의 리듬을 배우고, 우선순위가 높은 일에 집중할 수 있도록 경계선을 설정해줄 필요가 있다.
- 리더인 교사의 에너지와 감정 주기는 일반 교사와 다를 수 있다. 교장 선생님의 경우는 늦가을이 아니라 학기가 마무리되는 4~5월이 가장 힘들다고 말하는 경우가 많다. 이 시기가 되면 일반 교사는 모든 시험과 행사를 포함한 학사일정을 끝내고 새로운 한 해를 계획하는 일을 한다(직원 고용, 예산 수립, 연간계획 수립, 전문성 개발 계획 등). 특히 중학교에서는 아이들이 흐트러지는 시기이면서 교사들은 기진맥진하는 시기다. 그러니 등산을 미리 준비하는 것처럼 5월의 힘든 시간을 대비해 그 전에 휴식을 취해두는 게 필요하다.
- 교사 중 많이 힘들어하는 사람이 생기면, 6장 '자기돌봄이 너무 어려울 때'의 제안을 활용해보라. 꼭 의사에게 가서 진찰을 받아보도록 제안하거나, 가족에게 연락해서 도움이 필요한 상황임을 알려주도록 하라.
- 때로는 교사에게 병가나 연가를 쓰도록 권할 수도 있다. 신규 교사를 포함해 완벽주의자들은 하루를 쉬는 것도 내켜 하지 않을 수 있다. 그러나 리더는 교사가 잠시 쉬는 것이 학생을 위해 더 좋을 수 있다는 것을 경험적으로 알고 있다. 교사가 그 결정(병가 또는 연가)을 해야 하는 부담을 덜어주라.
- 모든 교사에게 수업 계획, 좌석 배치도, 일과표, 학생 명단이 포함된 1주일 정도의 '비상시를 대비한 수업 폴더'를 준비해두게 하라. 그래서 갑작스럽게 자기돌봄이 필요한 선생님이 생기면, 다른 선생님이 이를 보강할 수 있도록 해야 한다.

순교자 콤플렉스 경계하기

우리는 스스로가 무의식적으로 만들어내는 모호하고 나쁜 힘 때문에, 자신의 건강을 돌보지 않는 경우가 상당히 많다. 다음 문장들을 읽어보고, 이런 말을 자신이 얼마나 자주 하는지, 또 동료 교사들이 이런 말을 하는 것을 얼마나 많이 들었는지 생각해보자.

- "아무도 내가 이렇게 열심히 일하는지 모를 거예요. 매일같이 학교에 가장 빨리 출근하고, 또 가장 늦게 퇴근하고 있는데 말이지요."
- "다른 집 아이들 돌보느라, 정작 우리 집 아이들 얼굴 볼 시간이 없어요."
- "여기 카트에 실린 공책들 보이시죠? 이걸 매일 집으로 가져간다니까요. 120개나 되는 쓰기 공책을 다 봐야 하는 거예요. 글쓰기 실력을 높여주려면 이 방법 외에는 없으니까요."
- "하루라도 휴가를 내서 쉬고 싶은데 그럴 수가 없어요. 내가 없으면 교실이 엉망이 될 것 같아서요."

이런 말들이 순교자를 만든다. 대부분 학교에는 구원자의 상처를 몸에 지닌 채 그것을 인정해주기를 바라는 사람이 적어도 한 명 이상 있다. 사실 학교에는 순교자의 경향성을 가진 교사들이 많다. 나 역시 신규 교사 때는 그랬다. 하지만 학교에는 순교자가 필요하지 않다. 순교자 콤플렉스가 무엇이고, 어디서 시작된 것인지 그리고 왜 이것이 파괴적인 것인지 알아보자.

순교자 콤플렉스 알아보기

많은 교사가 순교자적인 행동과 태도의 연속선상 어느 지점엔가 서 있다. 자신이 이 콤플렉스를 가졌는지 여부를 알아내기 위해서, 먼저 순교자 콤플렉스 증상은 무엇인지 살펴보자.

가장 뚜렷한 증상은, 정의롭고 자기희생적인 모습이다. 개인적인 경계 설정을 하지 못하고, 거절도 못한다. 그리고 자신이 원하는 것을 하도록 타인을 감정적으로 조종할 수 있다. 일이 모든 것의 우선이고, 다른 모든 사람의 필요가 자신의 필요보다 우선이다. 또 강박적일 정도로 옳은 사람이 되어야 한다는 생각을 한다. 죄책감을 피하고 싶어서 책임을 자처하고, 그러다가 자신이 불행이나 실망, 혼란 등을 경험하기라도 하면 다른 사람 탓을 한다.

순교자는 자주 너무 힘들다고 하고, 불평이 많고, 다른 사람들이 자신을 알아주지 않는다고 말한다. 자신의 고통과 고난, 그리고 핍박을 과장하는 경향이 있는데, 이는 다른 사람들에게 존경과 긍휼을 기대하기 때문이다. 순교자는 공적으로는 자신의 노력에 대한 감사, 인정 그리고 주목을 받기 원하고, 그렇게 되도록 드라마를 만들어내기도 한다. 또 개인적으로는 자신이 당하는 고통에 대해 은근한 기쁨을 느끼기도 한다. 그렇게 하면서 자신의 일부분을 확인받는 것이다.

이렇게 쓰다보니 우울한 묘사가 되었다. 우리도 이렇게 묘사된 사람 중 한 사람이 될 수 있다는 것을 생각하면 마음 아픈 일이 아닐 수 없다. 그렇지만 아마 여러분도 가끔은 이런 순교자 카드를 사용할 것이다. 나도 두려움, 좌절, 불안 등을 외면하고 싶을 때, 또는 너무 지쳐서 명확하게 생각하는 것이 힘들 때, 순교자 카드를 사용했다. 그리고 다른 사람에게 화가 났을 때, 나 자신을 더 좋은 사람처럼 보이게 해서 간접적으로 그 사람들을 뭉개버리고 싶을 때 사용하기도 했다. 그러나 나는 원하는 것을 얻지 못했고, 다른 사람들이 더 열심히 일하도록 만들거나, 나를 도와줄 수 있도록 하거나, 나를 인정하고 감사하도록 만들지 못했다. 다른 사람과 나 사이에 거리감만 더 생겼을 뿐이었다.

우리는 자신의 실제 모습을 직면하고, 순교의 연속선 중 지금 어느 지점에 서 있는지 판단해보아야 한다. 순교자가 되는 쪽으로 발을 살짝 담그고 있었다면, 어서 빠져나오도록 하라. 두려움, 분노, 슬픔같이 밑바탕에 깔린 감정을 이해하기 위해 노력하라. 신뢰할 만한 사람에게 자신이 순교자처럼 행동하고 있는 것 같으면 알려달라고 부탁하라. 만일 순교자의 망토를 완벽하게 걸쳐 입었고, 순교자임을 증명할 상처까지 가지고 있는 상태여서 자신이 순교자라는 생각에서 빠져나오기 어렵다면, 외부의 도움이 필요할 수도 있다. 순교자로서 헌신하게 된 이유는 아마도 어린 시절에 그 뿌리가 있을 것이고, 자존감과도 관련될 수 있다. 또 완벽주의와 얽혀 있을 수도 있다. 이 내용은 6장 후반부에서 다루겠다. 문제의 원인을 보다 근본적으로 이해하고 싶다면 정신건강 전문가에게 도움을 구하라.

순교자 콤플렉스의 위험 인식하기

순교자 콤플렉스에는 학생과 학교공동체에 대한 결핍의 사고방식 deficit mindset이 내재되어 있다. 학생과 학부모가 스스로 문제를 해결할 수 없어 외부의 구원자가 필요하다고 생각하는 것이다. 나는 자신을 혁명가로 생각하면서 학교로 들어가 학생들(유색인종이나 또는 사회경제적 수준이 낮은 지역의 아이들)을 불평등의 폐허에서 구하겠다는 큰 목표와 매력적인 슬로건을 내거는 선생님 중에도 이런 사고방식을 가지고 있는 사람들을 본 적이 있다. 조심해야 한다. 순교는 자칫 인종주의나 계급주의와 결합될 수도 있기 때문이다. 순교자는 교사공동체의 건강을 해칠 수도 있다. 순교자는 자신이 다른 사람보다 숭고한 면이 있다고 생각한다. 자신의 희생과 고통을 아주 상세히 설명하고, 자신의 행동을 본보기 삼아 동료들에게 알린다.

또한 순교자는 스스로를 죽게 만들 수 있는 문제도 있다. 그것도 아주 빠르게 말이다. 고통에 대한 특정한 메시지를 이미 내면화했을지도 모르지만(그런 이데올로기를 증폭시키는 기관도 있고, 사고방식도 있다), 대부분은 아직 선택할 수 있는 상황에 있다. 교사는 놀라운 일을 할 수 있고, 아이들의 삶을 바꿀 수도 있다. 그러나 동시에 교사는 가족이 있고, 취미가 있고, 하루 8시간의 수면이 필요한 사람이기도 하다.

> 우리가 춤을 추지 않을 것이라면, 이 모든 음악은 왜 필요한가?
>
> — 그레고리 오어, 영화감독 겸 시나리오 작가

순교자 콤플렉스의 원인 이해하기

순교는 복합적인 특성이 있다. 그 실체는 비생산적이고 때로 추하지만, 매혹당하기 쉬운 면도 가지고 있다. 신규 교사에게는 더욱 그렇다. 유명한 교육자이면서 구원자가 되고 싶은 유혹을 느끼는 이유는 영화 때문이기도 하다. 〈스탠드 앤 딜리버Stand and Deliver〉, 〈죽은 시인의 사회Dead Poets Society〉, 〈프리덤 라이터스Freedom Writers〉, 〈위험한 아이들

Dangerous Minds〉 같은 영화들을 숨죽이며 보지 않았는가? 이 영화에서 나왔던 제이미 에스칼란테(미국 수학교사이자 〈스탠드 앤 딜리버〉의 실존 모델, LA 빈민가 고등학교에서 일하며 최고 권위의 ETS 고급 미적분 시험에 합격시키기 위해 독특한 교수법으로 가르친 끝에 학생 모두 이 시험에 통과했다. – 옮긴이)나 엘런 그루웰(미국의 교사로 〈프리덤 라이터스〉의 실존 모델, LA 근교 빈민가 학교에서 헌신적인 노력으로 학생들을 모두 졸업시켜 대학에 진학하고 취직하는 결과를 낳는 등 놀라운 변화를 이뤄냈다. – 옮긴이)처럼 위기에 처한 아이들을 폭력집단으로부터 구해내리라 마음먹지 않은 신규 교사가 있을까? 하지만 이런 영화들의 문제는 학생을 구원받아야 할 희생자로 보고, 교사는 그들을 구하려다 병들고 녹초가 된 사람으로 정의함으로써 순교자 콤플렉스를 만들어내는 데 기여했다는 것이다.

제이미 에스칼란테와 같은 교사를 꿈꾸지만, 실제 학교에는 역할 모델이 될 사람이 거의 없다. 유색인이라면 더 적다. 신규 교사라면 누구를 본받아야 할지 더욱 난감할 것이다. 더 나은 세상을 만들기 위한 열망이 가득하다면 더욱더. 게다가 교사는 급여를 포함해 모든 면에서 좋은 대우를 받고 있지 못하다(미국의 교사는 한국의 교사에 비해 상대적으로 사회경제적 지위가 낮은 편이다. – 옮긴이). 교사가 하는 일에 사회적 인정과 공감이 부족하기 때문에 더욱 순교자적인 태도를 보이는 것일 수도 있다. 사회적 인정을 받고 싶어 하는 것이 잘못되었다는 것이 아니다. 하지만 인정을 받으려는 것과 순교자가 되려는 것은 전혀 다른 일이다. 순교자가 되는 것은 치명적인 결과를 가져온다.

대부분의 학교에 순교자가 1~2명 정도는 있기 마련이지만, 이와 다르게 건강하고 효율적이면서 겸손한 교사도 있다. 이들은 학교에서 시험지를 열심히 채점하지만, 집으로는 가져가지 않는다. 또한 학생들의 도움을 받아 교실을 잘 정리하고, 점심시간에는 잠시 조용한 시간을 갖기도 하며, 생산적이면서도 가끔은(항상 그런 것은 아니지만) 아주 흥미진진한 수업을 한다. 가장 좋은 역할 모델은 카리스마가 넘치는 교사도, 가장 바쁘거나 가장 늦게까지 남아 있는 교사도 아니다. 역할 모델이 될 교사는 따로 있다. 균형 잡힌 생활을 하면서도 학생들을 잘 가르치는 교사를 찾아보라.

> 저를 돕고자 여기 온 것이면 시간을 낭비하는 거예요.
> 하지만 당신의 자유가 내 자유와 맞물려 있어 여기 온 것이라면
> 우리 같이 일해요.
>
> ― 릴라 왓슨, 오스트레일리아 원주민 예술가 겸 활동가

순교자 콤플렉스에서 벗어나는 방법

무엇이 학교를 변화시킬지에 대한 정신적 모델을 다르게 채택할 필요가 있다. 교사가 어떤 사람이어야 하는가도 재정의가 필요하다. 학생에게는 8시간씩 자고, 매일 산책하고, 가족과 함께 저녁을 먹는 선생님이 필요하다. 교수법의 전문성이 있으면서도 모두를 위해 교육적 약속을 잘 지켜주는 교사가 필요하다. 교장 선생님도 마찬가지다. 교사들에게도 이와 마찬가지 일을 해줄 리더가 필요하다.

순교자 성향이 있다면, 그리고 그것을 변화시키고 싶다면, 다음 전략을 사용해보자.

- 학교에서 역할 모델을 찾으라. 경력 있는 교사들에게 이렇게 물어보자. "우리 학교에서 학생들과 협력해서 일을 잘 해내는 분은 누구인가요? 균형 잡힌 생활을 하는 분은요?"
- 강점 기반의 관점으로 상황을 보라. 우리 학교에서는 어떤 능력이 필요할까?
- 자기돌봄, 개인적 성장, 모험 그리고 축하가 있는 전인적인 삶에 대한 비전을 키우자.
- 심리치료를 통해 보다 핵심적인 감정을 탐색해도 좋다.

학생들의 삶에 도움을 주고 싶은 마음으로 교직을 시작하는 경우가 많다. 그러나 그 보람을 얻으려면 시간이 필요하다. 인내심이 필요하다. 몇 달이 지나야, 적어도 며칠은 지나야 학생들이 배움에서 성장하고 있다는 것을 볼 수 있다. 성장을 확인할 방법을 배워야겠지만 말이다. 매일 형성평가를 한다면 학생의 성장을 확인할 수 있기는 하다. 그렇지만 역시 변화다운 변화를 보려면 시간이 필요하다.

나는 교육자로 살아오면서, 학생의 성장을 10년이나 15년이 지난 후 페이스북 메시지를 통해 비로소 확인한 적도 여러 번 있다. 신규 교사들이여, 아마도 지금은 내 말을 믿기가 어려울 수 있다. 특히 지독하게 힘든 첫해를 보내는 중이라면 더욱 그렇다. 하지만 나에게는 그 메시지들만큼 힘든 교직생활에 보상이 되는 일은 없었다. 만일 내가 다시 신규 교사로 돌아간다면, 그리고 언젠가 이런 보상을 받게 될 것을 알고 있었다면, 조금은 다르게 일했을 것이다. 불안한 마음도 한결 덜했을 것이다. 교장 선생님이나 사회로부터의 인정이 부족하다는 것 때문에 슬퍼하지 않았을지도 모른다. '이게 정말로 가치가 있는 일인가?'

라는 질문을 스스로 던지면서, 교직에 대한 의구심을 갖지도 않았을 것이다.

열심히 일하자. 필요한 기술을 습득하자. 학생과 더욱 좋은 관계를 만들자. 그러나 인정을 요청하거나, 추구하거나, 요구하지 말자. 그 대신 피드백을 구하고, 열심히 배우자. 그러면 우리 교사도 배우고, 성장하고, 학생에게 의미 있는 영향력을 끼치게 될 것이다.

리더를 위한 제안

- 순교자는 교사공동체의 건강을 약화시킬 수 있다. 교사 중에 자기 의로움을 추구하는 사람이 있다면, 그 행동을 잘 다루면서 영향력이 최소화되도록 하라.
- 리더가 가장 열심히 일하는 교사에게만 주도권을 주고, 정시에 퇴근하는 교사에게는 그런 기회를 주지 않는다면, 순교자 신드롬을 부추기는 결과를 가져올 수 있다. 골고루 관심과 칭찬을 제공함으로써 순교자적 태도가 지속되지 않도록 주의하라.
- 균형 잡힌 삶을 살면서도 일을 잘하는 교사를 인정해주라. 자기돌봄을 강조하라. 업무를 힘차게 잘 수행한 것, 그리고 개인 영역에서 가족으로서의 의무를 충실히 이행한 일 모두를 칭찬하라.
- 리더가 먼저 균형적인 삶과 자기돌봄에서 모범을 보이라.

교사의 몸이 반드시 필요로 하는 것

우리 모두에게는 지식 격차가 있다. 우리 모두 잘 잊어먹는다. 이제 우리 몸이 필요로 하는 것에 대한 지식을 복습하겠다. 가급적 빠르고 재미있게.

잠: 마법의 회복탄력성 촉진제

수면 박탈은 일종의 고문 기술이다. 정신적·정서적 안정성을 해치기 때문이다. 자기돌봄의 영역에서 균형을 잃은 느낌이 든다면, 위기에 처한 것 같기는 한데 어디서부터 시작해야 할지 잘 모르겠다면, 먼저 잠을 제대로 자는 것부터 시작하라. 잠을 자면 뇌와 몸에 다음과 같은 일이 일어난다.

- 뇌는 기억을 만들고 강화하며, 생각을 조직한다. 회의 전날 잠을 충분히 자면, 뇌는 기억을 만들 준비를 한다. 회의를 마친 후 잠을 충분히 자면, 뇌는 새로 들어온 정보를 기억 속에 잘 저장한다.
- 잠을 자는 동안 뇌는 창의적 연결, 내용상 거리가 있던 정보 연결, 그리고 특이한 연결을 수행한다. 이 때문에 잠자고 일어났을 때 '아하aha!'의 순간, 즉 큰 깨달음의 순간이 찾아오기도 하는 것이다. '좀 더 생각해보자.Sleep on it'라는 격언에 잠sleep이라는 단어가 들어간 것은 과학이고 진리다.
- 뇌는 정보를 처리하고, 행동할 준비를 하고, 결정을 내린다.
- 잠자는 동안 뇌는 청소를 하고, 뇌를 포함해 몸에 있는 독소를 내보낸다. 연구자들은 수면이 부족하면 알츠하이머 환자의 뇌에서 흔히 발견되는 플라그plaque가 쌓이게 된다고 말한다.
- 뇌는 몸이 한 수행과제를 기억한다. 운동 피질에 저장되어 있던 단기기억은 측두엽으로 이동한 다음 장기기억이 된다.
- 배고픔을 느끼게 하는 호르몬을 조절한다.
- 잠을 자면 정상적인 생리적 과정이 느려지면서, 몸이 휴식을 취할 수 있고, 회복된다. 내장기관도 휴식한다. 간은 효율적으로 해독작용을 하고,

근육이 자라게 된다.

여러 연구에서 같은 결과가 나왔는데, 잠은 심리적 건강과도 밀접한 관련이 있다. 마이클 로이젠Michael Roizen 박사는 "잠은 건강을 위해 필요한 습관 중 가장 과소평가되었다."라고 말한다(Huffington, 2014, p.74). 잠을 더 잘 자면, 회복탄력성이 거의 마법처럼 향상된다. 운동에 대해서는 선호가 갈리지만 잠은 대부분 사람이 매우 좋아하는 것 아닌가.

과연 잠을 더 자도 되는 건지 확신이 들지 않는다면, 혹은 지금 당장은 잠잘 시간이 충분하지 않다면, 1주일 정도 지금보다 30분씩만 일찍 잠자리에 들면서 그 효과를 관찰해보라. 낮에 생활하면서 어떤 느낌이 드는지, 학생을 가르칠 때는 어떤 영향을 주는지 말이다.

그런데 한 가지 주의할 점이 있다. 잠을 너무 많이 자는 것은 우울증의 한 증상일 수 있다는 점이다. 잠을 많이 잤는데도 기분이 영 나아지지 않으면, 2장의 '의사를 찾아가야 할 때' 단락을 보거나, 부록 D에 수록된 진단 척도를 사용해서 자기점검을 한번 해보자.

리더를 위한 제안

만일 새벽 3시에 이메일을 보내는 습관이 있다면, 당장 그 습관을 버리고 잠을 자야 한다. 그렇게 하면 교사들에게 '새벽 3시에는 아무도 일해서는 안 된다.'라는 메시지가 전달될 것이다. 밤새워서 일하는 것을 정상이라고 생각하거나 보상하는 문화는 없어져야 한다. 아무에게도 도움이 되지 않기 때문이다.

영양: 먹는 것이 곧 자신을 좌우한다

이 이야기는 짧게 하겠다. 균형 잡힌 식사의 중요성은 이미 잘 알고 있을 것이므로 다시 장황하게 말하면 지겨울 테니까. 여기선 균형 잡힌 식사의 중요성을 상기시키는 정도로만 말하겠다. 먹는 것은 우리의 건강과 기분에도 영향을 준다. 식단과 신체적·정신적 건강 사이에 밀접한 관련이 있다는 연구 결과는 지구에서부터 달까지 쌓아놓을 수 있을 정도로 엄청난 양이 나와 있다. 평균적인 서구 식단은 건강한 몸과 뇌에 필요한 영양소가 부족한 가공식품으로 구성되어 있다. 건강한 몸을 위해서는 비타민, 미네랄, 필수지방산, 아미노산, 효소, 좋은 박테리아를 골고루 포함한 식단이 필요하다. 오후가 되기만 하면 피곤하고 지치고 우울해진다면, 그리고 교직을 그만두고 싶고 학생에 대한 인내심이 없어지는 것 같다면, 점심식사로 무엇을 먹었는지 생각해보라. 아마도 관련성 있을 것이다.

건강 음식인 견과류를 별로 먹지 않거나, 10년간 요통을 앓고 있거나, 항우울제를 줄이거나 끊고 싶다면 부록 F에 수록된 자료를 보면서 더욱 연구해보라. 안 좋은 음식을 먹고 있거나 필요한 영양소를 제대로 섭취하고 있지 않다면, 감정적 스트레스를 경험하더라도 그것이 섭취한 음식 때문인지 환경이나 생각 때문인지 구분해낼 수 없다. 회복탄력성이 높은 사람은 몸의 회복탄력성도 높은데, 그 이유는 매일 영양가 있는 음식을 먹기 때문이다.

운동: 신발을 신고 걸어라

걸으면 해결됩니다.

— 디오게네스, 기원전 4세기 그리스 철학자

회복탄력성을 더욱 키우기 위해서는 새로운 신경회로를 구축해야 한다. 두뇌에서 상황과 반응을 연결하는 새로운 경로를 만들어야 한다. 우리에게 도움되지 않는 행동과 사고방식을 바꿔야 한다. 마음을 바꾸려면 새로운 신경회로를 만들어야 하고, 그러려면 움직여야 한다. 몸을 움직이면 뇌에 혈액이 공급되고, 혈액은 에너지를 내는 데 필요한 포도당을 제공하고, 독성물질을 흡수하는 산소도 제공한다. 또 혈액은 뉴런을 연결하는 데 도움되는 단백질의 생성을 촉진한다(Medina, 2008).

인간의 뇌는 고대 인류가 하루에 19㎞를 걸었던 진화기 동안 발달했다. 고인류학자의 연구에 따르면, 인간의 독특한 인지 기술은 몸을 지속적으로 움직이는 상황에서 발달했다는 것이다(Medina, 2008). 요즘에는 하루에 19㎞를 걷는 사람이 거의 없다. 그러나 회복탄력성이 최상의 상태가 되려면 여전히 운동이 필요하다.

운동이 심장, 뼈, 폐 그리고 모든 세포에 좋다는 말은 굳이 할 필요도 없다. 운동이 기분을 좋게 해주고 에너지의 생성을 촉진한다는 말도 마찬가지다. 다만 알면서도 자주 잊어버리게 되니까, 그 중요성을 다시 상기하고 싶을 뿐이다. 운동과 관련된 다음 글을 생각하다보면 나도 운동하러 가야겠다는 생각을 한다. 이 책을 읽는 교사에게도 운동의 중요성을 떠올리게 하는 효과가 있었으면 한다.

- 운동 여부는 나이가 들었을 때 가장 명확한 건강의 척도가 된다. 78세가 된다고 가정할 때 자신의 어떤 모습이 떠오르는가?
- 운동은 장기기억, 추론 능력, 주의집중, 그리고 문제해결 능력을 높여 준다.
- 1주일에 몇 번이라도 30분씩 운동하는 사람은 알츠하이머, 심장병, 암에 걸릴 확률이 대폭 줄어든다.
- 운동을 하면 정신 건강을 다스리는 신경전달물질이 나온다. 의사 혹은 심리치료사가 우울증을 치료할 때, 환자에게 운동을 함께 처방하는 경우가 많다.
- 심혈관 운동을 4주만 해도 인지적 수행 능력이 높아진다.
- 신체 건강과 정신 건강을 얻기 위해 엄청난 양의 운동을 해야 하는 것은 아니다. 1주일에 몇 번 걷거나, 에어로빅을 2~3회 하기만 해도 상당한 효과가 있다.

결론적으로, 운동이다. 뇌는 그것을 필요로 한다. 신체를 위해서도, 정서를 위해서도 운동이 필요하다. 좋아하는 운동을 찾고, 같이 할 친구를 만들고, 다양한 상황을 만들어 지루해지지 않는 방식으로 운동하자. 댄스, 복싱, 클라이밍, 요가, 필라테스, 하이킹, 수영, 자전거, 재즈 에어로빅, 줌바 댄스, 무엇이든 좋다. 아니면 그냥 걷기만 해도 좋다. 지금 나가보자. 신발을 신고 20분만 걸어보자. 그러면 지금 읽고 있는 내용이 더 기억에 남을 것이다. 자, 밖으로 나가보자.

성생활, 산림욕, 그리고 또 다른 즐거움

여러분, 제가 말씀드리는 건
태어나는 것은 어려운데, 죽는 것은 평범하다는 거예요
그러니 그 둘 사이를
사랑으로 조금씩 채워가세요.

— 랭스턴 휴스, 미국의 시인

몸의 기본적 기능에 신경을 쓰는 것 외에도, 몸을 돌보고 즐길 수 있는 여러 가지 방법이 있다. 그중 몇 가지를 살펴보자.

건강한 성생활

인간은 사회적 존재다. 온종일 시간을 같이 보내는 학생들만이 아니라 비슷한 또래와의 교류도 필요하다. 그런데 이를 잊어버릴 때가 종종 있다. 기억하라. 우리에게는 친구, 가까운 사람, 친척, 연인이 필요하다. 정서적 친밀성과 신체적 친밀성 모두 필요하다. 이제껏 만났던 선생님 중에는 아주 훌륭한 사람이었지만 다른 사람들과의 친밀한 관계를 그다지 우선순위에 두지 않는 교사가 상당히 많았다.

약간의 과학적 지식만 있어도 그런 잘못된 판단을 하지 않을 수 있다. 아래와 같이 건강한 성생활이 주는 생리학적인 장점을 몇 가지만 알아두어도 도움이 된다. 성생활은 다음과 같은 것을 가능하게 한다.

- 혈압을 낮춘다.

- 에스트로겐과 테스트론 수치의 균형을 맞추는 데 도움된다. 결과적으로 골다공증과 심장병 예방에 도움이 된다.
- 면역체계를 활성화한다(이 주제에 관심이 있다면 펜실베이니아주의 윌크스대학교 연구를 살펴보라).
- 긴장완화를 시켜주고, 수면의 질도 향상시킨다.
- 심장 박동수를 증가시키고, 평소에 사용하지 않는 근육을 사용하도록 하며, TV 시청보다 더 많은 칼로리를 소모하게 한다.
- 유대감을 갖게 한다(성관계 중에는 옥시토신이라는 '사랑 호르몬'이 나온다).

이 정도 과학적 지식만 알아도 충분하다. 성생활이 우리 몸에 좋다는 것을 알았으면 한다(파트너와 함께하거나 혼자여도 말이다). 다시 말하지만, 교사는 교사의 몸을 즐길 권한이 있다. 쾌락을 즐길 권리가 있다. 그럴 만한 자격이 있다.

마지막으로 한 가지 더 말하겠다. 성생활이 신체적·정서적 건강에 유익을 주는 것은 분명하지만, 포옹과 스킨십도 치료와 힐링이 될 수 있다. 소냐 류보머스키Sonja Lyubomirsky 교수는 저서인 『행복도 연습이 필요하다The How of Happiness』(2007)에서 하루에 5번 포옹하거나 받는 사람은 포옹하지 않는 사람보다 훨씬 더 행복감을 느낀다는 연구를 인용한다. 이미 알고 있던 사실 아닌가? 사랑하는 누군가가 꼭 안아주거나 손을 잡아줄 때 신경전달물질이 어떤 역할을 하는지를 알기 위해 굳이 연구 결과까지 필요하지는 않다. 그냥 그렇게 하면 된다!

이제 생리학적으로 도움이 되는, 몸을 건강하게 돌볼 수 있는 재미있고 쉬운 방법 몇 가지를 더 살펴보자.

숲에서 시간 보내기

수천 명의 지치고 신경이 곤두선 문명화된 사람들이 산에 가는 것은 집에 가는 것이라는 걸 알기 시작했다. 숲은 우리에게 꼭 필요한 것이다.

— 존 뮤어, 미국의 자연주의자 겸 환경운동가

일본에는 '신린요쿠'라 불리는 산림욕이 있는데, 예방적 건강관리와 치유의 한 방법이다. 자연에 있으면 기분이 좋아진다는 것은 이미 대부분 알고 있고 또 동의할 것이다. 일본 연구자들은 자연의 광경, 냄새, 소리에 몸을 흠뻑 담그는 것이 신체적·정신적 건강에 어떤 긍정적인 결과를 가져오는지에 관해 많은 연구 결과들을 제시했다. 일본에서는 산림욕을 치료의 한 방법으로 보고 있으며, 심지어 보험적용도 된다.

다음은 과학적 연구를 통해 밝혀낸 산림욕의 유익한 점이다.

- 유기화합물을 내뿜어 우리의 면역체계를 강화하고, 암과 싸우는 데 도움되는 '자연살해 세포natural killer cells'(NK세포)를 활성화시키는 나무가 많다.
- 피톤치드라는 물질을 배출하는 나무가 많은데, 이 물질은 항균성 유기화합물로, 이것을 흡입하면 긴장이완이 된다.
- 숲에 있으면 혈압과 스트레스 호르몬인 코티솔 수치가 낮아진다.
- 산림욕을 하면 기분, 에너지, 수면의 질, 집중력 등이 향상된다.

산림욕은 하이킹과 달리, 자연 안에 존재하는 것 자체로 치료가 된다고 본다. 운동하는 것이나 목적지에 도착하는 것을 목표로 하지 않는다. 숲에 가서 산림욕을 해보라. 천천히 걷고, 숨을 쉬고, 모든 감각을 열어라. 그거면 충분하다.

물가에 앉기

개울가에 앉기, 호수에서 첨벙거리기, 바다를 지긋이 바라보기, 호수에 다이빙하기 등 물속이나 물가에 있는 일이 치료적 효과가 있다는 것을 발견한 연구가 많다. 이 주제에 관해 해양생물학자 월리스 니콜스Wallace Nichols가 쓴 재미있는 책이 있다. 『파란 마음: 물가, 물속, 물 위, 물 아래에 있는 것이 어떻게 우리를 더 행복하고, 더 건강하고, 더 연결되고, 더 좋게 만드는지를 보여주는 놀라운 과학Blue Mind』(2014)이라는 긴 제목의 책이다. 니콜스는 물이 과도한 자극으로부터 뇌를 쉴 수 있게 하고, 명상의 상태로 이끌며, 자신을 넘어선 무언가와 연결되는 느낌을 주며, 창의력을 높여준다고 보았다. 샤워만 해도 얼마나 많은 훌륭한 아이디어가 떠오르는지 생각해보라.

또한 바다(그리고 폭포와 폭풍우)는 우리에게 필요한 높은 수준의 음이온을 방출해준다. 대기 중에는 양이온과 음이온이 가득 차 있지만, 우리 대부분은 실내에서 시간을 주로 보낸다. 에어컨을 틀어서 환기가 잘 안 되면, 음이온은 더욱 줄어든다. 그러면 에너지 수준이 낮아지고 졸리며 심지어 우울해지기도 한다. 해변에 갔을 때 에너지가 상승된다고 느끼는 것은 바로 음이온 때문이다. 자연의 물이 주변에 없으면, 창문을 열거나, 가능한 한 자주 밖에 나가거나, 공기청정기(음이온 방출 기능을 갖춘)를 틀어둘 필요가 있다.

플로테이션 탱크에 몸 담그기

마음과 몸을 치료하는 특별한 경험으로 플로테이션 탱크flotation tank(깊은 휴식의 한 형태로 사람이 떠다닐 수 있는, 방음이 되는 소금물 탱크 - 옮긴이)에 몸을 담가보는 것을 권한다. 시각, 청각, 후각, 촉각의 사용을 줄이면 창의적인 생각이 잘 떠오르고 긴장완화가 되며, 심지어 감정의 돌파구도 마련할 수 있다. 탱크에 몸을 담그는 플로터floater는 이러한 방법으로 불면증, 통증, 불안감을 치료할 뿐 아니라, 정신집중을 하기도 한다. 프로농구팀 골든 스테이트 워리어스의 MVP 스티븐 커리는 열렬한 플로터이며, 플로테이션 탱크 덕분에 자신이 코트에서 침착하게 경기에 집중할 수 있었다고 말했다. 관심이 있다면, 그 치료효과에 관한 과학적 연구 결과도 많이 있다(구글만 검색해봐도 알 수 있다). 폐소공포증이 있는 사람에게도 적절한 방법이라고는 할 수 없지만, 그렇다고 시도조차 포기하지는 않았으면 한다. 아주 놀랍도록 재미있는 경험이기 때문이다.

15분간 일광욕하기

우리 몸에 필요한 양의 비타민 D를 얻으려면, 1주일에 몇 번 정도는 직접 햇볕을 쬐어야 한다. 비타민 D가 부족한 사람이 많다. 많은 연구 결과가 제시하듯이, 비타민 D는 여러 종류의 암을 예방하는 데 도움된다. 비타민 D를 얻을 수 있는 가장 좋은 방법은 몸에 자외선 차단제를 바르지 않고 일광욕하는 것이다. 1주일에 몇 번, 한 번에 15분에서 30분 정도는 해가 중천에 떠 있을 때 일광욕하는 게 좋다.

겨울에는 햇빛을 받는 것이 더욱 중요하다. 우리 몸은 수면 주기와 기분을 포함해 중요한 기능을 조절하는 몸의 자연적 시계, 즉 생물학적 주기의 지배를 받는다. 낮이 짧아지고 햇빛이 더 적어지면 생물학적 주기도 그 영향을 받는다. 대략 20%의 미국인이 겨울마다 계절성 정서장애SAD를 경험한다(Psychology Today, 2017). 햇볕을 쬐면 몸에서 세로토닌이 나오는데, 그러면 기분도 좋아지고 에너지도 향상된다. 햇볕에 관한 이런 정보를 알면, 운동장 수업이 귀찮다는 마음도 줄어들 것이다. 1주일에 2~3번 야외에서 점심을 먹거나, 출근하기 전에 산책하거나, 학교 교문에서 학생들을 맞이하는 것도 시도해볼 수 있겠다.

맨발로 땅 밟아보기

혹시 맨발로 땅 위를 걸을 때 기분이 더 좋아지는 일을 경험해본 적 있는가? 최근 연구에 따르면, 우리의 면역체계는 맨발로 땅을 밟을 때 얻는 전자의 양이 충분할 때 가장 잘 기능한다(Mercola, 2012).

지면과 직접적인 접촉을 하지 않아도 비슷한 효과를 얻을 방법이 있다. 즉, 해변 따라 걷기, 공원에 앉아 있기, 잔디밭에 누워 있기 등 몸과 땅 사이에 아무것도 없게 하는 방법이 그것이다. 이런 접촉이 건강에 좋다는 증거가 점점 더 많아지고 있다. 어떤 경우든 일단 밖으로 나가라. 햇볕을 받을 수 있고, 나무가 많은 곳이라면 더욱 좋다. 시도하라! 1주일에 몇 번이라도 10분 정도 땅에 앉아 시간을 보내라. '이것은 내 몸과 정신 건강에 좋은 거야.' 생각하면서 말이다. 그런 다음 기분이 좋아지는지 아닌지 확인해보자.

거절하는 법 배우기

거절하는 법을 배우면 자유가 생긴다. "아니요, 그 모임에는 참여할 수 없어요.", "아니요, 그 위원회에는 들어갈 수 없어요.", "아니요, 내일 학생들을 공원에 데리고 가기 어려워요." 이렇게 말해보자. 지금 당장 "아니요."라고 말하고 싶은 게 있는가? 어떤 일을 거절한다는 것은 다른 일을 승낙한다는 의미다. 만약에 "아니요, 그 위원회에는 들어갈 수 없어요."라고 대답했다면, 그 위원회가 열리는 시간, 즉 한 달에 2번 1시간 정도씩 햇볕 아래서 산책하는 시간으로 스스로에게 승낙했다는 의미가 될 수 있다. 지금 당장 어떤 일을 승낙하고 싶은가?

거절하는 것을 힘들어한다면, 과도한 헌신의 문제를 가지고 있을 가능성이 있다. 거절하지 못해 승낙하고 나면 무슨 일이 일어나겠는가? 그 일을 해야 하는 날이 다가올수록 자신을 질책도 해보고, 거기서 벗어날 방법을 쥐어짜기도 하고, 그럴듯한 변명으로 취소해볼까 생각할 것이다. 그런 시도가 성공하지 못하면 자신에 대한 분노와 불행을 느끼겠지만, 결국 억지 미소를 지으며 꾸역꾸역 일을 해나갈 것이다. 일하면서도 계속 피곤함을 느끼고, 자신이 정말 하고 싶은 것을 부정하고 있다는 것을 알게 된다. 스스로 다음과 같이 말하면서 말이다. "이 일을 승낙하지 말걸. 이렇게 지칠 줄 알았는데, 내가 정말로 원하는 것이 아니란 걸 알았는데……."

그러면 왜 승낙한 걸까? 왜 과도한 헌신을 하는 것일까? 이 질문에 대한 답은 자존감에서 찾을 수 있다. 승낙할 때 우리에게는 보통 사람들이 좋아해주었으면, 하는 마음이 작용한다. 다른 사람들이 우리를 좋은 사람, 똑똑한 사람, 기술이나 능력이 있는 사람으로 생각해주기를 바라는 마음으로 승낙한다. 사람들이 나를 원했으면, 하는 마음으로 승낙한다. 거절하면 다시 요청하지 않거나, 친구가 되지 않으려고 하거나, 학교에서 여러분과 일하기를 원하지 않거나, 여러분을 사랑하지 않을까봐 두려워서 승낙한다. 결국 승낙의 이유는 두려움 때문이다.

하지만 여기 교사 여러분이 알 수도 있고 모를 수도 있는 사실이 있다. 첫째, 우리가 하고 싶지 않은 것을 승낙하면, 다른 사람들도 의식적이든 무의식적이든 그것을 느낀다는 것이다. 그 사람들에게도 별로 좋지 않은 상황이 된다. 차라리 하고 싶고, 할 수 있는 일에 시간과 에너지를 쏟자. 해야 하는 일이니까 하는 게 아니었으면 한다.

두려움 때문에 승낙한다 해도, 그 두려움은 사라지지 않는다. 두려움은 내면에서 독성이 섞인 거품을 내보낼 것이고, 그렇게 되면 여전히 의무적으로 참여하게 될 것이다. 하기로 했다가 발을 빼는 건 정말 해서는 안 되는 일이니까. 자신이 하기로 선택한 일에 대해서는 책임을 지고, 그 일을 하면서 배우자. 그리고 미래에는 다른 선택을 하라.

거절을 하면, 기분이 상할 사람도 있을 것이다. 실망하는 사람도 있다. 그러니 친절하고 사려 깊게 거절하는 법을 배우라. 사람들이 이렇게 말할 수도 있다. "이 일을 하지 않겠다니, 정말 실망했어요." 이런 말을 들을 수 있다는 것도 인정해야 한다. 슬퍼질 수도 있다. 그렇지만 자신을 돌보는 것은 중요한 일이다. 그 순간 그렇게 한 결정에 대한 비용을 치루더라도 말이다. 다른 사람들의 감정은 그들 스스로 조절하게 하라.

거절을 하면, 화내는 사람도 있을 것이다. 화낸다고 겁먹지 말고, 그들에게 그대로 공격당하지 말라. 화를 내면, 그 자리를 피하라. 분노는 실망이나 상처 등과는 다르니까. 여러분은 그럴 만한 가치가 있는 사람이다.

무언가 거절하려고 할 때, 타인을 위해 무언가 하는 것에 경계선을 그리려 할 때, 그때 우리는 살아가면서 누구와 계속 관계를 유지해야 하는지 알게 된다. 해로운 관계도 드러난다. 삶에서 제거해야 할 관계가 명확해지기 때문에, 자기 자신, 웰빙, 행복을 위한 삶의 공간이 더 많아진다. 만일 에너지를 빼어가는 뱀파이어가 주변에 있다면, 회복탄력성은 약화될 수밖에 없다.

여러분은 이 시나리오에서 희생자가 아니다. 거절함으로써 뱀파이어를 떼어내고 자유로워질 수 있다. 얻어내려고만 하고 돌봐주지 않는 사람을 가려내고, 있는 모습 그대로를 수용하고 또 자신도 필요할 때는 거절할 수 있는 사람 그리고 자기 자신을 돌볼 줄 아는 사람이 들어올 마음의 공간을 더 많이 만들 필요가 있다.

거절을 제대로 하지 못하는 근본적인 원인은 자존감과 관련 있다. 회복탄력성이 높은 사람은 자존감이 높다. 그러나 그 문제까지 여기서 다루기는 어렵다. 그래서 나는 이 책에서도 심리치료를 종종 권한다. 사실 회복탄력성이 부족한 원인은 개인의 어린 시절과 깊이 관련된 경우가 많다. 그래서 이 책을 읽고, 동료 교사들과 같이 이야기를 나누고, 코칭을 받는 것도 분명 도움되지만, 이런 것만으로는 원하는 모습으로 살아가지 못하게 하는 보다 심층적인 원인을 밝혀내지 못할 수도 있기 때문이다.

다른 사람의 부탁에 대해 어떻게 반응하면 좋을지를 알아낼 가장 강력한 방법은 자신에게 물어보는 것이다. "내가 원하는 것은 뭐지?" 이 질문을 반복해서 자신에게 던져보라. 마음속에 떠오르는 여러 가지 감정을 같이 고려하면서. 의무감과 관련된 감정, 다른 사람들이 원하는 사람이 되지 못하면 어쩌나 하는 두려움, 다른 사람들에게 실망을 줄 것 같은 두려움, 다른 사람들이 나에게 화를 낼 것 같은 두려움과는 구분하면서 "내가 원하는 것은 뭐지?"라고 자신에게 질문해보자. 시간이 좀 걸릴 수도 있고, 처음에는 그에 대한 반응이 거의 들려오지 않을 수도 있다. 하지만 계속 질문을 던지면서 마음속 소리를 주의 깊게 들어보자. 그리고 들은 대로 행동하자.

깊이 이해하기 : 완벽주의

> 진정성의 핵심은 불완전하고 취약해질 수 있는 용기이며, 경계를 세우는 용기다. – 브레네 브라운, 미국의 심리학자

완벽주의자의 마음속에는 다른 사람들에게 사랑받고 인정받기 위해서는 언제나 노력해야 하며, 최고가 되어야 한다는 신념이 있다. 인간으로서의 가치가 완벽성과 관련된 것이다. 완벽주의를 추구하려면 엄청난 시간과 에너지가 소모된다. 왜냐하면 뭔가 할 때마다 수치심, 비난 또는 비판을 느끼면서, '이번에는 내가 완벽하게 해내지 못했어. 다음에는 더 완벽해져야겠어.'라는 생각을 하게 되기 때문이다. 기억

하자. 이런 목표는 이룰 수 있는 목표가 아니라는 것을.

완벽주의자의 특징은 다음과 같다.

- 다른 사람 또는 일반적인 생활이 자신이 생각하는 기준과 맞지 않으면 화가 난다.
- '~해야 한다' 또는 '~와 같이 되어야 한다' 같은 타협할 수 없는 규칙을 가지고 있다.
- 자신이든 다른 사람이든 통제하지 못하는 것들에 대해 자신과 다른 사람을 비난한다.
- 흑백논리로 생각한다.
- 긍정적인 점은 재빨리 무시한다.
- 자신과 다른 사람들을 가차 없이 대하고, 지나치게 높고 비현실적인 기준을 고수한다.
- "~해야 한다"라는 말을 많이 사용한다.
- 자신은 완벽주의자가 아니라 단지 기준이 좀 높을 뿐이라고 주장한다.

완벽주의는 실제 감정이라기보다, 역기능적인 정서적 경향성으로 보아야 한다. 완벽주의는 가장 직면하기 어려운 정서적 경향성 중 하나지만, 그렇다고 방치하면 더 악화될 수 있다. 자신이 신규 교사인데 완벽주의자 또는 완벽주의가 될 가능성이 있다는 걸 알았다면, 완벽주의의 기준을 충족해보려는 노력을 하기보다, 완벽주의가 어디서 비롯된 것인지 그 뿌리를 파헤쳐보는 것이 더 필요한 일이다. 완벽주의를 그대로 두면 스트레스가 증가하고, 신체적·정신적 건강에 문제가 생기며, 에너지 소진의 위험도 높아진다. 완벽주의는 마치 흰개미들이 나무를 갉아먹듯 회복탄력성을 서서히 먹어치울 것이다.

완벽주의는 왜 그렇게 위험할까? 완벽이란 것이 있을 수 없기 때문이다. 적어도 인간에게는 말이다. 우리는 실수를 할 수밖에 없다. 실수하지 않는다면, 배울 수도 성장할 수도 없다. 그런 의미에서 완벽주의는 오히려 성장을 방해할 수 있다. 완벽주의자는 언제나 불가능한 것에 도달하려 하기 때문에 불가피하게 실패하게 되면, 힘든 감정들, 즉 수치심, 무능감, 두려움, 분노 같은 감정에 휩싸이게 된다. 이 때문에 주변 사람뿐 아니라 완벽주의자 자신도 상처를 입는다.

완벽주의를 탁월해지려는 노력이나 강한 직업윤리와 혼동해서는 안 된다. 에너지가 많고, 성실하고, 인내력을 보이지만 완벽주의자는 아닐 수 있다. 완벽주의는 외적인 기준을 근거로 타당성을 얻으려는 것이지만, 건강한 노력은 내적인 동기와 관련된 것이다. 건강하게 노력하는 사람은 성취에 대한 기대가 높고 열심히 일하지만, 자신이 실수할 수 있다는 것과 그것이 흠은 아니라는 것도 안다. 완벽주의자의 자존감은 주로 외적인 칭찬과 성취에 연결되어 있다.

심리학자 브레네 브라운은 완벽주의에 관한 세계적인 전문가다. 그녀는 수치심이 완벽주의를 낳는다고 말한다. 브라운에 의하면 완벽주의는 건강한 노력이 아니다. "완벽주의는 '최고의 내가 되자'라는 것이 아닙니다. 오히려 이렇게 생각하는 것이지요. '내가 완벽해 보이고, 완벽하게 살고, 완벽하게 일하고, 모든 일을 완벽하게 해내면, 수치심, 비난, 판단 그리고 비판 등을 피하거나 최소화할 수 있을 거야.'라고 말이지요. 완벽주의는 보호막이 아니라, 오히려 누군가를 보이지 않게 하는 것입니다." 만일 자신과 다른 교사들에게 이런 특성이 정말 있는지 더 알고 싶다면, 브라운의 Ted 강연과 책, 그리고 연설 등을 찾아보자.

완벽주의라고 의심될 때 할 수 있는 일

먼저 자신에 대한 현실감각을 가지자. 완벽주의로 인해 생기는 문제를 목록으로 작성해보자. 이런 것들 때문에 시간과 에너지를 얼마나 소모하고 있는가? 다른 사람들과 건강한 관계를 만드는 것을 어떤 식으로 방해하는가? 신체 건강과 웰빙에는 어떤 영향을 주는가? 완벽주의가 원하는 것을 하지 못하도록 어떻게 스스로를 방해하는가? 주변에 신뢰할 만한 사람을 찾아서 물어보자. "저를 완벽주의자라고 보세요? 제가 완벽주의 성향 때문에 영향을 받고 있다고 보세요?"라고 말이다.

그다음 완벽주의적 성향이 줄면 가능해지는 일을 목록으로 만들어보자. 무엇을 할 수 있을지, 어떻게 느낄지 적어보자. 완벽주의라는 흰개미를 쫓아낸다면 어떤 일이 일어날까?

완벽주의의 원인을 알아보고 이를 제거하는 데 힘을 기울이자. 그렇지 않으면 완벽주의는 잡초와 같이 다시 자라난다. 완벽주의가 스며든 정도와 그 깊이에 따라서는 정신 건강 전문가의 도움을 받는 것이 필요할 수도 있다. 완벽주의는 자존감과 관련된 것이어서, 완벽주의자 중에는 자신의 가치를 의심하게 되는 어린 시절 경험을 한 경우가 많다.

완벽주의가 생긴 원인을 알아보는 한편, 행동의 변화도 시작해보

자. 시간 제한을 두고 이메일을 쓴다든지, 과제 평가를 할 때도 정해진 시간이 되면 중단해보자. 퇴근 시간을 정해두고 지키자. 평소 자신의 혼잣말이 무엇인지 생각해보고, 도움되지 않는 말이라면 새로운 언어로 바꾸자. 이렇게 말이다.

- **이 정도면 충분하고, 훌륭해.**
- **충분해. 나는 충분히 한 거야.**

마지막으로, 자신이 완벽주의자일지도 모른다는 생각이 들거나 완벽주의적 성향을 없애고 싶다면, 이 책에서 하라고 권하는 모든 것을 그냥 해보자. 자기 자신 이해하기, 감정 이해하기, 힘을 북돋는 스토리 말하기, 공동체 세우기, 마음챙김 연습하기, 수면과 걷기, 긍휼의 마음 개발하기 등을 실천해보자.

리더를 위한 제안

- 완벽주의와 순교자가 결합하면 문제가 더 많아진다. 완벽주의자는 아주 일을 열심히 하기 때문에, 순교자-완벽주의의 결합이 이루어지면 회복탄력성은 고갈되고, 결국 번아웃에 이르게 될 가능성이 높다. 순교자 콤플렉스 때문에 수업 개선에 대한 책무성과 기대에 부응하지 않으려 할 수도 있다. 학교에서는 순교자와 평범한 사람이 함께 가야 하고, 때로는 개선 방향에 관한 어려운 이야기도 함께 나눌 수 있어야 한다. 그러므로 리더는 순교자 의식의 층을 뚫고 들어가야 한다.

성향 : 긍정적인 자기 알아차림

만약 좌절을 경험한 후에도 빨리 원상복귀를 바란다면, 회복탄력성을 발휘하고자 한다면, 탄력성이 높은 대상에게 높은 가치를 부여해야 한다. 그 대상은 바로 자신이다. 자신의 생각, 마음, 신체, 영혼이 건강해야 회복탄력성을 높일 수 있고, 회복을 위해 필요한 것들을 해낼 수 있다. 6장에서 제시한 자기돌봄의 습관도 건강한 자존감을 키우는 데 도움이 된다. 자기돌봄은 가장 기초가 되는 신체의 건강에서 시작되기 때문이다. 정서와 마음이 건강하기 바란다면 먼저 몸을 잘 돌보는 것부터 시작해야 한다. 연구자들에 따르면, 이것이 회복탄력성의 핵심이다. 우리 자신을 소중히 여기는 것 말이다. 우리 모두는 우리의 자아가 역경을 딛고 빠르게 회복되기를 바란다.

회복탄력성이 높은 사람들은 자신을 과도하게 비판하지 않고, 완벽주의를 추구하지도 않으며, 적절한 경계를 설정한다. 이것이 자존감이 높다는 뜻이다. 회복탄력성을 높이고 싶다면 반드시 자기수용과 자기애가 있어야 한다. 긍정적인 자기 알아차림이 있어야 자신의 선택, 행동 그리고 실수에 대해 책임질 수 있다. 자신을 있는 그대로 수용하고, 자신의 실수를 용서할 수 있다.

긍정적인 자기 알아차림이 어려운 이유는 자존감의 기반이 어린 시절에 형성되기 때문이다. 만일 처음 돌볼 책임을 가졌던 사람들이 있는 그대로의 모습으로 사랑해주지 않았다면, 가장 완벽한 존재이자 지구상에서 가장 가치 있는 존재로 보아주지 않았다면, 보여준 모습 그대로가 아닌 다른 모습을 기대했다면, 자존감이 길러지는 것이 더 어려웠을 것이다. 이런 경우라면 심리치료를 통해 이 야수를 태어난 바로 그곳, 마음에서 처리할 필요가 있다. 그렇게 하지 않을 경우, 무능감이라는 오래된 감정이 예상치 못한 순간에 포악하고 잔인하게 튀어나올 수 있다.

약한 자존감의 근원이 어디에서 비롯된 것인지 탐색하기를 바라지만, 그 과정은 시간이 걸릴 수 있다. 그것이 변화와 진정한 회복탄력성을 향해 나아가는 길이지만, 그와 동시에 갈 수 있는 또 하나의 길이 있다. 이미 목표에 도달한 것처럼 가정하고 행동해보는 것이다. 이런 접근 방법은 비교적 사용 빈도가 낮다. 하지만 행동이 달라지면 우리 마음이 달라진다는 신경과학 분야의 연구가 점점 많아지고 있다. 자기 자신이 돌봄을 받을 만한 가치가 있다는 것이 믿어질 때까지 스스로를 돌보라. 신체 건강을 우선 돌보면서, 감정이 어떻게 변하는지 살펴보라. 장담하건대 기분이 더 좋아질 뿐 아니라, 자신을 더 존중하게 되고, 자존감도 올라갈 것이다. 자, 이제 신발을 신고 밖으로 나가보자.

균형을 위한 노력

나 자신을 돌보는 것은 자기방종이 아니라 자기보존이며 정치적 투쟁이다.

— 오드리 로드, 미국의 시인

6장에서 언급한 내용은 학교에 가고 싶지 않으면 병가를 쓰고 하루를 쉬라거나, 오후 3시에 수업이 끝나자마자 아이들과 함께 퇴근하라는 말이 아니다. 그렇게 하라는 의미로 이 6장의 내용을 읽는 교사들은 거의 없으리라 생각하지만, 만일 그렇게 읽었다면 아마 현재 하고 있는 일과 정말 하고 싶은 일에 대한 정신적 탐색이 필요한 상황일 것이다.

이런 경우가 아니라면, 균형을 목표로 삼으라. 매일 자기돌봄만 하는 것은 어렵고 비현실적인 일이라는 것을 잘 안다. 시간은 한정되어 있으며, 돌볼 가족도 있고, 출퇴근 시간도 필요하고, 보충수업을 해야 할 수도 있다. 그러나 궁극적으로 자신을 돌보는 데 시간을 들이면 생산성, 효율성, 그리고 정서적 웰빙이라는 보상을 얻는다. 스트레스의 근원이 되는 신체적 문제를 해결하지 않으면, 힘든 일을 겪게 될 때 회복이 더 어려워진다.

자기돌봄을 최우선순위에 두자. 자고, 운동하고, 건강한 샐러드를 준비하고, 약간의 명상에 하루 1시간만 더 사용하면 된다. 설탕이나 알코올, 카페인을 완전히 제거할 필요도 없다. 약간만 줄여보자. TV 시청 시간을 줄이는 대신 산책 시간을 늘리자. 에너지를 고갈시키는 것들을 줄이고 자기돌봄의 시간을 늘리자. 그렇게 실천하는 것이 자신의 정서와 아이들에 대한 인내심, 짜증 나는 동료에 대한 인내심, 그리고 수업 계획을 짜고 평가하는 능력에 어떤 영향을 주는지 주의 깊게 관찰하자. 나쁜 습관을 관리하고, 중간 지점을 찾아서 균형을 잡기 위해 노력하자.

나는 이 세상을 치유하고 개선하고 수리하기 위해 살고 있다고 생각한다. 이 길을 앞서 걸어간 사람들로부터 이를 허락받을 때 감사한 마음이 든다. 앞에 나온 문구를 쓴 작가 오드리 로드Audre Lorde도 그렇게 해준 사람이다. 로드의 글을 읽어본 적 있는가? 그녀의 시와 에세이를 읽으면서 나는 분노, 희망, 사랑 같은 다양한 감정에 푹 빠져들 수 있었다. 그 글들을 읽으면서 나는 펜이 칼보다 더 강하다는 확신이 들었다. 로드는 오랜 암 투병 끝에 58세 나이로 사망할 때까지, 시와 산문집을 많이 썼고, 유색인 여성을 위한 출판사를 설립했고, 여성, 흑인 여성 그리고 동성애자 여성을 열성적으로 변호했다. 그녀는 또한 어머니이자 파트너이자 여행자였다. 그녀가 나에게 휴식을 취하라고 말한다면, 나는 그렇게 할 것이다. 고마워요, 오드리 로드.

함께 생각해볼 문제

- 이 장에서 배운 것은 무엇인가?
- 자기돌봄을 더 잘하기 위해 무엇이 필요한가?
- 자기돌봄을 더 잘하기 위해 지금 당장 할 수 있는 일은 무엇인가?

7장 • 강점에 초점 맞추기

> **12월**(1학기 네 번째 달, 1~2주 방학): 지난 달의 피로가 아직 가시지 않은 시점이다. 강점을 찾아보라.

자신이 가진 강점, 자원, 그리고 기술에 집중하면 기분이 한결 좋아지고, 어려운 상황에 부딪쳤을 때도 보다 효율적으로 대처할 수 있다. 강점에 집중하면 자기효능감이 높아지고, 주변에 영향을 끼칠 수 있는 힘이 생긴다.

추수감사절 연휴를 마치고 학교로 돌아온 초등학교 2학년 학생들은 이전보다 좀 더 안정되어 보였고 수업에도 집중하는 듯 보였다. 어쩌면 내가 학년 초보다 학교생활에 더 적응하고 마음이 편해져서 그렇게 느꼈던 것일 수도 있었다. 12월 초, 나는 희망에 차 있었고, 에너지가 있었고, 가르치는 일에도 점점 자신감이 생기고 있었다. 우리 반 학생들에게 적응한 것이다. 하지만 일부 여학생이 끼리끼리 뭉치기 시작했고, 학생 간에 갈등이 일어나는 경우가 많아졌다. 그때 내게는 『집단: 사회적 발달과정과 협동학습Tribes: A Process for Social Development and Cooperative Learning』(Gibbs, 1987)이라는 책이 도움이 되었다. 여름에 만났던 선생님 한 분이 내게 준 책으로, 학급에서 공동체를 세우는 데 필요한 지침이 나와 있었다. 학교 관리자들은 내게 또는 동료 교사들에게 학급문화 세우는 방법을 가르쳐주지는 않았기 때문에, 나는 절박한 심정으로 이 책을 공부했다.

학생 간의 역동을 어떻게 해결하면 좋을지 방법을 찾던 중, 나는 이 책에서 학생들과 함께해볼 만한 활동을 발견했다. 하루를 시작하는 아침조회 시간에 학생들은 친구 이름이 적힌 쪽지를 뽑아서, 그날 하루 동안 '마니토', 즉 비밀 친구가 되어주는 것이었다. 활동 규칙은 이랬다. 자신이 뽑은 친구가 누구인지 아무에게도 말해서는 안 되며, 하루 동안 그 친구를 관찰해서 칭찬할 만한 행동을 찾아낸다. 그리고 하교 전에, 카펫 위에 다시 동그랗게 모여 앉아, 자신이 뽑은 친구가 누구인지 밝히면서 칭찬의 내용을 공유하는 것이다. "쉬는 시간에 오스카는 마누엘에게 자기 축구공을 빌려주었어요.", "리제트는 점심을 먹으러 갈 때 뛰지 않았어요.", "빌리는 수학 시간에 토머스가 문제 푸는 걸 도와줬어요." 학생들은 칭찬을 주고받으면서 자부심과 기쁨을 느꼈고, 서로 더 친해졌다. 나는 이제 초등학교 2학년밖에 되지 않은 학생들이 이렇게 서로를 예리하게 관찰할 수 있다는 것, 그리고 별로 친하지 않았던 반 학생들을 이렇게 구체적으로 칭찬할 수 있다는 게 정말 놀라웠다. 활동이 끝날 무렵, 토머스가 마니토 활동을 다음 날도 할 수 있는지 물었고, 반 전체 학생들도 모두 그렇게 하고 싶다고 입을 모왔다. 나는 말했다. "물론이지요. 내일 또 하기로 해요" 마니토 활동 두 번째 날이 끝날 무렵, 엘리자베스가 물었다. "선생님, 우리 날마다 마니토 하면 안 될까요?" 결국 우리는 그렇게 하기로 했다.

매일 학생들은 모자에서 친구의 이름을 뽑았다. 때로는 친구 2~3명의 이름을 뽑는 '도전의 날'을 갖기도 했다. 또 '나를 칭찬하는 날'을 정해서 칭찬받고 싶은 자신의 행동을 구체적으로 적어보기도 했다. 학생들이 가장 자랑스러워하거나 친구들이 관찰해준 내용 중 가장 마음에 드는 행동 목록을 게시판에 붙여두었다. 친절, 협력, 책임감, 용기가 반영된 목록이었다.

겨울방학이 시작되기 전날, 학생들과 지금까지의 학교생활을 돌아보는 시간을 가졌다. "방학 동안 선생님은 2학기 계획을 세울 거예요. 그래서 여러분의 의견을 듣고 싶어요. 더 많이 했으면 하는 것이 있나요? 더 줄였으면 하는 것을 이야기해도 좋아요. 또 우리 반을 위해서 제안하고 싶은 것이 있으면 무엇이든 말해주세요." 학생들은 만장일치로 마니토를 계속하고 싶다고 말했다. "일 년 내내 마니토 해요!" 자신의 행동을 통제하기 어려워했던 오스카는 "저는 요즘 학교에 오는 것이 너무 좋아요! 좋은 일을 하다 들키고 싶어 죽겠어요!"라고 말했다. 나는 마니토 활동을 계속하겠다고 말했고, 학생들의 환호소리에 옆 반 선생님이 무슨 일인가 궁금해할 정도였다.

열광하는 학생들을 보면서, 나는 문득 지난 몇 주 동안은 벽에 붙여둔 행동기록표를 사용한 적이 거의 없다는 것을 알아차렸다. 행동기록표를 적기 시작한 이래로 그랬던 적이 없었다. 나는 학급경영 도구인 이 표를 보면서 늘 여러 가지 복잡한 감정을 느끼곤 했었다. 학생의 카드를 주황색이나 빨간색으로 바꾸도록 하면, 오히려 학생의 행동이 악화되는 것처럼 보이기도 했고, 여러 사람 앞에서 이렇게 수치심을 주는 것 자체가 불편한 마음이 들었기 때문이다. 겨울방학이 끝나고 학교에 출근하자마자 나는 그것을 치워버렸다.

1월이 되어, 학생들이 다시 학교로 돌아왔다. 나도 모든 것이 순조롭게 흘러가기를 기대하는 마음으로 다시 호흡을 가다듬었다. 그리고 그렇게 되었다. 마니토 활동은 일 년 내내 계속되었다. 그렇지만 학생들은 이 활동을 지겨워한 적이 없었으며, 행동기록표가 다시 벽에 붙는 일도 없었다. '정말로 이렇게 쉽게 된 거라고?' 나는 몇 번이고 이 질문을 던져보았다. 마치 어두웠던 교실에 환하게 불이 켜진 것 같았다. 서로 갈등하던 학생들의 행동 90%가 사라져버렸다. 학급 분위기가 눈에 띄게 좋아졌다. 나는 이 활동이 왜 그렇게 효과가 좋았는지, 당시에는 그 이유를 잘 몰랐다. 다른 신규 교사들이 흔히 겪는 학급경영의 어려움을 피할 수 있다는 것이 그저 감격스러울 뿐이었다.

수년이 흐른 뒤에야, 비로소 나는 마니토 활동이 왜 그렇게 효과적이었는지 알게 되었다. 그리고 이런 현상을 설명하는 용어도 알게 되었다. 나는 학생들의 강점, 자원, 또는 긍정적인 면에 초점을 맞췄던 것이다. 이 주제는 심리학, 조직변화관리 그리고 신경과학 등의 영역에서 광범위하게 연구되는 것이다. 이 분야의 연구자들은 긍정적인 면에 초점을 맞추는 것이 기분만 좋게 하는 것이 아니라, 우리 자신 또는 다른 사람의 변화에 효과적이라고 이야기한다. 회복탄력성을 높이는 또 하나의 중요한 습관이기도 하다.

리더를 위한 제안

칭찬 마니토는 학생뿐 아니라 성인에게도 효과가 있다. 나는 교사연수를 시작할 때나 부서모임을 할 때도 종종 이 활동을 활용했다. 어른들도 이 활동을 매우 좋아한다. 리더에게 활용해보기를 권한다.

3가지 정신적 습관 세트

변화를 위한 강점 기반 접근은 2개의 성향을 섞어 만든 하나의 습관이다. 첫째, 강점에 집중하는 것은 감사하는 일과 밀접한 관련이 있는데, 이에 대한 자세한 내용은 12장에서 다루겠다. 어떤 일이 잘되면 감사하는 행동이 따라오기 때문에, 이 2가지가 연결되어 있다는 것은 아마 분명한 사실이다. 둘째, 강점에 집중하는 것은 배움의 습관과도 관련되어 있다. 이 습관은 9장에서 다루게 되겠지만, 강점에 초점을 두면 개방적이 되고, 호기심을 갖게 되고, 수용적으로 된다는 것은 이미 느낄 것이다. 이처럼 3가지 정신적 경향성, 즉 강점에 초점 맞추기, 호기심, 그리고 감사의 마음을 함께 갖추면 학생들을 가르치고 지도할 때 생기는 일상의 스트레스를 많은 부분 예방할 수 있다.

강점 기반 접근법

비꾸고 싶은 생활습관이 있는가? 워라밸(일-삶의 균형)을 열망할 수도 있고, 건강을 위해 운동과 식단 조절을 결심할 수도 있겠다. 이렇게 뭔가 변화를 시도하려 할 때, 떠오르는 생각은 무엇인가?

대부분의 사람은 하지 말아야 할 것을 먼저 떠올린다. "5시 30분에 퇴근해서 1주일에 5일은 운동하러 가야겠어. 그러니 이제 저녁으로 감자칩은 먹지 말아야지." 이렇게 보통 목표 도달에 방해될 행동을 먼저 구체적으로 생각해보는 경우가 많다. 뭔가 변화시키려고 할 때

흔히 사용하는 방법이지만, 몇 가지 단점이 있다.

간단히 말하면, 변화를 원할 때 우리가 시도하는 방법은 다음 2가지로 요약할 수 있다. 하면 안 되는 부분에 집중해서 그것을 줄이거나, 잘하는 부분에 집중해서 그것을 더 많이 하는 것이다. 이상적으로는 이 2가지 모두를 조금씩 해야겠지만, 잘하는 부분에 먼저 집중하면, 변화를 만들 에너지를 활성화시킬 수 있게 된다.

긍정적인 부분, 그러니까 더 많이 보고 싶은 부분에 초점을 맞춘다는 것이 문제될 수 있는 부분을 아예 고려하지 않아도 된다는 의미는 아니다. 더 건강해지려면 저녁식사로 감자칩을 먹지 말아야 한다. 그렇지만 건강할 수 있는 행동에 먼저 초점을 두면, 실천 의지를 높여줄 정서적 에너지가 더 많이 생긴다. 강점 기반 접근은 강점과 잘하는 것에 집중하도록 하므로, 자신감과 자신에 대한 긍정적 감정이 생기도록 한다. 그리고 그렇게 얻은 에너지를 변화를 위해 사용할 수 있다.

생각보다 우리의 수업에는 강점이 많다

코칭을 그다지 받고 싶어 하지 않았던 한 중년 선생님을 만났을 무렵, 나는 강점 기반 코칭을 알게 되었다. 미샤 선생님은 내가 자신의 교실에 들어오는 것이 내키지 않는 것 같았다. "제 문제에 대한 조언이나 충고, 이젠 지겨워요. 제가 어떤 문제가 있는지 이미 다 아는데, 굳이 다시 지적받을 필요가 있을까요?"

나는 이런 제안을 했다. "이건 어떨까요? 저는 선생님이 잘하는 것을 찾아드릴 거예요. 제가 관찰한 것에 대해 긍정적인 피드백만 하는 것이지요." 미샤 선생님은 호기심과 의심이 뒤섞인 눈초리로 나를 바라보았다. 선생님이 다시 질문했다. "그러니까 저를 비판하고 싶은 마음을 억누르고서, 교실이 멋지다느니 머리 스타일이 마음에 든다느니 하는 이야기를 하신다는 건가요?"

나는 농담을 던지며 말을 이어갔다. "한 번만 해볼게요. 딱 10분만요. 한 번 도전해보고 싶네요."

미샤 선생님은 다시 내 제안을 밀어내며 말했다. "저는 선생님을 좋아해요. 그래서 교사로서 형편없는 저의 모습을 보여드리고 싶지 않아요." 나는 미샤 선생님이 충분히 느낄 만한 감정이라는 것, 그리고 누군가가 우리를 관찰할 때 얼마나 상처받기 쉬운 취약한 상태가 되는지도 인정했다. 그렇지만 다시 설득을 계속했다. "딱 한 번만 해볼게요. 이것은 코치로서 제 능력에 대한 테스트이기도 해요. 제가 '형편없는 수업'에서도 긍정적인 면을 정말로 찾아낼 수 있을까요?" 나는 가벼운 어조로 말했고, 마침내 미샤 선생님은 동의했다.

다음 날 미샤 선생님의 수업에 들어갔을 때, 좋은 점을 찾지 못하면 어쩌나 하는 마음 때문에 긴장되었다. 그러나 곧 마음을 다잡았다. '오늘은 아주 좋은 날이 될 거야. 왜냐면 여기 있는 모든 일이 다 잘 될 거니까!' 그리고 그날 나는 영화 속 장면과 같은 경험을 했다. 영화 〈오즈의 마법사〉에서 주인공 도로시가 오즈에서 깨어나자 흑백 화면이 총천연색 화면으로 바뀌는 그 장면 말이다. 교실에서는 2명의 학생이 친구들에게 체계적이고 조직적인 방법으로 학습자료를 나눠주고 있었다. 활동이 시작되자 학생들은 짝을 지어 정해진 시간 동안 수학 문제를 풀었다. 미샤 선생님은 개별화 교육(특수교육)이 필요한 학생들을 위해 배정된 보조교사와 이야기를 나누면서, 그 수업을 어떻게 수정할지 의견을 나누고 있었다. 그때 가운뎃줄 앞에 앉아 있던 하비에르가 외쳤다. "나는 수학이 제일 좋아!" 이 모든 일이 수업 시작 3분 만에 일어났다. 나는 정신없이 기록했고, 미샤 선생님이 본격적으로 수업을 시작하자 약속대로 교실을 나왔다.

미샤 선생님과 수업 이야기를 위해 다시 만났을 때, 나는 수업에서 보았던 놀라운 부분들을 마구 이야기해주고 싶은 마음을 애써 참으면서 이렇게 물었다. "제가 교실에 있던 10분 동안이 선생님에게는 어떻게 느껴지셨나요?" 나는 미샤 선생님이 오늘은 어쩐 일로 괜찮은 날이었으며, 원래는 그런 모습이 아니라고 말할 줄 알았다. "보신 것처럼 정말 엉망이었어요." 선생님은 어깨를 흔들면서 대답했다. "하비에르는 통제가 어려워요. 수업 준비도 안 됐고, 아이들은 과제에 집중하지 못했어요. 어수선했지요."

나는 더 이상 참을 수 없었다. "무슨 말씀을 하시는 건지 모르겠어요, 선생님. 정말이에요. 수업은 아주 훌륭했어요! 제가 관찰한 내용을 28개 적었는데, 다 좋은 면들이에요. 멋지게 꾸민 학급환경까지 넣었다면 29개가 되었을 거예요." 내가 관찰한 것을 하나씩 말해주자, 선생님은 머리를 손으로 감싸쥐었다. "아마 모두 일어났던 일이 맞을 거예요. 하지만 사실 제게는 도무지 보이질 않았어요. 하비에르가 자리에서 벌떡 일어나 소리 지르는 것만 보였거든요. 무슨 말을 하는지는 들리지 않았어요. 하비에르가 수학을 좋아한다니 정말 놀랐어요. 하비에르는 유급 학생이고, 늘 학교가 싫다고 불평했거든요."

수업 이야기를 마칠 즈음, 미샤 선생님은 다음 날도 교실에 와줄 수 있는지 물어보았다. "선생님의 눈이 필요해요." 2주 동안 나는 매일

10분씩 미샤 선생님의 학급을 관찰하고, 내가 수업에서 보았던 강점들을 나눴다. 며칠 만에 미샤 선생님은 내가 관찰한 것을 똑같이 말할 수 있게 되었다. "네, 저도 그걸 봤어요!" 혹은 "선생님이 나가신 후 하비에르가 모둠에서 학습자료를 모아오는 역할을 맡았는데 매우 진지하고 성숙하게 자기가 맡은 일을 해냈어요."라는 말이었다. 어느 날 복도에서 미샤 선생님을 만났는데, 선생님이 이렇게 말했다. "방금 무슨 일이 일어났는지 믿지 못하실 거예요. 반 학생 전체가 제가 계획한 시간보다 훨씬 빨리 수학 과제를 끝냈어요. 모두 문제를 푼 거예요!" 미샤 선생님은 반 학생들과 자신을 보는 관점이 완전히 달라져버린 것 같았다.

약 한 달 후 학년모임에서, 미샤 선생님은 10분의 관찰이 자신을 어떻게 변화시켰는지 이야기했다. "제 수업에 전에는 알아차리지 못했던 좋은 점들이 많았다는 사실이 정말 놀라워요. 그런 점들을 알아차린 후 저는 훨씬 더 강해졌고, 수업에서 잘되지 않은 부분이 어떤 건지도 더 잘 볼 수 있게 되었어요. 자신감을 되찾았고, 에너지가 생겼고, 가르치는 일이 더 즐거워졌어요." 미샤 선생님이 변한 것을 보고 다른 동료 교사들도 나에게 수업 관찰을 해달라고 요청했다.

그때 한 가지 아이디어가 떠올랐다. 몇 년간 같이 일해온 선생님들에게 다음과 같은 도전과제를 제안했다. "1주일에 2번, 10분 동안 서로의 수업을 관찰해보면 어떨까요? 저도 이따금 들어갈 수 있지만, 선생님들끼리 서로 이렇게 하다보면 서로에 대해 그리고 반 학생들에게 배울 수 있는 게 많을 거예요." 미샤 선생님은 가장 먼저 이 아이디어에 찬성했고, 다른 선생님들도 약간 주저하긴 했지만 결국 동의해주었다. 우리는 시간표를 짰다. 수업 관찰 시 지킬 규칙을 만들고, 수업 이야기를 언제 어떻게 할지도 정했다. 며칠 후 선생님들은 서로의 수업에서 강점을 찾아주기 위한 수업 관찰을 시작했다.

몇 달 후, 나는 또 한 번 이 모임에 참석했다. "우리는 여학생들이 수업에 더 잘 참여하게 하려면 어떻게 하는 게 좋을지 같이 논의하고 있었어요." 미샤 선생님이 설명했다. "그런데 알렉스 선생님의 수업에서 여학생들이 수업 시간에 정말 이야기도 많이 하고 잘 참여하고 있는 것을 보게 된 거예요. 그래서 우리도 알렉스 선생님이 사용하고 있는 수업 전략을 사용해봤어요. 그랬더니 지금은 여학생들이 수업에 꽤 잘 참여하게 되었어요."

강점을 인식하는 것에서 시작한 수업 이야기가 자연스럽게 수업을 어떻게 하면 개선할 수 있을지에 관한 이야기로 발전한 것이다. 교사들은 개방적이면서도 자신의 미약한 부분을 드러내면서 서로 질문했고, 잘되고 있는 부분을 이야기했으며, 수업 철학과 목표도 공유했다. 일반적인 교사모임이나 연수에서와 달리, 이 모임 소속 교사들의 이야기는 생생하고 힘이 넘쳤다. 또한 이제까지 어떤 모임에서도 리더 역할을 하지 않았던 미샤 선생님이 이 모임을 주도했다.

강점에 초점을 맞추는 것이 어려운 이유

강점에 집중하는 것이 쉬운 일은 아니다. 그 실제적인 이유는 신경과학에도, 문화에도, 그리고 감정에도 있다.

부정적인 것을 더 잘 인식하는 뇌의 부정 편향성

강점 혹은 긍정적인 면을 보기가 어려운 이유는 뇌가 그런 영향을 주기 때문이다. 뇌에 들어온 정보는 매우 유용하지만, 부정적인 면에 더 치중하는 경향이 있다. 예를 들어, 학기 첫날 4학년 학생 34명이 교실로 들어오는데 그중 1명이 화난 표정을 짓고 있었다면, 뇌는 그것을 인식하고 그 학생에 관해 계속 생각하게 만든다. "왜 저런 태도로 들어왔지? 다루기 어려운 아이일까? 작년 담임 선생님이 경고했던 그 학생인가?" 그날 밤, 이 1명의 학생에 관해 생각하느라 나머지 33명의 학생은 머리에서 사라져버렸을 것이다.

뇌는 부정적인 자극을 긍정적인 자극보다 더 빠르고 강렬하게 인식한다. 부정적인 자극은 10분의 1초 내로 신속하게 기억 속에 저장된다. 뇌와 신경계의 상당 부분은 위협이 닥칠 때 그에 대해 반응하기 위해 활성화된다. 예를 들어, 까다로운 고등학생, 학부모가 보낸 짧은 이메일, 회의 시간에 들었던 비판적인 말처럼 위협적인 자극에 대해 반응을 더 쉽게 한다. 반면 긍정적인 경험은 인지하기도 어렵고, 기억 속에 저장하려 해도 적어도 12초는 집중해야 한다. 위험이 뇌 속에 자리 잡는 데는 10분의 1초밖에 걸리지 않지만, 긍정적인 경험이 자리 잡으려면 적어도 12초가 필요한 것이다. 이것은 의미 있는 차이다!

이렇게 뇌가 위험을 빨리 알아차린 덕분에 우리의 고대 조상은 포식자의 밥이 되거나, 뜨거운 용암밭에 발을 들여놓거나, 독이 있는 열매를 먹는 위험을 피해 아프리카 사바나 지역에 살면서도 수십만 년간 살아남을 수 있었다. 즉, 위험에 민감하게 반응했기 때문에 진화할 수 있었다. 우리 조상은 위험을 아주 잘 감지했던 것이다. 그런데 지금도 뇌의 부정 편향성은 피로하고 자기돌봄을 제대로 하지 못할 때 더 강화된다. 이 시기는 방학을 기다리며 간신히 버티고 있는 시기이기 때문에, 강점 또는 긍정적인 면에 초점을 맞추는 것이 더욱 필요한 때다.

우리의 뇌는 여전히 위험을 잘 인지하도록 회로가 구성된 상태다. 이제 우리에게 필요한 과제는 새로운 신경회로를 다시 만드는 것이다. 그러려면 긍정적인 면, 강점에 집중해야 한다.

뇌가 위험(수풀 사이에서 부스럭거리는 동물, 불만에 찬 아이, 짜증 내는 동료)에 집중하고 있다는 걸 알아차릴 때마다, 나는 자신에게 이렇게 말한다. "조상을 존경하지만, 날카롭고 긴 이빨을 가진 호랑이는 이제 없어. 지금은 다 괜찮아." 그리면서 나는 중립적이거나 긍정적인 것으로 주의를 돌려 집중한다. 떠가는 구름 풍경, 이미 공책을 꺼낸 학생, 환영하는 동료 교사의 표정 등으로 말이다. 뇌의 부정 편향성(긍정적인 것보다 부정적인 것에 더 잘 반응하는 경향성 - 옮긴이)을 관리하려면, 매일 연습이 필요하다. 이미 앞에서 명상을 포함해 필요한 전략을 제시했다. 이 전략을 사용하면 마음이 차분해지면서 누군가의 까다로운 표정을 볼 때도 동요하지 않을 수 있다.

강점에 초점 맞추기는 일반적인 문화를 거스르는 일

앞서 말했듯이, 강점 또는 긍정적인 면에 초점을 맞추는 것은 공고히 뿌리 내린 사회적·문화적 관습에 도전하는 일이다. 내가 참석했던 수많은 세미나와 모임에서 가장 똑똑해 보이는 사람은 아이디어나 계획을 조목조목 반박하거나 결점을 정확하게 짚어내는 사람이었다. 많은 조직과 기관에서는 이렇게 비판적이고 이성적이고 분석적인 자질을 높이 평가한다. 이런 맥락에서, 강점이나 긍정적인 면에 초점을 맞추거나, 어떤 계획의 강점이나 기여할 것으로 예상되는 점 등을 말하면 순진한 사람으로 평가받거나 지적 능력을 의심받을 것이다. 긍정적인 면에 초점을 맞추려면, 많은 조직에 존재하는 이런 역동을 해결하고, 암묵적으로 녹아 있는 이런 가치에 도전해야 한다.

게다가 불평이 문화적으로 용인되는 직장이 많다. 사람들이 함께 모여 문제점, 이슈(쟁점), 그리고 불평을 서로 나누고 위로하는 것은 사회적 관습이기도 하다. 학교에도 불평을 나누는 전용공간이 갖춰진 경우가 있다. 예를 들어, 교사 휴게실은 온갖 불행의 소용돌이가 휘몰아치는 공간처럼 느껴질 수 있다.

분통을 터뜨린다고 기분이 좋아지는 것은 아니다. 오히려 냉소주의로 이어지는 경우가 많다. 냉소주의자가 우대를 받는 조직도 있다. 냉소주의자는 현명하고, 세련되고, 아는 것이 많은 것처럼 보일 수도 있다. 또한 주도권을 가지고 사람들을 움직이게 만드는 것처럼 보이기도 한다. 그리고 사람들에게 경고한다. 이런저런 긍정적인 것들에 현혹되지 말라고 말이다. 희망을 이야기하는 사람들을 부끄럽게 만들고, 비현실적이며 순진한 이상주의자라고 무시하며 비웃는다.

2장에서 언급한 것처럼, 한 친구가 나에게 냉소적인 사람들은 모두 마음에 상처가 있는 거라는 말을 해준 적이 있다. 그 말에 동의한다. 그러나 냉소주의는 결국 공동체를 부식시키는 결과를 가져온다. 자신과 주변 사람들에게 상처를 줄 뿐 아니라, 가능성과 협력의 마음도 죽인다. 냉소주의가 아닌 다른 방법으로 상처 입은 마음을 치유할 수 있어야 한다.

감정은 실제다

긍정적인 면에 초점을 맞추는 것이 어려운 세 번째 이유는 광범위하고 복잡한 감정을 인식하지 못하거나, 어떻게 다룰지 잘 모르기 때문이다. 분노, 원망, 좌절, 슬픔 등의 감정이 있다면 긍정적인 면을 찾아내기가 어렵다. 그래서 이런 감정을 다룰 수 있는 전략이 없다면, 큰 그림을 볼 수 없다. 즉, 자신의 감정을 알아야 하고, 또 다루는 방법도 배워야 한다는 것이 이 책의 핵심이다. 감정을 다루는 기술이 깊고 넓게 습득되면, 어려움이 있는 부분, 성장을 위해 필요한 부분 그리고 긍정적인 부분 등을 포함한 큰 그림을 볼 수 있다.

결핍된 부분과 싸워야 할 영역에 초점을 맞추면, 뇌는 비생산적인 신경회로를 강화한다. 자기패배적인 생각으로 가는 회로 말이다. '나는 정말 실패자야. 아무런 효과가 없어. 나는 이것도 못해. 더 잘해보려고 오랫동안 노력했는데……. 뭐가 잘못된 거지? 왜 이것도 제대로 못하지?' 우리는 자신의 약점을 대부분 잘 알고 있다. 그래서 자신의 약점에 집중하면, 스트레스가 더 쌓이게 되고 실천 의지는 줄어든다.

강점에 초점을 맞추면, 더 배우고 싶다는 긍정적인 감정을 느낄 수 있다. 우리 자신의 행동을 보든, 동료, 학생, 상사의 행동을 보든, '성장'에 초점을 둘 수 있게 되는 것이다. 긍정적인 면을 강조한다고 해서, 고칠 부분이 있다는 것을 부정하는 것은 아니다. 다만 소외의 벽을 쌓게 만드는, 누군가의 잘못을 매일 철저하게 조사하는 그 습관을 없애려는 것이다. 누군가에 대해 좋은 점을 찾으려 노력하면 그 사람에 대한 우리의 시야가 넓어진다. 그렇게 변화를 촉진할 수 있는 몇 개의 진입점을 찾아내면, 그 사람과 이전과는 질적으로 다른 깊이로 연결된다는 것을 느낄 수 있다.

긍정적인 면에 주목한다는 것은 옆자리에 압정을 놓아두는 학생을 그대로 봐주거나, 우리 자신이 체계적인 사람이 아니라는 것을 이를 악물고 억지로 부정한다는 의미가 아니다. 시야를 확장하고, 권력의 장소로부터 나와 성장을 위한 영역으로 탐색을 시작한다는 것이다. 이 전략을 통해 여러 복잡한 감정, 즉 슬픔, 분노, 시기, 좌절 등을 더 완벽하게 수용할 수 있다.

리더를 위한 제안

- 만일 비판적이고 분석적인 것을 중요하게 여기는 문화에 속해 있다면, 강점 탐구를 통해 문화의 변화를 시작하라(7장의 '강점 탐구에 참여하기' 단락에서 다룰 예정이다). 리더는 이런 의사소통 방법을 직접 실천할 필요가 있으며, 다른 대안들에 대한 협력적 모색도 필요하다(내 책 『팀 코칭의 기술』에서는 갈등을 해결하고 건강한 의사소통 방법을 정립할 수 있는 전략을 제시하고 있다).
- 리더가 긍정적인 부분을 먼저 언급하면서 다른 사람들에게도 그렇게 하라고 하면, 긍정적인 반응을 얻기 어려울 수 있다. 칭찬이나 감사를 불편하게 느끼는 사람들도 많다. 강점을 강조하면 오만한 것이라 배우기도 했고, 겸손을 중요한 가치로 여기기 때문이기도 하다.
- 사람들이 좋아하는 감사와 칭찬의 형태가 모두 다를 수 있다는 것을 인식할 필요가 있다. 전체 교사 앞에서 공개적으로 포상받는 것을 누구나 좋아하는 것은 아니다. 그러니 학년 초에 설문조사를 해두는 게 도움이 될 것이다.
- 누군가 감사를 표현했을 때 이를 어떻게 받아야 하는지 명확하게 알려줄 필요가 있다. 즉, 누군가 감사를 표현하면 이를 무시하거나 대단치 않은 것으로 여기지 말고, 그저 "고맙습니다."라고 말하며 받아들이면 된다고 제안하자.

뇌 훈련시키기

마음과 감정을 강점 또는 긍정적인 면으로 집중시키려면 구체적으로 어떻게 해야 하는지 알아보자. 5가지 실천방안이 있다. 의도 설정하기, 탐구하는 자세 갖기, 강점 탐구에 참여하기, 감정 다루기, 성찰을 통해 명확성 얻기다. 이제 어떻게 강점 기반 초점을 체계화하고 뇌를 훈련시킬지 탐구해보자.

마음의 방향을 이끌어줄 의도 설정하기

3장에서 의도 설정하기가 강력한 스토리를 만드는 데 어떻게 도움이 되는지 설명했다. 그런데 의도 설정은 그 이상의 일을 한다. 자신이 찾으라고 지시하는 정보는 무엇이든 찾아볼 수 있도록 마음을 준비시키는 실천 방안이기 때문이다. 목표 설정과는 다르다. 의도는 목표보다 더 부드럽고 더 개인적이다. 의도는 자신이 특정한 상황에서 어떻게 되고 싶은지, 또 어떻게 보이고 싶은지를 진술하는 것이다. 그리고 이성과 감정의 방향을 어느 방향으로 가도록 하고 싶은지, 주의를 기울이고 싶은 방향은 무엇인지에 관해 진술하는 것이다.

나는 의도 설정하기를 이렇게 활용한다. 예를 들면, 새로운 계획을 제안하고 공유하는 회의를 시작하기 전에, '새로운 아이디어에 대해 열린 마음을 갖겠다'라는 의도를 설정할 수 있다. 그러고 난 후 내가 설정한 의도가 유지된다면 내가 어떤 모습을 보이고 또 어떤 소리를 듣게 될지 보다 구체적으로 생각해본다('어떤 소리를 듣게 될지'에 해당하는 것은 자신의 내적 대화일 수도 있다). 만일 내가 설정한 의도, 즉 '새로운 아이디어에 대해 열린 마음을 갖는 것'이 계속 유지된다면, 나는 평가의 의도를 갖지 않고 질문하고, 다른 사람의 관점을 이해하려고 노력하고, 충분히 생각한 후 아이디어를 인정하며, 내 생각을 기꺼이 바꾸려고 하고, 내 생각과 다른 결과가 나와도 받아들일 것이다. 나는 공책 맨 위에 의도를 적어둘 것이다. 의도를 공유하는 것이 우리 부서회의의 시작 절차 중 하나라면, 동료 교사들과도 이를 공유할 것이다. 그러면 책임감이 더 생긴다. 모임하는 동안 의도에서 잠깐씩 벗어날지도 모르지만, 약간만 노력하면 얼른 다시 의도로 돌아올 수 있다.

마음에는 방향이 필요하다. 우리의 마음이 원하는 것은 우리가 행복해지는 것이다. 마음에는 분명하고 명확한 방향이 필요하다. 의도를 설정하면, 친절하고 따뜻한 마음으로 이를 해낼 수 있다.

탐구하는 자세와 열린 마음 갖기

탐구하는 자세를 갖는다는 것은 개방적인 마음, 강점을 음미할 수 있는 마음, 그리고 기꺼이 놀랄 수 있는 마음으로 관찰한다는 것이다. 또 답이 정해져 있지 않은 질문을 한다는 의미이기도 하다. 교사연수를 받아도 다루기 힘든 학생을 지도하는 게 여전히 쉽지 않을 때, 또는 말로는 하겠다고 하지만 행동이 따르지 않는 동료 교사들을 보면서 좌절감을 느낄 때도 우리는 탐구하는 자세를 취할 수 있다. 시야를 넓히고 더 큰 그림을 찾기 위해 질문하다보면, 강점을 볼 수 있게 될 것이다.

탐구하는 자세를 취하면 예전에는 미처 생각지 못한 사람들에게 질문할 수 있다. 예를 들어, 아이들이 지각하지 않을 방법을 찾아보기 위해 이 문제에 관해 아이들의 생각을 물어보거나, 학교 관리자의 생각을 물어볼 수도 있고, 또 학생의 할머니에게도 물어볼 수도 있다. 진정으로 탐구하는 자세를 갖는다면, 놀라운 이야기를 듣게 되고 새로운 가능성이 열리는 것을 보게 된다.

탐구하는 질문(예시)

- 학교나 교실에서 다루고 싶은 문제는 무엇인가?
  → 아이들이 숙제를 제출하지 않는다.
- 이 문제에 대한 개방적 질문을 3개만 만들어보자.
  → 왜 아이들은 숙제를 제출하지 않을까?
  → 아이들이 숙제를 제출하도록 돕기 위해서 다르게 해야 하는 것은 무엇인가?
  → 숙제를 내는 목적은 무엇인가? 숙제에는 무슨 목적이 있어야 하는가?
- 이 문제에 대해 누구에게 질문할지 3명을 정해보자.
  → 이 아이들을 가르치는 다른 교과 선생님
  → 우리 학교의 학습 전문가
  → 숙제를 제대로 제출하지 않는 학생의 부모
- 이 문제가 발생하지 않는 경우나 장소가 있는가? 그 이유는 무엇이라고 생각하는가? 그 맥락에서는 왜 이 문제가 발생하지 않을 수 있는지 그 방법을 어떻게 해야 배울 수 있겠는가?
  → 생각해보니, 아이들은 영어 숙제 제출을 더 잘한다. 아마도 영어 숙제가 별로 많지 않아서일 수도 있고, 영어를 더 좋아하기 때문일 수도 있다. 영어 선생님과 이야기를 해봐야겠다. 아이들에게도 영어 숙제는 제출하면서, 왜 내가 내는 숙제는 제출을 제대로 안 하는지 물어봐야겠다.

강점 탐구에 참여하기

여러분이 바꾸고 싶은 학교의 문제는 무언지 생각해보자. 아마도 높은 교사 이직률, 높은 학생 지각률, 너무 낮은 학생 수학 성취도 점수

등이 문제일 것이다. 이런 문제를 어떻게 변화시킬 수 있을까? 전통적인 방법은 변화가 필요한 부분을 분석·평가하고 해결 방안을 제시하는 것이었다. "여기서 고쳐야 할 것은 무엇인가?"라는 질문을 던지면서 결점, 단점, 실패에 초점을 맞추고, 재빨리 행동한다. 하지만 이런 방식이 언제나 효과가 있는 것은 아니다.

아인슈타인은 만약 세상을 구할 수 있는 1시간이 있다면, 55분은 문제를 규명하는 데 쓰고, 나머지 5분을 해결책을 찾는 데 쓸 것이라고 말한 적이 있다. 문제에 대해서 어떻게 생각하는가, 얼마나 오랫동안 생각하는가 하는 것이 중요하다.

강점 탐구는 강점에 초점을 두고 조직을 변화시키는 접근법이다. 우리가 던지는 질문이 특정한 방향으로 우리의 관심을 집중시킨다는 아이디어에 근거한 것으로, 조직은 가장 지속적이고 열정적인 질문에 의해 발전하는 것이라고 보는 것이다. 강점 탐구를 하게 되면 시스템 전체를 볼 수 있게 되고, 시스템의 강점, 가능성, 성공 지점 등을 찾아보게 된다. 질문을 하는 순간, 변화가 시작되는 것이다. 긍정적인 질문을 선택했다는 것은, 긍정적인 변화로 나아가는 첫걸음을 내딛는 것이나 마찬가지다. 지금 우리 학교의 질문은 무엇인가?

강점 탐구에서는 개인에 대한 교육이든 리더십 훈련이든 아니면 전체 시스템에 대한 것이든 변화를 위해서는 다음 5가지 단계가 필요하다고 본다.

1. 정의하기: 탐구할 주제는 무엇인가? 프로젝트의 목적은 무엇인가? 또는 무엇을 성취하려고 하는가?

2. 발견하기: 이미 효과가 있던 방법은 무엇인가? 우리의 성공과 강점은 무엇인가?
3. 꿈꾸기: 무엇이 가능할까? 우리의 희망, 바람, 그리고 미래에 대한 열망은 무엇인가?
4. 설계하기: 무엇이 있어야 하는가? 이미 잘되고 있는 것과 가능한 것을 합치면 어떻게 될까? 우리가 바라는 이상ideal은 무엇인가?
5. 실행하기: 우리의 이상을 어떻게 실현할 수 있는가? 우리가 해야 할 일은 무엇인가?

강점 탐구를 하면 상황을 더 넓게, 더 깊게 보게 되므로 똑같은 상황이라도 다른 관점으로 보고 행동할 수 있게 된다. 탐구하는 기술을 제대로 사용하려면 연습도 필요하고 세련되게 다듬을 시간도 필요하다. 그렇지만 강점 탐구를 사용하면 학생과 교사를 포함해 학교문화 전반에 훨씬 긍정적이고 희망적이며 생산적인 효과가 나타난다.

강점 탐구에 기반한 피드백 연구

강점 탐구를 기반으로 한 '360도 피드백'(조직원의 성과를 상사, 부하, 동료 및 고객 등 해당 조직원의 업무와 관련된 모든 사람이 참여해 평가한 후, 평가 결과 정보를 해당 조직원에게 전달하는 것-옮긴이) 방법은 리더십 훈련의 혁신으로 볼 수 있다. 이 피드백 과정에서 사람들은 다음과 같이 리더에 대해 묻는 질문에 자유롭게(익명은 아니고) 응답하면 된다. 다음 질문은 '효과적인 조직 리더십'에서 개발한 내용을 일부 수정한 것이다(http://www.leadershipthatworks.com).

과정

온라인 질문지에 응답하거나 코치 같은 중립적 위치에 있는 사람을 통해 인터뷰하는 방식으로 진행한다.

A: 발견하기

- 교장 선생님과 일하면서 즐거웠던 때가 언제인지 이야기해주세요.
- 교장 선생님은 어떤 방법으로 선생님이 성공할 수 있도록 도와주었나요?
- 교장 선생님은 어떤 방법으로 선생님이 능력을 잘 발휘할 수 있도록 도와주었나요?
- 교장 선생님이 학교와 학생들에게 긍정적인 영향을 주었던 때가 언제였는지 이야기해주세요.
- 교장 선생님이 시도한 혁신적인 일은 무엇인지 이야기해주세요. 그 일을 하면서 교장 선생님은 어떤 어려움을 겪었나요? 교장 선생님은 어떤 영향력을 끼쳤나요?

B: 발견하기/꿈꾸기

교장 선생님이 다음 영역에서 어떤 강점을 보여주었는지 이야기해주세요. 그리고 어떤 역량을 더 개발했으면 좋겠는지 이야기해주세요.

- 의사결정하기
- 비전을 향해 이끌기
- 창의성 촉진하기
- 팀 발전시키기
- 관계 세우기
- 의사소통하기
- 자신과 타인 발전시키기
- 성실과 정직의 모범 보이기

C: 꿈꾸기

- 올해 선생님이 보았던 교장 선생님의 가장 큰 긍정적인 변화는 무엇인가요?
- 교장 선생님의 가장 큰 강점은 무엇인가요? 교장 선생님이 우리 학교의 발전을 위해 자신의 강점을 더 잘 사용하려면 어떻게 해야 할까요?
- 교장 선생님이 더욱 능력을 잘 발휘하는 데 필요한 것이 무엇이라고 보는지 3가지만 말해주세요.
- 교장 선생님에게 어떤 요청을 하고 싶은가요?

감정 다루기

교사가 어려운 문제를 잘 해결할 능력이 있어야 강점 혹은 긍정적인 면에 초점을 맞출 수 있다. 그 어려움이 학생의 행동이든, 교사의 전문적 성장이든, 교장 선생님에 대한 것이든 말이다. 만일 좌절, 분노, 슬픔, 두려움 같은 감정을 제대로 해결할 수 있는 방법을 모른다면, 강점 혹은 긍정적인 면에 초점을 맞춘다는 것이 매우 불편하게 느껴질 것이다.

강한 감정을 다룰 수 있는 방법은 많은데, 나는 이 책의 여러 단락에서 그 내용을 제시했다. 7장에서는 힘든 감정을 다루는 강력한 방법을 제시한다. 마음챙김을 잘하는 교사들로부터 배운 것이다. 감정을 다루는 방법은 4단계로 이루어져 있으며, 4단계는 인식하기, 허용하기, 조사하기, 탈동일시하기를 뜻한다.

인식하기. 지금 느끼고 있는 감정을 인식하라. 숙제를 해오는 것을 계속 잊어버리는 학생에 대한 짜증이나 교장 선생님의 이메일을 받았을 때 느끼는 긴장감 같은 감정도 그대로 인식해보라. 이 감정에 바로 반응하지 말고 한 걸음 물러서서 관찰하라. 생각, 감정, 감각에 대한 인식을 하라. 현재의 감정에 이름을 붙여보라. 짜증, 두려움, 슬픔 등과 같이 말이다.

허용하기. 그 감정이 무엇이든 허용하라. 경험하고 있는 감정이 무엇이든 허용하라. 숙제를 잊어버리는 것 때문에 짜증 나는 감정을 허용하라. 비록 짜증 내고 싶지 않아도 말이다. 자기비판보다 자기긍휼을 연습하라.

조사하기. 자신에게 친절히 물어보라. '내 안에서 지금 무슨 일이 일어나고 있는 거지? 이 일은 어디에서 비롯된 것이지? 이 감정이 내게 원하는 것은 뭘까?' 그러면 숙제를 잘 잊어버리는 학생에 대한 감정이 혹시 학생의 조직화 능력에 대한 염려와 관련된 건 아닌지 생각해볼 수 있다. 또 교장 선생님이 보낸 이메일에 대한 감정은 신규 교사로서 느끼는 불안과 관련된 것이 아닌지 생각해볼 수 있다. 자신에 대한 심리분석까지 할 필요는 없다. 다만 지금 경험하는 감정에 대해 호기심을 가져보라.

탈동일시하기. 탈동일시는 자신이 자신의 감정 혹은 스토리와는 별개의 존재임을 상기시켜준다. 여러분은 감정에 대해 생각하는 것이지, 생각이나 감정 자체는 아니다. 감정은 일시적이라는 걸 인지하면, 마음이 좀 더 편안해지고 무슨 일이 일어나든 대처할 수 있게 된다. 학생에 대한 짜증이라는 감정은 지나갈 것이고, 불안의 감정이 곧 자신인 것은 아니라는 걸 알게 된다.

성찰을 통해 명확성 얻기

성찰은 잠시 멈추고 경험에 대해 숙고하면서 행동, 감정, 해석에 대한 미래의 선택을 신중하게 고려해보는 것이다. 성찰은 감정을 이해하고 회복탄력성을 높이며 삶의 기쁨을 증가시키기 위한 방법으로, 이전에는 그다지 많이 사용되지 않았던 방법이다.

성찰은 어떤 방법으로 하는가? 이미 일어난 일에 대해 곰곰이 생각해보는 방법을 사용하면 성찰이 될 수도 있지만, 집착이나 건강하지 못한 반추가 될 수도 있다. 생산적인 방법으로 성찰해야 자신과 타인에 대한 더 깊은 통찰이 생긴다. 따라서 곰곰이 생각해보는 것도 생산적인 성찰의 한 요소일 수 있지만, 이를 2단계로 나누면 그 효과를 더욱 극대화할 수 있다. 즉, 다른 사람과 이야기한 다음 글쓰기를 해보는 것이다. 글쓰기는 깊은 성찰을 돕는 강력한 방법이다. 글쓰기는 경험을 글로 바꾸어 종이에 표현하는 것으로, 경험을 기록하면 시간이 흐르면서 나타나는 패턴과 흐름을 인식하게 되고, 강화시키고 싶은 신경 회로를 굳히는 데도 도움된다. 자신의 성찰을 글로 적는 것은 아주 효과적이고, 회복탄력성을 키우는 데도 좋다. 나는 많은 연구 결과를 보면서, 그리고 20년 이상 작가생활을 하면서 이 사실을 알게 되었다. 성찰의 긍정적인 효과에 대해 언급하고 있는 연구 결과를 2가지만 소개하겠다.

- 개인적인 강점과 한계점에 대한 성찰은 회복탄력성과 관련된 많은 역량, 특히 자기 알아차림과 대처 능력, 그리고 문제해결 기술의 향상을 촉진한다. 그랜트와 킨맨(Grant & Kinman, 2013)은 자신의 실천을 성찰하며 개인적 동기를 신중하게 생각하고 학생과 수행한 상호작용의 본질과 효과를 탐색한 교사들이 더 높은 수준의 건강한 심리 상태를 가지고 있으며 회복탄력성도 더 높다는 것을 발견했다.
- 성찰 능력이 잘 발달된 사람들은 동료를 잘 돕고, 직장에서의 스트레스를 줄여주는 지지적인 대인관계를 형성하며, 다른 사람의 감정을 읽고 정확하게 공감하는 것으로 드러났다(Grant & Kinman, 2013; Ruch, 2007). 그러므로 성찰 능력을 개발하면 정서적 회복탄력성과 자신이 가진 역량을 높일 수 있다.

맥락에 대한 이해 : 리더십 개발의 중요성

교장 선생님에게 특별히 말씀드리고 싶다. 이 책의 모든 장에 나오는 '리더를 위한 제안'은 교장 선생님을 위한 것이다. 이 책에서 제시하는 것을 실천하기 위해서는 코칭 전문가, 전문성 개발 연수, 그리고 전문적 학습공동체가 필요하다. 나는 교사를 학습자로 생각한다. 그러나 불행하게도 내가 일했던 대부분의 학교와 교육청에서는 학교의 리더나 교육청의 리더에게 양질의 연수를 제공해주지 않았다.

여러 계기로 나는 교장 선생님의 회복탄력성에 관해서도 생각해보았다. 교사의 번아웃과 이직에 대한 데이터는 많지만, 교장 선생님에 관한 데이터는 아직 별로 없다. 내가 수년간 일했던 큰 도심 지역에서는 교장 이직률이 교사 이직률 못지않게 높았다. 이 때문에 교장의 입지 역시 불안정해졌고 변화를 이끌어내기도 어려웠나.

진정으로 학교를 변혁하고자 한다면 먼저 교장 선생님을 위한 연수가 변해야 한다. 최근 학생의 학습에 미치는 교장 선생님의 결정적 영향력을 밝힌 연구 결과가 계속 증가하고 있다(Louis, Leithwood, Wahlstrom&Anderson, 2010; Wallace Foundation, 2011). 이러한 연구에 따르면, 학교에서 학생의 학습에 영향을 미치는 요소 중 교장 선생님의 리더십이 수업에 이어 두 번째로 중요했다(Louis et al., 2010). 교장 선생님의 일은 훌륭한 교사를 초빙하고 또 떠나지 않도록 하는 것이며, 교사들이 잘 가르칠 수 있도록 환경을 만들고, 학생 및 교사의 문화를 조성하고, 팀(부서)을 효과적으로 이끌고, 강력한 비전을 제시해야 하고, 정서적 회복탄력성이 있는 리더십을 보여주는 것 등으로, 이런 일들을 제대로 하기 위해서는 아주 많은 기술을 갖추어야 한다. 그러나 교장 선생님을 위한 연수는 교사들의 성장 속도를 따라가지 못하고 있다.

이 책에서 나는 학교에서 변화가 어떻게 해야 일어날 수 있는지에 관해 연구해온 이론을 담았다. 정책 입안자들이 교장 선생님에게 필요한 연수 자금을 마련할 때까지 마냥 기다리고 있을 수만은 없으니 말이다. 만일 각자가 자신의 영향력 내에서 할 수 있는 일을 책임감 있게 해낸다면, 학교의 변화는 분명 일어날 것이다. 그리고 그 영향력의 범위를 조금만 더 넓히면, 상상했던 것보다 더 큰 변화가 생길 수 있다. 변화는 어느 방향에서든 올 수 있다. 밑에서부터 올 수도 있고 위로부터 올 수도 있으며, 옆에서도 올 수도 있다. 안에서 시작될 수도 있고, 밖에서 시작될 수도 있다.

교장 선생님에게 다시 말씀드린다. 교장 선생님은 생각보다 더 많은 결정을 내려야 한다. 그러므로 교장 선생님도 전문적인 학습이 필요하다. 교장 선생님이 먼저 자신의 회복탄력성을 개발하고, 교사들의 회복탄력성을 키워줄 수 있도록 하기 위해, 이 책의 내용을 배울 수 있는 공간과 공동체를 구성할 필요가 있다. 교장 선생님 또한 자신을 위한 코칭 예산을 마련하고, 전문적 학습공동체에 참여할 수 있는 시간을 요구하고, 교육청 관리자에게 좋은 연수를 만들어달라는 요구를 해야 한다. 교육을 위해서 교장 선생님의 리더십과 리더십 개발은 매우 중요한 일이다.

깊이 이해하기 : 슬픔

지금부터 말하고자 하는 주제는 슬픔에 관한 것이다. 사실 나는 이 주제에 관한 글을 계속 미루어왔다. 슬픔이라는 감정을 다루고 싶지 않았기 때문이다. 이 주제를 책에서 빼버릴 생각도 했었다. 여러분도 슬픔에 관한 이야기는 건너뛰고 싶은 마음이 드는가? 이 감정을 깊이 이해하려고 할 필요는 없다. 살며시 발만 담그면 된다. 그렇게만 해도 한 발 나아간 것이다. 특히 감정을 거의 드러내지 않는 동료들과 함께 일하는 상황이라면 말이다.

나는 슬픔이라는 주제에 대해 발을 살짝 담그기만 해도, 두려움이 솟구쳐오른다. 슬픔을 통제하지 못하면 어쩌나 하는 두려움이다. 알려지지 않은 영역에 대한 두려움이고, 나 혼자 감당해야 한다는 두려움이다. 슬픔의 파도가 나를 깊은 바다 한가운데로 끌고 가면 어떻게 될지 알 수 없어 두렵다.

내 안에 있는 강한 내가 이렇게 말한다. "오늘은 그냥 보기만 하자. 그래, 내 존재를 없애버릴 것 같은 암울한 슬픔의 구렁텅이에 빠져 있는 것 같지만, 계속 거기에 머물지는 않을 거야."

그러자 예전에 남편이 했던 말이 번개처럼 스쳐 지나간다. "이 느낌이 영원히 계속되는 것은 아니야." 남편은 여러 번, 내가 슬픔에 휩싸여 절망할 때마다 반복해서 이 말을 해주었다. 남편의 말은 괴로운 감정 상태가 영원히 지속될 거라는 내 믿음을 반박하는 것이었다. 사랑하는 어머니가 암으로 돌아가셨는데 어떻게 슬픔이 끝날 수 있을 거라고 생각할 수 있을까? 그리고 그때 들은 남편의 말은 슬픔에 찬 내가 기댈 수 있는 유일한 희망이었다. 그리고 그때뿐 아니라 지금도, 슬픔을 이해하고 탐구하지 못하도록 가장 방해하는 것은 바로 두려움이다. 슬픔이 클 것이라는 두려움, 슬퍼하는 나를 보는 것에 대한 두려움, 슬픔이 영원히 계속될 거라는 두려움 말이다.

죄 없는 사람들이 불의를 당하는 모습을 보면서 분노와 슬픔, 두려움이 한꺼번에 밀려올 때도 있었다. 그때 나는 남편에게 울며 말했다. "어떻게 해야 할지 모르겠어!" 나는 그에게 도움을 청했다. 손이 떨렸고, 숨도 가빠졌다(나중에 생각해보니, 나는 도움을 요청하고 있었던 것이다. 우리 모두 마찬가지다. 도움을 요청하자. 모든 일을 혼자 감당할 필요는 없다).

남편은 이렇게 말했다. "그저 앉아서 슬픔을 느껴봐. 슬픔과 같이 있는 거지."

"그게 무슨 뜻이야?" 나는 약간 화가 나서 물었다. 나는 해결책을 원했다. 그가 이 감정들을 없애주었으면 했다.

"일단 앉아봐. 눈을 감고 감정을 느끼는 거야. 감정이 몸과 마음을 통과하도록 놔두는 거지. 그 여행을 지켜보기만 해봐. 울고 싶으면 울어. 감정을 그냥 경험하는 거야." 의심이 들었고 약간 짜증이 났다. 하지만 다른 방법이 없었다. 남편을 믿기로 했다. 그래서 나는 슬픔과 함께 "앉았다." 슬픔에 계속 머물렀다. 그러자 놀랍게도 슬픔이 지나가는 경로를 발견할 수 있었다. 처음에는 가슴을 아프게 하더니, 그다음에 슬픔은 다른 감정들 안으로 들어갔다가 나왔고, 내가 잘 몰랐던 두려움을 비추고는 이내 사라졌다.

슬픔이 완전히 사라진 것은 아니었다. 그래도 괜찮았다. 애초에 어머니의 죽음에 대한 슬픔이 완전히 없어지기를 바랐던 것도 아니었으니까. 다만 슬픔이 처음만큼 – 나를 넘어뜨릴 정도로 – 강하지 않게, 나의 일부분으로, 어머니에 대한 내 깊은 사랑의 일부분으로 함께 존재하기를 바랐다. 어머니를 떠나보내며 얻은 교훈 대신 어머니가 다시 살아오셨으면 좋겠다. 하지만 어머니의 질병과 죽음, 그리고 슬픔의 여행 때문에 내가 사람들에게 더 친절하고 긍휼의 마음을 가지게 된 것도 사실이다. 슬픔은 이제 나의 일부가 되어 같이 있다.

또 하나 알게 된 것은, 나는 슬픔의 쓰나미에서 살아남을 수 있으며 그것이 지나간 후에는 더 성장할 수 있다는 사실이다. 내가 선택한 여행은 아니지만, 다시 경험하고 싶지도 않지만, 그 과정을 통해 나는 슬픔을 극복할 수 있는 방법을 찾을 수 있었다. 역경을 통과하면 회복탄력성이 높아진다는 것도 알게 되었다.

슬픔에 관해 생각나는 것이 또 있다. 슬픔의 강도가 영원히 지속되는 것은 아니라는 것이다. 또 슬픔을 겪으면 도움을 구해야 한다는 것이다. 우리의 회복탄력성은 더 높아질 수 있다. 감정적인 찌꺼기는 남지만, 그래도 참을 만한 정도다.

때때로 슬픔의 후유증이 행동으로 표현될 수도 있다. 슬픔과 함께 앉아보라는 남편의 충고에 따라, 나는 슬픔과 분노를 지켜보았다. 그리고 그 강도가 서서히 줄어드는 것을 경험했다. 그 후로 나는 불의에 대항하는 행동을 하기 시작했다.

분노가 느껴질 때, 그것을 자세히 들여다보자. 슬픔이 분노 밑에 숨어 있는 경우도 종종 있기 때문이다. 가끔 우리는 분노가 가지고 있는 에너지 때문에 분노밖에 느끼지 못할 때가 있다. 분노는 우리에게 활력을 불어넣고 움직이게 하며, 다른 사람들과 협력하게 한다. 분노는 심장을 뛰게 하고 다리를 움직이게 하며, 우리가 하는 말의 의미를 더 욱 명확하게 해준다. 하지만 분노에 너무 오랫동안 머무는 것은 위험하다. 슬픔을 드러낼 때 힘과 자유가 있다.

슬픔은 우리를 덮개 아래로 밀어넣고, 공처럼 둥글게 말아서 꼼짝 못하게 만든다. 슬픔은 삶을 살아가고자 하는 힘을 모두 없애버린다. 아마도 이것이 슬픔을 탐색하는 것이 두려운 또 다른 이유일 것이다. 우울은 실제로 존재하는 것이어서, 적절한 도움을 받지 못하면 죽음으로 이어질 수 있다. 슬픔을 한나절, 일주일, 한 계절 정도 경험하는 것만으로도 치료할 수 없는 우울증으로 이어질 수 있다는 것이 두려웠다. 실제로 그렇게 된 사람들을 본 적도 있다.

슬픔과 건강한 관계를 갖는다는 건 어떤 뜻일까? 나는 이것이 가능한 일이라고 믿는다. 슬픔을 다른 사람들과 나누고, 슬픔의 존재를 받아들이며, 슬퍼하는 것을 부끄러워하지 않는 것이 그것이다. 때로 상처를 입거나, 홀로 남겨지거나, 부당하게 취급을 받으면 슬픔을 경험하게 된다. 그럴 때면 이런 생각이 찾아온다. '이런 일을 당할 만한 일을 내가 한 것일까? 나는 사랑받을 만한 존재가 아닌가?' 이런 두려움 때문에 수치심, 그리고 슬픔에 대한 거리감이 생긴다. 말이 줄어들고, 소셜미디어 플랫폼에 업데이트도 하지 않게 된다. 그러나 더 행복한 삶을 원한다면, 슬픔을 차단해버릴 수는 없다.

학교에서는 슬픔에 관해 어떤 방법으로 말할 수 있을까? 교사로서, 코치로서 살아오면서 내가 화가 나거나 좌절감을 느꼈던 때로 되돌아가 생각해보면, 슬픔도 내 안에 있었던 것 같다. 내가 한 일이 인정받지 못할 때, 동료들이 내 말에 귀 기울이지 않을 때, 학생들이 내가 하라고 지시한 활동을 하지 않을 때, 학생들의 시험 성적이 기대한 만큼 나오지 않을 때, 새로운 교육과정을 세울 때, 팀원들이 떠날 때, 리더가 떠날 때, 내가 하고 싶지 않은 일을 해야 할 때, 그때 나는 어머니가 돌아가셨을 때 느꼈던 것처럼 슬픔을 느꼈다. 슬픔의 정도와 강도는 다르지만, 근본적으로는 같은 슬픔이었다. 만약 내가 교장 선생님이나 동료 교사들과 이런 슬픔을 나눌 수 있었다면, 나는 그들에게서 더 지지받는 느낌을 받았을 것이고, 분명 더 강해졌을 것이고, 기분도 더 나아졌을 것이다.

나는 우리의 학교에서 이런 일이 일어나기를 바란다. 우리가 자발적으로 함께 모여 마음을 열고, 문제를 고치려는 시도보다는 서로의 말을 귀 기울여 듣는 일이 일어나기 바란다. 진심으로 (정직하고 친절하고 비난이나 수치를 주지 않고) 말해보는 것이다. 한 사람이 모임을 촉진하고 안전한 공간을 만들면서 "슬픔에 관해 말해봅시다."라고 여는 말을 하면, 원하는 사람이 이야기하는 것이다. 말하면서 눈물을 흘릴 수도 있지만 그것을 두려워할 필요는 없다. 이야기를 모두 마치면 다른 사람들은 "고맙습니다."라는 말로 응답하면 된다. 그 후 잠시 침묵이 있을 수도 있지만, 곧 그 뒤를 이어 다른 사람이 또 이야기하게 될 것이다.

이런 이야기들이 진행될수록 우리는 서로 연결되어 있다는 느낌을 받게 되고, 여전히 두려움과 슬픔을 느끼지만 이전보다는 덜 외롭고, 서로를 더 이해하는 느낌을 갖게 될 것이다. 또한 강한 감정도 회복탄력성을 높이는 방식으로 이야기할 수 있다는 확신을 얻게 될 것이다. 암울한 순간을 보지 못한다면 밝은 부분도 볼 수 없다.

성향 : 힘 북돋우기

라트리스 선생님이 두 손을 들고 말했다. "특수 보조교사가 없으면, 저는 마이클을 절대 지도할 수 없을 거예요." 라트리스 선생님과 이야기하면서, 나는 이 선생님이 개별화 교육을 받는 이 3학년 학생 때문에 괴롭고 힘들 때마다 교실에서 뛰쳐나간다는 사실을 알게 되었고, 이 부분에 관해 긴 시간 동안 이야기를 나눴다. 나는 학급경영, 수업구조, 교실 시스템에 관한 기술을 많이 알려주었다. 그러나 라트리스 선생님에게는 별로 도움이 되지 못했다.

"라트리스 선생님, 문제는 마이클이 아니에요. 문제는 선생님 스스로 이 어려움을 해결할 힘이 없다고 생각하고 있다는 것입니다." 1년차 교사인 라트리스 선생님이 마이클을 다루기 위해 여러 가지 방법을 사용해본 것은 사실이지만, 이제 겨우 4달이 지난 시점이었다. 그런데도 선생님은 분노와 체념의 상태였다.

"전 못하겠어요. 마이클에게는 전임 보조교사가 필요해요."

"선생님은 매년 마이클 같은 아이들을 만날 거예요. 우리 학교에는 전임 보조교사가 없어서, 선생님은 마이클을 지도하는 방법을 배우거나 올해를 끝으로 학교를 그만두는 것, 둘 중 하나를 선택해야 합니다."

"저는 노력했어요!"

"맞아요. 노력했죠. 하지만 마이클을 돕기 위해 할 수 있는 일이 또 있지 않을까요?" 그녀는 잘 모르겠다는 식으로 어깨를 으쓱했다.

"들어봐요. 선생님이 교직에 있는 동안 이런 어려움은 항상 생길 거예요. 그건 어쩔 수 없는 사실이에요. 하지만 그래서 이 일이 흥미로운 것이기도 해요. 문제를 해결하는 방법은 항상 있어요. 시간이 흐른 뒤에 지금을 돌아보면, 이 문제가 있었다는 것을 고마워하게 될 거예요. 하지만 선생님의 태도가 바뀌어야 합니다. 포기하면 안 돼요. 전임 보조교사가 필요하다고 말하는 건 자신의 힘을 포기하는 겁니다."

그날 라트리스 선생님에 대한 내 코칭 계획이 바뀌었다. 우리의 목표는 라트리스 선생님이 자신의 힘을 더 느끼도록 하는 것이 되었다. 라트리스 선생님은 그해 여러 번 비틀거렸고 넘어졌지만, 그럴 때마다 나는 선생님을 일으켜 세우는 개입을 재빨리 하기보다 거리를 두고 서서 선생님이 회복할 수 있도록 안내하고, 회복되면 다음 단계로 옮겨갔다. 라트리스 선생님은 마이클을 지도하기 위해 여러 가지 다른 방법을 시도하면서, 자신은 아직 배우는 중이라는 생각을 계속 떠올리려고 노력했다. 또한 아직은 필요한 기술을 다 갖추지 못해 고생하고 있지만, 결국은 배우게 될 것이라는 생각을 하게 되었다.

그 해의 코칭을 마칠 때, 교직 1년 차에 성장한 부분이 어떤 부분인지를 돌아보면서 라트리스 선생님은 이렇게 말했다. "제가 올해 배운 것은, 이제 선생님이 없어도 괜찮다는 거예요. 처음에는 선생님과 만나지 않으면 한 주를 버티기가 어려웠어요. 지금은 달라졌어요. 여전히 코칭을 좋아하고 계속하고 싶지만, 그렇다고 예전처럼 코칭이 없으면 죽을 것 같다는 생각을 하지는 않아요."

라트리스 선생님은 이후 10년 동안이나 더 이 학교에서 학생들을 가르쳤다. 마이클은 고등학교를 졸업할 때, 라트리스 선생님을 초대하며 이렇게 말했다. "선생님은 저를 포기한 적이 없어요. 제가 정말 뭔가 해낼 수 있을 것 같다는 생각을 할 수 있게 해주셨습니다. 선생님이 안 계셨다면 저는 졸업할 수 없었을 거예요." 라트리스 선생님은 졸업식 때 마이클과 둘이 찍은 사진을 내게도 보내주었다. 웃는 얼굴에 눈물이 흘러내리고 있었다. 라트리스 선생님의 사례를 통해 신규 교사에게는 기술적인 코칭 이상의 것이 필요하다는 것을 알 수 있다. 신규 교사가 존재하는 방식, 즉 그들의 기질과 태도에 관해서 코칭받을 필요가 있다. 이를 통해 어떤 문제에 도전하려면 먼저 자신을 믿어야 한다는 것도 알 수 있다.

회복탄력성을 키우기 위해서는 문제대응 능력이 자신 안에 있음을 알아차려야 한다. 끝없이 맞닥뜨릴 문제를 해결하기 위해서는 자기효율성을 높이고 자신에게 힘을 북돋는 능력을 길러야 한다. 나는 개인적인 경험을 통해 이것을 배웠지만, 회복탄력성이 높은 교사에 관한 연구 결과를 통해 그 타당성을 더욱 확보할 수 있었다(Larrivee, 2012).

힘을 북돋는 격려를 받을 때, 우리 자신이 주변 환경과 사건의 결과에 영향을 줄 수 있다는 것을 믿게 되고, 유능감과 자신감도 높아진다. 위험을 감수하고, 실수를 하거나 실패를 할 때 스스로 힘을 내서 다시 앞으로 나갈 수 있는 능력이 자신에게 있다는 것을 발견하게 된다.

다음은 스스로 자신의 힘을 키우는 방법이다.

1. 개선하고 싶은 직업적인 또는 개인적인 삶의 부분을 구체화해보라. 아마도 좀 더 정돈된 교실을 원할 수도 있고, 학생들의 학습동기를 높이기 위해 여러 번 가르쳤던 단원을 재구성하고 싶을 수도 있다. 특수 지원이 필

요한 마이클 같은 학생에 대한 과제일 수도 있다.

2. 계획을 세우고 실행에 옮기라. 무엇을 하든 어느 정도의 위험은 늘 존재한다는 것을 명심하라. 안전구역에서 벗어나 살짝 한 발 내딛어라. 긴장감이 느껴지지 않는다면, 위험을 충분히 감수하지 않은 것이다.
3. 계획을 실행하면서 일어나는 일을 (이상적으로는 글쓰기를 하면서) 성찰하라. 자신의 감정을 확인해보라. 싸워야 하는 순간과 자신에 대한 의심이 생기는 순간을 식별하라.
4. 도전에 부딪혔을 때, 또는 비틀거리며 넘어질 때 자신에게 물어보라. '이 문제가 내 영향력 또는 통제 범위 안에 있는가?' 이 질문에 그렇다는 대답이 나온다면, 스스로 힘을 키워야 한다.
5. 힘들 때 자기 자신에게 말하라. '내가 힘든 시간을 보내고 있는 이유는 내게 이 문제해결을 위해 필요한 기술이나 지식이 아직 없기 때문이야. 이것을 해결하기 위해, 내가 할 수 있는 일이 있을까?'
6. 계획을 실행하면서 변화가 생긴다면, 그것을 자료로 남겨라. 자신이 성취한 부분을 인정하라. 다른 누군가가 조언, 제안, 도움을 제공했다면 그것을 감사히 여기라. 성장하는 과정에서 자신이 한 역할을 알아야 한다. 그렇지 않으면 자신의 힘을 북돋을 수 없다.
7. 자기 자신에게 물어라. '오늘 잘된 것은 무엇이고 나는 어떤 역할을 했는가?' 자신이 하는 수업에서 매일 크고 작은 성취와 강점 부분을 인식하라.

회복탄력성은 내면적인 것이다. 마음속 샘의 수량이 적은 것처럼 느껴질 때도 있을 것이다. 그러면 우리의 임무는 그 물을 보충하고 샘을 채우는 것이다. 회복탄력성의 근원은 언제나 내면에 있다.

리더를 위한 제안

- 번아웃된 교사의 전형적인 특징은 자기효능감과도 깊은 관련이 있는 무기력감이다(Maslach, 1982). 자기효능감은 미래의 특정한 과제에 대해 자신이 얼마나 효과적이고 현실적으로 대처할 수 있는가에 대한 판단이다(Bandura, 1997).
- 신규 교사에게는 자기효능감부터 키워주어야 한다. 너무 지시적이고 통제적으로 대하지 말라. 책임을 순차적으로 늘려라. 직접적인 지시를 할 수도 있다. 그러나 관리자나 코치, 멘토로부터 점차 독립할 수 있도록 해주는 것도 필요하다.
- 교사들, 특히 신규 교사들이 스스로 자신의 성장을 확인할 수 있도록 도우라. 자신들이 어떤 여행을 했는지, 자신들이 이겨낸 싸움이 무엇이었는지 제대로 인식할 필요가 있다. 리더나 주변의 다른 교사들이 자신의 강점과 성취를 너무 많이 이야기하면, 스스로 자신의 자원과 능력을 찾아내는 힘을 갖추지 못할 수 있으므로 주의해야 한다.
- 이런 훈련과 연습을 목표 설정과 평가라는 필수적인 과정에 통합해서 함께 시행할 수 있는 방안을 고려하라. 1년 동안 수업을 관찰한 후 나누는 대화가 이런 관점을 사용해서 진행된다면 얼마나 결과가 더 좋을지 생각해보라.

빛을 찾아서

미국에는 해가 짧은 겨울에 빛을 기념하는 오래된 전통이 있다. 촛불과 벽난로 주변에 모여 별을 약속의 상징으로 전시하고, 화려한 전구로 집을 장식한다. 동지가 가까워지면, 다양한 문화권의 사람들은 기적, 희망, 재생, 회복을 기원한다.

한 학기가 끝나고 방학을 맞을 즈음, 학교공동체의 구성원이 함께 모여 강점과 긍정적인 면을 구체적으로 확인하고 또 축하하는 시간을 만들 수 있다. 교사, 학부모, 학생들이 함께 협력자 관계를 가지고, 학생의 배움과 발전을 축하할 수 있다.

교사들도 한 학기 동안 어떤 성장을 했는지 그 성장에 이름을 붙여 볼 수도 있고, 자신의 성장이 다른 사람에게 어떤 영향을 주었는지 그 연관성에 대해서도 생각해볼 수 있다. 내가 먼저 "저는 제가 ~한 것이 자랑스럽습니다……."라고 말하면, 동료 교사가 "저는 선생님이 ~을 할 때 성장하는 모습을 보았습니다……."라고 지지하는 말을 해줄 수 있다. 우리는 우리 안에서, 그리고 다른 사람들의 안에서 빛을 찾아야 한다. 밤이 길어지고, 해가 지평선에 낮게 드리워지는 시기가 되면, 한층 더 주의를 집중해서 찾아야 한다. 빛은 항상 거기에 있다.

함께 생각해볼 문제

- 이 장의 아이니어가 교사의 현실에 대한 인식에 어떤 영향을 미치는가?
- 강점을 더 많이 보게 된다면, 교사의 하루는 어떻게 달라질까?
- 이 장에서 제시한 아이디어 중에서 더 탐구하고 싶은 것은 무엇인가?

8장 • 긍휼의 마음 개발하기

> **1월**(2학기 첫 번째 달): 자신과 타인에 대한 긍휼의 마음을 가지고 2학기를 시작하고, 회복탄력성에 필요한 다른 자원들을 찾아보자.

자신과 타인에 대해 긍휼의 마음을 가지면 대인 관계에서 흔히 발생하는 갈등을 해결하는 데 도움이 된다. 또 조망perspective을 하면 상황의 복잡성을 인식하게 된다. 조망을 통해 우리는 다른 사람을 공감하고, 장기적인 관점을 가질 수 있으며, 순간의 감정에 사로잡히지 않고, 좀 더 다양한 범위의 반응을 할 수 있다.

방학이 끝나고 시작된 2학기의 첫 주였다. 나는 리더 몇 사람을 코칭해주던 학교를 방문했고 복도를 지나가고 있었다. 거기서 영어과 부장인 샌드라 선생님을 만났다. "시간 있으세요?" 내가 미처 대답하기도 전에 샌드라 선생님은 관리자들에 대한 불평을 쏟아냈다. 관리자가 얼마나 일을 못하는지, 또 해야 할 일을 하지 않는지에 대해서 말이다.

샌드라 선생님은 관리자들이 학교를 엉망으로 만들고 있다며 몹시 한탄했다. 선생님의 이야기 속도는 속사포 같았다. 말할 때 태도로 보아 확연한 분노의 감정을 느낄 수 있었다. "2주 동안 잘 쉬고 나니 한결 마음이 편했는데요, 최근 며칠 동안 관리자들의 무능한 모습을 보니 2주간 잘 쉬었던 것이 아무 의미가 없어요."

나는 샌드라 선생님에게 어떻게 반응하는 것이 좋을까 생각해보았다. 선생님을 안아주고 싶은 마음이 들기도 했다. 이 교사를 엄청나게 아끼고 있었으니 말이다. 그러나 다른 한편으로는 선생님이 자신의 감정을 잘 처리하도록 돕거나, 선생님이 만들어낸 상황에 대한 해석을 하나하나 짚어주고 싶기도 했다. 그동안 샌드라 선생님의 회복탄력성이 염려된 적이 종종 있었는데, 왜냐하면 아주 열심히 일하는 교사였고 학생들에게도 헌신적이었지만, 자주 몸이 아팠고 감정적으로 상처받기 쉬워 보였기 때문이다. 나는 "긍휼의 화살" 방법으로 반응할 것을 결심했다.

"혹시 관리자들을 다른 관점으로 보고 싶지는 않으신가요?" 내 물음에 샌드라 선생님은 고개를 끄덕였다.

"그러면 모든 사람이 최선을 다하고 있다고 한번 생각해볼까요? 각자 자기가 가진 지식, 기술, 그리고 경험을 활용해서 가능한 한 최선의 결정을 하는 것이라고 생각해봐요." 샌드라 선생님이 눈길을 돌렸다. "그렇지만 충분치는 않아요." 그녀의 목소리는 차분해졌고, 말의 속도도 느려졌다. "아이들에게는 더 많은 것이 필요하니까요." "맞아요. 그렇지만 선생님을 포함해서 모든 사람이 자신이 가진 것을 활용해서 최선을 다하고 있다고 생각해보는 거예요. 물론 지식과 기술이 더 필요한 상태예요. 그러나 성장하지 못했다고 화를 낼 수는 없겠지요. 이렇게 생각하면서 어떤 일이 일어나는지 기다려보면 어떨까요?"

샌드라 선생님은 말을 잠시 멈추었다. "그렇게 생각해보니 기분이 조금 나아졌는데, 왜 그런 걸까요?" 선생님의 목소리가 훨씬 차분해졌다. "그렇게 해보니 관리자들이 어떻게 느껴지나요?" 나는 질문했다. "훨씬 나아졌어요. 싸우고 싶지는 않아요." 샌드라 선생님이 말했다. "우리는 모두 다른 사람들과 연결되기를 간절히 바라죠. 그리고 선생님도 아시다시피 생각은 바뀔 수 있어요. 아마도 긍휼에 바탕을 두고 생각했기 때문에 기분이 더 좋아졌을 거예요. 긍휼은 자연스러운 마음의 상태니까요."

그날의 대화는 거기에서 끝났다. 하지만 이후 샌드라 선생님과 여러 차례 코칭을 진행하면서 다시 이 대화로 돌아오게 되었다. 자기 자신과 타인에 대한 긍휼은 샌드라 선생님의 회복탄력성 향상을 위해서도 꼭 필요한 것이었기 때문이다.

누구에 대한 긍휼의 마음을 더 개발하고 싶은가? 학생? 동료 교사? 관리자? 이 장을 읽으면서 긍휼의 마음을 갖고 싶은 대상 한 사람을 떠올려보자. 그 사람에 대한 긍휼의 마음을 이전보다 더 갖게 된다면 삶이 어떻게 달라질까?

용어 정의

- **동정**pity**:** 감정적인 거리를 두고, 누군가의 고통이나 슬픔을 인정하는 것이다. 잘난 척하거나 비인간적인 사람으로 보일 수 있다.
- **연민**sympathy**:** 감정적인 거리를 어느 정도는 유지하면서 고통받고 있는 누군가에게 관심을 가지는 것이다.
- **공감**empathy**:** 상대방의 입장이 되어 고통을 함께 느끼는 것이다. 상대방에 대한 감정적인 거리를 두지 않고 상대의 감정을 그대로 느끼고, 상대가 어떤 생각을 하고 있을지, 어떤 감정을 느끼는지 상상하는 것이다.
- **긍휼**compassion**:** 상대방의 고통을 덜어주기 위해 행동하고자 한다. 공감을 통해서도 상대방의 고통을 경험할 수 있다. 그러나 긍휼은 행동이 뒤따른다는 점에서 공감과 구분된다.

긍휼의 마음이 우리에게 주는 것

긍휼을 몸의 근육이라고 생각해보자. 근육은 우리가 가지고 태어나는 것이지만, 더욱 튼튼하게 만들어줄 필요가 있다. 예를 들어, 코어 근육(인체 중심부에 있는 복부, 척추, 엉덩이 골반에 걸친 근육 전체 – 옮긴이)이 약하면 이를 보완하기 위해 햄스트링(넓적다리 뒤근육 – 옮긴이)이나 허리 근육을 쓰게 된다. 그러면 몸에 불균형이 오고, 통증이 생긴다. 햄스트링이 등 근육을 잡아당기기 때문에 통증이 생기는 것이다. 그러나 더 근본적인 문제는 복근이 약하다는 것이다. 균형이 깨지면 우리 몸은 고통을 느낀다. 감정도 마찬가지다. 한 가지 부분이라도 제대로 안 된 부분이 있으면, 감정적 몸도 통증을 경험하게 된다.

나는 허리 통증을 예방하기 위해 규칙적으로 필라테스를 한다. 긍휼에 관해서도 마찬가지다. 긍휼의 마음을 갖기 위해서는 의식적으로 노력해야 한다. 그렇게 하지 않으면 잊어버리기 때문이다. 내가 여러분에 대해 알고 있는 것도 아니며, 오후 5시에 '긍휼의 마음 만들기' 수업이 있는 것도 아니니까 말이다. 좌절감을 주는 평가의 자리에서 다른 사람들과 이야기하다보면 짜증, 실망, 분노 같은 감정을 경험하고, 결과적으로 우리 마음은 지치게 된다. 하지만 다른 사람에 대한 긍휼의 마음을 갖기 위해 연습을 계속하면, 마음이 부드러워지고 서로 간의 관계는 돈독해지며, 관점도 넓어져서 가능성을 발견하게 된다. 마치 악기를 연습하거나 긍정적으로 생각하는 것을 연습하듯이, 긍휼의 마음도 갈고 닦아야 하는 것이다.

긍휼은 행동으로 표현되는 공감이다. 아들이 학습장애인 것 같다고 염려하는 학부모의 이야기를 들으면 그 마음을 공감할 것이다. 그러면서 이렇게 덧붙일 수도 있다. "많이 걱정되실 것 같아요. 저도 교사로서, 아드님을 돌보는 사람으로서, 학부모님의 든든한 편이 되어드리겠습니다." 이 말에는 학부모에 대한 긍휼의 마음이 반영된 것이다.

평소 친하게 지내던 고등학교 여학생 2명이 갑자기 서먹한 사이가 된 것을 알고, 둘 중 한 학생에게 괜찮은지 물어보았다. 그러자 그 학생이 눈물을 터트리면서 다른 친구가 자신을 더는 친구로 여기고 싶지 않다는 말을 했다고 이야기하면, 아마도 교사 여러분은 그 마음을 충분히 공감할 수 있을 것이다. 그런데 여기서 그치지 않고 그 두 학생을 점심식사에 초대해서 같이 이야기를 나눌 수 있게 했다면, 긍휼의 마음을 보인 것이다.

교장 선생님이 출결서류를 제때 제출하라며 기분을 상하게 하는 방식으로 메시지를 보냈을 때, 평상시 교장 선생님의 모습을 기억하면서 '교장 선생님께서 요새 스트레스가 많은가보다.'라고 생각할 수 있다. 그러나 여기서 그치지 않고 복도에서 교장 선생님을 만났을 때 안부를 묻거나 항상 노고에 감사드린다는 말을 한다면, 긍휼의 마음을 표현한 것이다.

긍휼은 사랑과 겹치기도 한다. 사랑은 더 깊고 강렬한 긍휼이다. 하지만 나는 긍휼과 사랑은 서로 밀접한 관련이 있다고 보고, 이 두 가지 개념을 종종 같은 뜻으로 사용한다.

간단한 긍휼의 연습

조용히 앉아서 평소 관심 있는 사람 중 현재 힘든 시간을 보내고 있는 사람을 떠올려보자. 그 사람과의 관계를 생각해보고, 그에 대한 애정 어린 마음을 느껴보라. 그러고 나서 조용히 이렇게 그 사람에게 말해보길 바란다. "고통스러운 시간을 보내고 있을 것을 생각하니 걱정이 됩니다. 어려움에서 벗어날 수 있기를 진심으로 바라요." 힘든 시간을 보내는 학생에게도 같은 방법으로 마음을 쓸 수 있다.

조금 더 나아가, 같은 말을 자기 자신에게도 해보고, 불편한 관계에 있는 사람에게도 해보자. 그리고 다른 나라 난민같이 전혀 모르는 사람에게도 해보자. 연습하면서 몸과 마음에 어떤 변화가 생기는지 주목해보자.

이런 간단한 긍휼의 연습은 언제든 할 수 있다. 학생이 교실에 들어올 때, 교직원회의 중에, 또는 복도를 걸으면서도 할 수 있다. 긍휼의 연습은 움직이면서도 할 수 있고, 시간도 오래 걸리지 않으며, 다른 사람이 모르게도 할 수 있다. 긍휼의 연습을 하고 나면 기분이 좋아진다.

긍휼의 마음은 회복탄력성을 어떻게 높여주는가?

20년 이상 학교에서 근무하며 가장 힘든 시간 중 하나는 학교 구성원이 서로 공감하거나 긍휼의 마음을 갖지 못할 때다. 서로에게, 학생과 그 가족에게, 관리자에게, 그리고 자기 자신에게 말이다. 우리 중 대다수는 다른 사람들을 긍휼하는 마음을 가지고 있다고 생각하지만, 실제로 학교로 들어와 보면 반드시 그런 것 같지는 않다. 긍휼은 효과가 정말 좋은 종합비타민 영양제와 같다. 여러 가지 필요를 충족시켜 주고, 문제를 예방해주며, 시스템의 불균형을 바로 잡아준다. 그리고 무엇보다 우리 교사들을 더욱 강하게 해준다.

긍휼의 마음을 키우는 것이야말로 학교, 지역교육청, 더 나아가 시도교육청의 가장 중요한 목표여야 한다. 교직원회의와 교사연수에서도 긍휼의 마음을 길러줄 방법을 모색할 필요가 있다. 기준점 평가를 하기 전에, 긍휼의 연습과 관련된 주제를 먼저 다루었으면 한다. 또한 학생들에게 긍휼의 마음을 길러줄 수 있는 교육과정도 만들어야 할 것이다. 학생들도 긍휼의 근육을 키울 수 있도록 도움받을 필요가 있다. 긍휼은 신체 건강에도 좋지만 서로 협력할 수 있게 하며, 힘든 사람에 대한 대처에 도움을 줄 뿐 아니라 궁극적으로는 우리가 속한 공동체의 유대관계를 강화시킨다. 이 모든 일이 일어난다면, 학교가 얼마나 달라질지 상상할 수 있겠는가?

긍휼은 우리를 더욱 건강하고 행복하게 만든다

무엇보다 긍휼은 건강에 좋다. 긍휼의 마음을 가지면 심장 박동수는 떨어지고, 스트레스 호르몬은 감소하며, 면역력은 강화된다. 심장병을 비롯한 다른 질병의 위험도 줄여준다. 게다가 긍휼은 우리 뇌의 행복회로를 가동시킨다. 신경학자들에 따르면, 우리가 다른 사람들에 대해 긍휼의 마음을 가질 때, 과거 자신의 인생에서 잘못한 일이나 미래에 잘못될 가능성에 대해 걱정하는 마음이 줄어든다고 한다(Mongrain, Chin & Shapira, 2011). 결과적으로, 우리는 더 행복해진다.

긍휼은 우리가 서로 협력할 수 있도록 한다

11월의 어느 수요일, 방과후에 영어 교사들이 모여 영어 쓰기 수행평가를 교차 채점하는 장면을 상상해보자. 8월에 교사들은 평가 문항과 채점기준표를 개발했고, 학생들의 학습 내용 숙달을 위한 학습목표를 설정했으며, 몇 달간 이것을 기반으로 해서 열심히 수업했다. 교사들은 학생들의 자료를 읽으면서 이런 생각을 할 것이다. '다른 선생님들이 우리 반 학생들의 결과물을 어떻게 생각할까?', '다른 반 학생들의 결과물이 더 나은 것은 아닐까?', '다른 선생님들이 나보다 더 좋은 선생님이 아닐까?' 그렇게 되면 교사들의 스트레스 호르몬이 치솟기 시작할 것이다.

생산적인 대화가 되려면, 선생님들이 서로 솔직하고 열린 자세를 가질 수 있어야 한다. 그리고 서로에게 의미 있는 이의를 제기할 수 있어야 한다. 뭔가 다른 호르몬이 필요하다. 신경화학적으로 답한다면, 옥시토신이 필요하다. 옥시토신은 스트레스 호르몬인 코티솔 수치를 낮추고, 신뢰와 관련된 우리 몸의 스위치를 관장한다. 옥시토신은 대인관계에서 사회적 위험을 기꺼이 감수할 수 있도록 해주고, 장기적인 유대관계와 헌신을 가능하게 한다. 결과적으로 옥시토신은 자신과 타인에 대해 긍휼의 마음을 가지고 행동할 수 있게 한다. 일부 냉소주의자는 긍휼을 감성적이고 비논리적인 것으로 치부하지만, 과학자들은 긍휼의 마음에 생물학적인 기반이 있고, 심오한 진화론적 목적이 있다고 말한다(Keltner, Marsh&Smith, 2010). 연구 결과에서는 긍휼의 마음을 느끼면 공감, 관심, 그리고 행복감과 관련되는 뇌 영역에 불이 들어오는 것을 볼 수 있다. 우리의 마음을 충분히 열 수 있는 모임이 되려면 옥시토신 호르몬의 영향을 받을 필요가 있다.

다음은 연수나 회의에서 긍휼의 마음을 경험하는 방법이다.

- 서로 자신의 이야기를 주고받는다. 다음과 같은 말로 시작한다.
  - → 제가 학생이었을 때 했던 좋은 경험은 ....
  - → 저에게 긍정적으로 영향을 끼쳤던 선생님은 ....
  - → 제 마음에 계속해서 남아 있는 학생은 ....
  - → 제가 알고 싶은 것 3가지는 ....
  - → 제 이름에 담긴 사연은 ....
- 학부모와 학생들을 교직원회의에 초대해, 학교에서 어떤 경험을 하는지 들어보도록 하자. 공개토론회나 원형토론을 통해 생각과 감정을 공유할 수 있는 공간을 마련할 수도 있다. 이런 과정을 통해 교사들은 학생과 학부모에 대해 더욱 공감할 수 있다.
- 팀워크 활동으로, 교사들이 감정을 이야기할 수 있는 장을 마련한다. 이 책에 소개된 다양한 질문이나 글을 활용한다.
- 모임이 진행되는 동안 초콜릿을 먹어보자. 초콜릿은 옥시토신 호르몬의 분비를 돕는다.

만약 부서회의나 교사연수를 학생과 동료 교사를 공감하는 활동으로 시작한다면, 우리가 하는 일은 훨씬 의미 있게 되고 영향력을 발휘하며, 함께하는 시간을 더욱 즐거워할 수 있다.

긍휼은 어려운 관계를 조금 더 수월하게 만든다

소통이 매우 어려운 한 학부모가 있었다. 교사에게 소리 지르고, 길고 무례한 내용의 이메일을 보내며, 교사가 2시간 내로 답신하지 않으면 화를 냈다. 만일 이 학부모를 대하는 일이 어렵다고만 생각한다면, 학부모와 교사 사이에 허물 수 없는 단단한 소외의 벽을 만드는 셈이다. 긍휼의 마음은 학부모를 보다 복합적으로 이해하고 협력할 방법을 찾아내게 한다.

긍휼의 마음을 증가시키는 첫 번째 단계는 나를 힘들게하는 사람에게서 좋은 점 한 가지를 찾아보는 것이다. 그렇게 하면 그 사람에 대한 관점이 넓어진다. 여전히 힘든 일이 있지만, 그 사람과의 관계에서 무언가 달라졌음을 느낄 수 있을 것이다.

소리를 지르는 학부모에게 긍휼의 마음을 갖게 되면, 학부모가 느끼는 두려움, 걱정, 고통을 인식할 수 있다. 동시에 그와 같은 감정을 느꼈던 내 기억도 떠올릴 수 있다. 그렇게 되면 학부모에게 걱정하고 있는 문제를 함께 이야기해보자고 제안하기가 조금 더 쉬워진다. 때로는 이렇게 자그마한 노력이 큰 차이를 만들어낸다. 그렇게 되면 적어도 우리가 학부모에게 소리를 지르거나, 교실 문을 세게 닫거나, 그 학부모의 자녀에게 화풀이하는 상황은 막을 수 있다.

어려운 사람을 대할 때, 장애물을 통과할 수 있는 길이 보이지 않아서 마치 안개가 자욱한 것으로 느껴질 때도 있다. 하지만 긍휼의 마음을 가지면, 안개가 걷히면서 희미하게 남아 있는 관계의 연결고리를 발견할 수 있게 된다. 긍휼의 마음을 가지면 사람들은 다양한 행동을 할 수 있다고 생각하게 되고, 관점을 재조정해서 더욱 열린 마음으로 다른 사람들의 이야기를 들을 수 있다. 긍휼은 상대방의 문제행동을 부정하는 것이 아니라, 상대방의 복잡한 특성과 잠재력을 좀 더 다가가서 이해하는 일이다.

긍휼은 공동체를 더 튼튼하게 한다

지금 자신이 겪는 고통을 한번 생각해보자. 학교에 출근하기 싫을 수도 있고, 다음 수업 준비 때문에 스트레스를 받고 있을 수도 있고, 감기에 걸렸을 수도 있다. 이제는 비슷한 상황에 있는 다른 사람들에 대해서도 생각해보자. 긍휼은 말 그대로 '함께 고통받는' 것이다. 우리의 고통이 다른 사람의 고통과 분리될 수 없다는 것을 알게 된다면, 개인의 고통은 줄어들고 우리는 혼자가 아니라는 것을 깨닫게 된다.

다윈의 시대부터 과학자들이 토론해온 질문이 있다. '생물체가 한정된 자원에 대한 경쟁으로 진화한 것이라면, 협력의 역할은 과연 무엇인가?'라는 주제다. 점점 더 많은 과학자가 긍휼의 마음이 인간 생존의 필수 조건이라고 믿고 있다. 찰스 다윈을 긍휼의 지지자로 볼 수는 없지만, 150여 년 전에 다윈은 그의 저서 『인류의 계보The Descent of Man』에서 공감은 인간의 가장 강력한 본능이며, 때로 개인적인 욕구보다 더 강하다고 말했다. 그는 자연선택을 통해 공감이 확산될 것이라는 이론을 주장했다. 왜냐면 공감 능력이 가장 뛰어난 구성원들이 가장 번창하고, 가장 많은 자손을 길러낼 것이기 때문이다.

긍휼에 관한 최근의 연구들은 개인적인 이익만을 추구하지 않는 것이 인간의 본성이라는 주장을 설득력 있게 펼치고 있다. 근본적으로 우리는 차이를 인정하고 긍휼히 여길 수 있는 마음을 갖추고 있다는 것이다. 이 연구들은 감정을 합리적이고 기능적이며 적응을 돕는 것이라는 관점을 지지해준다. 심각한 어려움을 경험하고 있는 공동체라도 신뢰와 협력의 수준이 높은 공동체는 더 잘 견딘다(Zolli, 2012). 이런 공동체의 구성원들은 힘든 상황에 맞닥뜨렸을 때, 빨리 협력한다. 학교와 지역사회가 협력과 신뢰의 기반을 튼튼하게 구축하고 긍휼의 마음을 기른다면, 예산 삭감이나 신망이 두터운 관리자가 떠나게 되는 일 같은 변화도 훨씬 잘 이겨낼 수 있다. 위기 상황이 아니라도, 긍휼의 마음이 살아 숨 쉬는 공동체에 속하는 일이 얼마나 행복한 일인지 상상해볼 수 있다.

자신을 긍휼히 여기는 마음

날고 싶다면, 자신을 짓누르고 있는 쓸모없는 것들을 포기해야 한다.

— 토니 모리슨, 노벨문학상 수상자

마리아 교장 선생님은 차터스쿨협회charter school network(공적 자금을 받아 교사, 부모, 지역단체 등이 설립한 학교 – 옮긴이)에서 10년간이나 일해왔다. 첫 번째 코칭 시간에 마리아 교장 선생님은 자신의 상사인 협회장과의 관계에서 겪는 어려움을 토로했다. "올해의 목적은 그분을 더 이해하는 거예요. 제가 그분에 대해 긍휼의 마음이 있으면 더 좋은 관계를 만들 수 있을 테니까요. 그가 스트레스를 많이 받고 있다는 것을 알기 때문에 협회장님 입장이 되어 생각해보면 도움이 될 것 같아요." 나는 그 노력이 어떤 결과를 가져올지 함께 지켜보자고 했다.

상반기 동안은 다른 분야에 집중해서 코칭을 진행했다. 2월 초에 마리아 교장 선생님은 협회장과 대화할 준비를 하고 싶다는 이야기를 다시 꺼냈다. 우리는 대화를 통해 나누고 싶은 마리아 교장 선생님의 목표와 희망 그리고 의도에 관해 이야기했다. 그다음에 하고 싶은 말들을 찬찬히 적어 내려갔다. 나는 협회장과의 대화를 역할극으로 해보자고 제안했다. "제 역할을 맡아주시겠어요?" 마리아 교장 선생님이 내게 물었다. "그의 말에 어떻게 반응하는지 보고 싶어서요."

나는 마리아 교장 선생님의 상사를 만난 적이 없었다. 내가 아는 것은 그가 마리아 교장 선생님과 비슷한 나이라는 것, 그리고 수년간 함께 일한 사람이라는 것뿐이었다. 나는 마리아 교장 선생님의 역할을 맡고, 상사에게 만나줘서 감사하다는 인사로 대화를 시작했다. 그리고 이 대화를 통해 서로를 더 잘 이해했으면 한다는 바람을 전했다. 상사 역할을 맡은 마리아 교장 선생님은 팔짱을 끼고 눈살을 찌푸리며 내 말을 끊고 거친 말투로 말했다. "본론으로 바로 들어가시죠. 선생님 기분을 들을 시간이 없어요."

나는 살짝 당황스러웠지만, 대화를 계속 이어나갔다. 힘든 문제를 겪고 있어서, 지지받고 싶다는 말을 꺼냈다. 그리고 2가지 행동을 제안했다. 마리아 교장 선생님은 손바닥으로 탁자를 치며 이렇게 말했다. "잘 들으세요. 이런 것도 해결하지 못하면서 교장 자리에 있으면 안 되죠. 다시 교실로 돌아가서 일하세요. 10년이 지났는데도 이런 기본적인 문제들을 해결할 수 없다면, 여기 계시면 안 됩니다."

역할극을 했을 뿐인데, 머리를 한 대 얻어맞은 기분이 들었다. 그녀의 어조와 몸짓은 잔인했고, 나를 업신여기는 것 같았다. 당장 일어나서 뛰쳐나가고 싶은 기분이 들었다. "우리 잠깐 역할극을 멈춰볼까요? 그분이 정말 이러나요?"

"더 심해요. 흉내 내기도 어렵네요."

협회장의 운영 방식과 의사소통 방식에 관해 물을수록 걱정이 커졌다. 매우 불편하고 어려운 근무 환경이라는 생각이 들었다. "사람들이 많이 있을 때도 비슷해요. 그분은 절 싫어하는 것 같아요. 저는 그저 상사의 관점을 이해하고 긍휼의 마음을 가지려고 노력할 뿐이에요."

"가장 친한 친구가 이런 상황에 있다고 하면, 그 친구에게 무슨 말씀을 하고 싶으신가요?" "항의하거나 일을 그만두라고 할 거예요. 아무도 제 친구를 그렇게 대하면 안 돼요!" 마리아 교장 선생님이 흥분하며 말했다. 나는 조용히 앉아서 그녀의 감정이 조금 가라앉기를 기다렸다. 그리고 약간 궁금해졌다. 마리아 교장 선생님이 이 상황을 너무 과장했거나, 협회장의 의사소통 방식을 너무 개인적인 감정으로 받아들이는 것은 아닌지 말이다.

"무슨 말씀을 하는지 알겠어요." 마리아 교장 선생님은 말했다. "친한 친구가 이런 상사 밑에서 일한다고 생각하니까 등골이 오싹한데, 왜 이걸 참고 있느냐는 거지요? 저는 그만둘 수가 없어요. 그리고 그분은 해고될 리가 없어요. 어쩌면 제가 상사의 행동을 저에 대한 개인적인 감정으로 생각하고 있을지도 모르지요. 뭘 해야 할지 모르겠어요. 상사의 좋은 부분에 집중하고, 이해하는 노력을 계속해볼 수밖에 없어요."

이야기를 하고 난 다음 주, 나는 마리아 교장 선생님과 함께 차터 스쿨협회 모임에 참석했다. 모임이 진행되는 동안, 그 상사는 적어도 12번은 퉁명스럽고 신랄한 말투로 마리아 교장 선생님을 비판했다. 그중 한 번은 모임에 참석한 사람 모두가 느낄 정도였다. 협회장은 학교별 규정 문서 제출 현황에 관한 자료를 보고 있었는데, 제때 제출하지 않은 학교가 몇 개 있었지만, 동료 25명 앞에서 마리아 교장 선생님을 콕 집어서 지적했다. "교장직에는 맞지 않는 분으로 보이네요. 너무 많은 걸 기대했나봅니다. 아마 학생들도 교장 선생님 말씀을 듣지 않을 거예요." 나는 이 말을 듣고는 뛰쳐올라 그에게 바인더를 던지려던 참이었는데, 한 나이 지긋한 남자 교장 선생님께서 익살스러운 말투로 그에게 말했다. "아이고, 말씀이 좀 과하시네요. 오늘 아침에 커피를 너무 많이 마셨나요?"

몇 분 후 모임을 마치고 나가면서, 나는 코치로서의 차분하고 침착한 태도를 집어던지고 총천연색 언어를 사용해버렸다. "제가 과장한 것은 아니었군요." 마리아 교장 선생님이 말했다. 나는 마리아 교장 선생님께 질문을 몇 가지 한 후 말했다. "제 생각을 말씀드릴게요. 첫째, 교장 선생님께서는 과장하고 있지 않아요. 그 사람은 정말 너무해요. 비열하고 형편없어요. 둘째, 그 사람 밑에서는 교장으로서의 업무를 제대로 해내는 것이 너무 어려울 거예요. 교장 선생님이 그 사람을 아주 좋은 분으로 생각하는 것은 아니라서, 도움을 요청하거나 신뢰할 수도 없겠고요. 협회장의 행동은 해로운 근무 환경을 만들고 있어요. 셋째, 공식적인 자리에서 문제를 제기하셔야 해요. 그가 교장 선생님을 그렇게 대하도록 하면 안 돼요. 그리고 마지막으로, 제 직감에 따르면 교장 선생님께서 혹시 예전에 무기력감이나 두려움을 주는 불량배나 권위자로부터 괴롭힘을 당하신 적이 있을 것 같아요. 그 부분에 관해 저에게 자세히 말씀하실 필요는 없어요. 그러나 조금 더 고민은 해 보셔야 할 것 같아요. 그 경험이 그 사람과 교장 선생님이 관계를 형성하는 방식에도 영향을 주는 것 같으니까요."

우리는 몇 분 더 이야기를 나누었고, 마리아 교장 선생님은 학교로 돌아갔다. 다음날, 마리아 교장 선생님은 내게 메시지를 보냈다. "정식으로 불만을 제기했어요. 그리고……, 맞아요, 전 아버지에게 심하게 학대받았어요. 상담받을 때가 마침내 왔나봐요." 나는 간단히 마리아 교장 선생님에게 답신했다. "축하드려요. 큰 발걸음을 내딛으셨어요."

다음 코칭 모임에서 나는 마리아 교장 선생님에게 그녀가 중요하게 생각하는 핵심 가치를 이야기해달라고 부탁했다. 선생님은 긍휼, 용기, 그리고 공동체성을 다양한 색의 마커로 쓴 후 벽에 붙였다.

"긍휼이 선생님에게 의미하는 바는 무엇인가요?"

"열린 마음으로 모든 사람을 생각하는 거예요. 싫어하는 사람도 사랑, 존경, 긍정의 마음으로 대하는 것이죠. 그 사람들을 이해하려고 노력하는 것이고요. 그 사람들의 인간적인 면모를 바라보고, 내 자식을 사랑하듯 그 사람들을 사랑하는 것이 긍휼이지요."

마리아 교장 선생님이 긍휼에 관해 말한 내용은 참으로 빈틈없고 감동적이었기 때문에, 나는 느낀 그대로 말했다. 그리고 물었다. "그러면 교장 선생님 자신도 긍휼의 대상에 포함했나요? 즉, 자기긍휼이나 자기애 말이에요."

마리아 교장 선생님은 눈을 동그랗게 뜨고 나를 바라봤다. "아니요." 그녀가 고개를 저으며 말했다. "제 자신은 포함시키지 못했어요." 나는 마리아 교장 선생님에게 자기긍휼과 관련해서 몇 가지 사실을 다음과 같이 알려주었다.

자기긍휼은 무엇인가?

여기 회복탄력성을 약하게 만드는 확실한 방법이 있다. 가차 없이 자신을 비판하고, 실수를 범했을 때 용서하지 않고, 자신의 약점을 끊임없이 질책하고, 다른 사람들이 자신을 무례하게 대할 때 적절한 경계선을 긋지 않는 것이다. 이러한 자기파괴적인 행동을 고치려면 어떻게 해야 하는가? 자신에 대한 긍휼이 있어야 한다. 다른 사람들에 대한 긍휼은 자기긍휼에서 출발해야 한다. 자신을 긍휼히 여기지 못하면 다른 사람에 대해서도 진정한 긍휼을 가질 수 없다.

긍휼은 고통을 겪고 있는 사람들에게 반응하는 방법이다. 그것을 자기 자신에게 적용할 수 없다면, 다른 사람들을 충분히 사랑하거나 배려할 수 없다. 자신을 고통에서 해방될 자격이 없다고 생각하면서, 어떻게 타인에 대한 긍휼의 마음이 진실일 수 있는가? 때에 따라 고통을 정당화할 수 있다는 것인가? 모든 사람에 대해 긍휼의 마음을 가지고 싶다면, 그 "모두"에 우리 자신도 포함해야 한다.

긍휼은 다른 사람의 행동에 경계를 세우는 것도 포함한다. 누군가가 우리를 힘들게 한다면, 그 사람의 행동과 그 사람을 분리할 수도 있고, 그렇게 되면 그 사람의 행동 원인은 이해가 되고 그 사람에 대해서는 공감할 수도 있다. 그러나 교사도 역시 이 그림에서 중요한 요소라는 것을 기억해야 한다. 다른 사람이 교사에게 미치는 영향력을 정확하게 인지하고 경계를 분명히 세워야 한다. 그것이 바로 자신에 대한 긍휼이다.

자신에 대한 긍휼은 자신의 행동을 똑바로 보지 않거나, 성장과 변화 그리고 문제에 대한 책임을 회피하는 것이 아니다. 자신에 대한 긍휼은 자신을 성찰하고 변화를 도모할 힘과 에너지를 얻기 위해 자신에게 친절을 베푸는 것이다. 자신을 엄격하게 판단하거나 꾸짖는 것이 아니라.

어떻게 자기긍휼을 연습할까?

연습의 첫 번째 단계는 어려운 상황과 자기 내면의 비판 때문에 생긴 고통스러운 감정들을 인식하고 이름을 붙여주는 것이다. 예를 들어, 교장 선생님이 수업을 보고 마음을 상하게 하는 피드백을 했다고 하자. 우리는 매우 당황스러운 감정을 느꼈을 것이며, 수업 중 과제를 제대로 수행하지 않고 다른 친구들을 방해한 학생들에게 약간 화도 날 것이다. 그러다가 수업을 제대로 설계하지 못한 것인데 학생을 탓한 자신에 대해 부끄러움을 느낄 수도 있다, 수업을 준비하는 데 더 많은 시간을 할애하지 않은 자신에게 화가 날 수도 있고, 특정 학생을 다른 자리로 옮기지 못한 것을 후회할 수도 있다. 이때 자신을 긍휼히 여기는 마음을 갖는다면, 자신을 자책하기보다는 이런 감정들을 잘 알아차리고, 비판하기보다는 이런 감정들에 이름을 붙여주면서 그 순간의 감정에 머물러보는 것이다. 이렇게 하면 잠재적인 성장 가능성을 차단하지 않고, 교훈과 피드백을 살펴볼 수 있는 에너지를 얻을 수 있다.

연습의 두 번째 단계는 내가 혼자가 아니라는 것을 깨닫는 것이다. 인간은 완벽하지 않다. 우리 모두 실수한다. 때때로 우리는 짜증내고, 상처받고, 당황하고, 슬퍼하고, 화나고, 수치스럽다고 느낀다. 그렇지만 솟아오르는 두려움 때문에 길을 잃고 헤매지 않으면, 나만 그런 실수를 하는 사람이 아니라는 생각을 할 수 있으면, 회복탄력성을 기를 수 있다.

세 번째 단계는 실수하거나, 실패하거나, 고통받을 때, 친절한 마음을 자기 자신에게도 확장하는 것이다. 마치 친한 친구에게 하듯이 자신에게 말해보자. 자신에게 가혹한 목소리의 크기는 줄이자. '최고의 수업은 아니었어. 그래도 괜찮아. 아주 못 봐줄 정도는 아니었어. 교사 모두가 언제나 완벽한 수업을 하는 것은 아니잖아. 교장 선생님도 알고 계실 거야. 이번에 무엇을 배울 수 있었지? 다르게 해볼 수 있는 것은 무엇일까?' 스스로 느끼는 감정이 무엇인지 호기심을 가지고, 그것을 차분하게 수용해보자. 거절, 비판, 판단의 영역에서 잠시 빠져나오자.

힘든 상황에서 가장 먼저 느끼는 감정에 대해 잠시 건강한 거리를 둘 수 있다면, 어떻게 반응할지 선택할 수도 있고, 흘러가게 놔두는 것을 선택할 수도 있다. 자신에게 '이렇게 했어야 했는데…….', '왜 나는 항상 이렇게 하는 걸까?' 같은 말을 하며 자신과 실수를 동일시할 수도 있지만, 이와 달리 자신에게 마음을 열고 이렇게 말할 수도 있다. '수업이 잘될 거라고만 생각했는데, 자료를 어떻게 나누어주고 활용해야 하는지에 대해서는 미처 생각해보지 못했어. 다음에는 자료를 어떻게 활용할지 지금보다 치밀하게 계획해야겠어.' 이렇듯 자신에 대한 긍휼은 배움과 성장을 위한 문을 열어준다. 친구를 격려하듯이 자신에게도 말해보자.

수치심과 두려움은 우리를 외롭게 한다. 그리고 '뭐가 잘못된 거지?'라는 질문을 되뇌이게 만든다. 그런 순간에 자신에 대한 긍휼을 연습하고, 사람은 실수할 수 있으며 그로 인해 힘들어할 수 있다는 사실을 인정하자. 자신에 대한 긍휼이 있으면, 자기 자신의 만족스럽지 않은 부분은 수용할 수 있다. 긍휼은 그런 변화가 이루어질 때 자신을 질책하지 않을 수 있게 한다.

비판적인 피드백에는 어떻게 대처할까?

교장 선생님이 교사에게 비판적인 피드백을 하는 상황에서의 자신에 대한 긍휼은 그것을 무시하거나, 이불 속에 숨거나, 방어적인 이메일을 교장 선생님께 보내는 것이 아니다. 이때 자신에 대한 긍휼은 제 감정을 인정하고, 단점, 부족한 점 그리고 더 성장이 필요한 지점에 대해 열린 마음을 갖는 것이다. 내가 한 사람의 인간이며 실수할 수 있는 존재라는 것을 받아들이고 자신에 대한 판단을 멈춘다면, 피드백은 나의 수업 개선을 위해 사용될 수 있다.

그러나 개인적인 행복이 다른 사람의 수용과 칭찬에 의존할 수는 없다. 자신의 행복을 다른 사람의 의견에 기반을 두어 얻으려 하면, 감정이 계속 오르락내리락하게 된다. 핵심은 다른 사람의 의견을 어느 정도는 고려하지만, 너무 많이 고려하지는 않는 것에 있다.

자신에 대한 긍휼을 연습하는 팁이 몇 가지 더 있다.

- **다른 사람들의 생각에 의존한다면 자신에 대한 사랑을 신뢰할 수 없다.**

외부의 판단, 비판, 칭찬 등은 자주 바뀌기 마련이다. 칭찬에 너무 집착하지 말고, 비판에 무너지지 말아야 한다.

- 사람들이 나를 좋아했으면 하는 마음 때문에 마음속 이야기를 참지 말라. 이와 동시에 나를 사랑하고 방어한다는 명목하에 다른 사람을 몰아세우는 것이 자신에 대한 긍휼이 아니라는 것도 알아야 한다.
- 자기수용과 공감을 연습할 때, 유용하고 진실한 비판을 열린 마음으로 들어라. 반사적으로 이를 거부하지 않길 바란다. 비판에 기꺼이 귀를 기울이며 배우라.
- 겸손을 훈련하라. 우리를 자유롭게 할 것이다. 인간은 완벽할 수 없다. 완벽을 기대하지 않으면, 다른 사람의 비난과 판단에 대해서도 덜 민감해진다.

어려운 사람과 잘 지내는 방법은?

자기 자신과 다른 사람을 위해 긍휼의 근육을 기르는 동안(그리고 다른 사람들이 좀 더 친절한 사람이 되는 동안)에도, 여전히 대하기 어려운 사람을 만나야 한다. 물론 정말 어려운 사람이 아니라, 그냥 어려운 사람이라고 인식한 것일 수도 있다. 하지만 정말로 대하기 어려운 사람도 있다. 마리아 교장 선생님의 경우는 정말 어려운 사람을 만난 것이었다.

여기 어려운 사람을 대하는 10가지 팁이 있다.

1. 불평을 들어주되, 어떠한 언급도 하지 말라. 비난할 여지를 주지 않도록 주의하자.

2. 그들의 이야기에 설득당하거나 태도에 분노하지 말라. 폭풍우가 몰아치는 날씨를 보고 있다고 상상하라.
3. 그들에게 무슨 일이 일어나고 있는지 호기심을 가져보라. 호기심을 마음속에만 간직하되, 정말 궁금한 것들은 1~2개 질문할 수 있다.
4. 다른 사람들의 행동을 개인적으로 받아들이지 말라. 절대로 나에 관한 것이 아니다.
5. 공통점을 찾기 위해 노력하라. 무언가는 공통된 부분이 있다. 찾으려고 노력을 많이 해야 할 수도 있지만, 그래도 연결점을 찾아보라.
6. 사람들은 바뀔 수 있다는 생각을 떠올리라. 그들이 성장하지 못할 것이라는 고정된 시각을 고수하지 말라.
7. 스스로 이렇게 말하라. "나처럼 이 사람도 인생에서 고통을 겪었을 것이다. 나처럼 이 사람도 어딘가에 소속되고 싶은 마음이 있을 것이다. 나처럼 이 사람도 행복하기를 원할 것이다."
8. 자신의 가치를 명확히 하라. 원한다면 화를 낼 수도 있고, 긍휼의 마음을 가질 수도 있다. 자신이 추구하는 가치에 충실하라.
9. 자신에게 한 발 물러설 기회를 주라. 경계선을 그으라.
10. 도움을 요청하라. 동료, 코치, 그리고 관리자에게 가서 무슨 일이 일어났는지 이야기하고, 상대하기 힘든 사람을 어떻게 대할지 그 방법에 관해 도움을 요청하라.

리더를 위한 제안

만약 어려운 사람을 지도·감독해야 하는 상황이라면, 그 사람이 공동체에 미치는 영향에 대해 경계를 설정해줄 책임이 있다. 위에서 언급한 1~8까지의 팁을 실천할 수 있다. 그러나 물러서서는 안 된다. 리더의 업무는 구성원들이 성장하고 변화하는 것을 돕는 것이기 때문이다. 이런 어려운 사람들이 학교나 조직에서 행동하는 방식에 대해서는 단호하고 명확하게 선을 그어야 한다. 기억하라. 우리 학교조직에 어려운 사람이 있다면, 이 사람에게 영향받을 수 있는 학생들과 교사들, 공동체를 위해 긍휼의 마음을 가지고 행동할 필요가 있다는 것을.

긍휼로 인한 피로감

교사로서 교실에 들어섰던 바로 그날부터, 나는 보살핌, 사랑, 지지, 수용을 받지 못한 아이들을 단번에 알 수 있었다. 때로는 그 아이들의 고통이 마치 나의 고통인 것처럼 느껴질 때도 있었다. 공감의 마음이기는 했지만 문제가 될 수도 있었다.

공감은 긍휼을 위한 강력한 토대다. 하지만 우리가 본 것에 대한 괴로움이 내 마음을 온통 차지하게 되면, 감정적 경험은 '공감의 고통'이 되어버린다. 공감의 고통은 우리의 행복을 빼앗아간다. 그 감정에 압도당하고, 지치고, 고갈된다. 결국 심신의 번아웃으로 이어질 수 있다. 공감의 고통은 우리가 느끼는 고통스러운 감정을 인정하지 않거나, 근무 환경에서 감정을 표현할 수 없다고 느끼면 더욱 악화된다.

공감의 고통은 소위 '긍휼로 인한 피로감'으로 이어질 수 있다. 의욕이 없어지고, 고통에서 벗어나기도 어려워진다. 그렇게 되면 우리는 자신과 다른 사람의 고통 사이에 벽을 세우고 싶어질 것이다. 많은 교육자와 관련 분야에 종사하는 사람들이 긍휼을 실천한다. 그 과정에서 목격하는 고통에 스스로 시달릴 수도 있다. 한때 나는 내 학생들이 경험하고 있는 괴로움을 보면서 압도당한 적이 있었고, 그러면서 내 회복탄력성도 크게 약화되기도 했다.

과학자들은 평범한 사람들에게 타인의 고통과 관련한 영상을 보여주는 실험을 했는데, 그때 촬영한 뇌 사진에서 슬픔과 고통을 담당하는 뇌의 부위가 함께 활성화되어 있다는 것을 발견했다. 말 그대로 우리는 다른 사람의 고통을 느낀다. 이는 다른 사람의 고통이 우리를 지치게 할 수 있다는 것을 의미한다. 이와 대조적으로, 과학자들은 수만 시간 동안 긍휼에 관해 명상해온 승려들의 뇌도 연구했다. 승려들에게 타인의 고통에 관한 영상을 보여주었을 때 뇌의 다른 영역이 활성화되었는데, 바로 배려, 양육, 긍정적인 사회적 애착과 관련된 부분이었다. 승려들의 경우, 고통과 통증을 담당하는 뇌의 영역은 긍휼에 관한 명상을 수행하지 않은 일반인들과 비교할 때 활성화되지 않는 결과를 보였다(Salzberg, 2013). 이것은 교사, 사회복지사, 의료계 종사자처럼 고통을 겪는 사람들과 함께하는 사람들에게는 희소식이다. 스스로 슬픔에 잠기거나 피로감을 느끼지 않는 상태에서 상대방의 고통을 바라보고 공감할 수 있다는 의미이기 때문이다.

공감의 피로를 예방하는 핵심은 거리두기 능력이다. 우리가 본 상대방의 고통과 그로 인해 느끼는 괴로움은 인정하지만, 거기서 거리를 유지하는 것이다. 감정적으로 분리된다는 의미는 아니다. 간단하게 말하면, 타인의 고통을 볼 때 고통과 통증을 담당하는 뇌의 영역이 활성화되지 않도록 우리의 뇌를 훈련하는 것이다. 이것은 승려들이 했던 것처럼 긍휼에 관한 명상을 통해서, 또는 사람을 있는 그대로 바라보고 받아들이는 능력, 즉 평정심을 갖는 훈련을 통해서 가능해진다.

불교의 가르침은 우리가 어떻게 다른 사람에게 마음을 열면서도 자신이 할 수 있는 일의 한계를 받아들일 수 있는지 그 방향을 제시해준다. 공감과 평정심 사이의 균형을 찾는 방법이라고 할 수 있으며, 무관심이 아닌 지혜다. 가능한 한 최상의 방법으로 학생들에게 도움을 주고 긍정적인 변화를 가져올 수 있도록 헌신하고, 결단하고, 결심할 수 있는 능력인 것이다. 그리고 자신에게 '전적으로 나와 나의 의지에 달린 것은 아니다.'라고 말할 수 있는 능력이다. 뭔가 달라지기를 기대하면, 우리의 에너지는 떨어지고, 반응하기도 어려워진다. 현재의 모습을 있는 그대로 받아들일 때, '바로 지금, 무엇을 할 수 있을까?'라는 생각을 할 수 있게 된다.

신규 교사였을 때, 공감의 고통을 예방하는 방법을 알았더라면 좋았을 것이다. 가정폭력을 경험하고 있거나, 가정의 생계유지가 어려워서 힘들어하는 학생들을 보면서, 나도 함께 그 고통에 사로잡힐 때가 있었다. 교사들의 번아웃 사례를 생각해보면, 학생들의 고통을 보면서 정서적으로 압도당하거나 무기력한 감정을 경험한 경우도 많았다.

공감의 피로에 대처하고 평정심을 기르는 방법을 배우면서, 학생들이 경험하는 고통을 볼 때도 새로운 관점으로 볼 수 있었다. 학생들이 견디고 있는 고통과 그들의 강점, 그리고 회복탄력성을 균형 잡힌 관점으로 보게 된 것이다. 그래서 이렇게 생각하게 되었다. '아이들로부터 많은 걸 배울 수 있구나.' 그러자 학생들의 어려움과 그에 대처하려는 학생들의 노력을 함께 인식할 수 있었다. 이를 통해 내가 할 수 있는 것과 할 수 없는 것을 명확히 구분하는 데도 도움을 얻었다. 내가 할 수 있는 일은 다음과 같은 일이었다. 학생들이 친절과 존중을 받을 수 있는 교실 환경을 만들 수 있고, 지적인 필요를 충족시켜줄 수 있고, 살아가면서 필요한 인지적·사회적·감정적 기술을 습득할 수 있도록 해줄 수 있었다. 그러나 내가 할 수 없는 일들도 많았다. 이민법을 개정하거나, 학부모를 위해 직업을 구해주거나, 학생들이 사는 집 주변에 쌓인 쓰레기를 치워주는 일 등은 할 수 없었다. 최소한 나의 에너지로 할 수 있는 일들은 아니었다. 이렇게 구별해보니, 평정심을 기르는 데도 유용했다.

회복탄력성이 있는 사람들은 오랜 시간 동안 열심히 일한다. 자신이 고통에 노출되어 있을 수도 있고, 고통을 바라보는 사람이 될 수도 있다. 그러나 그 고통에 빠져들지 않고, 흘러가도록 놓아주는 연습을 한다. 그렇게 하면 우리 자신의 존재와 삶을 넓은 시야로 볼 수 있게 된다. 이런 시야를 가지고, 우리는 고통을 덜어주는 노력을 매일 할 수 있다. 이것이 평정심이다. 진정한 평정심은 긍휼의 마음에 용기를 불어넣는다.

자신과 다른 사람을 용서하기

억울함을 느끼면, 용서가 어렵다. 직장에서 자신에게 상처를 준 사람들을 잠시 생각해보자. 아마도 우리는 교사로서 또는 리더로서 제대로 인정받지 못했거나, 관리자의 피드백이 공정하지 못했다고 느꼈을 수 있다. 또는 믿었던 동료가 자신을 배신했다고 느꼈을 수도 있다. 학교에서 모욕당하거나, 불쾌한 느낌을 받았거나, 부당하게 취급당했던 순간들을 떠올릴 수 있는가? 개인생활에서도 이와 비슷한 순간을 떠올려볼 수 있다.

그러면 이제 부당한 대우를 받았을 때 어떻게 반응했는지, 또는 어떻게 반응하고 싶었는지도 떠올려보자. 상처받은 것을 돌려주거나, 복수하거나 아니면 아예 그 사람을 회피하는 방식으로 반응하는 경우가 많을 것이다. 그러나 우리 모두 알다시피, 복수든 회피든 좋은 결과를 가져오는 경우는 거의 없다. 우리를 불행하게 만들고, 관계를 해치는 결과를 가져온다. 물론 갈등을 해결하는 생산적인 방법이 있다(4장을 참조하라). 그러나 용서가 필요한 때도 있다. 이를 위해 긍휼의 마음이 필요한 것이다.

먼저 확실히 해둘 것이 있다. 용서는 화해가 아니다. 용서는 우리를 부당하게 대했다고 생각하는 사람과 관계를 재정립한다는 의미가 아니다. 용서는 해를 끼친 것에 대한 변명이나 부정이 아니다. 용서는 잊는 것도, 정의를 추구하지 않는 것도 분명히 아니다. 사실 누군가를 용서하기 위해서는 그 사람이 끼친 피해가 어느 정도인지 잘 살펴보는 것도 필요하다.

달라이 라마는 티베트인을 계속 압제해왔던 중국의 강경파를 용서한다는 말을 했다. 그러면서도 동시에 그는 티베트인에게 자유와 존엄이 보장되는 그날까지 중국의 강제점령에 대한 반대의 목소리를 멈추지 않을 것이라고 했다. 언뜻 이 두 가지는 모순처럼 보일 수 있지만, 잘못된 행동에 대해 용서하는 것과 잘못된 행동을 수용하거나 찬성하는 것을 구별하면 이해할 수 있다. 달라이 라마는 이것을 행위자와 행동의 차이 또는 사람과 사람이 한 행동의 차이로 설명한다. 잘못된 행동은 멈추도록 해야겠지만, 그 행동을 한 사람에 대해서는 분노하거나 증오하지 않겠다는 선택을 해야 한다고 달라이 라마는 말한다. 용서의 힘은 잘못된 것에 명확하고 단호하게 대응하면서도 그 사람을 인간적으로 볼 수 있는 능력에 있다.

용서는 자신을 위해서 하는 것이다. 나에게 잘못을 저지른 사람을 위해서 하는 것이 아니다. 부처는 "화를 품고 있다는 것은 뜨거운 석탄을 누군가에게 던지려고 가지고 있는 것과 같다. 당신만 데일 뿐이다."라고 말했다. 연구 결과에 따르면, 용서하는 사람들은 덜 우울하고 덜 불안하며, 훨씬 행복하고 건강하며 차분하고 공감적이라고 한다 (Lyubomirsky, 2007). 용서는 자신을 돌보는 것과 같다.

> 용서는 자기 자신을 치유하고 과거로부터 자유를 얻는 유일한 방법이다. 용서하지 않으면 우리는 우리에게 피해를 준 사람에게 묶여 있게 된다. 고통의 사슬에 묶여 갇혀 있는 것이다. 우리에게 피해를 준 그 사람을 용서할 때까지, 그 사람은 우리의 행복의 열쇠를 쥐고 있는 셈이다. 그 사람이 간수가 되는 것이다. 그 사람을 용서한다면, 우리는 다시 우리의 운명과 감정을 스스로 통제할 수 있게 된다. 우리 자신을 고통으로부터 해방시킬 수 있다.
>
> — 데스몬드 투투 대주교와 음포 대주교

누군가를 용서했다는 것을 어떻게 알 수 있을까? 조금 전에 마음속에 떠올렸던 사람을 생각해보고, 다음 문장과 얼마나 일치하는지 살펴보자.

- 그 사람이 한 짓에 대해 대가를 치르게 하겠다.
- 그 사람이 비참해지는 것을 보고 싶다.
- 나는 그 사람이 존재하지 않는 것처럼 산다.
- 가능한 한 그 사람과 나 사이에 거리를 많이 둔다.

동의하는 문장이 많을수록, 아직 용서를 위해 더 많이 노력해야 한다. 만약 복수하고 싶거나 회피하고 싶은 감정이 든다면, 아직 용서한 것이 아니다. 지금 나를 화나게 하는 사람을 떠올려보자. 중요한 방문객이 왔을 때 수업을 방해하던 학생일 수 있고, 묵묵부답의 학부모일 수 있으며, 회의에서 전혀 내 의견을 따르지 않는 동료일 수도 있다. 내년에는 다른 학년을 가르쳐야 하고, 교실을 옮겨야 하며, 학교에서 가장 대하기 어려운 사람과 함께 일해야 한다고 조금 전에 말한 교장 선생님일 수도 있다. 대부분의 사람은 항상 어느 정도씩은 분노나 원한을 품고 있다. 잠깐 휴식 시간을 가지면서 다른 사람들을 용서하는 데 도움되는 활동을 찾아보자.

> 나에게 용서와 공감은 항상 연결되어 있다. 어떻게 하면 사람들이 잘못한 것에 책임을 지게 하면서 동시에 그들이 변화할 수 있다고 믿을 만큼 그들과 인간적인 관계를 가질 수 있을까? – 벨 훅스, 미국의 작가 겸 사회운동가

용서는 사람들에 대한 기대를 내려놓는 것과 관련 있다. 우리는 종종 상대방이 할 수 없는 것을 하기를 원한다. 우리가 원하는 모습에 부합하지 않으면 화를 낸다. 왜 부정적인 것에 초점을 맞추는가? 그렇게

넬슨 만델라는 어떻게 그를 가둔 자들을 용서할 수 있느냐는 질문을 받았을 때, 다음과 같이 답했다. "저 문에서 걸어나올 때, 그 사람들을 계속 증오한다면 나는 여전히 감옥에 있는 것입니다."

하면 부정적인 것이 더 많이 생길 뿐이다. 사람들이 우리를 실망시킬 거라고 기대하면, 실제로 그렇게 된다. 잠깐 생각해보자. 인간이기 때문에 불완전한데 내가 용서해야 하는 존재는 누구일까? 그 아이는 아이라서 용서해야 한다. 학부모를(그들이 어떤 모습으로 있든 그 존재로서) 용서하라. 교장 선생님을 용서하라. 이렇게 계속 생각하면서, 할 수 있는 한 최선을 다한다. 그러고 나서 어떤 느낌이 드는지 살펴보자. 잠깐이라도 안도감이 들거나 빛이 보인다면, 계속 그렇게 해보자. 용서는 수용을 향해 나아가는 한 걸음이다.

그리고 기억하라. 누군가를 용서하면서도, 여전히 함께 있고 싶지 않을 수도 있다. 혹은 그들의 행동이 폭력적이거나 모욕적이면, 그에 대한 불만을 제기할 수 있다.

자신을 용서하는 것에 관해: 자신을 용서하는 것은 자신의 가치를 높이는 것이다. 자기 자신의 불완전함을 받아들이고, 삶의 여정을 있는 그대로 수용하는 것이다. 용기를 가지고 자신의 행동을 바라보고, 그것으로부터 배우는 일이다.

사과apology**에 관해:** 사과는 공감을 불러일으킨다. 누군가에게 상처를 주었을 때 우리는 사과한다. 취약하고 불완전한 모습을 보여주는 것이다. 자신의 관점을 보여주기 위해, 상처를 줄 때 무슨 생각을 했는지 설명해야 할 수도 있다. 이렇게 하면 용서를 더 쉽게 받을 수도 있다. 그러나 누군가에게 상처를 주었다면, 그 사람의 반응에 상관없이 사과하라(상대방의 용서를 바라지 말고). 그렇지 않으면 진정한 사과일 수 없다.

깊이 이해하기 : 부러움

부러움을 느꼈던 때를 생각해보자. 찌르는 듯한 통증과 같은 감정 아니었는가? 이 초록색 눈을 가진 괴물, 즉 부러움을 길들일 수 있게 된다면, 삶이 어떻게 달라질까? 자신과 타인을 위한 긍휼의 마음은 부러움에 대한 해독제가 될 수 있다.

간단한 용어 정의를 해보자. 부러움은 자신이 가지고 있지 않은 것에 대한 아픔이고, 질투는 잃는 것에 대한 두려움이나 시기를 뜻한다. 이 두 가지 감정의 경계가 모호하므로 같이 분석해보고자 한다. 부러움과 질투는 우리가 가진 것과 다른 사람이 가진 것을 비교하는 데서 비롯된다. 다른 사람들을 통제하거나, 다른 사람의 일에 참견하거나, 우리가 가지지 못한 것에 집착하게 한다. 누군가를 비판하거나, 그 사람이 충실하지 못한 것을 비판하거나, 질척거리거나, 앙갚음하기 위해 행동할 수도 있다. 부러움은 두려움, 곤란함, 또는 수치스러운 감정을 야기하고, 무언가 부당하다고 주장하며 우리가 느끼는 부러움을 숨기거나 감추게 한다. 우리는 이 감정이 피해야 할 것임을 안다. 거기엔 멋지거나 정당하다고 느껴지는 것이 없다. 끔찍한 기분이 들게 하기도 한다. 부러움을 자제하지 않고 그대로 내버려둔다면, 우리의 행복은 사라지고 다른 사람들과의 관계도 어려워진다. 불교에서는 부러움을 독이라고 말했다. 나 또한 그렇게 생각한다.

부러움에 대처하기 위해 긍휼의 마음을 사용하는 방법은 다음 2가지다. 먼저, 부러움의 감정이 들면 그 감정이 나에게 말하려는 것이 무엇인지 주의를 집중해보자. 그 감정 뒤에는 무엇이 있을까? 나의 삶에서 무엇이 빠져 있을까? 부러움과 연결된 다른 감정들은 무엇일까? 슬픔도 있는가? 사랑과 인정을 열망하는 것일까? 자, 우리 자신에게 친절해지자. 부러움은 상처를 주는 부분에 관해 자신에게 뭔가를 말하고 있다. 화만 낸다면 배울 수 없다. 우리가 키우고 있는 자신에 대한 긍휼의 근육을 사용해 부러움이라는 감정을 바라보고, 그 감정과 함께 머물러보기 바란다.

두 번째로, 타인에 대한 긍휼을 연습한다면 부러움이라는 감정에서 벗어날 수 있다. 누군가가 무언가를 얻거나 성공했을 때 함께 진정으로 행복할 수 있다면, 부러움이라는 감정을 누그러뜨릴 수 있다. 모든 것을 다 가질 수 있는 사람은 없다는 것을 기억하라. 모두가 아픔을 경험하고 있다. 상호의존성, 나눔의 인간애, 상호 연결성을 인식하라. 우리는 모두 연결되어 있어서 다른 사람의 행운이 나에게도 긍정적인 혜택을 줄 수 있다.

다음은 부러움이나 질투심을 느낄 때 할 수 있는 일이다.

- **감사를 연습하라. 감사하는 것들의 목록을 적어보라. 새로운 관점을 얻을 수 있다.**
- **부러움을 자신의 상황을 개선하기 위한 동기로 활용하라. 불만족스럽다고 느끼는 삶의 영역이 있다면 뭔가를 하라. 자신이 원하는 것이 무엇인가?**
- **다른 사람 엿보기를 멈추라. 페이스북 둘러보기를 멈추고 SNS에서 빠져나와라. 이 괴물에게 먹이를 아예 주지 말라.**

삶은 제로섬 게임이 아니다. 우리는 희소한 자원을 서로 차지하기 위해서 경쟁하고 있는 것이 아니라는 점이다. 다른 사람이 사랑을 찾았거나, 휴가를 떠났거나, 베스트셀러를 출판했다고 해서 내 것이 적어진 것이 아니다. 부러움이라는 감정은 인간이 누릴 수 있는 것이 한정적이라고 느끼고, 누군가가 우리가 가질 수 없는 것을 이미 차지했다고 느끼는 데서 생긴다. 우리가 끊임없이 다른 사람들과 경쟁하고 있다는 느낌에서 온다. 그렇기에 누군가가 뭔가를 달성하면, 우리는 덜 성공했고, 덜 사랑받고, 그리고 덜 성취한 게 된다. 그러나 이것은 사실이 아니다. 기쁨과 사랑, 우정, 공동체, 그리고 풍성함에는 제한이 없다. 부러움이 느껴진다면 스스로 이렇게 말하자. '우리 모두 누려도 될 만큼 충분하다.'

부러움이 생기면, 우리의 웰빙, 회복탄력성, 유대관계가 심하게 갉아먹힐 수 있다. 부러운 마음이 치솟아오를 때, 긍휼을 도구로 사용해서 부러움이라는 감정을 살펴보고 이해하며 정면으로 마주하자.

성향 : 조망

우리 아들은 4살이었을 때 구글 어스Google Earth(구글 프로그램 중 하나로 위성사진을 통해 전 세계 모습을 확인할 수 있다. -옮긴이)를 무척이나 좋아했다. 우리 집이나 공원같이 자신이 알고 있는 장소를 구글 어스에서 검색하고, 지도상에 보이는 모든 것에 이름을 붙였다. 화면을 축소하자 아들의 눈동자가 커지면서 화면에 떠오르는 장소들을 신나게 바라봤다. 점점 더 축소하자, 우리나라, 반구, 지구가 등장했고 아들은 이를 경이로운 표정으로 보면서 질문했다. "저기가 우리가 사는 곳이야?" 지구를 내려다보며 아이는 믿을 수 없다는 듯이 물었다. "여기서는 큰 바다 같은 건 볼 수 있지만, 오클랜드에 있는 우리 집은 안 보여." 구글 어스에서 아이가 가장 좋아했던 것은 화면을 축소해서 엄청나게 광활한 땅을 보는 것이었다. "줌아웃zoom-out! 줌아웃!" 아들이 외쳤다. "모두 다 보고 싶어요!"

어느 늦은 오후, 나는 학교에서 몇 명의 부장 선생님, 교장 선생님과 함께 코칭 모임을 하고 있었다. 모임에는 긴장감이 흘렀다. 나는 읽기 프로그램에 관한 내 의견과 생각을 제시했다. 그러나 1시간 반이 지나도록 어떠한 결정도 내리지 못했다. 그때 어떠한 이유에서인지, 과거 구글 어스에 대한 아들의 열정이 갑자기 떠올랐고, "줌아웃!"이라고 외치던 작은 목소리가 떠올랐다. 나는 우리가 있는 학교 사무실을 시각화하고, 건물 위로 줌아웃하는 장면을 상상했다. '여기에선 내가 무엇을 볼 수 있을까?' 그리고 계속해서 줌아웃을 반복했다. 그럴 때마다 나 자신에게 '무엇을 볼 수 있을까?' 물었다.

이런 생각 실험을 하고 나니 뭔가 달라진 것이 생겼다. 첫 번째로, 내가 느끼고 있었던 좌절감, 피로, 짜증에서 잠시 해방감을 느꼈고, 동료 선생님들도 비슷한 부정적인 감정을 경험했으리란 사실도 알았다. 그러자 역설적이게도 혼자라는 느낌이 줄어들면서, 그들과 더욱 연결된 것처럼 느껴졌다. 우리 모두 피곤하고 짜증 나 있었다. 이렇듯 새로운 관점을 갖게 되자, 나는 '대상'으로만 보였던 동료 교사들에게 호기심을 가지게 되었고, 이들이 제안한 아이디어에 대해서도 궁금한 마음이 들었다. 줌아웃에 대한 상상을 계속할수록, 동료 교사들과 이 상황에 호기심이 생겼고, 우리의 대화를 더 넓은 지형으로 볼 수 있게 되었다. 줌아웃해보니 지상에서는 볼 수 없던 것들이 보였다.

줌아웃 상상을 마치고 내 자리로 다시 돌아왔을 때, 대화를 더 잘할 수 있는 준비가 된 기분이 들었다. 나는 진전 없던 대화에서 벗어나 결정이 가능한 방향으로 대화를 진행할 수 있는 몇 가지 전략을 제시했다. 나는 훨씬 더 침착해졌고 마음이 더 열려 있었다. 그리고 상황과 문제를 더 넓은 관점에서 볼 수 있었기에 겸손해진 마음도 들었다.

그 이후로 나는 '줌아웃' 전략을 새로운 관점이 필요할 때 사용하게 되었다. 그렇게 하면 이전과 다른 기분을 느낄 수 있고, 상황을 다른 관점으로 볼 수 있었다. 지상의 관점으로 볼 때와는 다른 행동전략을 선택할 수 있었다.

인간은 자신에게만 관심이 있는 생명체로, 대부분 자신의 한정적인 영역과 경험, 필요, 욕구와 두려움을 근거로 행동한다. 더 넓은 관점으로 마음을 열면, 자신에게 치우친 생각을 벗어날 수 있다. 더 넓은 관점을 가지게 되면 평정심을 갖게 될 뿐 아니라, 다른 사람들을 공감할 수 있고 관계를 형성할 수 있다. 결과적으로 문제상황에 대처하는 힘과 창의성이 발현될 수 있다. 이런 관점은 영향력이 미치는 영역에는 무엇이 있고, 그것을 벗어난 영역은 무엇인지 인식할 수 있게 한다. 그래서 겸손함, 수용성, 심지어 유머감각을 더욱 높여준다.

감정을 바꾸는 것은 어렵지만, 관점을 바꾸는 것은 비교적 쉬울 수 있다. 관점은 마음에 있고, 우리는 자신의 마음에 영향을 끼칠 수 있기 때문이다. 관점을 얻기 위해서는 다른 사람의 시선을 포함해 다양한 각도에서부터 상황을 바라봐야 한다. 나쁜 일이 일어났어도 그 가운데서 좋은 점을 찾아볼 수 있는가? 고군분투하는 상황에서도 기쁨을 볼 수 있는가? 조망할 수 있게 되면, 나쁜 상황에서도 좋은 것을 볼 수 있게 되고, 다른 사람의 관점에서 볼 수 있게 되며, 더 큰 맥락에서 상황을 바라볼 수 있다. 조망할 수 있게 되면 회복탄력성이 길러진다. 조망하는 것 자체가 고통스럽고 비극적인 상황을 줄여주는 것은 아니지만, 상황을 바라보는 우리의 시야를 넓혀준다. 장기적인 시각에서 상황을 보도록 하고 때로는 통찰력을 얻도록 한다. 조망 능력은 우리의 제한적인 시야와 자기중심적 사고를 벗어날 수 있게 한다.

조망하는 것은 상황뿐 아니라 건강도 개선해준다. 캘리포니아대학교의 심리학자 래리 셔비츠Larry Scherwitz 박사는 자신에 관해서 빈번하게 말하는 사람의 심장병 발병률이 더 높다고 했다. 개인적인 대명사를 얼마나 자주 사용하는가(높은 자기중심적 사고 반영)는 담배나 높은 콜레스테롤 수치, 고혈압보다 사망을 더 잘 예측하게 해주었다. 이렇게 무서운 연구와 대조적으로, 심리학자 소냐 류보머스키는 우리의 행복에 가장 영향을 미치는 것은 삶에 대한 우리의 조망 능력이고, 상황을 좀 더 긍정적으로 재구성하는 능력이라고 했다.

세상을 바라보는 방식에 따라 우리는 세상을 경험한다. 사방이 막힌 느낌이 들 때, 실망하거나 좌절했을 때, 줌아웃해 다른 프레임으로 세상을 보라. 보는 방식을 바꾸면 느끼는 방식, 행동하는 방식도 달라진다.

사랑이 유일한 길

레지 선생님은 내가 함께 일했던 가장 열정적인 선생님 중 한 분이었다. 수학과 생물을 담당했고, 매일 재킷에 넥타이를 매고 있었기 때문에 나는 그가 다른 선생님들보다 논리적이고 조금은 덜 감정적일 거라고 추측했다. 그러나 선생님은 학생들의 이야기를 할 때 매우 공감적이었다. 가끔은 목이 멨고, 눈가에 눈물이 촉촉하게 맺힐 때도 있었다. 누군가를 도와야 할 때는 누구보다 빠르게 행동했고, 본인의 친절한 행동에 대해서 타인의 인정을 바라는 것 같지도 않았다.

어느 날 오후, 도서관에서 교직원회의가 있기 바로 직전, 나는 레지 선생님이 도서관 쓰레기통을 복도에 있는 큰 수거함에 비우는 것을 발견했다. "다른 직업을 구하셨나요?" 내가 농담조로 물었다. 선생님은 고개를 저었다. "클라우디아가 오늘 다리를 절뚝거려서요." 클라우디아는 우리 학교를 청소하는 직원이다. "제가 조금이나마 도움이 될 것 같아서요. 오늘 아침 제가 이걸 비우기 전에 그녀가 여기에 왔었거든요. 아마 나중에도 올 것 같아요."

"어떻게 이렇게 착한 사람이 될 수 있었어요?" 내가 질문하자, 레지 선생님은 시선을 피했고, 조금 불편해 보였다.

"저의 믿음을 따라 하고 있을 뿐이에요."

"어떤 종교인가요?" 나는 호기심에 불쑥 말했다.

"어떤 종교를 가지고 있는가는 별로 상관없어요. 모든 종교 전통의 중심에는 사랑과 공감의 메시지가 있어요. 우리는 때로 길을 잃어요. 하지만 길은 거기에 있고, 모든 전통 안에 있고, 우리 안에도 있어요." 나는 고개를 끄덕였다. 종교에 관해 이야기하는 것이 다소 어색하게 느껴지기도 했다. 레지 선생님은 이를 눈치챈 것처럼 보였고, 이내 미소를 지었다.

"단지 종교만은 아니에요. 과학이기도 해요. 모든 연구 결과가 같은 방향을 향하고 있잖아요. 인간의 본질은 공감하는 것이라고요. 우리는 서로 연결되어 있고, 서로 배려하도록 타고났어요. 우리의 뇌는 개인의 소망을 충족할 때뿐만 아니라 다른 사람을 도울 때도 기쁨을 얻을 수 있어요. 종교와 과학은 같은 것을 찾기 위한 다른 구조입니다. 사랑이 유일한 길이에요. 사람들을 돕고 나면 저도 기분이 좋아져요. 그냥 그것이 다예요."

그날 교직원회의의 안건은 기억이 잘 나지 않는다. 대신 나는 레시 선생님이 쓰레기통을 비웠던 일을 기억한다. 내가 사랑과 긍휼의 마음을 어디로 확장할 수 있을까 고민했던 것을 기억한다. 레지 선생님이 학생들이 가장 좋아하는 선생님이었다는 것은 놀랄 일도 아니었다.

함께 생각해볼 문제

- 이 장에서 제시된 아이디어를 자신의 삶에 어떻게 적용할 수 있을까?
- 자신과 다른 사람에게 긍휼을 실천한다면 우리의 삶은 어떻게 달라질까?
- 이 장에서 제시된 아이디어 중 더 연구해보고 싶은 것은 무엇인가?

9장 • 학습자 되기

어려움을 배움의 기회로 보고, 어려움에 직면할 때마다 호기심을 가지면 해결책을 찾기가 쉬워진다. 이런 습관과 성향은 역경 속에서 살아남게 할 뿐만 아니라 이후 성장에 도움이 된다.

2월(2학기 두 번째 달): 한 해의 중반부에 이르렀다. 어떻게 자신이 학습할지, 그리고 어떻게 초심자의 마음으로 돌아갈 수 있을지 숙고해볼 시간이다. 왜냐하면 학습은 성장과 회복탄력성에 이르도록 하는 길이기 때문이다.

교사로서 가장 힘들었던 시간은 신규 교사였던 때가 아니었다. 6년 차에 접어들었을 때였다. 그때 나는 새로운 학교의 설립을 돕고 있었고, 여지껏 가르치지 않았던 새로운 학년과 교육과정을 가르치고 있었다. 가르치는 것은 어느 정도 자신이 있었다. 그러나 안개가 자욱한 산의 중턱에 서 있는 느낌이었다. 눈앞에는 지금껏 경험해보지 못한 가파른 산이 놓여 있었다. 내가 가지고 있는 지식과 학생들을 돕기 위해 필요한 지식 사이의 격차gap가 보여서 한껏 의기소침해져 있기도 했다.

학생들에게 별로 도움이 되지 못하는 교사라는 생각 때문에 교직을 그만두고 싶다는 마음이 들기도 했다. 6년 차가 되었을 때, 나는 교사로서의 역량을 어떻게 더 끌어올릴 수 있을지 그 방법을 찾을 수 없게 되었다. 나는 이직을 진지하게 고려하기 시작했다. 그때 학교를 지원하는 비영리단체에서 코치로 일하는 리즈 사이먼스 선생님을 만나게 되었다. 그녀는 유대인이었던 내 할머니를 연상시키는 분이었는데, 나는 그분을 통해서 교사로 다시 설 수 있게 되었다.

리즈 선생님은 3가지 방법으로 나를 지지해주었다. 지금껏 나의 교사 경력 동안 한 번도 나를 이렇게 지지해준 사람은 없었다. 첫 번째 지원 방법은 나에 대해서 침착하고, 흔들리지 않는 호기심을 보여준 것이었다. 나뿐만 아니라 내가 교실에서 하고 있는 일, 그리고 내가 가르치고 있는 학생들에 대해서도 호기심을 보여주었다. 내가 수업할 때 교실에 함께 앉아서 들으며 엄청난 양의 메모를 했고, 내가 수업에 대해 이런저런 생각을 때로는 아주 길게 이야기했는데도 다음과 같이 반응했다. "정말 흥미롭네요." 그러고는 잠시 멈추고 생각하더니 또 다른 질문을 했다. "왜 학생들이 그렇게 했다고 생각하나요?" 단어 하나하나에도 호기심이 스며 있었다. 이와 같은 질문들을 통해 나는 내 행동에 대한 통찰, 연결 지점, 가능성을 깨닫게 되었다.

두 번째 지원 방법은 나에 대해 굳건한 믿음을 보여준 것이었다. 내 이야기를 거울처럼 반영해주면서, 교사로서 내가 가진 기술, 강점, 성향, 지향점 등을 지지해주었기 때문에 새로운 관점으로 나 자신을 볼 수 있게 되었다. 그녀의 지속적인 격려와 지지 덕분에 자신감을 얻게 되었다.

마지막 세 번째 방법은 실행 연구의 한 방법인 '수업 탐구classrroom inquiry'를 소개해준 것이었다. 이 발견적 탐구 방법은 마치 토끼굴로 굴러떨어지는 느낌이 드는 방법이었다. 그러나 토끼굴에 떨어진 이상한 나라의 앨리스와는 달리, 나는 모든 게 이해가 더 잘 되었고, 교사로서 이전보다 훨씬 나아지고 있다는 느낌이 들었다. 에너지가 생겼고, 힘이 더 생겼으며, 학생들에 대한 이해도 더 깊어졌다. 그동안 찾기 힘들었던 문제에 대한 해결책도 발견할 수 있게 되었다. 나의 학생들, 나의 미래, 심지어 좋지 않았던 수업 등 모든 것이 탐구 절차를 거치고 난 다음에는 다르게 보이기 시작했다.

마법 같은 탐구 방법의 공간에서 무슨 일이 일어났을까? 우선 나는 쉴 새 없이 다음과 같은 질문을 했다. "왜 이런 일이 일어났을까? 내가 ~를 해보면 어떤 일이 일어날 수 있을까?" 이 공간에서는 나 자신이나 아이들 그리고 결과물에 대해서 어떤 판단도 하지 않았다. 매일 어떤 일이 일어나든 상관없이 나의 반응은 이것이었다. '오! 정말 흥미롭다.' 그러고는 이해라는 미션을 수행하면서 차근차근 탐색해나갔다.

탐구의 세계로 들어가보니, 나를 괴롭히던 문제들의 답이 바로 내 앞에—학생들에게, 내 마음속에, 그리고 접근 가능한 자원들 속에—있었다는 것을 알게 되었다. 나는 내가 문제에 대한 답을 찾고 있다고 생각했는데, 일단 답을 찾고 나니 더 많은 질문이 생겼다. 어떤 질문에 대한 답은 다른 질문으로 이어졌다. 학습의 즐거움과 성장의 기쁨, 지속적인 질문이 나를 계속 앞으로 나아가게 했다. 떠오른 질문과 자료 속에서 매일같이 헤매는 나날을 보냈다. 매일 '내일 내가 ~을 하면, 무슨 일이 일어날까?' 궁금해졌다. 그리고 생각나는 아이디어나 관찰, 특히 통찰을 얻게 된 것을 적어나갔다. 그 자료들이 쌓이기 시작했다. 그리고 나는 생각했다. '이제야 조금 알 것 같아. 나는 교사로서 점점 더 성장하고 있는 거야.'

그리고 자료를 살펴보기 시작했다. 먼저 학생들의 태도, 집중도, 그리고 노력에서 미묘한 변화를 발견할 수 있었다(내가 접착식 메모지에 기록한 것으로는, 루이가 오늘 읽기 시간을 5분만 더 달라고 간절히 요청한 것, 샌드라가 강한 여성 캐릭터가 나오는 책이 좋다고 말한 것 등이 있다). 6월에 읽기 평가를 치르고 난 다음 생각했다, '와, 올해 학생들이 아주 많이 성장했네.' 그리고 8월에 최고의 결과를 얻었다. 지난봄에 표준화 검사지를 주면서 학생들에게 말했다. "너희가 이 시험을 치를 필요가 없었으면 좋겠어. 그렇지만 상당히 중요한 테스트란다. 최선을 다하자." 검사 결과, 학생들의 독해 실력이 1년 만에 엄청나게 성장했다는 것을 알 수 있었다. 그러자 주변 지역에서 관심을 보였다. "어떻게 하신 거예요?" 사람들이 물었다. "탐구의 힘이죠." 내가 말했다.

검사 결과는 타당했고, 유용했다. 무엇보다 중요한 것은 내가 7년차 교사생활을 다시 시작했을 때, 기분이 좋았다는 것이다. 더 좋은 선생님이 되는 방법을 어떻게 배울 수 있는지 그 방법을 이제는 알게 되었으니까 말이다. 학생들을 도와줄 수 있을 것 같은 확신이 들었고, 내년이 기다려졌다(그리고 실제로 그해가 나의 최고의 해가 되었다).

교직을 그만둘까 심각하게 고민하던 해에 바로 리즈 선생님이 옆에 있었다. 그녀는 내가 다시 학습자가 되어, 밤새 나를 잠 못 들게 한 질문들에 대한 답을 찾아갈 수 있도록 해주었다.

9장에서는 다음과 같은 질문을 탐색해볼 것이다. 우리 교사는 어떻게 배우는가? 우리는 어떻게 변화하는가? 교사는 어떻게 자신의 역량을 키울 수 있는가? 교사는 어떻게 배울 수 있는 조건을 만들 수 있는가? 이 질문에 답하기 위해서, 학습에 가장 중요한 자원인 시간과 에너지를 어떻게 관리할지 자세히 살펴보도록 하자. 물론 이 질문과 함께 정서적 경험도 탐구할 것이다. 학습, 그리고 호기심과 연결된 성향에 관해 알아보면 자칫 놓칠 수 있는 회복탄력성으로 나아가는 길을 찾게 될 것이다.

이제 1년 중 절반의 시간이 흘렀을 때쯤이면 흥미로운 일이 생길 것이다. 에너지를 얻고, 스스로 노력한 증거를 발견할 수 있게 될 것이다. 학생들에게 배움이 일어나는 것도 볼 수 있을 것이다. 1년을 잘 버텨내고 있는 스스로에 대한 자신감이 커질 수도 있다. 교사가 하는 일이 무엇인지, 왜 하고 있는지도 더 선명해질 것이고, 가르치는 일에 더 마음을 쏟을 수 있게 될 것이다. 중반에 이르렀으니, 나머지 시간 동안도 열정을 다하고 싶다고 느낄 것이며, 심지어 내년에 대한 생각을 시작할 수도 있다. 내년에는 올해 한 것을 반복할지, 아니면 새로운 시도를 할지 등을 생각하면서 말이다.

한 해의 중반 지점은 교사가 자신을 학습자로서 생각할 수 있는 가장 적절한 시점이다. 그러나 이 시기에 힘이나 희망이 없거나 뭔가가 분명하게 느껴지지 않더라도 두려워하지 말라. 결과는 후반기나 내년에 일어날 수도 있다. 우리는 우리만의 스케줄과 시간표가 있다. 9장에서 제시된 내용은 실용적이고 적용 가능한 지침을 제공할 것이다.

학습하기 위해 학습에 관해 배우기

학습에 관해 공부하는 것은 힘을 얻을 수 있는 시작점이다. 자신의 학습발달과정을 이해할수록, 보다 효과적으로 성장할 수 있다. 이 과정을 이해하는 데 도움되는 2가지 이론적 틀을 살펴보기로 하자. 하나는 '역량 의식 단계The Conscious Competence Ladder'이고, 다른 하나는 '마인드 더 갭Mind the Gap'('격차를 유의하라'는 의미–옮긴이)이다.

역량 의식 단계: 배움의 여정 이해하기

인생에서 정말 배우고 싶었던 게 무엇인가? 대개 스포츠나 취미활동 같은 재미있는 것을 말하는 경우가 많다. 그럼 이미 어느 정도 배워서 상당히 능숙해진 것을 한번 생각해보자. 처음 그것을 배우기 시작했을 때 어땠는가? 배움의 여정은 어땠는가?

나는 도예를 배우고 싶어서 도예 수업을 신청한 적이 있다. 도자기 제작에 어느 정도 기술이 필요하다는 것은 알고 있었다. 하지만 물레를 돌리는 것이 얼마나 힘든 일인지는 전혀 예상하지 못했다. 한 주 한 주 배우면서 나는 등을 구부려서 반죽 덩이를 형체로 만들기 위해 사투를 벌였다. 반죽이 물레바퀴에서 미끄러져 나가기도 하고, 가운데가 갈라지기도 했다. 나는 혼잣말로 계속 중얼거렸다. "이거 진짜 어렵네. 나는 소질이 없나봐. 다른 사람들이 모두 나보다 더 잘하는 것 같아. 정말 형편없네." 그러면서 새로운 것을 배운다는 것이 얼마나 두렵고 지치는 일인지 다시 한번 생각하게 되었다. 나는 그 학기에 배운 학생들에게는 좀 더 친절하고 인내심 있는 선생님이 되었다. 나도 끈기를 가지고 도예 수업을 마쳤다. 그때 만든 짧고 두꺼운 그릇 두 개는 15년이 지난 지금도 내가 소중하게 간직하고 있는 보물이다.

학습의 경험에는 정서가 따라온다. 처음 무언가를 배우겠다는 목표를 세울 때, 우리는 얼마나 많이 배워야 할지 가늠하기가 어렵다. 새로운 주제와 기술의 폭과 깊이를 미리 알면, 낙심하거나 포기하게 될 수도 있다. 학습과정에서 경험하게 될 정서가 무엇인지 알면, 배움의 여정에 동반되는 정서를 감당하는 것이 더 쉬워질 수도 있다.

역량 의식 단계(그림 9.1)는 학습의 4가지 단계를 이해하도록 돕는 이론적 틀이다. 1970년대에 연구원 노엘 버치Noel Burch가 고든국제훈련소에서 개발했다. 이 모델에서는 새로운 기술을 학습할 때 우리의 사고과정에 영향을 미치는 요인이 있다는 것을 보여준다. 의식(알아차림)과 기술 수준(역량)이 바로 그것이다. 이 이론에서는 새로운 기술을 배우는 역량이 4단계를 거친다는 것을 제시한다.

- 무의식적 무능력. 이 단계에서는 학습할 필요가 있다거나 기술을 가지고 있지 않다는 것을 모른다. 모르기 때문에 더없이 행복하며, 자신감이 능력보다 더 높다. 이 단계에서의 과제는 배워야 할 기술이 무엇인지 파악하는 것이다.
- 의식적 무능력. 이 단계에서는 자신이 습득하고 싶은 기술을 아직 습득하지 못했다는 것을 알고 있다. 내가 힘들게 하는 것을 다른 사람들은 훨씬 능숙하고 쉽게 수행한다는 것을 깨닫는 단계다. 그래서 자신감을 잃거나 학습하려는 마음을 포기할 수 있다. 이 시기에는 불편함과 두려움, 불안감에 잘 대처하고, 자신감을 키워야 한다.

그림 9.1 | 역량 의식 단계

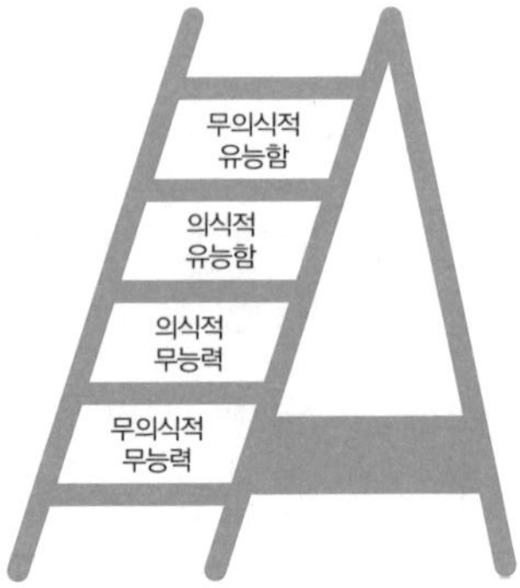

- 의식적 유능함. 이 단계에서는 자신이 습득하고자 했던 기술을 가지고 있다는 것을 안다. 규칙적인 연습으로 지식과 기술을 얻을수록 자신감이 높아진다. 하지만 여전히 이 기술을 사용할 때는 집중할 필요가 있다. 그러나 연습과 경험이 쌓일수록, 기술을 사용하는 것은 점차 자동화된다. 다음 단계로 진입하기 위해서는 가능한 한 자주 이 기술을 사용할 필요가 있다.
- 무의식적 유능함. 이 단계에서 우리는 기술이 있다는 것을 모른다. 큰 노력 없이 습득한 새로운 기술을 사용할 수 있고, 의식적으로 생각하지 않고도 과제를 수행할 수 있다. 성공에 대한 확신을 가질 수 있다. 그리고 계속 성장하기 위해서는 새롭게 습득한 기술을 다른 사람들에게 가르칠 필요가 있다. 이 과정에서 자료를 더욱 깊이 이해하고 기술의 질을 높일 수 있다. 기술을 가르치는 것이 보람될 수 있다. 주의할 점은 기술을 규칙적으로 사용하지 않으면 아래 단계로 내려갈 수 있다는 것이다.

역량 의식 단계는 학습의 여정에 수반되는 핵심적인 정서를 명확하게 제시한다. 경험을 표준화하고 예측할 수 있다면, 우리는 지속적으로 동기를 가진 상태로 있을 수도 있고 기대 수준을 일정 수준 유지할 수도 있다. 의식적 무능력 단계에 있다면, 새로운 기술을 익히는 것이 지금은 어렵고 좌절감이 느껴질 수 있지만 언젠가 익숙해질 것이라는 격려를 자신에게 하라. 그리고 자신이 무의식적 유능함 단계에 있다면, 습득한 기술을 소중히 여기고 아직 기술을 학습하고 있는 사람들에게 인내심을 가지고 대하도록 하자.

리더를 위한 제안

학습과정에 있는 사람을 안내할 때 역량 의식 단계의 이론적 틀을 사용해보자. 다음은 각 단계에 속한 사람을 위한 추가적 팁이다.

- 시작 단계(무의식적 무능력 단계)의 사람들은 아직 자신이 얼마나 미숙한 상태인지 잘 모를 수 있다. 그러므로 배워야 할 것이 얼마나 많은지, 이런 기술을 어떻게 사용해야 하는지 등을 설명해주어야 한다. 습득해야 할 기술의 단계를 보여주는 기준과 예시, 작품을 제시하는 것이 필요하다. 이 단계에서는 긍정적인 피드백을 많이 제공하고, 자신의 강점을 알 수 있도록 해주는 것이 좋다. 또 아주 능숙한 정도는 어느 정도인지 명확하고 구체적인 모델을 보여주어야 한다. 가장 중요한 것은 이 단계에서 거치는 정서의 경험을 정상화하는 것이다.
- 의식적 무능력 단계에 속해 있다면, 충분한 격려와 지지를 해주고 역량 의식 단계를 설명하자. 학습자가 배움의 과정에서 경험하는 좌절감을 이해하고 자신이 거쳐야 할 단계를 확인하는 데 도움이 된다. 성장의 사고방식(표 9.1 참조)을 높일 수 있는 전략을 사용하라. 그리고 학습자에게 아직은 배우고 싶은 것을 할 수 있는 단계가 아니라는 것을 알려주자. "아직"이라는 말이 핵심 단어다.
- 의식적 유능함 단계에서는 학습자가 학습한 기술에 초점을 맞추고, 이를 사용할 기회를 많이 주도록 하라.
- 무의식적 유능함 단계에서는 현 상태에 안주하지 않고 자신의 기술을 최신의 상태로 유지할 기회를 제공하자. 그리고 다른 사람들에게 기술을 가르칠 수 있도록 하자.

고정 마인드셋 vs 성장 마인드셋

학습의 여정을 이해하기 위한 또 다른 개념은 마인드셋, 즉 사고방식이다. 2006년에 캐럴 드웩Carol Dweck이 저술한 『마인드셋』(스몰빅라이프, 2017)은 교육 분야의 필독서가 되었다. 고정 마인드셋fixed mindset을 가지고 있으면, 지적 능력과 재능은 태어날 때부터 고정된 것이라고 가정한다. 무언가를 잘하는 것과 못하는 것, 우리의 성격과 지능, 창의적 사고력이 고정되어 있고 변하지 않는다고 여긴다. 성공은 타고난 지능을 확인해주는 것이다. 고정 마인드셋을 가지고 있으면 스스로 똑똑하고 유능하다는 느낌을 유지하기 위해, 어떤 대가를 치루더라도 성공을 얻고 실패는 피하려 한다. 그래서 고정 마인드셋을 가지고 있으면 비판을 수용하지 못하며, 도전을 피해 일찌감치 포기한다.

성장 마인드셋growth mindset을 가지고 있으면 지능과 재능이 증가하거나 감소할 수 있다고 생각한다. 성장 마인드셋을 가지고 있으면 어려움을 잘 이겨낸다. 또한 실패를 지능의 부족 때문이라고 보지 않고, 능력을 향상시키고 성장해야 할 동기로 여기게 된다. 성장 마인드셋을 지니면 인정에 대한 갈구보다 학습에 대한 열정이 생긴다. 실패는 학습의 기회가 된다.

성장 마인드셋은 회복탄력성의 사고방식이다. 드웩은 "왜 부족한 점을 극복하려 하지 않고 숨기려 하는가? 특히 상황이 잘 풀리지 않을 때, 성장하려는 열정을 갖는 것이 성장 마인드셋의 특징이다. 이것은 가장 힘든 시기에도 성공할 수 있도록 해주는 마인드셋인 것이다."라고 설명한다(Dweck, 2006).

이 마인드셋은 우리가 할 수 없는 것에 관해 근본적으로 다른 관점을 제공해준다. 성장 마인드셋을 가진 사람은 자신이 하고 싶은 것과 할 수 있는 것의 격차에 대해 호기심을 가지고 탐색한다. 그리고 발전할 수 있는 길을 찾아낸다. 마인드셋의 개념을 이해하고 자신이 어떤 마인드셋을 가졌는지 인식하면 회복탄력성을 기를 수 있는 또 하나의 방법을 얻게 된다.

마인드 더 갭: 학습요구 파악하기

나의 첫 생애 초밥 만들기는 실패로 끝났다. 거의 먹을 수 없는 수준이었다. 밥은 너무 끈적였고, 김은 탔다. 생선과 속재료 비율도 맞지 않았다. 롤도 부서졌다. 실패했다는 것을 알고 있었지만, 남편의 표정으로 실패를 재차 확인할 수 있었다. 그러나 부끄러운 마음보다는 궁금한 마음이 더 컸다. '왜 실패했을까? 다음에는 어떤 것을 다르게 해봐야 할까? 초밥을 만들려면 무엇을 배워야 하는 거지?'

"다음번"을 상상해보려면 이전의 경험이 있어야 한다. 나는 이 개념을 확장해 "마인드 더 갭", 즉 "격차를 유의하라"라는 이름을 붙였다. 이는 갖고 싶은 능력(초밥을 만들 수 있는 능력 등)과 현재 내가 가진 능력(곤죽 같은 밥과 짓이겨진 생선) 간의 격차를 집중해서 보라는 것이다. 이 개념 틀에서는 뭔가를 해낼 수 있는 우리 능력을 가로막는 요소, 즉 격차를 가져오는 요소를 6개 집단으로 구분할 수 있다고 본다. 이를 통해 무엇을 배워야 하는지, 그때의 진입 지점은 무엇인지를 알 수 있다. 그림 9.2는 "마인드 더 갭" 개념을 보여주며, 표 9.1에는 학교의 맥락에서 6개 격차 요인에 관한 정의와 예시가 제시되어 있다.

이 이론적 틀을 나의 초밥 사건에 적용했을 때, 각기 다른 영역에서 격차 요인들이 있었다. 좋은 칼이 없어서 초밥을 자르려 했을 때, 생선과 롤이 부서져버렸다. 우리 집 오븐이 고장 나서 너무 뜨거워졌기 때문에 김이 타버렸다. 시간 압박을 받고 있었기 때문에 초밥을 만들면서 동시에 세탁기도 돌리고 있었다. 초밥 만드는 전체 시간이 너무 오래 걸렸기 때문에, 인내심이 바닥났고 좌절감을 느꼈다. 어떤 종류의 쌀을 써야 하는지도 몰랐다. 필요한 능력과의 격차, 그것이 초밥 한 접시를 제대로 만들어내지 못한 내 무능함의 원인이었을 것이다. 그러나 한 영역에서의 격차는 다른 영역에서의 더 큰 격차를 초래할 수 있다. 격차는 서로 연결되어 있기 때문에 원래의 격차가 어떤 것인지 구체적으로 밝혀내는 것이 어려워질 수 있다.

그림 9.2 | 마인드 더 갭

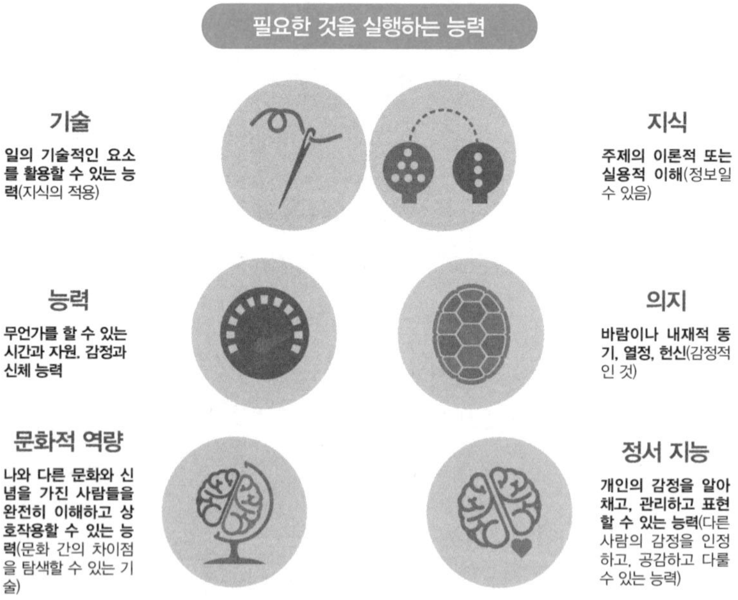

표 9.1 | 격차 요인에 관한 정의

격차 요인	정의	예시
기술	일의 기술적인 요소들을 활용할 수 있는 능력(지식의 적용)	▪ 먼저 어휘 학습하기 ▪ 토론구조 사용하기 ▪ 학급 조용히 시키기 ▪ 복잡한 방정식 해결을 위해 단계 나누기 ▪ 수업에서 달성 가능한 학습목표 설정하기
지식	주제의 이론적 또는 실용적 이해(정보일 수 있음)	▪ 다항식 이해하기 ▪ 토론 전략 알기 ▪ 학생 이름 알기 ▪ 행동 바꾸는 방법 알기 ▪ 학년 수준의 기준 알기
능력	무언가를 할 수 있는 시간과 자원(감정과 신체 능력)	▪ 학부모에게 전화할 시간 내기(방법을 알거나, 전화하고 싶거나, 학부모 상담 기술이 있을 수 있으나, 시간이 나지 않는 경우도 있음.) ▪ 수준별 학습을 위한 자료 보유하기(수준별 학습의 필요성을 이해하거나, 수준별 학습의 방법을 알 수도 있음. 수준별 수업을 진행하고 싶지만 자료를 가지고 있지 않을 수 있음.) ▪ 격분한 학부모 다루는 감정 기술 가지기 ▪ 저녁이나 주말에 진행되는 학교 행사에 참석할 수 있는 체력 갖추기
의지	바람이나 내재적 동기, 열정, 헌신(감정적인 것)	▪ 일 즐기기 ▪ 공동체에 봉사하고 싶은 마음 가지기 ▪ 교육불평등을 해소하고자 하는 소명 가지기 ▪ 학생의 학습을 돕기 위해 헌신하기
문화적 역량	나와 다른 문화와 신념을 가진 사람들을 완전히 이해하고 상호작용할 수 있는 능력(문화 간의 차이점을 탐색할 수 있는 기술)	▪ 다른 문화적 배경을 가진 학생의 문화 인정하기 ▪ 눈맞춤이 각각의 문화에서는 다른 의미를 지닌다는 것 이해하기 ▪ 교육과정의 선택을 통해 학생의 문화적 배경 인정하기 ▪ 다른 문화권 학생의 기여에 감사하기
정서 지능	개인의 감정을 알아채고, 관리하고 표현할 수 있는 능력(다른 사람의 감정을 인정하고, 공감하고 다룰 수 있는 능력)	▪ 관리자가 교실에 들어올 때 불안함이 느껴지는 것 알아차리기 ▪ 동료들이 도움을 요청할 때 경계를 세울 수 있는 능력 ▪ 대하기 어려운 학생의 짜증에 대처하는 능력 ▪ 대하기 어려운 학생과 관계 맺는 능력 ▪ 매우 흥분한 학생을 가라앉힐 수 있는 능력

교수teaching 영역에서 격차가 보일 때

이제 학교 맥락에서 이 이론적 틀을 생각해보자. 나는 신규 교사로서 나의 격차가 생기는 영역을 재빠르게 파악하고 나서, 다음과 같은 결론에 이르렀다.

- **어휘를 효과적으로 가르치지 못했던 이유는 가장 좋은 활동이 무엇인지에 대한 지식 격차가 있었기 때문이다.**
- **매끄럽게 일을 처리하는 것에 어려움이 있었던 것은 어떤 루틴과 절차가 필요한지에 대한 지식 격차가 있었기 때문이다. 조직화 기술도 부족했다.**
- **교실을 제대로 정돈하는**(수업에 필요한 용품을 찾을 수 있는) **데 있어 능력 격차가 있었기 때문이다**(나는 시간이 없었다).
- **동료 교사와 함께 일하는 데 어려움을 겪었던 이유는 정서 지능 격차 때문이다**(내가 그에게 느끼는 조급한 마음을 어떻게 관리해야 할지 몰랐다).

학교의 맥락에서 "마인드 더 갭" 개념을 적용한 다른 예가 있다. 디아나 선생님은 이번 학년도를 3달 남기고 사임한 8학년 영어 선생님의 후임으로 온 신규 기간제 교사였다. 첫 주에 선생님을 관찰하고 나니, 염려되는 부분이 보였다. 학급경영 기술이 부족해서 학생들은 학습에 참여하는 시간보다 그렇지 않은 시간이 더 많았다. 교사는 많이 지치고 긴장한 것처럼 보였다. 나는 학급경영, 루틴, 절차에 대해 집중적으로 코칭을 시작했다. 하지만 함께 논의한 전략을 잘 적용하는지 관찰해보니, 그렇지 못한 상황이었다. 모델링이 더 필요하다고 보고, 1교시에 전략에 대한 시범을 먼저 보여주고, 2교시에 이를 따라 해보도록 한 다음 관찰했다. 그것 역시 별로 효과가 없었다.

방과후에 만나서 디아나 선생님에게 생각대로 진행된 것이 있는지 물어보았다. "자신감 있게 이야기할 수가 없었어요. 선생님이 크게 말하라고 조언하신 건 알아요. 하지만 뭔가 더 필요해요. 크게 이야기할 수는 있지만, 자신이 없었어요." 디아나 선생님이 말했다.

아하! 나는 생각했다. '자신감은 감정이야.' 나는 디아나 선생님에게 기술적인 면을 코칭했던 것이다. 물론 기술적인 면도 부족했다. 그렇지만 다른 영역에서의 부족함 때문에 기술 격차도 악화된 것이다. 디아나 선생님은 수업을 열심히 하려고 했으니까, 의지가 부족한 것은 확실히 아니었다. 능력도 있었다. 선생님의 수업 시간은 4시간이었는데, 3시간은 수업 준비하고 코칭을 받고 동료 교사를 관찰하는 데 사용했다. 필요한 자료도 모두 가지고 있었다. 디아나 선생님이 지식이 부족한 상황이라는 것은 알고 있었다. 신규 교사이기 때문에 어쩔 수 없는 부분이었다. 그렇지만 나는 선생님의 감정 부분은 고려하지 못했던 것이다.

"가르칠 때 어떤 감정이 드는지 이야기해주세요." 내가 말했다.

디아나 선생님은 한숨을 내쉬며 말했다. "이게 정상일 것 같기는 한데요, 제대로 하고 있지 못하다고 생각하면 긴장돼요. 교장 선생님께서 저를 채용한 것을 후회할 것 같기도 하고, 가르치는 일이 저와 맞지 않는 것 같다는 생각도 들어요. 교사가 되는 것은 제가 1학년 때부터 계속 원했던 것인데, 실패할 것 같아서 무서워요."

"네, 그것은 정상적인 감정이에요." 나는 단언했다. "교실 문을 열고 들어가서, 학생들을 도입 활동으로 이끄는 그 순간을 생각해보세요. 그때 어떤 기분이 드나요?"

"긴장돼요. 학생들이 조용히 하지 않을 것 같고, 저는 통제력을 잃을 것 같고, 학생들은 반항할 것 같아요." 디아나 선생님은 나를 의식하며 웃었다.

"솔직하게 말해줘서 고마워요. 그래서 두려운 거죠?" 내가 말했다.

"부끄럽네요. 그런 것 같아요. 뭔가 잘못된 것 같은데, 그렇죠? 학생들을 두려워하면 안 되는 거잖아요." 디아나 선생님이 탄식했다.

"솔직하시네요. 선생님을 두렵게 만드는 학생들에 대해 어떻게 생각하세요?" 내가 물었다.

"먼저, 학생들이 저보다 키가 커요. 그리고 학생들이 잘 이해되지 않을 때가 많아요. 제 학창시절과 다르게 목소리도 훨씬 크고요. 옷도 다르게 입어요. 말도 다르게 하고요. 오클랜드에서 가르치고 싶었는데, 학교가 이렇게 멀리 떨어진 곳이라는 것을 미처 몰랐어요." 선생님이 말했다.

뭔가 감이 오는 것이 있었다. 디아나 선생님은 문화적 역량의 격차를 겪고 있었다. 선생님은 학생들처럼 유색인이었지만 문화적 배경이 비슷하지는 않았다. 선생님은 대학교수인 부모님 밑에서 자란 중상위층이었다. 그래서 학생들의 언어적 혹은 비언어적 신호를 해석하는 방법을 몰랐다. 이 때문에 정서 지능의 격차가 심화되었다.

나는 코칭의 접근 방향을 새로운 기술을 전달하는 동시에 문화적 역량을 길러주는 것으로 바꾸었다. 학생들에게 명확하게 안내하는 방법과 눈맞춤을 해석하는 법(혹은 눈맞춤이 부족한 상황을 해석하는 법) 등을 다루자, 선생님은 점차 자신감을 얻기 시작했다. 어느 날, 선생님이 말했다. "이제는 제가 그렇게 나쁜 선생님 같지 않아요. 그저 문화적 역량이 부족했던 거겠죠? 언젠가 저도 학생들을 편하게 느끼겠죠?"

"그럼요." 나는 고개를 끄덕였다.

"다행이에요." 그리고 얼마 뒤, 디아나 선생님은 아이들이 조금씩 편해졌다고 말했다. 이렇게 한 발 한 발, 해를 거듭할수록 선생님은 더 좋은 교사가 되기 위해 필요한 역량을 조금씩 발전시켜나갔다.

격차의 상호 연결성과 위계

앞에서 언급했듯이, 격차들은 서로 연결되어 있다. 교사가 무언가를 해내려 하면, 영역별로 격차의 크기가 어느 정도 되는지 이해할 필요가 있다. 그다음 어떤 것이 더 근본적인 원인인지도 고려할 필요가 있다. 그러나 때때로 이런 격차들은 선형적으로 연결되기보다 상호 연결되어 있다. 그래서 몇 가지가 동시에 근본적인 원인이 될 수도 있다. 이 이론적 틀은 과학이라기보다는 통찰을 이끌어내기 위한 도구인 것이다.

이 개념을 피라미드(그림 9.2)로 보여줄 때, 나는 위계구조를 제시했다. 정서 지능과 문화적 역량은 다른 영역의 기초가 된다. 기술 격차는 정서 지능의 격차를 야기할 수 있다. 그러나 정서 지능이 단단하지 않으면 다른 영역의 격차를 제대로 메울 수 없다. 의지 격차와 정서 지능의 격차 경계는 희미할 수도 있다. 어떤 면에서는 의지도 감정이지만, 나는 이를 별개의 것으로 구분하고자 한다. 왜냐하면 공포나 수치심 같은 감정을 경험했을 때, 이를 의지 격차 탓으로 돌리는 경우가 많기 때문이다. 감정에 제대로 대응하지 못하면, 의지 격차 때문이라고 하는데 실제로는 그렇지 않다. 의지 격차 때문이 아니라 정서 지능 격차 때문일 수 있다고 생각할 수 있다면, 행동의 선택 폭이 훨씬 더 넓어질 것이다.

학교에서는 어른에 대해서건 아이들에 대해서건, 수업에서건 연수에서건, 기술과 지식에만 초점을 맞추는 경향이 있다. 가끔 위기감을 조성하거나 임무와 목적에 열정을 지피기 위해 의지의 중요성을 제시하기는 한다. 이따금 능력capacity에서의 격차에 주목하는 경우도 있지만, 간과되는 경우가 더 많다. 교장들이 한 해에 7가지나 되는 새로운 계획안이 있는데 시간이 없어서 제대로 시행되지 못했다는 것을 아쉬워하는 모습을 보면 이는 더욱 명백해진다. 기본 영역인 정서 지능, 문화적 역량도 도외시되는 경우가 많다. 가장 최근의 연수는 무엇에 관한 것이었는가? 선배 교사가 여러분을 호되게 꾸짖을 때 마음을 진정시키는 방법에 관한 것이었는가? 매일 아침 엄마가 교실로 데려다줄 때마다 울음을 멈추지 않는 초등학교 1학년 학생을 다루는 방법에 관한 것이었는가? 영어를 배워야 하는 학생들이 서로 스페인어로 대화해서 그 말을 교사가 알아듣지 못할 때 느낀 불편함을 해결할 방법에 관한 것이었는가? 또는 회의할 때마다 힘들어지는 부서 내 갈등을 어떻게 처리할 것인가 하는 방법이었는가? 이러한 기본적인 역량에 관심을 가지면, 기술과 지식의 영역에서도 더욱 많이, 더욱 빠르게 성장할 수 있다.

이 이론적 틀을 사용하는 방법

학습자의 입장에서 판단은 보류한 채, 호기심을 가지고 성장 마인드셋을 취하는 데 필요한 자료로 이 이론적 틀을 사용해보자. 우리는 모두 격차를 가지고 있다. 살아가는 동안 계속 이런 격차를 경험할 것이다. 모든 것을 할 수 있는 능력을 가지고 사는 사람은 없기 때문이다. 격차가 있다는 것은 아직 배우고 성장할 것이 있다는 것을 의미한다. 격차가 있지만 기쁨을 얻기 위해 배울 수 있고, 기쁨과 명확성을 가지고 격차를 바라볼 수 있다. 이 이론적 틀은 사고의 결핍을 찾거나 약점을 찾아내기 위한 것이 아니다. 우리의 진정한 잠재력을 인식하고 그것을 충족시키는 방법이 무엇인지를 진단하기 위한 것이다. 자기판단이나 비판을 위한 도구도 아니다. 이 도구를 유용하게 사용하는 데 어려움을 느낀다면, 이 이론적 틀에 대한 감정을 보다 면밀하게 살펴보자.

이는 행동을 위한 지침이기도 하다. 어떤 격차가 있는지가 명확해지면, 그것을 채울 수 있는 행동이 무엇인지에 대한 통찰력도 얻을 수 있다. 스스로 생각하는 격차의 부분이 무엇인지 더 살펴볼 필요도 있다. '내가 정말로 다항식에 대한 지식이 부족한가? 아니면 학생들이 이해할 수 있도록 설명하는 방법을 모르는 것인가?' 교사 자신도 학습자로서의 기반을 단단해지도록 이 이론적 틀을 사용해보자.

리더를 위한 제안

- 리더의 중요한 역할은 학습을 위한 최적의 조건을 만드는 것이다. 학생, 교사, 그리고 자신을 위해서 말이다. 학습자가 되는 것이 어떤 것인지 모범을 보이고 학습 방식을 공유하며 리더가 학습하는 것을 교사들이 직접 볼 수 있게 하자. 멘토와 코치를 구하고, 기록하고, 동료 교사들과 함께 학습할 수 있는 환경을 만들자.

슬픈 일요일이 되지 않게 하는 법

이 책에 나온 제안을 읽으며 '나도 이렇게 하고 싶지만, 시간이 없어.'라고 생각했던 수많은 순간이 떠올랐을 것이다. 교사가 학습자가 되기 위해서는 질문하고 동료들과 함께 책을 읽고, 글을 쓰고, 읽은 책을 가지고 같이 이야기하기 위해 시간을 어떻게 사용하고 있는지 먼저 이해할 필요가 있다. 그 이유는 2가지다. 첫째로, 시간을 잘 관리하면 학습할 기회가 많아진다. 둘째, 대부분의 사람은 시간관리 방법에 관한 지식과 기술을 갖추지 못했다. 지식의 격차를 먼저 살펴보자.

오랫동안 나는 일요일을 두려워했다. 토요일도 거의 즐기지 못했다. 왜냐하면 힘들고 단조로운 하루였기 때문이다. 빨래하고 장보고, 채점하고 수업 준비하는 일만 했다. 몇 주 동안 금요일마다 무거운 가방을 가지고 퇴근했다. 가방에는 학생들이 만든 결과물, 교육과정 가이드, 청소년 소설, 그리고 토요일 아침에 커피를 마시며 공원에 앉아 읽으려고 했던 전문적인 자료 몇 편을 담았다. 그러나 주말 내내 현관문 앞에 던져둔 가방은 건드리지도 않았다. 월요일마다 그 가방을 그대로 들고 나오며 다가오는 문학 독서모임을 위해 다음 주에는 저 청소년 소설을 반드시 읽겠다고 다짐했다.

일요일에 즐겁게 쉬거나 다른 생산적인 일을 하면서 보내는 것도 아니었다. 수업계획서를 커피 테이블에 놓고 자주 소파에 누웠고, 넋두리를 많이 늘어놓았다. 깜빡 졸기도 했다. 그러다가 급히 처리할 일을 발견한다. 예를 들어, 고양이 손톱 다듬어주기 같은 것들이다(디지털 기기에 빠지기 전의 이야기다). 보통 빨래하고 난 뒤 1~2차시의 수업을 계획한다. 월요일 아침에는 두려운 마음으로 일어나 준비가 안 됐다고 생각하며 스스로에게 실망스러운 마음을 안고 학교로 출근한다.

그러나 1~2년 사이에 일어난 몇몇 순간 때문에 나의 주말(그리고 주중) 루틴이 달라졌다. 나는 미루는 버릇에 지쳐서 몇 가지 일과를 수정했다. 얼마 뒤 수정한 일과가 쌓이자 시간의 변화가 일어났다. 7년차 교사가 되었을 때는, 방과후 매일 확실히 정해진 루틴이 생겼다. 당일 실시한 학생들의 형성평가를 검토하고, 다음 날 계획을 수정했다. 금요일 오후에는 학생들이 교실 밖으로 나가자마자, 2~3시간 동안 다음 주 수업을 준비했다. 엄청 피곤했지만 고도로 집중력을 발휘했다. 늦어도 6시에 퇴근하고, 퇴근할 때는 책 한 권 정도만 들고나왔다. 그리고 남편을 만나 가장 좋아하는 초밥 식당에서 규칙적으로 금요일 밤의 저녁식사를 했다. 일요일에는 가끔씩 수업을 다시 살펴보며 수정하거나 다른 자료들을 모았다. 또는 한 단원의 장기적인 수업계획도 세웠다. 그리고 오후 5시까지는 모든 일을 끝내고, 저녁 시간은 책을 읽거나 영화를 보고, 친구들을 만나거나 식사 준비를 하며 보냈다. 월요일 아침에는 상쾌하게 일어날 수 있었고, 활기차게 한 주를 보낼 준비를 할 수 있었다.

이제 일요일을 싫어하거나 월요일을 두려워하며 준비되지 않은 채 학교에 갈 필요가 없다. 할 일을 끝내고 활력 있게 하루 24시간을 알차게 살 수 있다. 주말을 활기차게 열 수 있도록 시간과 에너지를 관리하는 데 도움이 되는 습관과 행동에 관해 이야기해보겠다.

시간 기록 작성하기

어떤 해부터인가 나는 우리 교장 선생님의 권유로 시간 기록을 시작했다. 기록해보니 나는 1주에 70시간을 일하고 있었다. 내가 시간을 비효율적으로 사용하고 있다는 것을 알고 있었지만 그 이유는 알 수 없었기 때문에, 무엇을 바꿔야 할지도 몰랐다. 시간 기록을 1주일간 부지런히 작성하면서 깜짝 놀랄 만한 사실을 발견했다. 시간 기록을 보고 내가 내린 결론은 다음과 같다.

1. 가장 에너지 넘치는 시간에 가장 중요한 것을 하지 않았다. 학생들이 오는 시간보다 90분이나 먼저 출근했는데도, 그 시간 대부분을 아무 생각 없이 그저 바쁜 일을 하며 보냈다.
2. 학부모 자원봉사자나 학교 직원에게 부탁해도 되는 일을 혼자 하고 있었다. 복사, 상자 접는 일, 책 정리하는 일 등은 요청할 수 있는 일들이었다. 내가 할 일은 잘 정리해서 부탁하면 되는 것이었다.
3. 몇 가지 업무에 대해서는 필요한 시간을 너무 적게 잡고 있었다. 방과후에 5가지 일을 하려고 했는데, 첫 번째 일에만 거의 모든 시간을 소요했다. 그 결과 성취한 것에 대해 만족감을 느낄 수 없었다.
4. 일의 우선순위를 정하지 않았기 때문에 업무처리 방법을 사려 깊게 결정하지 못했다. 덜 의미 있는 작업(게시판에 붙이는 사진 자르기 같은)에 더 몰두했다. 왜냐하면 어떻게 해야 할지 방법을 모르는 일(쓰기 수행평가 채점하기 등)은 피하게 되었기 때문이다.
5. 일에 압도당하는 느낌이 들어서 쉽게 산만해졌다.

시간 기록을 하면서 나는 정신이 번쩍 들었다. 교장 선생님께 내가 깨달은 것을 이야기하면서 부끄럽다는 생각이 들었다. 하지만 행동을 변화시키는 방법은 명확히 알 수 있었다.

하고 싶은 것을 할 시간이 없다고 느껴진다면, 자신에게 먼저 '내 시간이 실제로 어디에 사용되고 있지?' 질문해보자. 교사 여러분이 사용하고 있다고 생각하는 곳이 아니라, 실제로 사용되고 있는 곳을 말하는 것이다. 이것을 알아내기 위해서는, 내가 시간을 어떻게 사용하고 있는지 적어볼 필요가 있다. 1주일, 매일, 매시간 무엇을 하고 있는지 적어보자. 적지 않으면 이후에 제시하는 시간·에너지 관리 전략(표 9.2에 요약되어 있고, 다음 부분에서 논의한다) 중 어떤 것을 실천하면 좋을지 정하기가 어려울 것이다.

| 표 9.2 | 시간·에너지 관리 전략

- 계획의 오류 직면하기
- 일을 나누고 쪼개기
- 할 일 목록 작성하기
- 일정표 따르기
- 집중하는 방법 활용하기
- 여러 가지 업무를 동시에 하지 않기
- 잠시 멈추고 다시 하기
- 가장 어려운 일부터 먼저 하기
- 동료에게 도움 요청하기
- 작은 성과 축하하기

시간을 관리하라

내가 신규 교사였을 때, 표 9.2에 제시된 습관을 알았더라면 좋았을 것 같다. 나는 단지 내가 잘 미루거나 정리를 제대로 못해서 일을 늦게 끝내는 것이라고만 생각했다. 나는 시간 관리를 왜 못하는지를 두고 다양한 종류의 스토리를 만들어냈다. 그러나 정작 내게 필요했던 것은 시간 관리에 관한 몇 가지 기본적이고 기술적인 팁이었다.

다음은 교사에게 유용하다고 생각하는 시간 관리 전략이다.

계획의 오류 직면하기. 사람들은 일을 끝내는 데 소요되는 시간을 적게 잡거나, 과제를 끝내기 위해 쓸 수 있는 시간이 충분하다고 생각하는 경향이 있다. 지금이 12월 1일이라고 가정해보자. 성적은 12월 14일까지 산출해야 한다. 그러면 몇 주가 남아 있다고 생각하고, 올해 성적 처리는 시간이 그렇게 오래 걸리지 않을 거라고 생각한다. 그러나 성적 처리 완료 전에 평가해야 할 최종 프로젝트는 까마득하게 잊고 있거나, 학생별로 최종 프로젝트를 보는 데 걸리는 시간을 고려하지 않은 상태다. 성적 입력을 위해 소요되는 시간과 성적 처리 프로그램 과정에서 어쩔 수 없이 발생하는 기술적인 문제해결을 위해 소요되는 시간도 고려하지 않은 것이다. 결국 기한이 되기 전 주말을 이용해 작업하려고 한다면, 총 26시간이 필요하다는 것을 발견하게 된다.

시간 기록을 해보면 실제로 일을 마치는 데 걸리는 시간을 알 수 있다. 일의 소요 시간을 낙관적으로 적게 잡는 것이 아니라 현실적인 계획을 세울 수 있게 된다. 나는 과거에 종종 계획의 오류를 범했기 때문에, 현재는 일을 마치는 데 걸릴 것이라고 예상하는 시간의 2배를 계획한다. 과제를 조금 일찍 끝내면 성취감을 느낀다. 오늘 저녁 학부모 2명에게 전화해서 학생에 관한 좋은 소식을 말할 계획인가? 이 일에 10분 정도 걸릴 거라고 생각하는가? 그러면 20분을 배정하자.

일을 나누고 쪼개기. 큰 프로젝트는 작은 단계로, 즉 완료하기 쉬운 단계로 나누면 한 번에 1가지씩 집중할 수 있다. 미루는 습관 때문에 힘들다면 이 방법은 특히 도움이 된다. 성적표 작성 업무의 각 단계를 목록으로 만들어 적으라. 그리고 1가지씩 끝낼 때마다 체크 표시를 하며 성취감을 느껴보자.

할 일 목록 작성하기. 해야 할 일의 목록을 작성하고, 우선순위를 정하자. 그리고 각각의 일에 필요한 소요 시간을 적어보자. 현실적으로 생각하자. 계획에 오류가 있을 수 있다는 것을 기억하자. 할 일과 소요 시간을 달력에 적어두자.

일정표 따르기. 채점기준표를 인쇄하고 싶은 마음이 들 때까지 기다리지 말자. 일정표에 아예 적자. '목요일 3:30-4:00 채점기준표 인쇄하기.' 그리고 그 일정을 지키려고 노력하자. 또한 일정표에 쉬는 시간과 점심시간, 처리해야 할 다른 일들을 수행할 여유 시간도 배정하자. 항상 일은 갑자기 발생한다. 매주 갑작스럽게 시간이 필요할 것이라고 예상하자. 그러면 갑자기 일이 생겨도, 계획을 망치지 않을 수 있다.

집중하는 방법 활용하기. 집중해야 할 일이 있다면 집중할 수 있도록 돕는 방법을 찾아보자. 예를 들어, 휴대폰을 다른 방에 두거나 '방해하지 마시오' 표시를 붙여둘 수 있고, 인터넷 연결을 끊어둘 수도 있다. 컴퓨터의 알림을 꺼두거나 하루 중 미리 정해둔 시간에만 이메일 답장을 할 수도 있다. 머리를 많이 써야 하거나 지루한 일을 하려고 앉아 있을 때는, 휴대폰을 방해금지 모드로 해둔 후 45분 타이머를 설정할 수도 있다. 그 시간 동안, 움직이거나 다른 일을 하지 않는다. 시간이 되면 5~10분간 휴식을 취한 뒤, 다시 타이머를 설정한다. 이런 생활에 익숙해지는 데 시간이 걸렸지만, 이제는 익숙해졌고 이에 따라 잘 행동한다. 3시간쯤 일한 후에는 보다 긴 휴식을 갖고, 몇 시간 더 일한다. 나는 내 모든 책을 45분씩 일하는 방식으로 썼다.

여러 가지 업무를 동시에 하지 않기. 여러 가지 일을 동시에 하는 것은 생산성을 심각하게 떨어뜨린다. 한 가지 일에서 다른 쪽으로 주의를 일시적으로 돌리는 것, 즉, 이메일에 답신하려고 잠시 멈추거나 전화를 받는 것은 주된 업무를 완료하는 데 필요한 시간을 25% 증가시킨다. 게다가 이메일에 답신하거나 페이스북을 보거나 다른 사소한 일에 정신이 팔리면 즉각적인 만족감이 생겨 우리 뇌는 도파민을 분비한다. 그래서 어떤 사람에게는 충동적으로 SNS나 이메일을 확인하는 것이 중독으로 여겨질 수도 있다.

에너지를 관리하라

시간 관리와 에너지 관리는 약간의 차이가 있다. 생산성 분야 전문가들은 에너지 관리에 온전히 집중해야 한다고 말한다. 그리고 2가지는 밀접하게 연결되어 있다고 본다(Schwartz and McCarthy, 2007). 앞서 제시한 시간 관리 전략이 에너지 관리 전략이 될 수도 있다. 그렇지만 여기에서는 시간 관리 전략처럼 보이지만 에너지 관리에도 도움이 될 수 있는 전략을 몇 가지 더 살펴보자.

잠시 멈추고 다시 하기. 90분에서 120분마다 우리 몸은 짧은 동안이라도 회복을 위한 시간이 필요하다. 하품이 나거나, 제대로 쉬지 못한다고 느끼거나, 집중하는 것이 어렵다고 느껴질 때는 잠깐 휴식을 취하고 업무와 자신을 완전히 분리하자. 일이 아닌 다른 것에 관한 이야기를 동료와 나누거나, 좋아하는 노래를 듣거나, 계단 몇 개를 오르내리거나 주변을 산책해보자. 명상과 심호흡도 회복을 위한 전략이다. 얼마나 시간을 들이는가보다 활동의 질이 더 중요하다. 90~120분마다 이렇게 한다면, 온종일 에너지 수준을 유지하는 데 도움이 된다.

가장 어려운 일부터 먼저 하기. 선택할 수 있다면, 가장 어렵고 가장 머리를 많이 쓰는 일을 아침 일찍 하자. 사람의 뇌는 일어난 지 2시간에서 4시간 지났을 때 가장 날카롭고 잘 단련된 상태다.

교사들에게 특히 권유한다. 학교 일정에 관해서는 관여하는 데 한계가 있을 것이다. 그러나 주말 시간을 어떻게 보낼지 계획을 세우고, 토요일이나 일요일 아침에 수업 준비를 다 해버린다면 무슨 일이 일어날까? 일요일 오후에 준비하는 것보다 훨씬 더 빨리 끝낼 수 있다.

교장 선생님에게 권한다. 일정에 훨씬 융통성이 있다는 점을 고려해, 이메일 작업, 급한 일, 전화, 회의 등은 오후로 잡고, 정신적으로

난이도 있는 일을 오전에 하자.

동료에게 도움 요청하기. 물리적으로 가깝게 친구를 두는 것만으로도 생산성을 향상시킬 수 있다. 산만한 사람들은 옆에 누가 있을 때(비록 그 사람이 코치하거나 도와주는 게 아닐지라도) 과업 완수를 더 잘한다. 교실 정리나 산더미같이 쌓인 쓰기 채점하기, 데이터 입력하기 같은 지루하고 어려운 일이 있다면, 친구나 동료에게 옆에 있으라고 부탁해보자.

작은 성과 축하하기. 아주 작은 성공에 대해서라도 자신을 칭찬해주자. 뭔가 나아지고 있다는 것을 확인하면 동기가 더욱 커진다. 학생의 과제를 읽을 때, 이미 확인한 과제도 성공의 증거로 눈앞에 놓아두자. 일 하나를 끝낼 때마다 10초간 눈을 감고 자신에게 얼마나 잘했는지, 얼마나 잘 집중했는지 말해주자. 이렇게 하면 감정의 배터리가 재충전되고 다음 과제를 채점하는 것도 더 쉬워진다.

시간과 에너지를 관리하는 습관을 가지면, 매일 신체적으로 감정적으로 기분이 좋아진다. 그러면 이 책에서 내가 제안한 활동, 즉, 자기돌봄과 자기성찰, 공동체와 함께하기, 학습에 전념할 힘도 얻게 될 것이다. 주말은 활력을 되찾고, 업무에서 오는 스트레스에 대해 면역력을 기를 수 있는 기회가 될 것이다. 회복탄력성을 기르기 위해서는 수십 가지의 행동을 내재화할 필요가 있다. 이러한 행동을 아는 것과 직접 하는 것 사이에서의 차이는 단지 하나의 기술적 지식과 기술의 차이에 불과할 수 있다.

리더를 위한 제안

- 성인과 아이들은 90~120분마다 휴식 시간을 필요로 한다. 전체 일정을 계획하고 있다면, 일과 중 교사의 휴식 시간을 제공할 방법을 생각해보자.
- 전문적 학습공동체나 연수를 오전에 하고, 수업을 늦게 시작하는(일찍 보내는 것보다) 방법도 고려해보자. 그러면 모든 구성원이 좀 더 초롱초롱한 눈빛으로 인지 활동에 적극적으로 참여할 수 있을 것이다.

맥락에 대한 이해 : 학습을 위한 조건

9장에서 나는 교사가 하고자 하는 것과 현재 능력 사이의 격차를 줄이기 위해 학습의 주도권을 교사가 가지도록 권장했다. 그러나 우리가 진공 상태에서 존재하는 것은 아니므로 교사가 학습할 수 있는 최적의 조건을 아는 것은 중요한 일이다.

학습을 위해 필요한 시간

> 다른 사람들의 실수에서 배우자. 혼자서 모든 실수를 겪을 만큼 오래 살 수 있는 사람은 없다. – 엘리너 루스벨트, 미국의 사회운동가

가르치는 일 같은 복잡한 분야의 전문가가 되기 위해서는 1만 시간 정도의 훈련 시간이 필요하다. 이 정도 훈련을 하려면 5년에서 7년 정도가 된다. 그러나 이 시간 동안 혼자 실력을 갈고닦는다고 해서, 교사의 전문성이 구비되는 것은 아니다. 혼자 실습하는 것으로는 완벽해

지기 어렵기 때문이다. 피드백과 교정, 개선의 과정을 거치면서 실습해야 발전이 있다. 완벽한 것은 없기 때문이다.

교육자에게는 교육과 리더십 코치가 필요하다. 1만 시간의 훈련과 피드백이 필요하기 때문이다. 코치는 훈련을 촉진하고, 피드백을 위한 기회를 만들어주며, 자기성찰 능력을 개발해주고, 해마다 비효율적이고 똑같은 행동을 반복하지 않도록 안내한다. 효과적이고 교육적인 코칭만이 유일한 방법은 아니지만, 교사의 성장을 위해 이 방법의 효과는 많은 연구가 되기도 했고 그 결과가 입증된 방법이기도 하다. 1만 시간이 넘었어도 코칭은 전문가들이 지속적으로 기술을 갈고 닦는 방법이다. 정상에 있는 운동선수에게도 코치가 있다.

리더를 위한 제안

- 교사의 기술과 학생의 학습을 향상시키기 위해서는 한 영역에서 50시간 정도의 연수를 들어야 한다는 연구 결과가 있다(Darling-Hammond, Wei, Andree, Richardson&Orphanos, 2009). 이 50시간에는 코칭도 포함된다. 교육 코칭도 교사 연수의 한 형태이기 때문이다.
- 교사의 연간 연수 계획을 작성하고 있다면, 이 숫자를 염두에 두자. 1가지 기술을 정말로 능숙하게 하고 싶다면, 프로그램과 목표, 실행 계획의 가짓수를 제한할 필요가 있다. 시간을 세어보고 기술 향상을 위해 반드시 한 분야에 50시간은 투자하도록 하자.
- 지금이 바로 이 사실을 염두에 두고 올해의 교사연수 계획을 재구성할 최적의 시간일 수 있다.

우리의 뇌가 필요로 하는 것

인간의 뇌가 학습을 최대로 하기 위해서는 몇 가지 기본적인 생물학적 조건을 필요로 한다. 최적의 기능 상태와 학습 몰입을 위해서는 산소가 필요하고(산책을 할 필요가 있다), 포도당도 필요하다(아몬드나 건과일을 한 주먹 먹자). 또한 뇌는 아미노산을 포함한 영양분을 필요로 한다(먹는 것이 중요하다). 영양과 최적의 뇌 기능과 관련해 내가 배웠던 모든 것 중에서는 아미노산이 가장 중요했다. 영양사와 상의해보거나 인터넷에서 검색해보고 건강기능식품 상점에 가서 점원과 5-HTP와 DLPA, SAMe 같은 다양한 효능을 가진 영양보충제에 관해서 이야기해보자. 아미노산 보충제를 섭취하면 집중력과 수면, 기분 등 더 많은 것에서 놀라운 효과를 볼 수 있다. 물론 나는 영양학자가 아니고, 사람마다 그 효과는 다를 것이다. 그러니 자기 자신을 한번 연구해보자. 뇌가 고마워할 것이다.

학습조직의 필요성

학습조직은 말 그대로 모두가 배우는 조직이다. 교장, 상담가, 학생 모두를 포함한다. 교사들은 특별한 학습조직에서 활동하면 높은 기능 수준까지 발전할 수 있다. 학교에서 학습조직을 운영하면, 학교는 성공한다.

다음의 문장을 현재 근무하는 학교의 환경에 적용해 동의하는 정도를 1~5점까지로 하고(5점은 완전히 동의하는 경우) 점수를 매긴 후 합계를 내보자.

- 나는 동료나 관리자의 의견에 동의하지 않을 수 있다. 나는 어떤 종류의 질문도 할 수 있다.

- 나는 위험을 감수하고 새로운 것을 시도하도록 격려받고 있으며, 또 그렇게 하고 있다.
- 나는 동료나 관리자와는 다른 의견을 표현할 수 있다.
- 나는 일을 잠시 멈추고 내가 겪어온 과정을 깊이 성찰하며 경험으로부터 배울 수 있는 시간을 낼 수 있다.
- 나는 내 일에 관해 다양한 곳(동료와 관리자 포함)에서 피드백을 받는다.
- 나는 내가 배운 것을 다른 사람들, 조직 밖의 사람들과도 공유한다.
- 리더들은 자신의 학습과정을 보여주며, 학습자로서 실천하는 면에서 본보기가 되고 있다.

총 합계가 28~35점 사이라면, 강한 학습조직에서 근무하는 것이다. 20~27점이라면 학습조직이 될 수 있는 곳에서 근무하고 있다. 20점 이하는 현재 근무하는 곳이 약한 학습조직이다. 내 다른 책 『팀 코칭의 기술』에서 더 폭넓은 학습조직의 지표를 참조하라.

리더를 위한 제안

- 성장과 학습에 도움이 되는 조건으로 진정한 학습조직을 구성하는 것은 리더의 일이다. 여기서 리더는 큰 영향력을 행사할 수 있고, 학교에서 일어나는 일과 학생들에게 큰 영향을 미칠 수 있다. 부디 학습조직 구성 방법에 관해 계속 연구하자. 쉽지 않은 일이다.

깊이 이해하기: 수치심

수치심은 뇌에서 학습회로를 차단한다. 수치심 때문에 우리는 숨고 싶거나 사라지고 싶고, 위험 감수를 하거나 질문하는 것을 주저하게 된다. 수치심은 모든 감정 중에서도 가장 악성에 해당한다. 수치심을 다룬 다음의 간략한 논의가 여러분의 삶에서 수치심에 관해 깊이 생각해볼 기회가 되었으면 한다. 수치심이 행복과 웰빙에 큰 영향을 미칠 수 있다고 생각한다면, 그것을 없앨 수 있는 근거를 찾기 바란다. 수치심이 높으면 학습과 회복탄력성을 키우는 능력이 근본적으로 약화된다.

수치심은 스스로 잘못했거나, 부족하거나, 부적절하거나, 충분치 않다고 느끼는 감정이다. 연속선상의 한쪽 끝에서는 부끄러움(살짝 넘어지거나 트림같이 사소한 실수로부터 느껴지는 가벼운 형태)에서부터, 다른 한쪽 끝에서는 자신이 속까지 나쁘다고 느끼는 만성적인 수치심까지 다양한 정도로 경험할 수 있는 수치심의 스펙트럼이 존재한다.

죄책감과 수치심은 다르다. 우리는 다른 사람에게 부정적인 영향을 끼쳤을지도 모른다는 것을 알았을 때 죄책감을 느낀다. 이는 자신에 대한 감정이 아니라 행동에 대한 회한의 감정이다. 죄책감은 책임감을 유발하고 행동을 바꾸도록 동기화할 수 있으므로, 수치심보다는 더 유용한 감정이다.

화와 남을 탓하는 마음이 많이 느껴진다면(혹은 다른 사람에게서 그런 감정을 본다면), 수치심은 그 감정들 아래 숨어 있을 수 있다. 화를 내거나 다른 사람을 탓하는 것으로 투사하는 방식은 수치심을 없애는 데 별로 도움이 되지 않는 비효과적인 방법이다. 수치심과 비교할 때, 화는 수치심보다는 좀 더 편안한 감정이다. 다른 사람을 비난하는 것은 마치 통제력이 생긴 것처럼 느끼게 한다. 하지만 화나 비난의 감정에만 머문다면, 다른 사람과의 관계에서 희생을 치러야 한다. 수치심을 가지기 쉬운 사람들은 약물과 알코올 남용에도 취약하다. 약물과 알코올은 수치심을 가리는 데 도움이 되기 때문이다.

나는 교사와 코치로서, 남녀노소 가리지 않고 수치심을 관찰해왔다. 그동안 뼈 빠지게 일하면서도 자신을 맹렬하게 비판하며, 완벽에 대한 기대로 관계와 건강, 기쁨까지 잃는 교육자들을 만나고 코칭해왔다. 두려움과 수치심의 감정을 극심하게 겪을 때는 학습에 대한 여유도 없는 것처럼 보였다. 정교한 코칭 전략을 사용했지만, 수치심이 깊이 자리 잡은 경우에는 영향력의 범위가 매우 제한되었다. 강렬하고 범위가 넓은 수치심의 경우, 어린 시절에 그 뿌리가 있는 경우가 많다. 만약 수치심이 매우 크다면, 전문가의 도움을 구할 필요가 있다.

성향 : 호기심

내 할머니는 만족할 줄 모르는 호기심을 가진 사람이었다. 할머니는 나처럼 전형적으로 호기심이 많은 사람이었고, 놀라울 정도로 회복탄력성이 높았다. 지난 몇십 년간 할머니는 음악이나 댄스 투어로 에콰도르와 짐바브웨, 중국, 루마니아 등 전 세계를 여행했다. 85살에도 아주 건강하셨고, 이렇게 외치셨다. "읽어야 할 좋은 책이 여전히 너무 많아. 아직 죽을 수 없어!" 할머니는 89세까지 사시며 끝까지 책을 읽으셨다.

호기심은 수치심과 거의 반대 성향이다. 호기심 때문에 우리는 조사하고, 경청하고, 질문하고, 위험을 감수한다. 호기심 때문에 사람들에 관한 여러 가지 가정에 의문을 제기하고 고정관념을 뛰어넘는다. 호기심이 많은 사람들은 새로운 사람과 생각에 매력을 느낀다. 호기심은 장수의 묘약일 수도 있다. 왜냐하면 호기심으로 인해 내면적인 경험과 주변의 세상에 관한 지식을 갈망하고 탐구하기 때문이다.

모든 사람에게는 호기심이 있다. 그것은 내재된 성향이다. 그러나 호기심의 강도와 폭, 실천 의지는 사람마다 다르다. 개방적인 질문을 하면 호기심을 끌어낼 수 있다. 예를 들면, 다음과 같은 질문이 있다. '벽돌이 어떻게 만들어졌을까? 왜 조니는 책을 읽을 수 없을까? 학생들이 준비물을 잊으면 왜 짜증이 나지? 오늘 나는 질문을 몇 개나 할 수 있을까?'

배우려는 사람은 자신의 타고난 호기심을 받아들이고, 장애물과 어려움을 성장의 기회로 본다. '이 순간에 무엇을 배울 수 있을까? 이 어려움으로부터?'라고 자신에게 질문할 때마다, 경험에 대한 인식이 바뀐다. 호기심이 생기면 아이디어에 대해 열려 있고, 거의 모든 것을 시도하고, 도움을 요청하면서 해결책을 찾아낸다. 그것이 바로 회복탄력성이 있는 사람이 하는 행동이며, 자주 이러한 행동을 하게 만드는 것이 바로 호기심이다.

호기심은 장점이 많다. 호기심으로 인해 우리는 생생한 눈으로 세상을 바라보고 문제를 해결하기 위해 뇌를 사용한다. 자연스럽게 두려움이 없어지고, 건전하지 못한 오랜 행동에서 벗어나게 해준다. 도파민을 분비하도록 뇌를 자극해 기분이 좋아진다. 천연 아편과 같은 도파민은 학습에 관여하는 세포 간의 연결을 강화한다. 그 결과, 호기심은 학습을 촉진하고 정보를 유지하는 데 도움이 된다(그래서 학생들은 참여가 가장 활발했던 수업에서 한 내용을 가장 잘 기억한다). 호기심, 지식, 회복탄력성의 관계는 위로 상승하는 나선형의 관계로 볼 수 있다. 더 많이 배울수록 더 배우고 싶어지고, 어려움에 더 잘 대처할수록 호기심도 더 많아진다.

초보자의 마음

지금 자신이 학습자로서 교실에 서 있다고 상상해보자. 학생들을 바라보면서 교실 모퉁이에 서 있다. 살짝 기울어진 머리를 주먹으로 받치고 있으며, 어리둥절한 표정을 짓고 있다. 당황스러워하지는 않는다. 학습자의 자세로 있다. 이 자세를 취하면, 우리는 슈퍼히어로로 변신할 수 있다. 우리의 힘은 스스로 만드는 질문에서 나온다.

가브리엘이 종이를 잘게 찢어서 교실 건너편으로 던진다. '한 달 내에 저런 적이 없었는데……. 오늘 무슨 일이 있나?'라고 여러분은 생각한다. 일라이가 2주 동안 5번을 결석했지만, 아파 보이지는 않는다. 무슨 일이 일어났는지 궁금하다. 학생 과제를 채점하는 것에 지친다면, 학생들이 과제를 작성하는 일도 힘들었을지 궁금해진다.

교사가 호기심을 가지고 학습자의 자세를 취하면, 더 큰 관점에서 현명하게 질문하고 문제를 해결할 수 있다. 관리자가 갑자기 교실에 들어온다면, 그 순간이 교사로서는 최고의 순간은 아니겠지만 그래도 이렇게 질문해볼 수 있다. '관리자가 교실에서 일어나는 일을 어떻게 해야 더 확실히 보게 할까?' 교장 선생님이 수지의 어머님이 방과후에 셋이 만나고 싶어 한다고 말한다면, 이렇게 질문할 수 있다. "이 만남이 수지의 행동에 변화가 일어나고 있다는 것을 이야기할 수 있는 기회일까요?" 호기심과 문제해결 사이에는 미묘한 차이가 있다. 문제해결은 존중받을 만하지만 반드시 주목할 필요가 있지는 않다.

기억하자. 회복탄력성은 자극과 반응 사이에 존재하는 공간에서 길러진다. 그 공간에서 우리는 질문을 할 수 있고, 다시 초보자의 마음과 연결될 수 있다. 왜냐하면 그곳에는 가능성, 기회, 희망이 존재하기 때문이다.

여러분이 학습에 관해서 많은 것을 알고 있다고 나는 믿는다. 결국, 여러분은 교육자다. 매일, 매 순간 우리 자신에게도 배울 수 있는 기회를 허용하자.

함께 생각해볼 문제

- 이 장을 읽으면서 어떤 생각이 떠올랐는가?
- 이 장에서 새로운 아이디어는 무엇이었는가?
- 이 장을 읽은 후 어떤 행동을 하고 싶은가?
- 이 장에서 호기심을 불러일으키는 내용은 무엇이었는가?

10장 • 놀기와 창조하기

> **3월**(2학기 세 번째 달, 봄방학): 봄방학(미국 학제는 한국과 시기가 다르지만 봄방학의 의미는 같다.-옮긴이)은 놀이하고 창의성을 발휘할 기회를 주고, 일상에 이를 통합할 수 있도록 한다. 회복탄력성은 창조에서 나온다.

창의성과 놀이는 스트레스를 풀고, 문제를 해결하고, 삶을 즐기는 데 필요한 내면의 자원을 열어준다. 창의성은 우리를 지혜롭게 하고, 새롭고 독창적인 방법으로 문제를 해결할 수 있게 하며, 용기를 북돋아준다. 사고는 확장되고, 우리 자신뿐 아니라 다른 사람과의 관계도 돈독해진다.

나는 수업을 디자인할 때마다, 자료를 조사하고 계획하는 데 몰두했다. 어느 해인가 6학년 인문학 단원 수업을 준비하면서, 고대 인류의 예술에 관해 깊이 생각하게 되었다. 선사시대의 그림이 집중적으로 발견된 남부 프랑스와 스페인의 깊숙한 동굴 벽에는 달리는 말과 구르는 소, 수영하는 사슴, 싸우는 들소가 그려져 있다. 나는 고대 인류의 예술에 항상 매료되었는데, 고인류학자의 최신 연구 결과를 읽는 기회를 가지기도 했다.

내 남편은 예술가다. 그래서 남편에게 라스코의 예술가들이 왜 동물을 그렸다고 생각하는지 물어보았다. "누가 그렸든, 선과 움직임을 좋아했던 것 같아." 그가 말했다. "내가 어렸을 때, 말을 그린 이유가 그 때문이었어. 동물들의 움직임을 포착하고 싶었거든."

동굴 벽화를 연구하는 학자들은 예술 이면의 다른 목적을 찾아내려고 애쓴다. 학자들에 따르면, 고대 인류는 사냥을 위해 동물 무리의 이동 방법이나 행동 패턴을 알아내고자 했다고 한다. 과거나 미래의 사냥 성공을 상징적으로 나타내기 위해 동물을 죽이는 모습을 그렸다고도 한다. 이런 해석들은 모두 인간이 자연을 이해하고 지배한다고 보는 것으로, 벽화를 그리는 행위를 기능적인 목적으로 해석한 것이다.

그림을 보면서 나는 왜 고대 인류가 그림을 그렸는지를 좀 더 알고 싶어졌다. "아마도 동물의 본질을 포착하고 싶었을 수도 있고, 그냥 그림 그리는 것이 좋아서일 수도 있어. 그래서 나도 그림을 그리니까." 남편이 말했다. "동물의 움직임, 재료, 그걸 그리는 과정을 좋아하는 것, 그 이상의 목적이 뭐가 필요해?"

고대 인류가 그림을 그린 이유는 어쩌면 그림 그리는 것이 그저 좋아서였을 수 있다. 물론 동굴 예술가들이 그림을 그린 목적에 대해서는 누구의 이론이 맞는지 나는 모른다. 그러나 그저 좋아서 그렸을 것이라는 이야기를 들으니 뭔가 내 마음이 요동치는 느낌이 들었다. 나는 목적 지향적인 사람이다. 항상 그래왔고, 그것을 나의 강점으로 여긴다. 나는 일상적인 행동에도 의미와 이유를 추구한다. 그러나 이렇게 모든 행동에 목적을 부여하는 것이 꼭 좋은 것만은 아니다. 결과 지향적인 태도는 순수한 놀이, 어쩌면 창의성이 가지고 있는 잠재력을 약화시킬 수도 있기 때문이다.

예술가와 철학자는 예술에 목적이 있을 필요가 있는지, 또는 예술이 어떤 목적을 가져야 하는지에 관해 오랫동안 논쟁을 벌여왔다. 이것은 예술을 창조하는 것과 감상하는 것 사이의 차이와도 관련되어 있다. 어떤 면으로 보면, 이 2가지는 우리 삶에서 같은 역할을 한다고 볼 수 있다. 둘 다 창의적이고 추상적이며 더 넓은 사고방식을 갖도록 해준다. 그러나 창조적인 세계와 상호작용하는 우리의 경험은 연속선상에 놓여 있다. 한쪽 끝은 예술을 소비하거나 감상하는 것이다. 아마 중간쯤에 놀이가 있고, 다른 한쪽 끝에는 예술에 관한 창조가 있다. 연속선상의 각 지점에서는 우리의 정신, 마음, 영혼의 각기 다른 부분이 활성화된다. 회복탄력성을 기를 수 있는 가장 좋은 기회는 가장 활동적인 지점, 즉 예술을 창조하는 부분에서 온다.

놀이, 창의성, 예술에 관한 탐구를 하다보니, 다음과 같은 질문이 생겼다. '놀이가 창의성을 이끄는 것인가? 모든 창의적인 표현은 예술인가? "놀이 같은 일"은 모순되는 말인가?' 이러한 질문들을 곰곰이 생각하면서 내가 논리적 덫에 빠졌다는 것을 알게 되었다. 놀이나 창의 또는 예술 활동의 특성이 잘 드러나도록 선형 그래프로 그려서 구분을 명확히 하고 싶었던 것이다. 질문들이 철학적이면서도 실용적이라고 생각했지만, 나는 정답을 찾아낼 수 없었다. 여러분을 이 탐구에 초대하고 싶다. 아마도 이 질문들을 가지고 놀다보면 답을 찾을 수 있을 것이다.

봄에 이 장을 읽고 있다면, 봄방학 동안 이 습관을 한번 실천해보기 바란다. 이 책을 읽는 시기와 상관없이, 창의적인 휴식을 보낼 수 있는 시기를 놓쳤다면 소규모의 창의성 훈련을 해봐도 좋다. 창의성과 놀이가 교직원회의와 주말, 그리고 수업에까지 들어가도록 하라. 훨씬 회복탄력성이 있는 교사가 될 수 있다. 다양한 종류의 예술을 잘 감상하고 또 창조하는 능력을 더욱 가꾸어보자. 그러면 삶을 더욱 즐길 수 있을 것이다.

우리가 매일 놀아야 하는 이유

어느 날 집에서 일하고 있는데 5살 난 아들이 내 옆을 맴돌면서 말했다. "심심해. 나랑 놀아주세요!" 학생 120명의 읽기 공책을 아직 4분의 1밖에 못 본 상황이었지만 일해야 한다고 말하는 것도 내키지 않았다. 안경을 벗고 펜을 내려놓은 뒤, 그러자고 했다. "물싸움해요!" 아들은 이렇게 말하며 밖으로 나가서 준비물을 챙겼다. 뜨거운 봄날 오후였다. 난 생각했다. '난 할 수 있어. 난 즐길 수 있어.' 가끔은 이런 노력이 필요하다.

1시간 뒤, 나는 아들에게 잠시 쉬자고 사정했다. 아들의 자그마한 몸에 물을 뿜어내는 것 외에 아무 목적을 갖지 않고 물총을 집어들고 마당에서 서로 뒤쫓는 것이 그리 힘들지는 않았다. 물에 흠뻑 젖어 가쁜 숨을 내쉬며 길가에 누워 햇볕을 쬐고 있자니 나 자신이 자랑스럽게 느껴졌다. '그렇게 힘들지는 않았어.' 나는 인정했다. '재미있었고.' 다시 읽기 공책을 보기 시작했지만, 아까보다 활력이 넘치는 상태라는 것을 느낄 수 있었다. 그렇게 뛰어다니고 웃었던 것이 뇌에 산소를 공급한 것이 분명하다고 생각했다. 나는 아까보다 더 행복해졌고, 마음은 더 맑아졌으며, 업무에도 더 쉽게 집중할 수 있었다.

몇 년 뒤, 의학박사 스튜어트 브라운Stuart Brown의 책 『놀이, 즐거움의 발견』(연암서가, 2021)을 읽으면서 나는 물싸움했던 이 오후 시간이 떠올랐다. 그리고 이날 놀이의 정의가 제대로 구현되었다는 것을 깨달았다.

놀이란 무엇인가?

어렸을 때 무엇을 좋아했는가? 몇 시간이고 흠뻑 빠져서 놀았던 건 무엇인가? 아마도 소설 읽기나 레고 만들기, 나무 오르기, 옷 차려입고 정성을 들여 연 파티 놀이, 말 그리기 같은 것들이다. 그때의 느낌이 기억나는가? 그 느낌을 어떻게 설명하겠는가? 최근 즐겁게 온통 마음을 쏟아넣었던 때는 언제인가? 놀이는, 그 정의에 따르면, 재밌어서 하는 것이지, 목적을 달성하려고 하는 것이 아니다. 전문가들은 놀이를 최대한 잘 활용하려면, 놀이를 휴가 기간에 하는 것으로 국한시키지 말고 생활에 통합하라고 말한다. 나는 회복탄력성을 중요하게 생각하기 때문에 이 주제에 관한 연구를 매우 진지하게 검토해왔다.

놀이를 연구하는 신경과학자, 발달생물학자, 심리학자, 사회과학자 등의 연구자들은 놀이가 동물 종의 발달에 매우 중요한 역할을 한다는 결론을 내렸다(Brown, 2009). 연구자들은 어떻게 놀이가 뇌를 형성하고, 동물을 더 똑똑하게 해주고 적응력을 키워주는지, 또한 공감능력을 기르고, 복잡한 사회집단을 만들어가게 하는지 등에 관한 연구를 발표했다. 그리고 인간에게는 놀이가 창의성과 혁신의 중심에 있다고 말한다.

그러나 놀이는 이보다 더 큰 목적을 달성할 수 있게 한다. 가장 생생하게 살아 있는 느낌이 들었던 때를 생각해보자. 눈을 감고 그때를 기억해보자. 그리고 그 기억으로 다시 한번 돌아가보자.

대부분은 어떤 형태로든 놀이에 참여한 때를 기억해낼 것이다. 아주 재미있고 활기 넘치며, 새로운 활력을 주었던 놀이 말이다. 오로지 재미만을 위해서 활동에 참여한 적이 최근 언제인가? 아이들은 놀이 전문가다. 아이들에게 놀이는 자연스럽고 본능적이다. 그리고 어떤 면에서는 놀이가 아이들의 일이다. 아이들은 몇 시간 동안이나 레고를 만들고, 동물 인형을 가지고 연극 놀이를 한다. 아이들은 매우 진지하게 놀이를 한다. 그러나 점점 나이가 들면서 아이들은 놀이는 시간 낭비라는 말을 듣게 된다. 점차 생산하는 일에 집중하게 되고, 바쁜 일들이 삶의 주도권을 차지하게 된다.

브라운은 어른의 삶에 놀이를 되돌려주는 것을 자신의 사명으로 삼았다. 『놀이, 즐거움의 발견』을 저술하는 것 이외에도 미국놀이연구원National Institute for Play이라는 기관을 설립했다. 그의 핵심 메시지는 약간의 "비생산적인 놀이"가 우리를 더욱 생산적이고, 활기차고, 회복탄력적으로 만들어줄 수 있다는 것이다. 브라운은 놀이가 없는 세상은 상당히 암울할 것이라고 말한다. 놀이는 예술과 게임, 책, 스포츠, 영화, 패션, 유머, 음악의 기반이 되는 경우가 많기 때문이다. 사실 브라운은 "놀이는 우리가 문명이라고 생각하는 것의 기반이자 삶의 중요한 본질"이라고 주장했다(2009).

브라운에 의하면 놀이에는 다음과 같은 특성이 있다.

- 분명한 비목적성: 놀이는 그 자체가 목적이지, 다른 실용적인 이유 때문에 하는 것이 아니다.
- 자발성: 의무적이거나 반드시 해야 하는 것이 아니다.
- 내재된 매력: 재미있고 기분 좋은 것이다.
- 시간으로부터의 자유: 시간 가는 줄 모른다.
- 자의식의 감소: 자신이 멋지게 보이는지, 바보처럼 보이는지 걱정하지 않는다. 상상력이 넘치는 놀이에서, 우리는 전혀 다른 사람이 될 수 있다. 완전히 다른 영역에 있는 것이다.
- 즉흥적 잠재력: 다양한 방법으로 무언가를 할 수 있다. 새로운 아이디어를 얻게 된다.
- 지속에의 욕구: 놀이는 계속하고 싶어진다.

이제 하고 싶은 놀이에 관해 생각해보자. 그 놀이가 위의 기준에 얼마나 부합되는가? 교사가 좋아하는 활동이 위의 기준을 충족하지 않아도 괜찮다. 예를 들어, 교사가 좋아하는 활동이 등산이라면, 등산의 이유 중 하나는 좋은 운동이고 건강에 도움이 되기 때문이다. 계속 등산을 하라. 그러나 가끔 다른 이유가 전혀 없는 순수한 놀이에도 참여하라. 마찬가지로 순수한 놀이는 경쟁의 요소가 아예 없거나, 있어도 매우 낮은 수준이다. 골프나 농구 등 스포츠의 경쟁 요소는 때로 순수한 재미를 가려버릴 수 있다.

넷플릭스를 보는 것은 놀이가 아니다. 너무 수동적인 태도를 취하는 것은 놀이의 가치를 떨어뜨린다. 아마 영화 보기를 놀이라고 볼 수도 있겠지만, 전체 시리즈를 다 보게 된다면 놀이가 주는 장점은 약해질 것이다. 놀이를 생각해볼 수 있는 또 다른 방법이 있다. 이 장의 초반에서 언급했듯이, 놀이 활동을 연속선으로 보면 한쪽에는 감상이 있고, 다른 한쪽에는 창작이 있다. 음악을 듣고 감상만 해도 긴장이 이완되고 충분한 놀이의 즐거움을 누릴 수도 있다. 그러나 음악을 만들 수 있으면(큰소리로 노래를 부르거나 피아노를 두드리는 것), 놀이가 주는 모든 장점을 누릴 수 있게 된다.

놀이를 하면 무엇이 좋은가?

나는 놀이했을 때 얼마나 기분이 좋았는지 기억한다. 공원에서 비눗방울을 불거나 해변에서 바다 유리를 찾는 놀이는 시간이 많이 들어가는 것은 아니다. 그러고 나서 금방 잊어버린다. 물론 유아교육 학자들과 유치원 교사들은 놀이가 얼마나 중요한지 잘 알고 있다(최근 수십 년간 놀이가 저학년 아이들의 경험 중 가장 중요한 부분이어야 한다는 주장이 있다). 만약 교사 여러분이 나나 다른 사람과 의견이 같다면, 이런 놀이들을 떠올려볼 때 놀이가 어른이나 아이에게 얼마나 유익한지 생각해볼 수 있다. 전문가들이 놀이의 유익을 무엇이라고 했는지 좀 더 살펴보자.

- **놀이는 스트레스를 줄여준다.** 놀이는 기분을 좋게 하는 신체 호르몬 엔돌핀의 분비를 촉진한다(이는 열심히 논 경험을 기억해내는 것만으로도 가능하다. 지금 당장 해보자!).
- **놀이는 관계를 향상시킨다.** 함께 웃으며 재미를 나누는 것은 사람 사이의 공감, 신뢰, 친밀함을 길러준다. 놀이가 특별한 활동일 필요는 없다. 마음의 상태일 수도 있다. 유쾌한 성격을 발달시키면, 스트레스 상황에서도

긴장을 풀고 낯선 사람들과 잘 어울리면서 새로운 친구를 사귀는 데도 도움이 된다.

- **놀이는 뇌 기능을 향상시킨다.** 체스를 하거나 퍼즐을 완성하거나 머리를 써야 하는 재미있는 활동을 하면, 기억과 관련한 질병을 예방하는 데 도움이 된다. 이런 게임을 하며 발생하는 사회적 상호작용은 부가적인 장점이다.
- **놀이는 정신을 자극하고 창의성을 향상시킨다.** 어린아이는 놀면서 종종 가장 많이 학습한다. 그 원리는 어른에게도 적용된다. 재미있고 편안하며 즐거운 분위기일 때 새로운 것을 더 잘 배울 수 있다. 놀이는 또한 상상력을 자극하고 잘 적응하게 하며, 문제를 해결하는 데 도움이 된다.
- **놀이는 우리를 젊고 활기차게 만든다.** 영국의 극작가 조지 버나드 쇼George Bernard Shaw는 "우리는 나이가 들기 때문에 놀이를 멈추는 것이 아니라, 놀이를 멈추기 때문에 나이가 든다."라고 말했다. 놀이는 에너지와 활기를 주고, 심지어 질병에 대한 저항력도 길러준다. 사실 놀이는 우리가 장수하는 데도 도움이 된다. 몇몇 과학자는 15년간 알래스카의 회색곰을 연구한 뒤, 가장 잘 노는 곰들이 가장 오래 생존한다는 결론을 내렸다(Brown, 2009). 나는 그 과학자들이 곰을 연구하는 과정을 즐거운 마음으로 수행했기를 바란다.

몇 해 전 내가 처음으로 브라운의 책을 읽고 나서, 놀이의 장점을 한 50대 중반 고등학교 불어 선생님에게 이야기한 적이 있다. 선생님은 통계를 인용하며 주장하는 내 말을 듣더니 갑자기 끼어들며 말했다. "저를 설득할 필요는 없어요. 15년 전에 이혼한 뒤부터 지금까지 정말 열심히 놀기 위해 노력하고 있거든요. 놀이는 단순히 제가 하는 무엇이 아니고, 제가 삶을 대하는 태도 자체라고 할 수 있어요. 저는 춤추는 것을 좋아하고, 반짝이는 네일아트를 하죠. 모빌도 만들어요. 요리도 하고요. 그러나 무엇보다도, 삶을 너무 심각하게 생각하지 않으려고 해요."

조금씩 규칙적으로 하는 놀이는 강력하다

놀이는 이러한 장점들 때문에 우리가 매일 섭취해야 하는 필수 종합비타민제와 같다. 놀이할 때, 우리는 새로운 상상으로 풍부한 인지적 조합을 만들어낼 수 있다. 우리의 뇌는 새로운 것을 시도할 수 있다. 신체적·정신적 건강을 위협하지 않고서도 말이다. 위험 부담이 적고 재미를 느낄 수 있을 때, 우리는 새로운 기술을 좀 더 쉽게 학습할 수 있다.

일에 놀이가 좀 더 포함되면 어떤 게 가능해질까? 여기저기에 놀이를 좀 더 끼워넣을 공간을 찾아낼 수 있다면, 교육하는 것이나 관리하는 것이나, 코칭하는 것이 좀 더 쉽고 재미있어지지 않을까?

강에서 자주 래프팅을 할 수 있거나 환상을 충족시킬 만한 큰 스케일의 놀이를 할 수 있다면 정말 멋지겠지만, 규칙적으로 놀이할 수 있기만 해도 정서 건강에 아주 도움이 된다. 매일 놀 수 있다면, 세상에서 가장 행복하고 회복탄력성이 있는 사람이 될 것이다. 그렇지만 우선 매주 놀 수 있는 시간을 갖는 것을 목표로 해서 시작해보자. 장난스럽고 유머러스한 면을 개발하기에는 너무 늦었다고 말할 때란 없다. 규칙적인 놀이 시간을 따로 정해두고 공적인 혹은 사적인 자리에서 놀아보자. 더 많이 놀고 장난치고 웃을수록, 이를 즐기는 것도 점점 더 쉬워질 것이다.

좋은 시간은 흘러가도록 두자

좋다. 이제 놀 준비가 되었을 것이다. 어디서부터 시작할까? 무엇을 할까? 다양한 규모의 놀이 활동을 브레인스토밍하는 것부터 시작하자. 놀이에 따라 하루가 다 필요한 것이 있고, 5분이면 충분한 것도 있다. 나에게 가장 쉬운 놀이는 우리 집 고양이 앞에 줄을 늘어뜨리는 것이다. 저녁 식탁을 정갈하게 차리는 것도 즐겁기는 한데, 그건 하루가 온통 걸리는 일이다. 내가 가장 좋아하는 활동 중 하나는 따뜻한 바다에 둥둥 떠 있거나, 스노클링을 하거나, 파도 속으로 다이빙하는 것이다. 그러나 자주 하기는 어렵다. 손쉽게 할 수 있는 것들을 포함해서 놀이 시간에 할 수 있는 활동 목록을 만들어두자.

놀이 아이디어 목록을 채우는 또 다른 방법은 다른 사람들에게 어떻게 놀고 창작 활동을 하는지 물어보는 것이다. 동료 교사들이나 관리자에게 물어보자(그들을 알아가는 좋은 방법이기도 하다). 최근에 나도 교사 몇 사람에게 어떻게 놀이 시간을 보내는지를 물어보았다. 그때 나왔던 대답은 동물 복장하기, 꽃밭에서 춤추기, 피아노 연주하기, 호화로운 요리 만들기, 해변에서 강아지와 경주하기, 찰흙 공으로 피라미드 만들기, 머리 염색으로 실험하기 등이었다.

역할놀이: 다른 형태의 놀이

호세 선생님은 부장 교사다. 학교에 새 교장 선생님이 오셨다. 교장 선생님은 긴 목록으로 된 새로운 계획을 시행하려고 했다. 그리고 교사들은 그것을 받아들이려 하지 않았다. 호세 선생님 부서의 교사들은 그에게 부서 입장을 대변해서 이 변화에 반대한다는 의견을 전해달라는 간청을 했다. 호세 선생님은 긴장했다. "어떻게 대화를 해야 할지 모르겠어요. 어디서부터 시작해야 할까요?" 그는 한숨을 푹 내쉬고는, 부장 교사가 되기로 결정한 것을 후회했다.

나는 역할놀이를 매우 좋아한다. 그래서 호세 선생님에게 역할놀이를 제안했다. 호세 선생님은 대화 연습을 하면서, 자신이 사용하고 싶은 단어, 자신의 감정을 반영한 목소리 톤, 의사소통에 도움이 될 수 있는 신체 언어를 찾아냈다. 코칭 회기가 끝날 무렵, 그는 활짝 웃으며 말했다. "정말 재미있었어요."

"그래서 이게 역할'놀이'라는 이름인 거예요." 내가 말했다.

이 경우, 놀이의 목적은 호세 선생님이 교장 선생님과 대화하는 방법을 찾을 수 있도록 돕는 것이었다. 역할놀이를 하며 호세 선생님은 위험성이 낮은 상황에서 자신이 가진 의사소통 기술을 시도해볼 수 있었다. 역할놀이를 하고 난 후, 호세 선생님은 훨씬 가볍고 차분해지고 좀 더 자신감을 가지게 되었다.

교사들에게 제안한다. 만약 여러분이 학급경영이나 학생과 학부모와의 관계 개선을 위해 노력하고 있거나, 또는 동료 교사 또는 관리자와 어려운 대화를 나누고 있다면, 역할놀이로 대화해보자. 단순한 연습 이상의 것을 얻을 수 있다. 또한 놀이의 재미 요소가 주는 이점도 누릴 수 있다.

리더를 위한 제안

교사들과 놀이 시간을 더 자주 가질 수 있다면 어떨 것 같은가? 여기 회의에서 사용할 수 있는, 경쟁적이지 않으면서도 위험성이 낮은 놀이를 몇 가지 소개하겠다.

- 교사들이 선호하는 놀이 방법을 공유하자. 이렇게 공유한 놀이들을 회의 시간에 포함할 방법을 생각해보자. 그러면 여러분은 이미 활동적인 리더다.
- 찰흙이나 플레이도우, 슬라임을 바구니에 담아 제공하라. 나는 슬라임을 정말 좋아한다. 마르지 않으며, 가지고 놀 때 기분이 좋기 때문이다. 손을 계속 꼼지락거리고 무언가를 만지작거리면서 배우거나 말한다면, 더 좋은 아이디

어를 낼 수 있다.

- 회의를 시작할 때 공동체 세우기나 기초활동으로 즉흥극 놀이를 해보자. 내가 가장 좋아하는 활동 중 하나는 집잽좁(돌아가며 집잽좁 외치면서 단어를 말하거나 누군가를 가리키는 방식—옮긴이) 놀이다. 이 놀이는 항상 사람들을 웃을 수 있게 한다.
- 기초적인 타악기를 제공하고 단순한 리듬을 만들게 하자. 나는 붐웨커(멜로디스틱)를 좋아한다. 정말 재미있고 쉽게 그럴듯한 소리를 만들 수 있기 때문이다.
- 테니스공을 가지고 게임을 해보자. 서로 던지고 받으면서 점점 더 복잡한 패턴을 만들어가면 된다.
- 대화를 열거나 토론을 유도하는 재미있는 말을 제시하자. 예를 들어, 다음과 같은 질문을 할 수 있다. '평행우주에서 또 다른 삶을 살 수 있다면, 어떤 사람으로 살고 싶은가?' 또는 '누구(생존해 있는 사람이나 죽은 사람이나)와도 저녁을 먹을 수 있다면, 누구와 먹고 싶은가, 그 이유는 무엇인가?'

마지막으로, 놀이를 목적 있는 다른 활동에 어떻게 포함할 수 있을지 생각해보자. 평가연수를 진행할 때, 새로운 파트너를 구성하면서 무작위로 짝짓기 게임을 하면 어떨까? 웃음과 창의성을 유발하는 활동에 구성원을 참여시키면서 모임의 목적을 달성할 방법을 디자인할 수 있겠는가? 나는 코칭 워크숍에서 교사들에게 코칭 전략과 대인관계에서의 어려움을 해결할 방안을 찾아보게 하기 위해 역할놀이를 많이 활용한다. 참여자는 어쩔 수 없이 다양한 역할을 맡고, 모임 장소에는 웃음이 피어난다. 웃음으로 참여자들은 서로 연결되고 작업에 좀 더 몰입할 수 있다. 그리고 모임은 좋은 경험으로 기억에 남게 된다.

부서에서 동료 교사들과 할 수 있는, 또한 학생들과도 할 수 있는 다양한 활동과 영상은 www.onwardthebook.com에서 더 많이 살펴볼 수 있다.

예술 : 놀이가 우리를 데려갈 수 있는 곳

놀이와 창조성에 관한 대화를 할 때, 우리는 예술 자체와 회복탄력성을 위한 예술의 역할을 함께 살펴보아야 한다(여기서 예술은 미술, 음악, 연극, 영화, 공연 등을 포함한다). 예술에 관해서 생각했을 때, 무슨 생각이 드는가? 어떤 느낌이 떠오르는가? 이 2가지 질문에 대해서 교사들에게 물었을 때, 주로 들었던 대답은 다음과 같다.

- 저는 예술을 못해요. 그래서 불안해요.
- 예술은 지루해요. 저는 박물관에 가면 지루해져요.
- 예술을 할 수 있는 기회가 많았으면 좋겠어요. 어렸을 때 예술 수업을 좋아했거든요.
- 가끔 즐기기엔 좋지요. 하지만 그게 무슨 소용이에요?

놀이를 받아들이기 위해서는 예술을 감상하고 탐색할 수 있는 시간을 갖는 것이 도움이 된다.

인간은 예술을 만든다

고고학적 기록에 따르면, 우리의 조상 호모 사피엔스는 전쟁을 하거나 도시를 건설하고 농작물을 기르기 전부터 예술 활동을 했다. 그들은 세상을 그림으로 상징적으로 생각하고 표현했다. 칼을 들고 싸우거나 씨앗을 심기 전에는 음악(주로 춤)을 했다. 알려진 것 중 가장 오래된 악기는 4만 3,000년 전에 만들어진 뼈와 상아로 만든 플루트다. 호주, 남아프리카, 유럽, 인도네시아의 동굴 벽화 속의 동물 그림, 인간의 모습과 손 그림은 3만 5,000년 정도 된 것이다. 대략 3만 년 전에 독일 남부 지역의 조각가는 상아로 동물과 여자의 조각상을 만들었다. 왜 우리 조상들이 이러한 예술을 창조했는지 확실히 알 수 없지만, 어쨌든 그들은 만들어냈다. 무언가를 창조하고 아름다운 것을 만들어내는 소명은 원초적이다.

작가 알랭 드 보통Alain de Botton과 존 암스트롱John Armstrong은 『영혼의 미술관』(문학동네, 2019)이라는 정말 아름다운 책을 썼다. '예술은 보는 사람을 이끌고 권면하며 위로해주는 치료적인 수단으로, 감상하는 사람을 더 나은 사람으로 만들어준다.'라는 전제를 시적이면서도 생생하게 표현했다. 드 보통과 암스트롱은 창조하고 소비하는 예술(이들은 예술에 디자인, 건축, 공예도 포함시켰다)의 7가지 기능을 제시했다.

- 우리는 기억하기 위해서 창조한다(글쓰기와 사진을 생각해보자).
- 우리는 예술을 창조하고 감상한다. 왜냐하면 예술이 희망과 낙관주의를 가능하게 하기 때문이다. 예술은 우리에게 "보다 성공적으로 고통을 감내하는 방법"을 가르쳐준다.
- 예술은 이를 창조하거나 경험하는 사람이 감정적으로 균형을 다시 유지하고 스스로를 이해할 수 있게 한다.
- 예술(시나 노래 가사를 생각해보자)은 분위기를 밝게 해주거나 경험을 명확하게 표현할 수 있게 한다.
- 예술적 창조는 우리의 생각이나 가치에 도전장을 던지고, 우리를 성장하게 한다.

- **예술은 우리 주변의 것들과 일상생활의 평범한 것들, 당연하게 생각한 것들의 진가를 알 수 있게 한다.**

이 작은 책은 그 자체가 예술이고, 소장할 만한 가치가 있다.

예술, 저항, 그리고 회복탄력성

소설, 시, 영화, 연극은 인간이 가진 서로에 대한 오해를 풀어주고 관계를 가로막은 벽을 허물어준다. 누군가의 경험을 다르게 보거나 느낄 수 있게 해준 예술 작품을 떠올릴 수 있는가? 최근에는 퀴어 영화 〈문라이트Moonlight〉가 나에게 그런 경험을 주었다. 마음을 아프게 하기는 했지만, 이전에 보았던 어떤 영화보다도 마음속에 더 크게 남는 멋진 영화였다. 예술은 연결과 공감을 위한 수단이다. 예술은 우리 안의 외로움, 소외, 비인간성과 싸우고, 우리 자신을 더 잘 이해할 수 있게 한다. 이러한 기능을 수행하는 예술을 창조하는 것은 우리를 갈라놓으려고 하는 것들에 대항하는 정치적 저항 행동이기도 하다.

예술은 오랫동안 사회 정의를 위한 필수적인 도구였다. 수백 년간 예술은 풍자 연극, 시위곡, 거리 공연, 포스터, 인형극, 만화, 벽화 등과 같은 다양한 형태로 이를 증명해왔다. 예술가들이 창의적으로 정치적인 메시지를 표현할 때, 예술은 유머, 희망, 슬픔, 헌신 등의 감정에 영감을 주는 독특한 형태로 나타난다. 예를 들어, 카리브해 밑에 있는 물속 조각상을 생각해보자. 아프리카인들이 대서양을 건너 새로운 세계에 노예로 팔려가던 도중 바다로 내던져진 역사가 떠오를 것이다. 제임스 디케어스 테일러James deCairs Taylor(긴 장벽 아래에서 우는 남자, 거리를 걷는 사람들, 고무보트에 탄 난민들 등 다양한 인간 군상의 모습을 담은 수중 조각으로 유명한 영국 작가 – 옮긴이)가 만든 조각상은 실물 크기의 사람들이 서로 손을 잡고 얼굴은 물 밖을 향해 있는 형상이다. 괴상하고, 엄청나게 충격적이다. 구글에서 한번 찾아보자. 조각상의 사진을 보고 어떤 기분이 드는지 느껴보자. 그다음, 피카소의 〈게르니카〉(스페인내전을 주제로 전쟁의 참상과 비극을 다룬 작품 – 옮긴이)를 다시 보자.

이게 바로 예술이 회복탄력성을 향상시키는 방법이다. 부당함을 표현하는 그림, 시, 조각, 노래, 소설에 공감하면서 우리는 슬픔이나 화라는 감정을 느낀다. 그러나 메시지가 예술의 형태로 전달되었기에 낙관주의를 경험할 수도 있다. 인간은 엄청난 폭력적인 행동과 눈부시게 아름다운 행동 둘 다를 할 수 있는 존재다. 또한 예술 작품으로 과거를 기념할 수 있고, 또 영구적으로 이를 보존할 수 있다는 것도 희망을 품게 한다. 예술가의 작품 덕분에 고통스러운 경험과 역사가 잊히지 않을 수 있는 것이다.

이 책을 쓰면서, 20세기에 가장 끔찍했던 폭력의 중심지였던 베를린을 방문했다. 베를린을 방문해보면 도시 여기저기에서 볼 수 있는 예술 작품 때문에, 나치의 파시즘이 야기한 결과를 생각하지 않을 수 없다. 베를린 전역의 인도에는 홀로코스트 희생자들을 기리기 위한 "돌 조각stumble stones"(나치에 의해 희생되기 전 거주했던 마지막 장소에 희생자를 기억하기 위해 이름을 새긴 현판을 만들어 설치한 베를린의 예술 프로젝트. 일상에서 과거를 기억하기 위한 것이다. – 옮긴이)이 있다. 1992년에 독일 예술가 군터 뎀닉Gunter Demnig은 놋쇠로 된 현판을 나치 학대의 희생자가 마지막으로 거주했던 장소 앞에 놓기 시작했다. 그 현판에는 희생자의 이름과 생년월일, 추방된 날짜와 (알려졌다면) 사망 날짜, 사망한 강제수용소 이름까지 적혀 있었다. 2017년 초까지 뎀닉은 5만 6,000개의 현판을 유럽 22개국에 설치했다. 독일의 카페 앞에 서서 맛있는 빵케이크 슈트로이젤을 즐기고 건축물에 감탄하다가 시선을 돌리면 이 현판을 보게 된다. 그러면 우리는 기억할 수밖에 없을 것이다.

내가 만난 대부분의 교사는 학생의 삶에 긍정적으로 영향을 끼치기를 열망한다. 그리고 우리가 아는 세상보다 더 나은 세상을 만들기 위해서 사회 정의를 수업에 녹여낸다. 일상적인 어려움 때문에 이런 비전이 희미해질 때를 대비해서, 우리의 영혼에 규칙적으로 영감을 주고 불을 지펴줄 수 있는 무언가를 마련할 필요가 있다. 예술은 우리가 계속 전진할 수 있도록 희망과 낙관주의를 제공할 뿐 아니라, 아름다움을 창조할 수 있는 내재적 능력을 일깨워준다.

힘든시절, 마음을 다치고 영혼이 멍들 때, 펜을 들고 그림을 그리는 것은 그 어느 때보다 중요하다. 작가 토니 모리슨은 다음의 놀라운 구절에서 창의적인 의도를 가지고 있지만 의기소침해진 사람들에게 말한다. "지금은 예술가들이 일해야 할 때다. 절망할 시간도, 스스로 동정할 공간도 없다. 침묵할 필요도, 두려워할 필요도 없다. 우리는 말하고, 쓰고, 언어로 표현한다. 이것이 바로 문명의 치유 방법이다." (Toni Morrison, 2015)

회복탄력성은 폭풍우가 몰아친 후 우리를 다시 일어나게 한다. 즉, 교사가 태생적으로 해야 할 일을 하게 하고, 교사의 삶을 살아갈 수 있는 능력에 연료를 공급하는 것은 우리의 내면적인 힘이다. 12장에서 더 언급하겠지만, 예술은 초월적이고 신성한 영역에서 나온다. 우리가 세상 에너지의 근원과 연결되고 내면의 힘을 재충전하면 헤아릴 수 없을 정도로 강해질 수 있다.

잠시 몇 분 동안이라도 우리 자신과 가장 깊숙한 곳에 있는 회복탄력성을 연결할 수 있는 예술의 형태를 고민해보자. 책을 읽는 것을 잠시 멈추고, 우리의 회복탄력성 샘물에 발을 담가보자. 회복탄력성은 한 번에 조금씩 길러지는 것이다.

> **그러면 왜 우리는 그렇게 오랫동안 계속 노래해야 하는가?**
> **왜냐하면 우리가 그렇게 결단력 있는 생명체이기 때문이다**
>
> — 골웨이 키널, 미국의 시인

습관과 성향으로서의 창의성

핼러윈 복장을 입었던 때를 회상해보자. 평소와 다른 모습으로 파티에 가서 학생들에게 사탕을 나눠주거나 즐겁게 해주었을 것이다. 다른 사람이나 다른 무언가가 되었을 때 어떤 기분이 들었는가? 왜 그렇게 했는가? 그렇게 행동한 후 자신에 관한 느낌이 어떻게 달라졌는가? 교사들에게 이런 질문을 해보면, 무의식적으로 미소를 짓고 눈을 반짝거리며 재미있는 일화를 서로 나눈다.

변장하면(심지어 그냥 가면만 착용하는 것만으로도) 불안한 자신을 건너뛸 수 있어서, 우리의 창의성을 보다 쉽고 위험하지 않은 방식으로 발휘할 수 있다. 폭넓은 표현을 갈망하는 우리 안에 있는 또 다른 부분으로 가는 지름길이 되는 것이다. 다른 사람이 되지 않았더라면 하지 않았을 일을 하고, 다른 것을 말하고, 다른 것을 느끼는 것이다. 여러분이 다른 세계에서 왔다면, 교실에 무슨 일이 일어날 수 있을까? 매일 원더우먼 복장을 한다면, 가르치거나 관리하고 감독하는 일이 어떻게 달라질까?

창의성은 습관이고 성향이다. 습관이 언제 성향으로 바뀌는 것인지, 습관적으로 행동하지 않았는데도 바로 성향이 될 수 있는지는 알 수 없다. 다만 회복탄력성이 있는 사람에 관한 모든 연구를 보면, 창의성이 회복탄력성의 핵심적인 특징이고 행동이고 성향이라는 점이다. 연구 내용을 다 읽어보는 것은 지루한 일이지만, 역설적으로 연구 결론은 생각해볼 만한 가치가 있다. 창의성은 필수적인 것이다. 작가 엘리자베스 길버트Elizabeth Gilbert가 자신의 책 『빅 매직: 두려움을 넘어 창의적으로 사는 법』(민음사, 2017)에서 언급했듯이, 창의성은 꿈을 꾸고, 꿈을 이루며 주도적으로 살아가고, 공포심이 아닌 호기심 때문에 삶을 영위하게 하는 능력이다. 창의성이 왜 그런 역할을 하는지 그 이유에 대해서 좀 더 깊게 파헤쳐보고, 어떻게 창의성을 기를 수 있을지도 살펴보자.

왜 우리는 창의성이 필요할까?

— 확신이 필요한 교사를 위하여

이성적이고 분석적인 사람들에게는 왜 굳이 창의적인 사람이 되기 위해 노력해야 하는지 설득이 필요하다. 적어도 나는 그렇다. 내 삶에서 창의성이 기여한 바를 충분히 이해하지만, 내가 왜 창의적인 사람이 되는 것이 좋은 것인지, 왜 예술 작품을 만들기 위해 시간을 사용하는 것이 타당한 것인지에 관해서는 이를 설명해줄 연구가 있었으면 좋겠다는 생각이 들었다.

창의적인 과정 덕분에 우리는 문제의 근원이나 현상을 다른 시각에서 바라볼 수 있다. 겉보기에는 서로 관련 없어 보이는 현상을 연결하고 새로운 관점을 얻을 수 있다. 창의성의 사촌이라고 할 수 있는 상상력과 혁신이 학교 개혁에서 빠져 있는 경우가 많다. 학교 변화를 위해서는 거의 항상 깊이 있는 창의적 사고가 필요하다.

교사가 일반적으로 가지는 불만은 주로 학생의 행동에 관한 것이다. 중학교 교사에 관한 연구들을 보면, 학생의 행동이 교사 번아웃의 가장 큰 원인으로 꼽힌다. 내가 함께 일했던 많은 학교에서, 관리자들은 학생의 비행에 대응하기 위한 절차와 상벌 규정을 만들었다. 학교 여기저기에 규칙을 게시하고, 복도에 감독관 선생님을 늘리고, 규칙을 반복적으로 위반하는 학생에 대해 어떤 조치가 취해지는가를 다룬 인쇄물을 배포하기도 했다. 이러한 조치들이 단기적으로는 학생을 통제할 수 있는 기술적인 해결책이 될 수는 있다. 그러나 이렇게 감시하는 문화는 교사에게 만족감을 주지 못한다. 이렇게 하면 학교는 조용한 분위기가 유지될 수는 있다. 학생들은 손을 옆구리에 내리고 정면을 바라보면서 조용히 복도를 걸어 다닌다. 그러나 나는 이런 학교의 학생들에게 슬픔과 약간의 공포감을 느꼈다. 나라면 이런 학교에서 교직생활을 하고 싶지 않을 것이다. 또한 내 아이도 이런 학교에 다니게 하고 싶지 않다. 건강한 학습공동체 형성을 위해서 학생은 자신에게 기대되는 높은 행동 기준에 부합하기 위한 노력을 해야겠지만, 교사인 우리도 학생이 올바른 행동을 할 수 있도록 지도하는 방법을 바꿀 수 있어야 한다. 이 지점이 바로 창의성이 발휘될 지점이다.

창의성을 마음껏 펼치게 해야 한다는 또 다른 흥미로운 주장이 있다. 바로 창의성이 뇌에 좋기 때문이다. 창의성은 알파파alpha wave를 유도한다. 알파파는 뇌의 이완 상태와 밀접한 관련이 있는 신호다. 과학자들은 긴장이 이완된 상태일 때, 불가능한 문제가 저절로 해결되는 것과 같은 순간들, 크게 깨닫는 '아하!의 순간'이 더 많아진다는 것을 발견했다. 그래서 해결해야 할 문제가 있을 때는 산책하거나, 탁구를 치거나, 느긋하게 샤워하는 것이 좋다. 이런 활동을 하면 뇌에서 알파파가 생산된다.

만약 창의성이나 놀이가 정서 건강에도 좋다면, 창의성에 푹 빠지고, 교직원회의에 창의성이나 놀이의 요소를 포함할 의향이 있는가? 실제로 창의성이나 놀이는 정서의 건강 상태에도 긍정적인 영향을 미친다. 수많은 연구가 그림 그리기, 뜨개질, 창의적 글쓰기와 같은 활동이 세로토닌 수치를 높여주고, 불안은 이 수치를 낮춘다는 결과를 보여준다. 치료적인 목적으로 사용될 경우, 창의성은 우리의 감정을 탐색할 수 있게 하고, 경험을 이야기하며 나누는 것과는 다른 방식으로 상처를 치유해줄 수 있다. 또한 창의적인 표현은 서로에 대한 공감과 이해를 향상시킨다. 실패와 실수는 창의적인 표현을 할 때 불가피한 것이기 때문에, 창의적인 표현을 시도하다보면 회복탄력성을 강화할 기회를 얻게 된다. 왜냐하면 실패의 경험은 우리에게 다시 일어나 시도할 기회를 주기 때문이다.

마지막으로 간절히 부탁하고 싶은 것이 한 가지 있다. 마음껏 창의성을 발휘해보자. 창의성은 태어날 때부터 가지고 있는 권리이기 때문이다. 창의적 표현은 우리 자신의 한 부분이다. 아름다움에 대한 창의적 표현이 없는 문화는 없다. 우리의 몸과 감정을 소중하게 여기기를 바라는 마음과 마찬가지로, 창의적인 정신도 가꾸었으면 한다. 그럴만한 가치가 분명히 있다.

어떻게 창의성을 키울까?

창의성은 마음의 상태이면서 동시에 행동이기도 하다. 창의적인 마음의 상태에 있으면, 개방적인 질문, 진정으로 호기심을 가지고 하는 질문을 자신에게 던지게 된다. 창문 밖을 바라보며 공상에 빠질 수도 있다. 일반적으로 조합하지 않는 2가지 음식을 보면서 '저 2가지를 같이 먹어보면 어떨까?' 생각할 수도 있다. 오후의 쉬는 시간에 항상 말썽을 부리는 빌리를 보면서, 여러 가지로 지도 방안을 생각해볼 수도 있다.

창의성은 호기심으로부터 나온다. 그러나 우리는 창의성은 발휘하지 않은 채 호기심만 가질 수도 있다. 일단 질문을 던졌다면, 행동할 필요가 있다. 그리고 호기심에 새 기운을 불어넣으면, 그 자체로 창의성이 될 수 았다. 일단 창의성을 발휘하고 나면, 두려움을 느끼거나, 선택의 기로에 놓여도 놀라지 말라. 아마도 교사 여러분은 자신의 창의적인 아이디어를 구체화하고 싶은 마음과 숨기고 싶은 마음, 2가지 마음이 다 있다는 것을 알게 될 것이다. 이런 강렬한 감정을 잘 다루고 싶다면, 내가 이 책에서 제시한 전략을 사용해보자. 다른 선택도 가능하다. 즉, 일단 해보는 것이다. 그냥 창의적인 아이디어를 일단 실행해보고, 무슨 일이 일어나는지 살펴보자. 2가지 음식을 조합해보자. 빌리에게 쉬는 시간 도우미 역할을 맡겨보자. 화장실을 로열블루색으로 칠해보자. 창의적인 행동을 할 때 위험을 감수하는 일이 시간이 지날수록 더 쉬워질 것이다.

창의적인 뭔가를 하고 싶은데 어떻게 시작해야 할지 모르겠다면, 일단 손으로 무언가를 해보자. 찰흙을 길게 빚어 그릇을 만들기도 하고, 공 모양으로 다시 합쳐보기도 하자. 핑거페인팅(손가락그림 그리기)을 해보자. 빵을 구워보자. 꽃을 심는 것도 좋다. 큰 크레용으로 원이나 별을 그려보자. 손에 뭔가를 묻히는 것이 불안한 마음을 해결하는 데도 도움이 된다.

예술 표현에 대한 권리 되찾기

오랜 시간 동안 예술 과목은 미국에서 2급 또는 3급에 해당되는 수업으로 그 위치가 강등되었다. 고등학교에서는 40분씩 1주일에 1번 정도 수업하거나, 선택과목 수업으로 제한되었고, 주요 도시에 있는 무익하나 시설보호를 위해 필요한 박물관 벽처럼 여겨졌다. 예술 수업을 통합수업을 할 때나 초대되는 수업으로 여기는 학교도 있었다. 예술을 학생들이 과학적 개념을 이해하도록 돕거나, 문학 작품을 기억해야 할 때, 또는 역사적인 사건에 대한 분석을 학생들에게 보여줄 때 통합적으로 활용하는 목적으로 사용하는 것이다. 그래도 예술 수업은 핵심 과목에 대한 지원의 역할을 수행한 것임에 틀림없다. 예술 과목이 이렇게 사용되어도 충분히 유용하고 인정받을 만한 가치는 있다고 본다. 그러나 예술은 그 자체로 주목받기보다, 그저 다른 무엇을 위한 수단으로만 여겨진 셈이다.

예술을 두려워하고 예술적인 부분을 분리하려고 하고, 심지어 예술가를 두려워하는 데는 맥락적인 이유가 있다(예술가들은 지저분하고 정신적으로 건전하지 못하며, 실직한 괴짜라는 편견이 있다). 분명한 것은 예술을 감상하고, 우리의 지친 몸에 예술이 스며들게 하면 회복탄력성 강화에 도움이 된다. 그러나 예술적 잠재력을 최대화하기 위해서는, 손을 더럽히면서 직접 자신이 뭔가를 만들어야 한다.

예술이 두렵게 느껴지고, 예술에 관해 생각할 때 "나는 예술가가 아니다." 또는 "나는 예술을 못 한다."라고 느껴지는가? 이런 교사들을 위해 도움되는 이야기가 있다. 첫째, 예술과 예술 창작의 의미를 재정의하라는 것이다. 박물관에 전시하려는 물건을 만드는 것이 아니라는 점을 기억하라. 자신의 완벽주의 성향, 다른 사람이 어떻게 생각할지에 대한 불안감, 실패에 대한 두려움을 잠재울 필요가 있다. 그런 다음, 혼자서 혹은 다른 사람의 도움을 받아서, 자신에게 가장 잘 맞는 다양한 표현 방법과 형태를 찾아볼 필요가 있다. 창의성을 잘 발휘할 수 있도록 하는 방법이 분명 있다. 클라리넷일 수도 있고, 캘리그래피 펜일 수도 있다. 스프레이 물감 한 통일 수도 있고, 뜨개질 바늘일 수도 있다. 카메라나 색연필 세트, 탭댄스 신발일 수도 있다. 이것저것 살펴보고, 시도해보고, 그리고 그 느낌이 어떤지 알아보면 된다. 예술 창작을 두려워하는 사람들을 많이 만났는데, 그들도 이런 탐색의 과정을 거치면서 자신의 창의적인 영혼을 자유롭게 표현할 방법을 발견했다. 우리에게도 창의적인 표현에 대한 갈망이 있을 것이다. 그리고 우리는 그럴 권리가 있다.

깊이 이해하기 : 몰입

내 경험 중에서 가장 영광스럽고 아름답고 숭고한 상태는 바로 몰입flow이다. 몰입은 무언가 창의적인 것을 하면서 시간이 가는 줄 모르고 무아지경의 상태에 놓이는 것이다. 머리와 가슴에서 그리고 또 어딘가에서 쉴 새 없이 쏟아져나오는 말을 쭉쭉 적어가고(글을 쓸 때 종종 그런 상태가 된다), 그러면서도 활기 넘치고 생생한 느낌을 경험하는 일이다. 몰입의 상태야말로 내가 바랄 수 있는 최고의 감정 상태다.

몰입을 경험해본 적 있는가? 그때 무엇을 하고 있었는가? 그 후의 기분은 어땠는가?

몰입은 좋아하는 활동에 완전히 집중하고 푹 빠져서 "특정한 영역"에 들어가 있는 정신적 상태다. 시간과 공간에 대한 감각을 잃고, 심지어 신체적 욕구도 잊어버린다. '몰입'은 헝가리 심리학자 미하이 칙센트미하이Mihaly Csikszentmihályi가 명명한 것으로, 내재적으로 가치를 두고 있는 일을 할 때 경험하는 상태로, 도전 수위가 높지만 이것을 해내는 데 필요한 기술을 가지고 있을 때 경험하게 된다. 최고의 집중 상태에서 무아지경을 느끼며, 자신과 대상의 경계도 사라진다. 어떤 경우는 거의 신비스러운 경험을 하기도 한다. 창작이나 예술 과정 중에 몰입을 경험하기도 하지만, 스포츠, 무술, 비디오 게임에 빠져 있을 때 경험하기도 한다.

나는 주로 글을 쓸 때 몰입의 상태에 놓이지만, 가르치거나 코칭을 할 때 몰입을 경험하기도 한다. 그 순간에는 나와 함께하고 있는 사람들도 몰입을 경험한다. 몰입은 전염성이 아주 강하다. 어느 겨울

날, 7학년을 가르쳤을 때, 나와 학생들은 수업 활동에 너무 깊게 몰입한 나머지, 2시간의 수업이 끝나고 점심시간이 반이나 지나간 것을 아무도 몰랐다(학교에 종소리가 없는 것이 유익했던 것 같다). 교사로서 최고의 한 해라고 여겼던 시간을 보냈을 때, 나는 그야말로 시간 가는 줄 몰랐고, 가르치는 일에 즐겁게 몰입했다. 그해는 아주 오랜 시간을 일했고 힘겨운 개인적인 상실도 경험했지만, 가르치는 일이 너무 좋아서 처음으로 '내가 교사를 평생 해도 좋겠다.'라는 생각을 했다. 왜냐하면 만족감, 성취감, 몰입감으로 인한 감정적 보상이 일상의 피로와 압박감보다 더 컸기 때문이다.

몰입은 교사들의 회복탄력성을 향상시키는 역할을 한다. 내가 지금까지 만나왔던 가장 효과적으로 일하는 교사, 리더, 코치들은 어려움에 대처하기 위해 창의성을 사용했고 즐겁게 일을 해나갔다. 창의성은 혁신적인 문제해결, 자원 수집, 관계의 연결을 만들어주는 통로였다. 몰입의 상태가 창의성을 키워주었고, 창의성 때문에 몰입할 수 있었다.

몰입할 수 있는 것을 찾아서 해보자. 놀이 또는 예술 창작이나 몸을 움직이는 경험에서 몰입을 경험할 수도 있다. 가르치거나 교사연수를 진행하거나 방과후에 학부모와 이야기를 나누면서 몰입을 경험할 수도 있다. 가벼운 마음가짐으로 찾아보자. 왜냐하면 열심히 찾으려고 할수록, 몰입감을 느끼는 것은 어려워질 것이기 때문이다. 몰입할 수 있는 것을 찾아내기가 쉽지는 않으므로, 시간을 들여 천천히 찾아보자. 그리고 몰입이 되면 마음껏 누리자. 독특한 감각과 형언할 수 없는 기쁨을 받아들이고 감사를 표현해보자.

성향 : 용기

회복탄력성이 있는 사람들은 용감하다. 창의적인 사람이 되려면 용기가 있어야 한다. 위험을 감수하지 않는 창의성의 보상은 얕기 때문이다. 회복탄력성이 있는 사람들이 가진 성향은 용기로 더욱 강화된다. 목적의식, 수용성, 낙관주의, 호기심, 이 모든 것은 위험을 내포하고 있다.

최근 학교에서 힘들었던 순간을 떠올려보자. 여러분의 행동을 기억해보자. 그 순간에 얼마나 용감했는가? 더욱 용기를 냈다면 무슨 일이 일어났을까? 뭐라고 말을 했을까? 어떤 행동을 했을까?

장애물을 만나서 자신이 먼지처럼 가라앉고 있다고 느낄 때, 손은 떨리고 상처가 쓰라릴 때, 이걸 어떻게 극복하고 다시 일어날 수 있을지 모르겠다는 생각이 들 때, 용기로 인해 우리의 근육은 다시 차오르고 일어날 수 있다. 나는 용기 덕택에 교사로서의 지향점을 충족시켜주지 못했던 예전의 지독한 학교를 그만둘 수 있었다. 용기를 가졌기에 내가 코치로서 하는 비효율적인 행동을 깨닫고 바꿀 수 있었다. 그리고 용기 덕택에 교사로서 힘들었던 개인적인 이야기를 강단에서 많은 사람과 나눌 수 있었다.

용기는 교사의 삶에 어떤 도움을 주었는가? 삶의 어떤 부분이 더욱 용기를 낼 수 있게 해주었는가? 더 많은 용기가 있다면 무엇을 할 수 있겠는가?

우리의 삶과 세상에 만연한 두려움을 생각해보면, 용기에 대해서 깊게, 지속적으로 알아보는 것은 큰 도움이 된다. 용기에 관한 이야기를 나누고, 춤으로 표현하고, 다양한 종류의 기념물을 제작하는 것은 우리의 회복탄력성을 강화하고 세상을 바꿀 수 있도록 한다.

가장 중요한 질문은 다음과 같다. 즉, 용기는 어디서 나오는 것이고, 어떻게 용기를 활성화할 수 있을까?

용기는 정확히 어디서 왔는지 모를 수 있다. 그러나 용기를 거꾸로 추적해보면, 우리의 행동과 주변 사람들의 행동에서 그 씨앗을 볼 수 있다. 용기의 씨앗은 개인과 가족, 사회적인 경험 속에 흩어져 있다. 사람은 각자 인생의 어느 시점에서든 용기 있게 말했거나 행동했던 적이 최근까지도 있을 것이다. 용감한 행동을 인식하는 것이 중요하다.

우리의 가족 중에도 크고 작은 용감한 행동을 한 사람이 있을 것이다. 결혼하지 않고 전 세계를 여행하면서 옷감 모으는 취미생활을 하며 꿈을 먹고 살았던 내 이모, 가족을 떠나 농사를 짓기 위해 더 따뜻한 서쪽 지방으로 떠난 고조할머니와 고조할아버지, 우울증과 싸우며 3명의 자녀를 길러낸 싱글맘 친척, 동성애 혐오자인 어머니에게 커밍아웃한 삼촌 말이다. 우리의 유전자에는 용기가 있다. 나는 그것을 확신한다. 이렇게 다른 사람과 공유할 수 있는 이야기를 찾아보자. 우리의 스토리를 다른 사람들과 공유할 때, 우리의 용기는 더욱 강해진다.

다른 사람들의 용기를 발견하고 나서 소통해보자. 우리는 인간이기 때문에 공통점을 나누는 것이 가능하다. 그들에게 경의를 표하고 먼저 사망한 사람들이나 현재에도 지조 있는 싸움을 하는 사람들로부터 용기를 얻어보자. 여성교육의 지지자인 파키스탄 출신의 말랄라 유사프자이Malala Yousafzai의 용기에서 영감을 얻자. 무한하고 엄청난 그녀의 용기를 상상해보면, 여러분도 용기를 얻을 것이다. 노예의 위치에서 탈출한 사람들이나 파시스트와 싸운 사람들, 또는 투표를 독려하며 집집마다 찾아다닌 사람들, 공정노동 행위를 요구하며 밭에서 고생스럽게 일하는 사람들로부터 영감을 얻어보자. 역사는 용감한 사람들의 이야기로 넘쳐난다. 우리는 그저 찾기만 하면 된다.

나는 오랜 시간 동안 용감한 사람들을 찾기 위해 가족, 공동체, 역사를 탐구했다. 그들의 이야기를 듣고 싶었고, 무엇이 그들을 다시 일어나게 했고 또 할 일을 하게 만들었는지 알고 싶었다. 나는 나이로비의 슬럼가에서도 이러한 이야기들을 찾을 수 있었고, 아바나의 성역에서도 찾을 수 있었다. 소설이나 전기, 오클랜드의 초등학교 교실과 우리 조상의 삶 속에서도 찾을 수 있었다.

내 가족사에도 상상할 수 없는 큰 용기를 가진 생존자들이 있었다. 유대인이었던 증조할머니는 유럽에서 할아버지를 데리고 이민길에 나섰다. 그때 유럽에서 할아버지는 거의 죽을 뻔한 상황이었다. 아버지 가계에서도 용기 있는 모습을 찾을 수 있었다. 약 500년 전 유대인들이 스페인의 이단 심문에서 살아남기 위해서 기독교로 개종한 상황에서 일어난 일이었다. 물론 억압과 폭력의 이야기도 발견할 수 있었다. 나의 선조를 성폭행했던 스페인 식민주의자도 있었다. 나는 과거의 역사에서 용기만을 취하고, 폭력적인 행동은 내다버렸다.

역사의 부끄러운 부분이나 우리 역사의 추한 부분을 생각할 필요가 없다거나, 우리가 누리고 있는 특권을 인정할 필요가 없다고 말하는 게 아니다. 우리의 용기를 북돋아줄 이야기를 취할 때, 분별력이 있어야 한다는 것이다. 우리 조상의 비난받을 만한 행동을 보면서도, 용기를 키울 수 있다. 여러분을 강하게 만들 수 있는 스토리를 선별해 담아두라. 과거와 현재의 부당한 것을 바로잡기 위해 그 용기를 사용해 보라.

이제, 가서 용기를 내보자. 용기의 유전자를 발견하고 다른 사람들의 용기도 흡수하자. 회복탄력성이 있는 사람은 용기가 있다.

치유의 연고

미국의 인류학자 앙헬레스 아리엔Angeles Arrien은 전통문화에서는 아픈 사람이 치료사를 찾아가면 다음 4가지 질문을 하는 경우가 많다고 설명한다(Roth, 1998에서 인용).

- 언제 노래 부르기를 멈췄나요?
- 언제 춤추기를 멈췄나요?
- 언제 당신의 이야기를 말하는 것을 멈췄나요?
- 언제 조용히 앉아 있는 것을 멈췄나요?

아리엔은 노래하기, 춤추기, 이야기하기, 조용히 앉아 있기, 이 4가지를 "치유의 연고"라고 불렀다. 나는 이것이 질병과 치유에 관해 생각을 떠올리게 하는 방법이라는 것을 안다. 내 삶에 창의적인 표현, 내 말을 경청하는 사람, 내적인 반성과 고민의 순간이 없다면, 건강한 삶이 될 수 없을 것이다.

이 기준을 학교와 지역사회의 물리적 건강 상태에 적용해보면서, 나는 새로운 통찰을 얻었다. 교사 간의 관계가 너무 나빠진 학교와 조직에서 근무한 적이 있었다. 그렇게 유해한 환경에서는 학생과 교사가 자주 아팠고, 창의적인 표현을 하지도, 서로 이야기를 나누거나 경청하지도 않았으며, 성찰도 전혀 없었다. 반대로 조직의 분위기가 매우 건강한 곳에서는, 교사 근무 기간이 비교적 길었고 학생의 성장도 확연했다. 벽에는 학생들의 작품이 걸려 있고, 어른들은 학생들의 이야기를 잘 경청했다. 심지어 학교의 전체 구성원이 "묵상"의 시간을 갖는 것을 보기도 했다.

내가 추상적으로 말하고 있는 것이 아니다. 캘리포니아주 리치몬드 지역에 있는 6학년에서 12학년이 재학하는 칼프렙학교를 방문하면, 이런 종류의 조직 건강성을 볼 수 있을 것이다. 학교 입구로 들어가면 직원들이 따뜻하게 환영해주며, 벽에는 예술 작품이 붙어 있다. 교실에서 학생들은 비판적이고 창의적인 대화에 적극적으로 참여한다. 학생들은 수업 내용에 깊이 빠져서 다양한 주제를 서로 연결하며, 대학 수업에서 제공하는 것보다 더욱 깊은 통찰력을 경험하고 있었다. 교사들은 옆에서 학생들의 배움을 촉진하고, 자신의 수업을 개선할 수 있는 탐구 프로젝트를 진행했다. 교사 이직률은 매우 낮았고, 학교에는 건강하고 즐거운 기운이 퍼져 있었다.

어떻게 이런 학교가 될 수 있었을까? 겸손하지만 강력한 혁신의 리더십을 보여준 하비에르 C. 월터로스 교장 선생님 덕분이다. 그는 교사의 배움과 성장을 위해 시간과 자원을 할당하고, 효율적이고도 협력적인 방식으로 팀을 꾸려나갔다. 또한 학생과 교사의 창의력을 신장하기 위해 서로의 이야기를 공유하고 묵상하는 시간을 가질 수 있게 했다. 교장 선생님도 자신의 건강을 위해 이 시간에 참여했다. 지난 몇 넌간 칼프렙학교는 학교가 변화할 수 있고, 창의성이 그 핵심적인 역할을 수행한다는 나의 확신을 굳건하게 해주었다.

놀이, 예술, 창의성은 이미 하는 것에 덧붙이는 여분의 활동이나 취미 활동이 아니다. 어려움을 겪을 때 찢겨나간 우리의 정신을 이어주고, 세상의 아름다움과 경이로움에 대한 시각을 열어주며, 학교를 변화시켜줄 문을 열어주는 중요한 활동이다. 지금 당장 우리 삶 속에서 놀이, 예술, 창의성을 찾아보자.

함께 생각해볼 문제

- 이 장을 읽고 난 후 무엇을 가장 먼저 하고 싶은가?
- 자신만의 용기를 키우려면 어떻게 해야 할까?
- 창의적으로 탐색하고 확장하려면 어떻게 해야 할까?

11장 • 변화의 파도에 올라타기

변화는 우리가 의지할 수 있는 것이다. 변화가 생기면 우리는 신체적·정서적·영적 에너지를 사용해서 가장 큰 차이를 만들 수 있는 방향으로 나아간다. 인내심, 참을성, 용기가 변화의 상황을 헤쳐나가는 데 도움이 된다.

4월(2학기 네 번째 달): 변화는 언제든 생길 수 있지만, 학교에서는 2학기가 시작될 무렵 갑작스러운 상황 변화가 많다. 집중력, 인내심, 끈기 그리고 용기를 발휘해 그런 변화의 파도에 올라타는 것을 배우라.

교사로서 학생들을 가르치던 첫해, 나는 벽이 없는 교실에서 일했다. 공간은 비좁았고, 천장은 낮았다. 6개 교실 길이의 좁고 천장이 낮은, 그리고 카펫이 깔린 방을 상상해보라. 거기에 32명씩 6개 반 학생들이 반별로 앉아 있는 장면을 떠올려보라. 바퀴 달린 캐비닛으로 이 공간을 나눠놓기는 했지만 방음까지 될 수는 없었다. 이런 공간이 너무 이상해 보이고, 도무지 공부에 도움이 될 것 같지 않다는 생각이 드는가? 그 생각이 옳다. 정말 그랬으니까.

하지만 근무 첫날, 나는 옆 반 선생님과 나 사이에 벽이 없다는 것이 얼마나 큰 선물인지 알게 되었다. 젠 클러리 선생님은 경험이 풍부하고 차분하고 조직적인 분이었는데, 교사로서 이분이 하는 모든 것을 관찰할 수 있었기 때문이다. 선생님이 활동을 어떻게 설명하는지 잘 들어두었다가, 우리 반 아이들에게 똑같은 방식으로 설명해주었다. 그 외에도 선생님이 아이들에게 나눠준 자료, 점심식사 지도 방식, 그리고 화가 난 학부모나 자제력을 잃은 학생을 어떻게 대하는지를 보면서 내 지도 방법을 교정해갔다. 나는 교생실습 과정을 거치지 않고 비전통적인 방식으로 교사가 되었기 때문에, 젠 선생님같이 훌륭한 교사 가까이서 관찰하고 또 배운 것을 바로 실천할 수 있었던 것은 내게는 정말 소중한 경험이었다.

2학기가 시작될 무렵, 젠 선생님이 학교를 그만두게 되었다는 이야기를 듣고 나는 공황 상태에 빠졌다. 두려움이 어느 정도 가시고 나자, 나는 어쩌면 젠 선생님이 담임을 맡았을 현재 우리 반 아이들을 다음 해에도 내가 맡게 되고, 젠 선생님이 쓰고 싶어 했던 가장자리 교실을 내가 쓸 수도 있겠다는 생각이 들었다. 그리고 이 2가지 일은 실제로 일어났다. 젠 선생님이 그만두고 나서, 나는 과학 리더십 팀에도 합류할 수 있게 되었는데, 이 일로 내게는 수많은 기회가 주어졌다. 젠 선생님이 무척 그리웠지만, 다른 한편으로는 너무나 끔찍하게 생각되었던 상황 변화가 도리어 많은 유익함을 줄 수 있다는 것도 깨달았다. 학교에서 일한 20년 동안, 2학기 시작 무렵에 예상치 못한 변화의 물결이 밀려들지 않았던 적은 없었다. 정든 동료 교사들이 학교를 떠나거나, 좋은 관리자들이 해고되거나, 학교가 문을 닫거나, 부서가 재편성되거나, 진행 중이던 프로그램이 갑자기 종료되거나, 새로운 계획이 발표되거나, 교육과정이 바뀌거나, 교육 예산이 삭감되거나, 학급 규모가 줄어들거나 커지는 등 갖가지 크고 작은 변화가 발생했다. 그러나 시간이 흐르고 그런 상황 변화를 이전보다 넓은 시야에서 보니까, 그 중에는 오히려 유익한 경험이 된 것도 있다는 사실을 깨닫게 되었다.

이외에도 새로운 학교로 가서 가르치거나, 새로운 학년을 맡거나, 관리자의 역할을 맡는 등 나 스스로 상황을 변화시켜보기도 했는데, 이런 상황 또한 만만치 않았다. 그렇지만 이런 상황에 적응하기 위해 고군분투하면서 내가 사용할 수 있는 적응 전략이 무엇인지 알게 되었고, 내가 원치 않았던 변화가 밀어닥칠 때도 이 전략들을 사용할 수 있었다. 이렇게 변화에 대처하는 전략이 많아질수록, 내가 원했던 변화를 주도할 수도 있게 되었다.

우리는 변화를 방어하는 태도와 변화를 주도하는 태도를 양쪽 끝으로 하는 연속선상의 어느 지점에 서 있다. 변화에 대해 방어적인 자세를 취하면 변화가 우리 삶에 야기한 혼란을 최소화하는 데 초점을 둘 것이고, 변화를 주도하려는 마음을 갖는다면 이런 혼란을 오히려 기꺼이 맞이할 것이다. 원치 않는 변화를 관리하려고 하든, 적극적으로 변화를 이끌려고 하든, 회복탄력성의 핵심은 변화의 거센 파도가 우리를 넘어뜨리려 할 때 다시 그 위로 올라가는 방법, 그 파도를 타는 방법, 나아가 그 과정을 즐기는 방법을 배우는 데 있다.

변화는 바로 여기에 있다

여기서 잠시 아래 자료 11.1을 읽으면서, 변화에 대한 우리 자신의 감정을 살펴보자. 변화에 대한 첫 반응은 '두려움'과 '불편함'인 경우가 많다. 즉, "변화는 어려워요.", "변화는 불편해요."처럼 많은 것이 변하지 않은 채 똑같은 상태에 머물기를 바란다. 그러나 뭔가 원하는 것이 있거나, 지금 가진 것이 싫거나, 다른 학년을 가르치고 싶거나, 여행하고 싶거나, 배우자를 찾으려고 하거나, 아이를 갖는 일 등을 원할 때 우리는 변화를 추구한다. 학교에 변화가 필요하다고 보는 사람도 있고, 학교에서의 변화가 너무 느리다고 느끼는 사람도 있다. 원하지 않는 변화와 우리가 추구하는 변화 사이에는 이렇게 차이가 있다.

| 자료 11.1 | 변화에 대한 감정 돌아보기

- '변화는 ___________이다.'로 시작하는 문장을 몇 개 적어보라.
- 변화에 대처할 때 어떤 방법을 사용하는가? 도움이 된 방법과 그렇지 않은 방법은 무엇인가?
- 변화에 잘 대처하는 사람을 본 적이 있는가? 그중 어떤 모습을 닮고 싶은가?
- 처음에는 달갑지 않았지만, 이후에는 유익함을 발견한 변화에 관해 생각해보라. 변화를 처음 접했을 때 어떤 것을 알았다면 좋았을까?
- 변화에 대해 어떻게 느끼고 싶은가?

만약 아무것도 변하지 않는다면, 회복탄력성이 굳이 필요하지 않을 것이다. 회복탄력성은 장애물, 도전, 좌절감에 대처할 수 있게 해주는 것이다. 만약 우리가 고요한 우주에 살고 있다면, 회복탄력성은 존재하지 않는다. 그러나 실제로 우리가 사는 우주에는 끊임없이 변화가 생긴다. 변화는 피할 수 없다. 게다가 다른 직업과 비교해서도, 교사가 경험하는 변화 속도는 더욱 빠른 편이다. 해마다, 심지어 매일의 일과 중에도 교사는 예상치 못한 변화의 순간을 경험한다.

변화는 종종 예상치 못한, 원치 않는, 너무 빠른, 또는 너무 거친 방식으로 다가온다. 우리보다 더 큰 권력을 가진 사람들이 변화를 강요하는 것처럼 느껴지기도 하고, 예상하거나 원하던 방식이 아닌 방식으로 찾아와서 우리에게 도전장을 내미는 것처럼 느껴지기도 한다. 이렇게 되면 감정 주기가 촉발될 수도 있다. 인간은 통제할 수 있는 상태를 좋아한다. 그러나 변화의 핵심은—우리가 원하는 변화든 아니든 간에—통제할 수 있는 상태가 흔들리게 된다는 점이다. 따라서 변화에 대한 해석 방법에 따라, 우리의 감정과 행동의 선택 범위는 매우 다양해진다.

잠재력: 위험과 기회

'변화變化'를 뜻하는 한자에는 몇 가지 의미가 있다. 하나는 위험을 의미하고, 다른 하나는 기회를 의미한다. 회복탄력성은 이런 변화를 어떻게 인식하고 적응해가는가에 달려 있다. 이때 변화를 위험과 기회 둘 다를 포함하는 것으로 보는 것이 중요하다.

회복탄력성을 갖춘 사람은 변화를 일상적인 것으로 받아들이고, 자신의 삶에 큰 영향을 미칠 수 있는 것이라 생각한다. 자신이 통제할 수 있는 것은 변화 자체가 아니라 변화에 대한 반응이라는 것도 받아들인다. 회복탄력성이 있는 사람은 물러서지 않는다. 상황에 대처할 수 있는 예리한 감각을 가지며, 그것을 꾸준히 발전시킨다. 이런 노력 덕분에 그 변화가 원하는 것인가 아닌가에 상관없이 적절히 대처할 수 있게 된다. 이제 우리는 변화의 연속선상에서, 변화를 어떻게 해석하고 대처할 수 있는지 살펴볼 것이다.

영향력의 범위

지난주에 불평한 것, 또는 불평하고 싶었던 것을 리스트로 작성해 보라. 큰 것이든 작은 것이든 상관없다. 나는 이렇게 적었다. '날씨가 너무 춥다. 이 도시에 살고 싶지 않다. 내 책상은 너무 정신이 없다. 집이 너무 시끄럽다. 친구가 나를 짜증 나게 한다. 할 일이 산더미처럼 쌓여 있다. 잠도 제대로 못 잤다.'

리스트를 작성했다면 각 항목이 우리의 통제력 범위 안에 있는지, 아니면 영향력 범위 안에 있는지 살펴보자. 만약 이 두 영역 중 어디에도 속하지 않는다면, 통제할 수 있는 것이 아니다. 그림 11.1 '영향력의 범위'는 이 개념을 시각화한 것이다.

이 분류 작업을 하면서 알게 된 것은 무엇인가?

나는 불평 리스트를 살펴보면서, 전부는 아니지만 상당수가 내가 통제할 수 있는 것이라는 결론을 내려야 했다. 예를 들어, '날씨가 너무 춥다.'라는 불평의 경우, 날씨를 바꿀 수는 없지만 추운 날씨에 대비해 히터를 켤 수 있고, 따뜻한 옷을 입을 수도 있다. 지저분한 책상에 관한 불평도 원한다면 언제든지 해결할 수 있다. 현재 내가 사는 도시와 시끄러운 집에 관한 불평도 내가 그 해결을 목표로 설정하면 충분히 해결할 수 있는 것이다. 이것을 깨달았을 때 내게 큰 힘이 생긴 느낌이 들었다. 물론 그중 몇 개는 해결하려면 결정할 일이 꽤 많지만 말이다.

그림 11.1 | 영향력의 범위

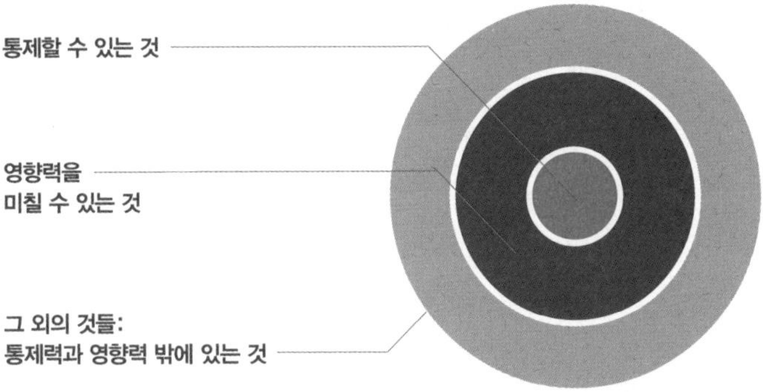

에너지를 얻는 비결

통제와 영향력의 범위에 대한 개념은 간단하다. 불평 항목을 통제할 수 있는 것, 영향력을 행사할 수 있는 것, 그리고 통제할 수 없는 것으로 분류하는 것이다. 불평을 분류하는 것은 우리가 가진 에너지를 현명하게 쓰는 첫걸음이다. 이렇게 분류가 명확하게 되면, 감정적 에너지 소모를 줄일 수 있고, 우리가 생각했던 것보다 많은 통제력을 가지고 있다는 것을 알게 된다.

3학년을 가르쳤을 당시의 불평 항목을 나는 지금도 분명히 기억한다. 교사의 재량권 없이 제시된 문해력 교육과정이 싫었고, 비전을 제시하지 못하는 교장 선생님이 싫었다. 교사의 급여가 말도 안 되게 낮다고 생각했고, 두 명의 2학년 학생을 우리 반에서 같이 가르치게 되어서, 해야 할 수업이 2배가 되었다. 우리 반 책장이 덜컹거릴 정도로 학생들에게 큰소리치는 선생님의 옆 교실에서 수업해야 했고, 교실은 정돈되지 않은 상태였다. 이제 질문해보자. 이런 항목 중 내가 통제할 수 있거나 영향력을 미칠 수 있는 범위 안에 있는 것들은 무엇인가?

교장 선생님에 관한 불평부터 살펴보자. 교장 선생님은 비전(다른 리더십 기술도 포함해서) 제시가 부족했다. 그러나 이 문제에 대해 내가 할 수 있는 일은 아무것도 없었다. 미래에 내가 할 수 있는 일은 하나 있었다. 앞으로는 능력 있는 교장 선생님이 운영하는 학교를 선택하는 것이다. 그렇지만 그 당시에는 교장 선생님의 부족한 기술에 대해 내가 뭔가 할 수 있는 일이라곤 없었다. 그래서 나는 이 항목을 '통제 범위 밖'에 두었다. 마찬가지로 이미 정해진 교육과정, 낮은 교사 급여도 내 영향력 밖이었다. 그러나 그 상황에서도 선택할 수 있는 것이 있었다. 그 항목들에 대해 내가 느끼는 감정은 선택할 수 있었다. 내가 내내 느꼈던 좌절감과 불만족이라는 감정은 통제 범위 안에 있었다.

내 감정을 인식하고 수용하고 나니까, 내가 처한 상황도 달리 보이기 시작했다. 이전보다 뭔가를 할 수 있는 에너지도 올라왔다. 이듬해 봄, 나는 다른 학교에서 일할 수 있게 되었는데, 혁신적인 교장 선생님이 운영하는 학교였으며 의무교육과정이 없었고 급여도 더 많이 받을 수 있는 곳이었다. 1년 뒤 나는 완전히 다른 것들을 불평하고 있었다(물론 교실이 정돈되지 않은 것에 대한 불평은 여전했지만).

핵심 질문

통제력과 영향력의 범위라는 개념으로 우리의 불평, 현재 처한 현실, 원해서 생긴 변화 그리고 원하지 않았는데 발생한 상황 변화 등을 구분해보면, 우리가 해야 할 일을 결정할 수 있다. 이런 개념 틀을 통해서 먼저 알게 된 것은, 우리가 모든 것을 통제할 수는 없다는 것이다. 그러나 우리의 감정과 반응에 대해서는 막강한 영향력을 행사할 수 있다. 상황에 대해 어떻게 반응할 것인가 하는 것은 확실히 우리의 통제력 범위 안에 있는 것이다.

영향력 범위 안에 있는 것이라면, 무엇이든 해보라. 원한다면 교사 급여, 교육 정책, 교육과정, 평가, 교사 고용 정책 등에 대해서도 영향력을 행사할 수도 있을 것이다. 그러나 여기서 스스로 할 핵심 질문은 이것이다. "나의 에너지를 어디에 쏟을 것인가?"

이 질문은 우리가 원치 않거나 예상치 못했던 사건에 대처할 때, 자신에게 물어볼 가장 중요하고 핵심적인 질문이다. 이 질문이 우리를 두려움에 사로잡히게도 하고, 도망치게 만들고, 맞서 싸우게도 만드는 변화의 상황에 어떻게 작용하는지 살펴보자.

리더를 위한 제안

불만에 가득 찬 사람을 대할 때 앞에서 배운 통제력과 영향력의 범위라는 개념을 우선적으로 고려하면 정말 큰 도움이 된다. 그들이 관심과 에너지를 어디에 쏟고 있는지, 그리고 그 문제가 통제력 범위 안에 있는지, 밖에 있는지부터 주의 깊게 경청하라. 그 에너지를 어디에 쏟을 것인지 선택할 수 있도록 코칭하라. 그림 11.1을 복사해서 벽에 붙여두고, 다른 사람들에게도 나누어주라. 이 개념을 이해하는 데 도움을 줄 것이다.

원하지 않는 변화에 대처하는 법

내 삶에 변화의 쓰나미가 휩쓸고 지나간 순간이 있었다. 그때 나는 '과연 내가 견뎌낼 수 있을까?', '내가 여기에서 살아남을 수 있을까?' 같은 생각을 하고 있었다. 이런 자기회의적인 질문은 내가 경험한 사건에 대한 내 스토리의 일부였다. 그러나 이런 사고방식은 문제가 있다. 생존에만 집중하면 자신의 행동을 제한하게 되고, 인식의 범위도 좁아지고, 기본적인 필요에만 초점을 맞추게 되기 때문이다. 상황에 변화가 일어날 때, 이렇게 질문을 바꾸어보면 어떨까? '이런 변화가 나를 어떻게 성장시킬까?' 또는 (이 질문은 실제로 내가 하고 있는 것이기도 하다) '내가 이 어려운 상황에서 벗어나서 이전보다 더 강하게 되는 방법이 있을까?'와 같이 말이다. 이렇게 질문을 바꾸면, 행동의 선택 범위도 훨씬 넓어진다.

물론 예외인 경우도 있다. 정말 나쁜 일이 생겼을 때는 스스로에게 희망을 가져보자고 하거나, 그 경험이 결국은 성장에 도움이 될 것이라고 하기 어렵다. 때로는 (사랑하는 동료 교사나 배우자, 부모, 친한 친구가 젊은 나이에 암으로 죽는 것과 같은) 정말 끔찍한 일이 일어나기도 한다. 그럴 때는 많이 울고 잠을 자는 것이 정상이다. 극심한 고통의 시기에는 하루하루에 집중하고 장기적인 미래를 바라보면서 삶의 큰 그림을 그리는 것이 도움이 된다.

우리가 경험하고 싶지 않은 변화 상황도 그 규모는 다양하다. 사는 동안 우리 대부분은 작은 규모나 중간 규모의 변화는 꽤 많이 겪게 될 것이고, 큰 규모의 변화도 몇 차례 정도 경험할 것이다. 이러한 변화의 파도 위에서, 단지 살아남는 것이 아니라 성장을 목표로 하려면, 무엇을 해야 할지 생각해보라. 교장으로 부임한 첫해일 수도 있고, 리더십이나 학교 교육과정에 변화가 있어서 그것에 적응해야 하는 상황이라면, 회복탄력성을 갖출 수 있도록 자신의 잠재력에 주목하라. 가능한 일이다. 원하지 않는 상황 변화를 관리하고 그 여파를 극복하는 데 도움이 되는 다음 4가지 원칙을 기억하면 말이다. (1) 속도를 늦추고 (2) 상황을 판단하고 분석하며 (3) 중요한 곳에 에너지를 사용하고 (4) 결과를 열린 마음으로 기다리는 것이다. 이제 이 4가지 원칙을 하나씩 살펴보기로 하자.

속도 늦추기

어느 봄날 월요일 오후, 교육청의 관리자들이 우리 학교의 교직원 회의에 와서 교장과 교감 선생님이 다른 학교로 가고, 우리 학교가 다른 학교와 통합될 것이며, 교사들 모두 교직에 다시 지원해야 한다는 발표를 했다. 교사들은 크게 절망했다. 발표 후 3시간 만에, 이런 변화에 반대하는 위원회를 구성했다. 변호사와 노동조합의 도움을 받아, 교사들이 앞으로 해야 할 일들을 길게 적어 내려갔다.

메리 선생님은 내가 깊이 존경하는 경력 교사였다. 항상 침착하고 사려가 깊었으며 유머감각도 있었다. 그녀가 가르치는 학생들은 엄청난 성장을 경험했고, 메리 선생님은 언제나 학생들이 즐겁게 배우면서도 규칙을 엄격하게 지키도록 교육했다. 선생님은 거의 매일 오후 4시 30분에 퇴근해 체육관에 가서 요가를 하거나, 친구들과 함께 독서모임을 했다. 또 메리 선생님은 우리 학교가 개교할 때 큰 공헌을 했기 때문에, 그녀가 하룻밤 자면서 그 소식에 대해 생각해보자고 말했을 때 놀라지 않을 수 없었다. 분명 그 선생님이라면 꼭두새벽까지 뭔가 일을 조직할 거라고 생각했기 때문이다. "마음을 좀 가라앉히면서, 제가 원하는 게 무엇인지 생각해보고 싶어요."라고 선생님은 말했다.

대부분의 사람은 너무 빨리 행동하거나, 너무 많은 일을 한다. 이것이 두려움에 대한 전형적인 반응이다. 예를 들어 예상치 못한 일이 발생하면, 어떤 사람들은 그 일을 부정하며 자기 방에 틀어박힌다. 어떤 사람들은 다른 사람들을 공격한다. 따라서 변화가 발생하면 속도를 늦추자. 그러면 상황을 더욱 명확하게 볼 수 있고 또 진단해낼 수 있을 것이다. 즉각적으로 조치해야만 하는 일은 거의 없다. 이 단계에서 해야 할 일은 다음과 같다.

- 감정에 솔직해져라. 그것을 인식하고, 명명하고, 수용하라. 그리고 감정을 탐색하는 데 시간을 들이라. 특히 강하게 느껴지는 감정이 있다면 더욱 그렇게 하라.
- 행동하거나 결정을 내리기 전에, 하루나 이틀 정도 생각할 시간을 가지라 (다음 단락에서는 이 단계를 어떻게 밟아나갈지에 관해 안내할 것이다).

학교에서의 상황 변화에 대처하려면, 속도를 늦추고 생각할 시간을 갖는 게 좋다.

상황을 판단하고 분석하기

다음 날 아침, 나는 메리 선생님의 반에 들러서 선생님이 무슨 생각을 하고 있는지 물었다. 나는 교육청의 결정에 우리가 얼마나 화가 났는지를 메일에 담느라 늦게까지 일했기 때문에 충분히 휴식을 취한 그녀가 부러웠던 터였다. 메리가 말했다. "이 일에 대처하기 위해서 제가 가지고 있는 능력을 어떻게 사용해야 할지 좀 더 명확해졌어요. 궁금한 것들도 생겼어요. 이 상황을 해결하려면 정보가 더 필요해요."

나는 실망한 기색을 감출 수 없었다. 메리 선생님이 다시 말했다. "저도 교육청의 결정에 저항할 겁니다. 그렇지만 좀 더 분명한 의도를 가지고 전략적으로 일해야 한다고 봅니다. 긴 싸움이 될 것이니까, 에너지를 비축해둬야 해요." 나는 메리 선생님이 28년 동안 우리 지역에서 학생들을 가르쳤다는 사실을 떠올리며 고개를 끄덕였다. "이런 일을 예전에도 겪어본 적이 있어요." 메리 선생님은 가벼운 목소리로 이야기했다.

만약 상황에 변화가 생기면, 시간을 갖고 다음과 같은 질문을 자신에게 던져보라.

- 무슨 일이 일어나고 있는지 더 완벽하게 알려면 무엇을 더 알아야 하는가? 누구로부터 그 정보를 얻을 수 있는가?
- 이런 상황 변화에 대한 나의 의견은 무엇인가? 다른 사람은 이 변화를 어떻게 보고 있는가? 다른 관점을 공유해줄 수 있는 사람은 누구인가?
- 이런 상황 변화는 내가 가르치는 아이들과 학교공동체에 어떤 영향을 미치는가?
- 내 영향력 범위 안에 있는 것은 무엇인가?
- 지금 내가 선택할 수 있는 것은 무엇인가? 나는 무엇을 원하는가?

- 내가 사용할 수 있는 자원은 무엇인가? 이 상황에 대처하기 위해 내가 할 수 있는 것은 무엇인가?
- 내가 상황 변화에 맞선다면 어떤 일이 일어날까? 가만히 앉아서 이 상황이 끝나기만을 기다린다면 어떤 일이 일어날까?

변화를 판단하고 평가하기 위해 사용할 수 있는 1가지 전략은 상황을 보는 렌즈를 바꿔보는 것이다. 특히 내가 상황 변화의 희생양이 된 것 같은 느낌이 들면, 3가지 렌즈를 사용해 현상을 살펴볼 필요가 있다. 첫째, 매크로 렌즈, 즉 거시적 관점으로 세밀하게 상황 변화를 살펴보는 것이다. 때때로 간과했던 긍정적인 측면을 보는 데 도움이 된다. 그다음은 길다란 렌즈, 즉 장기적 관점으로 이렇게 질문을 던져보는 것이다. 6개월 후에는 이 상황을 어떻게 볼까? 2년 후에는? 마지막으로는 광각 렌즈, 즉 다양한 관점으로 보는 것이다. 이 변화에 작용하는 또 다른 요인들은 무엇인가? 그 밖에 누가 영향을 받고 있는가? 이 상황 변화를 통해 그들은 무엇을 경험하고 있는가? 그들은 이 상황을 어떻게 보고 있으며, 어떻게 변화를 경험하고 있는가? 렌즈를 교체하면서 현상을 보면 상황에 더 잘 대처할 수 있는 통찰력을 얻을 수 있다.

중요한 곳에 에너지 사용하기

시간은 유한하고 우리의 에너지는 한정되어 있다. 물론 에너지를 극대화하거나 재충전할 수 있다. 하지만 하루에 쓸 수 있는 시간과 에너지는 제한적이라는 사실에는 변함이 없다. 이 사실을 받아들인다면 기분이 좀 나아질 것이다.

더 나아가 이러한 한계를 인정할 때 우리는 에너지를 필요한 곳에 집중적으로 사용할 수 있다. 좀 더 의미 있고 생산적이며 중요한 핵심 가치에 부합하는 방식으로 에너지를 사용할 수 있는 것이다. 무엇이 중요한 것인지 어떻게 알 수 있을까? 이 질문에 대답하기 위해선, 먼저 나 자신을 알아야 한다. 나에게 정말 중요한 것은 무엇인가?

중요하지 않은 것 때문에 에너지가 고갈되고 있어도, 무엇이 중요한 것인지 파악하는 것은 어려운 일이다. 자아가 상처 입거나, 어떤 일을 개인을 공격하는 일로 받아들이면 이런 혼란을 경험하게 된다. 모욕당했다고 느끼기 때문에 변화를 거부하거나 저항하는 것이다. 우리가 옳았으면 하는 마음 때문에 변화를 거부한다. 그러나 개인을 공격하는 것처럼 느끼는 것과 실제 개인적인 공격을 받는 것 사이에는 커다란 회색지대가 존재한다.

나는 학생들에게 헌신적이고 아이들과 학부모 모두에게 사랑받은 매기 선생님을 코칭한 적이 있었다. 매기 선생님은 여러 가지 측면에서 매우 유능한 분이었다. 매기 선생님이 자신의 학교에서 일한 지 2년째 되는 해에 새 교장이 부임했다. 그 교장 선생님은 그녀가 이전에 근무한 학교에서 매기 선생님과 갈등이 있던 사람이었다. 이듬해 3월, 새 교장 선생님은 매기 선생님을 해고하고 지역 내 다른 학교에서도 일할 수 없게 만들었다. 매기 선생님은 화가 났다. 새로운 교장 선생님이 매기 선생님을 좋아하지 않는다는 것, 다른 무능한 교사들은 가만히 그대로 놔두는 사람이라는 건 이미 아는 사람들은 다 아는 사실이었다. 매기 선생님은 동료 교사와 예전 학교 관리자, 코치와 학부모들을 모았다. 노동조합에 지원을 요청하고, 변호사와도 상담했으며, 학교 이사회에도 참석했다. 매기 선생님이 학교에 남고 싶어서 이렇게 하는 것처럼 볼 수 있었지만, 때로는 자신의 해고를 개인적인 공격으로 받아들였다는 느낌이 더 강하게 들기도 했다.

매기 선생님의 상황이라면 이런 질문이 필요했다. '물러나는 시점을 어떻게 알 수 있을까?' 학년 말이 되었기 때문에, 매기 선생님은 더 싸울지 말지를 선택해야 했다. 나는 "선생님께 정말 중요한 게 무엇인가요?"를 반복해서 질문했다. 매기 선생님은 계속 일하고 싶고, 자신이 일구어낸 학교에 계속 머물고 싶다고 했다. 그리고 최소한 그 학군 내에 머물고 싶다고 했다. 그러던 어느 날 저녁, 매기 선생님이 말했다. "교장 선생님이 틀렸다는 것을 증명하고 싶어요. 저한테 그렇게 할 수는 없는 일이에요." 나는 매기 선생님의 상처받은 마음을 충분히 이해할 수 있었다. 그렇지만 선생님은 정의를 추구하는 과정에서 과도할 정도의 에너지를 쏟고 있어서, 자신의 건강, 인간관계 그리고 웰빙을 해치고 있었다. "선생님, 저도 이 상황이 교장 선생님의 개인적인 감정으로 발생했다는 걸 알아요. 하지만 교장 선생님이 이런 일을 하는 이유가 어디 그런 개인적인 감정뿐이겠어요. 선생님을 싫어하는 것은 여러 이유 중 하나일 뿐이에요. 교장 선생님이 생각하거나 느끼는 것까지 매기 선생님이 통제할 수는 없어요. 하지만 매기 선생님 자신의 에너지를 어디다 쓸지는 선택할 수 있어요. 선생님은 교장 선생님의 결정에 이미 이의를 제기했고, 원한다면 계속할 수도 있어요. 하지만 내년도를 생각하고, 또 지금 상황을 공중 저 높은 곳에서 내려다본다고 생각하면, 선생님에게 정말 중요한 것은 무엇인가요?"

"저는 가르치고 싶어요." 매기 선생님은 주저하지 않고 말했다. "그게 제게는 가장 중요한 일이에요. 가르치는 기쁨을 다시 느끼고 싶어요. 새 교장 선생님이 부임한 이후로, 그런 기쁨을 느낄 수가 없었어요."

"그러면 선생님은 왜 여기에 머무르고 싶은가요?"

"제가 교장 선생님보다 이 학교에 더 오래 있을 수 있으니까요. 교장 선생님들은 오고 가기 마련이고, 지금 교장 선생님은 이미 힘든 상황이 되었으니까, 아마도 1년 안에 이 학교를 떠날 수밖에 없을 거예요."

"만약 지금 교장 선생님이 1년 정도 더 이 학교에 있어도, 선생님은 학교에서 가르치는 기쁨을 느낄 수 있을까요?"

매기 선생님은 어깨를 으쓱했다.

나는 계속 밀어붙였다. "선생님이 당장 하고 싶은 것은 무엇인가요?" 매기 선생님은 다시 어깨를 으쓱했다.

"저는 가르치고 싶어요." 결국 선생님이 말했다. "그러려면 새 학교를 찾아야겠네요. 이 학군에 머물기 위해 교장 선생님과 계속 싸울 수도 있지만, 다른 학군에서 학교를 찾아볼 수도 있겠어요." 매기 선생님은 실제로 그렇게 했다. 그해 여름, 학교 이사회는 매기 선생님이 다른 학군에 있는 학교에 취직하는 것을 허가했지만, 그 시점에 매기 선생님은 자신에게 아주 잘 맞는 학교를 찾아 다른 지역으로 떠났다. 슬프게도 우리 학군은 헌신적인 교사 한 사람을 잃어버리게 되었다.

에너지를 어디에 쏟아야 하는지가 명확하지 않을 때가 종종 있다. 변화가 밀어닥치면, 두려움을 느끼며 무엇이 중요한지 확신이 서지 않을 때도 있다. 이 때문에 자신에게 계속 물어보아야 한다. '무엇이 정말 중요한 것인가?' 그리고 내면의 목소리에 귀 기울이고, 그것을 적어두라. 날마다 자신에게 물어보라. 첫 번째 습관, 즉 '자기 자신 이해하기'로 돌아가서 자신에게 오롯이 집중해야 한다. 자신의 상황을 객관적으로 볼 수 있도록 말이다.

> **"당신은 누구인가요?" 애벌레가 말했다.**
>
> **"저는…… 잘 모르겠어요. 지금은요." 앨리스가 다소 수줍게 대답했다. "오늘 아침에 일어났을 때는 제가 누군지 알았는데, 그 이후로 제가 여러 번 변한 것 같거든요."**
>
> **— 루이스 캐럴, 『이상한 나라의 앨리스』에서**

결과에 대해 열린 마음 가지기

결론은 바로 이것이다. 즉, 에너지를 어떻게 쓸지 선택할 수 있다는 것이다. 상황 변화에 맞서 싸울 것을 결심했다면, 그렇게 하라. 분명한 의도를 가지고, 가장 중요하고 통제할 수 있는 범위 안에 있는 것에 에너지를 쏟아라. 자신의 기술 중 가장 세련된 기술을 사용하되, 단지 자존심 때문에 행동하지 않도록 주의하라. 그리고 자신의 모든 것을 쏟아라. 얼마나 많은 에너지를 사용하고 있는지 확인하고(한 가지 변화에 대처하기 위해 모든 에너지를 사용하는 것은 좋은 전략이 아니다) 이 싸움에 드는 비용이 얼마나 되는지도 확인하라.

원치 않는 상황 변화에 도전하는 동시에, 새로운 도전을 시도할 필요도 있다. 또 결과에 대해서는 열린 마음이어야 한다. 이것은 사실 역설적이다. 비전과 열정을 가지고 그에 도달하기 위해 자신의 자원과 에너지를 모두 쏟지만, 그와 동시에 결과에 대해 열린 마음을 가지고 자신이 원했던 결과에 집착하지 않는 것이니 말이다.

하지만 이렇게 역설적이어야 하는 이유가 있다. 다양한 결과에 마음을 열어두면, 좀 더 유연하게 상황에 적응할 수 있기 때문이다. 아무리 우리가 충분한 정보가 있고 원치 않는 변화에 맞서기 위해 다른 사람들과 협력해서 대처했다 하더라도, 모든 것을 알 수는 없는 노릇이다. 그러니 가능성에 대해 열린 마음을 가질 필요가 있다. 누군가 어떤 제안이나 해결책을 제시하면, 그것이 우리가 원하는 것과 정확히 일치하지 않는다고 하더라도 고려해보라. 사람들의 말에 귀를 열어두고, 계속 대화하라.

나는 학교가 위험에 처했을 때, 함께 모여 조직적으로 저항했다. 그런데 그때 우리는 한 번도 고려한 적 없는 결론에 도달하게 되었다. 우리 학교가 다른 학교와 합치면 학급 규모는 다소 커지겠지만, 교육 지원 인력은 두 배로 늘고, 수업 준비에 필요한 시간을 더 많이 확보할 수 있으며, 같은 교과를 가르치는 다른 동료 선생님들과 협력할 수 있을 것이라는 결론이었다. 어느 정도 타협도 해야 했고 그 과정에서 약간 성가신 일들도 있었지만 학교가 없어질 뻔한 위기에서 벗어날 수 있었다. 그리고 이전보다 훨씬 더 나은 결과에 도달할 수 있었다.

결과에 대해 열린 마음을 가지지 못하게 만드는 것은, 우리가 불확실한 상황에 대처하면서 살아야 하기 때문이다. 삶의 불확실성 때문에 우리는 불안해하고, 변하지 않는 상황이 그대로 유지되기를 바란다. 이 책에서 논의된 습관은 이러한 두려움에 대처하는 데 도움을 준다. 또한 불확실한 변화의 파도에 올라탈 수 있도록 한다. 모르는 것, 알 수 없는 것이 많다는 것을 인식하면서 인생이라는 거대한 그림을 그려 볼 수 있다면 말이다. 이런 그림을 그릴 수 있는 능력은 부분적으로는 신뢰로부터 나오는데, 이것에 대해서는 12장에서 살펴보자.

8장에서 논의한 평정심은 변화에 대처할 때 매우 중요한 정신적·정서적 상태다. 평정심이 있다면 결과가 비록 우리 마음에 들지 않더라도 그 결과에 대해 열린 마음을 가지고 "지금 상황은 이래."라고 말할 수 있다. 평정심이 있으면 상황을 충분히 볼 수 있다. 우리의 감정을 억제하거나 결과에 무관심하거나 체념하는 것이 결코 아니다. 특정한 순간에 일어나는 모든 일을 있는 그대로 수용하는 것이다. 평정심을 키우면, 결과에 집착하는 마음을 조금 누그러뜨릴 수 있다. 그와 동시에 결과에 대해 열린 마음을 가지고 변화를 멈추게 만들거나 주도할 수 있게 된다.

자료 11.2에 소개하는 이야기는 내가 불확실한 상황을 헤쳐나갈 때 즐겨 읽는 이야기다. 이 이야기는 원하지 않는 변화에 대처하는 것이 복잡하고 어렵다는 것, 그리고 결과에 대해 열린 마음과 넓은 시야를 가지는 것이 중요하다는 메시지를 전해주고 있다. 이 이야기를 읽고 나면 뜻밖의 변화가 생길 때마다 "그럴지도 모르지요."라는 말을 하게 될지도 모르겠다.

| 자료 11.2 | 불교 선종의 우화

옛날 옛적에 농사를 짓고 사는 늙은 농부가 있었다.

어느 날, 그의 말이 도망쳤다. 그 소식을 듣고 이웃 사람들이 찾아왔다. "운이 나빴네요." 그들은 농부를 동정하며 말했다. "그럴지도 모르지요." 농부가 대답했다.

다음 날 아침, 그 말이 다른 세 마리의 야생마를 데리고 돌아왔다. 그러자 이웃들은 "이 얼마나 좋은 일입니까!"라고 외쳤다. "그럴지도 모르지요." 농부가 대답했다.

다음 날, 농부의 아들이 야생마 중 한 마리에 타려다가 떨어져 다리가 부러졌다. 이웃 사람들은 다시 농부의 불행을 동정했다. "그럴지도 모르지요." 농부가 말했다.

이튿날 군 관리들이 청년들을 군대에 징집하기 위해 마을로 찾아왔다. 그들은 농부의 아들이 다리가 부러진 것을 보고는 그를 데려가지 않았다. 이웃들은 일이 잘 풀린 것을 축하했다. "그럴지도 모르지요." 농부가 말했다.

변화를 주도하는 비결

원치 않는 변화에 제대로 대처할 수 있다면, 우리는 상황을 주도할 수 있게 되고, 다른 사람들에게 도움이 되는 변화를 이끌 수 있다. 이제부터 제시하는 비결은 교실문화를 바꾸려는 교사든, 학교 전체를 변화시키려는 교장이든, 교사로 하여금 자신의 무의식적인 편견을 인식하도록 도우려는 코치든 상관없이 적용할 수 있다. 이제 그 비결을 살펴보자.

두려움에 대처하라

두려움을 다뤄라. 이것이 가장 중요한 비결이다. 많은 관리자가 변화를 주도해야 할 때 생기는 두려움을 인정하거나, 제대로 대처하지 못한다. 자신의 두려움도, 다른 사람들의 두려움도 말이다. 인간은 두려움을 느끼는 존재다. 그리고 우리는 그것을 제대로 다루는 데 익숙하지 않다.

처음으로 문해력 코칭을 맡게 되었을 때, 나는 근무하던 학교의 수업 방법을 바꾸고 싶었다. 교실에 가보니, 학생들은 조용히 문법 자습서를 풀고 있었고 선생님들은 책상에 앉아 책을 읽고 있었다. 학생들에게 과제를 내주지도 않았고, 결과물을 나누거나 수업 계획도 세우지 않았다. 8학년 학생들은 4학년 교과서를 공부했고, 수업은 주에서 제시한 표준적인 기준과 상관없이 이루어졌다. 게다가 학교 자료를 검토해보니 우리 학교 학생들의 문해력은 해가 갈수록 꾸준히 떨어지고 있었다. 8학년 학생들은 6학년이었을 때보다 문해력이 떨어진 채로 졸업했고, 8학년 학생 중 3%만이 자기 학년 수준에 맞는 글을 읽을 수 있었다.

내가 교사들에게 학습목표를 세우고, 수업지도안을 작성하고, 교육과정을 따르고, 학생들의 참여를 유발할 수 있는 교수법을 사용하자는 이야기를 하자, 교사들은 반발하기 시작했다. 반발에도 불구하고 나는 더 밀어붙였다. 교사들의 저항은 더욱 거세졌고, 저항이 거셀수록 나 역시 확고해졌다. 혹시 이런 상황에 처해본 적 있는가? 정말 피곤한 상황이었다. 불필요한 갈등이었다. 결국 효과가 없었다. 물론 일부 교실에서는 수업과 학습 결과가 개선되었다. 그러나 지속적인 것은 아니었으며, 학교 전반에 걸쳐 이루어진 것도 아니었다.

그 당시 수업을 바꿔보자고 제안했을 때, 나는 교사들의 두려움을 제대로 인식하지 못했다. 교사들은 내가 해보자고 한 것을 자신이 할 수 없을지도 모른다는 것, 자신이 방법을 모른다는 것과 하고 싶지 않다는 것이 공개적으로 드러나는 것을 두려워했다. 교사로서 자신이 쌓아온 정체성을 잃어버릴지 모른다는 무의식적인 두려움도 있었다. 많은 선생님이 현재의 모습이 되기 위해 오랜 시간을 들여왔을 것이다. 그런데 나는 그런 정체성을 버리고 새로운 누군가, 자신들이 상상할 수 없는 누군가가 되라고 말한 것이다. 내가 요구한 것은 교사들을 두렵게 했을 뿐만 아니라, 지금껏 교사들이 제대로 일을 하지 못했다는 메시지를 담고 있었다.

두려움과 수치심을 느끼게 하는 전략에는 한계가 많다. 물론 때때로 학교 구성원이 변화에 따르도록 할 수는 있다. 하지만 그때도 변화의 지속력은 짧으며, 혁신적이지도 않다. 두려움과 수치심은 우리 모두를 지치게 한다. 이 전략을 구사하는 사람과 그 반대편에 있는 사람 모두 말이다. 나는 이 학교에서 무엇인가를 바꾸고 싶다는 생각에 절박했다. 그렇지만 그 절박한 감정을 제대로 관리하지는 못했다. 내가 느낀 감정 안에는 학생들에 대한 안타까움, 학생들에게 더 나은 교육 경험을 제공하지 못할 것이라는 두려움, 제대로 운영되지 않는 학교 체제와 그것을 고수하려는 사람들에 대한 분노, 내가 말하는 대로 따르지 않는 교사들에 대한 조바심, 학교를 변화시키고 싶다는 야망이 있었다. 변화를 이끄는 비결은 이런 감정을 느낄 때 그 감정을 정확히 인지하고(10년 후가 아니라 그 당시에), 다른 사람들이 느끼는 감정 또한 인식하며, 이를 잘 다룰 수 있는 전략을 갖추는 것이다.

내면에 독재자가 있다면, 이런 시도에 가치를 부여할 수도 있겠다. 독재자가 마음껏 상황을 휘두르면 좋은 결과를 낼 수 있고, 사람들에게 책임을 물어야 우리가 원하는 그 일을 할 것이라 믿고 싶을 것이다. 이와 관련해 증거 자료, 짧은 피드백 대본, 그리고 명확한 지시를 제공해 변화된 사례들이 있다면 나도 공유하고 싶다. 하지만 그럴 수가 없다. 나는 사람들을 변화시키기 위해 수많은 전략을 사용했지만 그중 효과를 본 것은 아무것도 없었다. 물론 사람들이 내 말에 따를 때도 있었으나, 그보다는 방해하거나 저항하는 등 부정적인 반응을 보일 때가 훨씬 많았다. 학생들을 위해 변한 것은 아무것도 없었다. 나는 무기력해졌고 우울감마저 느꼈다.

앞서 언급한 비효율적인 전략은 우리 내면의 감정과 함께 작용한다. 사실 변화의 비결은 자신과 타인의 감정을 다루는 것, 그중에서도 특히 두려움을 다루는 것과 관련이 깊다. 많은 사람이 빨리 결과를 얻기 위해 노력했지만, 별 효과는 없었다. 물론 감정을 다루려면 시간이 걸린다. 하지만 이외에 다른 방법은 없다.

변화는 학습과 관련 있다는 것을 기억하라

9장에서는 학습의 각 단계에서 발생하는 감정, 격차라는 개념, 그리고 학습을 위해 꼭 필요한 조건에 대해 살펴보았다. 변화를 이끌기 위해서는 학습과정을 포함해야 한다. 사람들이 뭔가 다른 것을 하게 하려면, 그것이 무엇이든 간에, 사람들의 기술, 지식, 능력, 의지, 문화적 역량, 정서 지능을 다룰 수 있어야 한다.

변화를 주도하려 한다면, '의식적 역량 단계'와 '마인드 더 갭'의 이론 틀이 도움이 된다. 이 이론 모델에서는 사람들이 자신의 무능함을 의식하는 단계에 이를 때까지 아주 많은 격려가 필요하다는 것을 보여준다. 변화에 주도적으로 참여하려는 사람들의 의지와 헌신을 높여줄 방법을 알아야 한다. 사람들이 얻을 수 있는 지식과 기술이 무엇인지 설명해야 한다. 이미 가지고 있는 기술과 지식이 무엇인지도 이해해야 한다.

사람들의 변화를 원한다는 것은, 성장을 요구하는 것이다. 성장을 요구한다는 것은, 학습 혹은 배움을 요구하는 것이다. 이러한 노력을 기울이는 퍼실리테이터 혹은 리더라면, 학습을 위한 최적의 조건을 만들고 학습의 과정을 따라올 수 있도록 사려 깊게 길 안내를 할 책임이 있다.

역효과를 이해하라

학교에서는 구성원에게 먼저 행동의 변화를 요구하고, 결과적으로 신념도 변화되기를 기대하는 경우가 많다. 의식하든 의식하지 않든, 행동은 신념에서 비롯된다. 그러니 행동을 바꾸고 싶다면 그 근간이 되는 신념을 떠올려보고 충분히 탐색한 다음, 변화에 이르도록 해야 할 것이다. 이 과정에서 우리는 다시 두려움에 맞닥뜨리게 된다.

나는 초등학교에 신규 발령을 받은 애덤 교장 선생님을 코칭했다. 애덤 교장 선생님은 너무 많은 학생이 정학당하는 상황을 염려하고 있었다. 교장 선생님은 교사들이 학생들을 바로 정학으로 처리하지 말고 먼저 경고를 받게 해서 교실로 돌아갈 기회를 주는 관리 방식을 채택했으면 했다. 또한 교사들이 좌절감을 느끼는 학생들의 상황을 진정시키고, "학생들에게 기회를 주는", 그리고 "지나치게 경직되거나 통제하지 않는" 전략을 사용하기를 원했다.

8월에 열렸던 통합교직원회의에서, 애덤 교장 선생님은 새로운 학생관리 계획을 발표하고, 그것이 왜 필요한지도 강력하게 주장했다. 그는 유치원생의 정학(미국 유치원은 공교육제도에 포함되어 있어 정학이나 퇴학 같은 징계 조치가 가능하다.-옮긴이)과 고등학생의 중퇴율 사이에 정적 상관관계가 있다는 것을 보여주었다. 그리고 학교에 쌓인 5년간의 데이터를 종합해 제시하면서, 정학당한 학생들이 주정부가 시행하는 시험에서 더 낮은 점수를 받을 가능성이 높다는 것을 설명했다. 그는 그래프를 비롯해 온갖 종류의 통계 자료, 그리고 뇌 영상 사진들도 보여주었다. 또한 대학의 연구 결과와 전 세계적으로 이루어진 종단 연구 사례도 언급했다. 그렇지만 나는 애덤 교장 선생님의 발표가 진행되던 90분 내내 그 학교 교사들이 눈썹을 찌푸리며 몸을 뒤로 젖히고 팔짱을 낀 채, 이 내용을 듣고 있는 것을 보았다.

애덤 교장 선생님이 발표를 마치고 교사들에게 의견을 묻는 순간, 엄청난 반대 의견이 쏟아져 나왔다. 한 선생님은 떨리는 목소리로 "교장 선생님은 지금 저희에게 학생들에 대한 기대치를 낮추라고 하고 계시네요."라고 말했다. 또 다른 선생님은 손으로 테이블을 쾅쾅 치며 말했다. "학생들에게는 첫날부터 단호한 태도를 보여주어야 합니다. 그래야 학교에서 어떻게 행동해야 하는지 배울 수 있어요." 한 유치원 선생님도 일어나서는 큰소리로 말했다. "교장 선생님은 제가 학생들을 정학시킬 때 잘했다고 해주셔야 해요. 학생들이 학교 규칙을 잘 지키도록 노력한 것이니까요." 이 말은 큰 박수를 받았다. 존경받는 경력 교사 한 사람도 자신의 의견을 말했다. "저는 이 학교에서 26년간 학생들을 가르쳤는데, 학부모들은 항상 제가 학생을 지도하는 방식과 자신들이 집에서 자녀를 지도하는 방식이 일치한다면서 저의 학생관리 방법을 높이 평가해주셨습니다. 저도, 학부모들도 학생들이 문제를 일으키지 않도록 엄격하게 해야 한다고 생각해요. 교장 선생님이 부모는 아니잖아요? 교장 선생님께서는 이 지역에서 아이를 키운다는 것이 무슨 의미인지 알고 있습니까?" 이런 발언들이 쏟아져 나오는 동안, 회의실에서는 화난 목소리로 웅성거리는 소리가 계속 들려왔다. 애덤 교장 선생님은 침착하게 교사들의 이야기를 들었다. 그런 뒤 생각할 것이 많다며 다음 주에 회의를 계속하자고 말했다.

교장실로 돌아온 애덤 교장 선생님은 의자에 털썩 주저앉아 "도대체 회의실에서 무슨 일이 일어났던 거죠?"라고 말했다. 나는 그에게 '역효과backfire effect'에 관해 설명했다. 역효과는 2010년에 정치학자 브렌든 나이한Brendan Nyhan과 제이슨 라이플러Jason Reifler가 만든 개념이다. 역효과는 누군가 강하게 지켜온 신념과 반대되는 정보를 제공할 때 발생하는 것으로, 두려움 때문에 오히려 이전보다 더욱 굳건하게 신념을 붙잡게 되는 현상을 말한다. 정보가 역효과를 낸 것이다. 이 현상을 조금 더 자세히 살펴보자.

자신의 신념에 반하는 정보를 듣고 놀라면, 우리의 뇌는 마치 숲에서 회색 곰을 만난 것처럼 반응한다. 싸우거나 도망칠 준비를 하면 아드레날린이 샘솟는다. 또한 우리의 두뇌는 물리적 위협과 정신적 위협을 잘 구분하지 못한다. 애덤 교장 선생님의 이야기를 들었을 때, 교사들은 어떤 면에서 위협을 느꼈을까? 아마도 학급경영과 학생관리에 관한 자신의 '신념'뿐 아니라, 교육자로서 구축해온 자신의 정신적 모델도 위협받았다고 느꼈을 것이다. 여기서 '자신'이라는 말 속에는 개인의 정체성, 심리적 자아, 정치적 신념 등이 포함된다. 애덤 교장 선생님이 교사들의 생각이나 학급경영, 학생관리 방법에 대해 직접적인 도전을 한 것은 아니지만, 교사들은 수십 년간 구축하고 강화해온 교사로서의 정체성에 도전을 받았다고 생각한 것이다.

사실 이것은 보다 큰 범위의 문제다. 정치적 신념과 자아의식은 대개 가족, 이웃, 조직, 종교공동체, 지리적 지역 같은 보다 더 큰 사회적 네트워크와 연결되어 있기 때문이다. 애덤 교장 선생님이 근무한 학교의 경우, 교사의 정체성이 학교뿐 아니라 함께 성장해온 지역공동체로도 긴밀하게 연결되어 있었다. 교사들의 학생지도 방법에 대한 애덤 교장 선생님의 비판은 교사들이 성장한 방식 그리고 자녀양육 방식 등에 대한 간접적인 비판이 되었던 것이다. 많은 사람이 자신의 소속 공동체에 대해서는 방어적인 태도를 취한다. 그래서 특히 자신을 공동체로부터 소외시킬 위험이 있는 신념의 변화는 시도하기를 꺼린다. 신념에 대한 위협은 우리의 사회적 자아에 대한 위협이 된다. 이것이 바로 수많은 모순된 증거 자료가 있는데도, 사람들이 자신의 정치적 신념을 바꾸지 못하는 이유다.

그러나 이 상황이 생각만큼 심각한 것은 아니다. 기억하라. 변화를 이끄는 가장 큰 비결은 두려움에 대해 제대로 대처를 하는 것이다. 우리에게는 자신의 신념에 맞지 않는 정보를 접하면 본능적이고 무의식적으로 자신의 신념을 보호하는 경향이 있다. 새로운 정보가 기습적으로 주어지거나 확 밀고 들어오면, 역효과가 난다. 그러므로 여러분이 리더라면, 사람들이 편안하고 안전하다고 느낄 수 있는 경험을 만들어주라. 사람들과 맞설 필요가 없다. 무리하게 정보를 밀어넣을 필요도 없다.

연구자들이 발견한 결과는 다음과 같다. 우리는 우리의 세계관을 뒷받침하는 정보와 데이터를 선택하고, 반대되는 증거는 축소하거나 무시하는 경향이 있다. 그러나 핵심적인 정체성이 무너질 염려가 없다면 신념을 확장하거나 바꿀 수 있으며, 새로운 정보에 주의를 기울일 수도 있다. 신념은 변할 수 있다. 그 신념이 개인적·사회적 자아의 핵심 부분을 형성하는 정치적 신념이라 할지라도(이에 대한 자세한 내용은 정치학자 톰 우드Tom Wood와 이선 포터Ethan Porter의 연구를 참고하라).

"저는 선생님들을 놀라게 하고 싶었어요." 코칭 시간이 끝날 무렵, 애덤 교장 선생님이 고백했다. "선생님들이 지금 학생들에게 무슨 일을 하는지를 그들이 알고 있는지 모르겠어요. 하지만 분명한 것은 제 접근 방식은 효과가 없었다는 거예요."

애덤 교장 선생님은 그해에 교사들과 관계 회복을 위해 많은 노력을 기울였다. 교사들이 새로운 학생관리 프로그램에 동의하기까지는 여러 해가 걸렸다. 사람들의 마음을 바꾸고 새로운 접근을 받아들이게 하는 방법은 이 책에서 다룰 내용은 아니다. 그러나 사람들의 두려움을 진정시키고 신념을 바꾸는 데 도움되는 몇 가지 방법을 제시할 수는 있다.

- **교사들에게 자신이 왜 이 일을 하는지 생각할 기회를 제공하라. 교사들이 자신이 가진 자원과 기술 때문에 이 일을 하고 있다는 사실을 인식할 수 있어야 한다.**

- 변화의 필요성을 인간적으로 제시하라. 재학생, 졸업생, 학부모 등을 초대해서 학교에서의 경험을 나눌 수 있도록 하라.
- 서로의 이야기를 경청할 수 있는 구조를 만들라. 우리 모두에게는 다른 사람의 말을 경청할 수 있는 능력의 개발이 필요하다.
- 감정, 특히 두려움에 대해 충분히 이야기해서 평온한 상태가 될 수 있도록 하라.
- 함께 새로운 미래를 상상하라. 교사 자신과 학생들의 미래가 어떻게 달라질 수 있을지 대안적 미래를 구상하게 하라.

맥락에 대한 이해 : 우리는 언제 선한 싸움을 하는가?

처음에 그들은 공산주의자를 찾으러 왔다. 나는 아무 말도 하지 않았다.
나는 공산주의자가 아니었으니까.
그들은 노동조합원을 찾으러 왔다. 나는 아무 말도 하지 않았다.
나는 노동조합원이 아니었으니까.
그들은 유대인을 찾으러 왔다. 나는 아무 말도 하지 않았다.
나는 유대인이 아니었으니까.
그들은 나를 찾으러 왔다. 그리고 나를 위해 말을 해줄 사람은 아무도 남아 있지 않았다.

— 마르틴 니묄러, 독일 목사, 1892–1984

니묄러 목사는 처음에는 아돌프 히틀러를 지지했다. 그러나 이후 그는 나치에 환멸을 느끼고 히틀러에 반대하는 독일 성직자 집단을 이끌었다. 그 때문에 니묄러 목사는 8년간 강제수용소에서 지내야 했다. 위에서 인용한 그의 잊히지 않을 말을 통해 우리는 정치적 무관심과 침묵이 얼마나 위험한지, 그 무관심이 공동체에 얼마나 끔찍한 영향을 미치는지, 그리고 그로 인해 어떤 위험을 만나게 될지 생각해보게 된다.

'우리는 언제 선한 싸움을 하는가?'라는 질문은 우리 안에 깊이 내재된 가치관, 도덕관, 그리고 다른 사람에 대한 책임감에 기반을 둔 것이다. 우리는 우리의 에너지를 어떻게 사용할지 선택해야 한다. 이 세상에는 우리가 통제할 수 없는 것이나, 미미한 영향력 정도만 행사할 수 있는 것이 너무 많다. 그와 동시에 도덕적으로 일어나서 목소리를 내고, 옳은 일을 해야 할 때도 있다.

11장에서는 우리에게 중요한 것이 무엇인지, 어떤 것에 영향을 미칠 수 있는지를 이야기했다. 그리고 우리의 에너지를 신중하게 사용해야 하며, 다양한 결과에 마음을 열어두는 것이 중요하다는 것 또한 언급했다. 다른 사람에게 그들의 신념이나 사회적 자아와 상충될 수 있는 의견을 제시할 때는 신중해야 한다는 이야기도 했다. 하지만 나 또한 변화가 필요하다고 생각하는 사람이다. 이 책에서 제시한 전략을 사용해 우리가 회복탄력성을 높이기를 바란다. 에너지, 강점, 그리고 자신감을 충분히 갖추고, 이를 활용해 변화를 주도할 수 있기를 바란다. 우리가 생존에 매이지 않고 성장을 향해 나아갔을 때, 다른 사람들 또한 성장할 수 있는 환경을 만들어낼 수 있다.

지금이야말로 우리에게 어떤 변화가 가장 중요한지, 그리고 안주하고 침묵하며 변화를 두려워한다면 우리가 어떤 비용을 치뤄야 하는지도 생각해볼 필요가 있다. 다양한 정보를 꼼꼼히 찾아볼 필요도 있다. 이 정보에는 우리의 사회적 자아를 위협하고, 가족이나 우리가 속한 공동체에 갈등을 일으킬 만한 것이 포함될 수 있다. 우리가 누려온 특권을 인식하고, 우리보다 특권을 적게 가진 사람들을 위해 그 특권을 사용할 수 있는 방법도 생각해보아야 한다. 불확실성에 대처하면서 관계를 유지하는 방법을 배워야 한다. 그렇게 하지 않을 때 지불해야 하는 비용이 너무 크기 때문이다.

> 우리는 우리가 하고 있는 일이 단지 바다에 물 한 방울을 떨어뜨리는 것과 같다고 생각한다. 하지만 우리가 물 한 방울을 떨어뜨리지 않는다면, 바다는 그만큼 줄어들 것이다. – 테레사 수녀

깊이 이해하기 : 참을성

나는 나의 코치인 리즈 선생님을 아주 많이 신뢰했다. 그래서 선생님이 내게 다음과 같이 말했을 때도 전혀 반감이 들지 않았다. "선생님은 참을성이 없네요. 참을성을 기르기 위해 노력해야 해요. 그렇지 않을 경우, 항상 좌절감을 느끼게 될 거예요. 조바심이 선생님을 힘들게 할 거예요." 리즈 선생님은 펜을 내려놓고 몸을 앞으로 숙인 채, 안경 너머의 시선을 내게 고정했다. 그 순간 나는 그녀가 경험이 많고 지혜로운 사람이라는 것을 느낄 수 있었고, 내게 진실을 말하고 있다는 것도 알았다.

나는 변화의 속도가 너무 더디다고 생각할 때가 많았다. 학생들이 무엇을 배워야 하는지, 그것을 위해 학교가 어떻게 해야 하는지, 내 삶

이 어떤 모습이어야 하는지에 관한 비전이 있었고, 그것이 당장 실현되는 것을 보고 싶어 했기 때문이다. 조바심 때문에 자주 초조했다. 시간을 더 통제할 수 있었으면 했다. 그러나 조바심 때문에 무엇을 해야 할지, 무엇을 말해야 할지 분명히 결정 내리지 못했다. 조바심을 느낄수록 불만족감을 느끼는 경우도 많아졌다. 이런 상태는 다른 사람과 관계를 형성하고, 영감을 주고, 리더십을 발휘해야 하는 상황에 부정적인 영향을 주었다. 또한 조바심은 나를 지치게 했고, 회복탄력성을 약화시켰다. 우리의 감정은 복잡한 것이기에, 겉으로 느끼고 보는 것은 보통 인식하는 것의 일부일 뿐이다. 물론 겉에 있는 감정도 분명히 인식하고 수용해야 한다. 그러나 그 이면에 무엇이 있는지도 반드시 탐색해야 한다.

교사로서 내가 느끼던 조바심의 이면에는 극심한 불안감이 있었다. 나는 학생들의 미래가 걱정스러웠다. 나는 학생들이 제대로 배웠는지, 더 배워야 할 것은 무엇인지 염려하고 있었다. 내가 과연 교사로서 학생들을 제대로 가르치고 있는지도 염려스러웠다. 학부모가 교사로서 나를 인정하고, 고마워하는지도 궁금했다. 동료 교사들과 교장선생님이 내가 일을 제대로 하고 있다고 생각하는지도, 그리고 마지막으로 내가 과연 교사로서 충분한 자질이 있는지도 걱정스러웠다.

조바심의 이면에는 분노라는 감정도 숨어 있었다. 과거 나는 지역 교육청에서 나와 전혀 맞지 않는 방식으로 일하는 관리자 밑에서 일했다. 그는 일을 매우 천천히 하는 사람이었는데, 그와 일할 때마다 좌절감을 느꼈다. 솔직히, 내가 느꼈던 것은 두려움이었다. 관리자가 내가 원하는 대로 일하지 않거나 내가 원하는 유형의 사람이 아닌 경우, 내

일마저 비효율적인 것이 될까봐 염려했기 때문이다. 내가 노력한 것이 실패로 돌아가고, 내 시간이 낭비될 것 같아 걱정스러웠다.

참을성은 감정이자 기술이다. 조바심은 종종 우리가 통제할 수 없는 사건, 즉 우리가 달라졌으면 하고 기대하는 사건에 의해 촉발된다. 참을성은 우리 자신과 사물을 있는 그대로 수용할 때 시작된다. 이를 위해서는 용기, 평정, 신뢰(혹은 믿음이라고 부르는 것)가 필요하다. 참을성은 수동적인 태도나 체념을 의미하지 않는다. 이는 사람들이 우리를 대하는 방식에 대해 경계를 긋지 못하도록 하는 것도 아니다. 참을성은 일종의 힘이다. 우리가 다른 사람들에게 더욱 긍휼의 감정을 느끼게 하며, 큰 그림을 보도록 하고, 행동해야 할 때를 명확하게 알 수 있도록 한다. 참을성은 자신에게 솔직해지는 것이다. 내면의 분노나 두려움을 인식하고 다른 사람들에 대해 가지고 있던 생각을 내려놓는 것이다. 참을성은 현재에 오롯이 집중하게 하고, 상황을 정확하게 파악하기 위해 주의를 기울이게 한다. 이렇게 되면 인식 영역과 가능성의 영역이 넓어지게 된다.

나는 참을성을 기르기 위해 노력을 많이 했다. 시야를 넓히고 긍정적인 부분을 보려고 한 노력은 특히 유용했다. 특히 명상(5장 참조)은 필수적이다. 마음이 안정되면 훨씬 더 참을성을 가질 수 있기 때문이다. 스스로에 관해 성찰적인 사고를 하는 활동(12장)도 도움이 된다. 참을성은 회복탄력성이 있는 사람의 중요한 특성인 끈기를 갖게 한다. 상황을 열린 마음으로 보고, 있는 그대로 받아들이며, 장기적 관점에서 바라볼 때, 원하는 결과에 집착하지 않고 버틸 수 있는 에너지도 더욱 많아진다.

성향 : 인내심

나의 교직 생활의 하이라이트는 오클랜드에서 새 학교가 개교하는 것을 도왔던 시기였다. 그때 우리 학교가 교육의 핵심 가치로 정한 것 중 하나가 인내심이었다. 개교 첫해 나는 6학년을 맡았는데, 학생들이 인내심을 기를 수 있도록 열심히 가르쳤다. 이듬해 봄 우리는 6학년 학생들을 그랜드 캐니언으로 데려갔다. 협곡을 하이킹한 오후에 베로니카라는 학생이 말했다. "왜 인내심 이야기를 했는지, 왜 『넌 할 수 있어, 꼬마 기관차』라는 책을 여러 번 함께 읽었는지 이제 알겠어요!" 베로니카는 숨을 고르고 나서 친구들과 함께 "나는 할 수 있어! 나는 할 수 있어!" 외쳤다.

나중에 베로니카는 말했다. "하이킹하는 동안, 저는 얼마나 땀에 젖어 있는지 신경 쓸 틈이 없었어요. 그저 한 발을 다른 발 앞에 놓는 것만 생각했어요. 그냥 마지막 순간에 어떤 기분이 들까, 그것만 생각했어요. 다리에 힘이 풀릴 것 같을 때마다 제 자신에게 이렇게 말했어요. '생각할 필요 없어. 그냥 해.' 학교 다닐 때 힘들었던 때가 생각났고, 예전에도 제가 힘든 일을 해낸 적이 있다는 걸 기억해내려 했어요. 협곡 꼭대기에 도착했을 때만큼 저 스스로가 자랑스러웠던 적이 없었어요."

회복탄력성이 있는 사람들은 끈기가 있다. 그리고 도전할 만한 과제를 완수하고 나면 이러한 성향은 더욱 강해진다. 변화의 폭풍우가 우리를 넘어뜨리려 할 때나 혹은 우리가 올라가고 싶었던 산에 오르려 할 때, 오르내리고 회복하는 이런 경험 때문에 우리는 더욱 강해진다. 우리는 그 과정에서 성장한다. 회복탄력성은 항상 우리 안에 저장되어 있지만, 다시 채워질 필요가 있는 것이기도 하다.

그러나 인내심과 끈기를 기르기 위해서는 단기적인 관심을 넘어 장기적인 목표를 향해 나아가야 한다. 눈앞의 만족감을 채우고 싶은 마음을 미루고, 조바심을 잘 다스릴 필요가 있다. 안전지대를 넘어 다양한 크기의 도전을 하고 자신감을 배우고 키워갈 수 있어야 한다. 끈기를 기르려면 좌절을 성장의 기회로 여겨야 한다. 그리고 이 책에서 논의한 행동과 습관 전략을 활용해 우리를 가로막는 장애물을 넘어서야 한다. 무엇보다 사려 깊고 의도적으로 행동하며 우리가 원하는 곳에 도달할 때까지 계속 나아가야 할 것이다.

다음에 교사 여러분이 도전할 상황을 만나고 인내심을 얻고 싶다면, 무엇이 중요한지 왜 이 일을 하려는지 떠올려보라. 두려움을 인정하고, 하고자 하면 무엇이든 할 수 있다고 자신에게 말하라. 그리고 한 발을 다른 발 앞에 놓으며 계속 나아가라.

파도 타기의 재미

바다를 좋아하는 내 아들은 13살에 첫 서핑 강습을 받았다. 나는 아들이 파도를 따라잡으며 우아하게 보드 위에 서서 파도를 타고 나아가는 것을 보았다. 어렵지 않은 것 같았다. 수업이 끝나고 서핑 강사 이언 선생님이 아들을 칭찬했다. "아이가 타고났네요." 이언 선생님은 계속해서 말했다. "집중력과 결단력이 있고 물 위에서의 판단력도 좋아요." 세 번째 수업에서 그는 내 아들이 '진짜 파도'를 탈 준비가 되었다고 생각해서 우리가 육안으로 볼 수 있는 것보다 더 멀리 있는 태평양으로, 해변에서 약 1.6km 떨어진 곳으로 아이를 데려갔다. 몇 시간 후 아들이 환하게 웃으며 돌아왔다. "굉장했어!" 아들이 말했다. 나는 아들에게 질문을 던졌다. "파도가 컸니? 쓰러지진 않았어? 무서운 적은 없었어? 보드에서 떨어지진 않았니? 물은 깊었어? 혹시 상어가 있었어?"

"재미있었어요, 엄마." 아들이 내 질문의 방향을 바꾸며 말했다. "어떤 파도는 커서 파도를 탈 때 불안하기도 했지만 나 자신을 믿었어요. 그래서 침착하게 집중했고, 파도가 정말 크면 그 아래로 들어갔죠. 그러다가 너무 지루해지면 파도를 타러 나갔어요. 보드에 올라 산들바람과 물살을 느끼는 게 정말 굉장했어요!"

아이들과 시간을 보내면서 나이와 경험이 사건을 바라보는 시야를 좁힐 수 있다는 것을 깨닫게 된다. 변화를 두려워할 필요가 없다. 격동의 순간을 헤쳐나갈 방법을 찾고, 다른 사람에 대한 신뢰를 키우고, 불확실성에 대해 불안해하지 않으면서 침착하게 집중한다면, 변화의 파도를 타는 동안 은혜와 기쁨을 경험할 수 있다. 우리가 파도를 헤쳐나갈 능력이 있다는 것을 확신하게 되면, 변화를 이끌어낼 수도 있게 된다. 그리고 항해를 마치고 돌아올 때, 우리는 더 많은 행복감과 회복탄력성을 느끼게 될 것이다.

함께 생각해볼 문제

- 이 장에서 제시된 아이디어가 변화에 대한 감정에 어떻게 영향을 주었는가?
- 이 장의 어느 부분이 유익했는가?
- 이 장에서 제시된 아이디어 중 어떤 것이 행동에 대한 시사점을 주었는가?
- 이 장의 아이디어를 우리 삶에 어떤 방식으로 적용해볼 수 있겠는가?

12장 • 축하하기와 감사하기

> 5월(2학기 다섯 번째 달): 마지막 달은 축하와 감사의 시간으로, 앞으로의 회복탄력성을 위한 토대가 된다.

감사를 표현하고, 개인적이든 혹은 집단적으로든 같이 축하하는 것은 이 책에서 제시한 여러 습관 위에 최종 마무리를 위한 머릿돌을 놓는 효과가 있다. 감사할 수 있는 상태가 된다면, 회복탄력성을 기를 수 있게 된다. 감사는 자신을 더욱 신뢰할 수 있게 하고, 피할 수 없는 삶의 어려움에 대해 적절하게 대처할 수 있게 한다.

졸업식 날, 동료 교사인 케이코 선생님, 나, 8학년 학생들은 비좁은 교실에 모여 있었다. 8학년 학생 45명은 우리가 3년 전에 시작했던 작은 어센드통합학교의 첫 번째 졸업생이었다. 나는 이 학생들을 3년 동안이나 가르쳤기 때문에 정서적으로 깊은 유대감을 가지고 있었다.

우리 모두 졸업식을 하면서 복잡한 감정을 느끼고 있었다. 학생들은 우리 학교의 생활이 즐거웠다고 해서, 새로 시작될 고등학교 생활도 별다른 어려움이 없으리라 생각하지는 않았다. 마지막 날 비좁은 교실에 모였을 때 학생들의 얼굴에는 다양한 감정이 나타나 있었다. 마지막 활동으로 함께한 긴 여정의 끝을 장식했다. 나는 빨간 실뭉치를 교실 건너편으로 던지면서 말했다. "우리는 항상 연결되어 있을 거야." 이와 같은 방식으로 실뭉치를 던지고 또 받으면서, 학생들은 그동안 자신이 학교공동체의 일원으로 지낼 수 있었다는 것이 자신에게 어떤 의미였는지 나누었다. "우리는 항상 연결되어 있을 거야." 나는 우리가 함께 실로 만든 거미줄이 상징하는 의미를 다시 말했다.

나는 학생들을 바라보았다. 그들이 고군분투했던 장면이 떠올랐다. 따로 또 함께 말이다. 학생들과 함께한 순간은 특별한 것이었으며, 다시는 경험할 수 없는 것들임을 알고 있었다. 교실에서 함께했던 그 마지막 순간이 마법처럼 느껴졌다.

마지막 날은 축하를 위한 합리적인 이유가 있는 시간이기도 하다. 삶의 전환점과 성취를 축하하는 의식을 거행하는 중요한 분기점이기 때문이다. 사회적·정서적 자아에게는 우리가 한 일을 인정해주고 우리가 그동안 쌓아온 다른 사람들과의 관계를 영예롭게 여기는 이런 시간이 필요하다. 축하는 우리의 회복탄력성을 증진시킨다. 지나온 시간을 되돌아보면서 강점 부분을 우리 자신의 스토리 속에 선택해서 넣을 수 있기 때문이다. 우리는 핵심 가치에 부합하는 것 그리고 되고 싶은 것을 반영하는 것을 선택해 우리의 기억을 편집한다. 그렇게 자신에 관한 스토리를 만들어가면서, 더욱 회복탄력성을 키우는 것이다.

어센드학교에서 이 학생들을 가르쳤던 3년의 시간은 내 교직생활의 황금기였다. 그러나 중간에 누군가 학교생활이 어떤지 물었다면, 뭐라고 말했을지 잘 모르겠다. 힘들고 지치는 순간도 있었기 때문이다. 그러나 학생들이 졸업하던 날, 그때가 내 교직 인생에서 최고의 시기였다는 것은 분명히 말할 수 있다. 어려움도 많았지만, 보상이 더 컸기 때문이다. 삶의 스토리는 어떻게 느끼고 해석하는지가 중요하다.

이겨낼 수 없을 것 같은 삶의 과제를 만날 때 나는 이 3년의 기간을 떠올린다. 당시 6학년이었던 학생들을 처음 만났을 때를 생생하게 기억하고 있다. 학생들의 문해력은 일반적인 6학년 수준보다 훨씬 낮았으며, 비판적 사고 능력은 초보적인 수준이었고, 거친 행동을 보일 때도 많았다. 그러나 졸업식 때 본 학생들은 훌쩍 성장해 있었다. 학생들은 학교에서 많은 것을 배웠고, 서로에게 유대감을 느끼고 있었다. 학생들의 성장에는 분명 많은 요소가 작용했을 것이다. 그중에서도 학습과 성숙은 빼놓을 수 없는 요소이다. 그러나 나도 어느 정도 역할을 했다는 인정을 해주고 싶다. 언제 어떻게 우리가 겸손해야 하는지, 그리고 언제 어떻게 자신의 성공을 뿌듯하게 여겨도 되는지 배워둘 필요가 있다. 졸업식 날, 나는 나 자신에게 '학생들이 이렇게 성장한 데는 내 역할도 커.'라고 말해주었다. 정직하고 겸손하게 자신이 이룬 성공을 인정함으로써, 우리 내면에는 회복탄력성이 생긴다.

매 계절, 매주, 매일, 우리에게는 축하와 감사의 기회가 있다. 다양한 의식과 절기가 있다. 삶의 변화에 대해 우리는 의식을 치르고, 삶의 전환점을 기념하는 것을 좋아한다. 종교 전통에도 축하 절기가 있고, 달력에는 종교 축일이 표시되어 있고, 세속사회에도 자체적으로 절기가 표시된 달력이 있다. 지구에는 자전과 공전 주기가 있는데 그에 따른 축하를 할 수도 있다. 즉, 하루가 끝나는 밤이 되면 감사할 수 있고, 봄이 오면 새로운 시작을 감사할 수 있다. 회의, 연수, 수업이 끝날 때마다 60초 정도 시간을 들여서 우리 자신의 노고와 다른 사람들의 수고에 대해 감사를 표현할 수 있다. 이 책을 읽으면서도 이런 아이디어를 적용할 수 있다. 회복탄력성을 힘을 비축해놓은 내면의 샘으로 비유한다면, 축하하기는 그 샘을 가득 채우는 폭우와 같다.

감사의 유익

솔직히 말하면, 나는 감사에 대해 사람들이 호들갑스럽게 말하는 것에 회의적이었다. 삶의 모퉁이 하나를 도는데 감사에 관한 기사나 논문이라도 써야 되는 것처럼 보이기도 했다. 아마도 칭찬과 감사를 어색하게 생각하고 비판적 피드백이나 걱정을 표현하는 것이 더 자연스러웠던 문화와 가정 배경 때문일 수도 있다. 아니면 그저 허황되고 심리학을 흉내 낸 것 같은 자조적인 자기암시에 대해 일반적이고 건강한 회의론을 가지고 있었던 것인지도 모른다. 그러나 관련 연구를 하면서, 나는 감사는 우리 삶의 웰빙을 증진시키는 변형 레버 같다는 결론을 내리게 되었다. 감사는 회복탄력성을 높이는 12번째 습관이다.

감사에 대한 내 태도가 변한 데는 몇 가지 이유가 있다. 첫째, 나는 사물 이면에 있는 과학적 원리를 파악하기를 좋아한다. 예를 들어, 만약 누군가가 나에게 건강보조제를 먹거나 특정한 방식으로 사고할 것을 권한다면, 나는 그 기반이 되는 신경과학이나 사회과학적 지식을 알고 싶어 한다. 둘째, 나는 학습자여서 도움되는 것은 무엇이든지 배우고자 한다. 그 덕분에 나는 내 삶을 풍요롭고 건강하게 하는 많은 진리를 알게 되었다. 그 진리 중 하나가 감사를 실천하는 것이었다. 나는 감사하는 마음을 갖는 것이 귀하다는 것을 안다. 감사의 긍정적인 면을 직접 경험했기 때문이다. 지금 즉시 감사를 시도해보라. 눈을 감고 30초간 지금 이 순간, 감사하게 느껴지는 것을 생각하라.

어떤 기분이 드는가? 무엇을 알게 되었나?

이제 감사하는 것이 좋은 이유는 무엇인지, 그리고 감사를 실천할 방법에는 어떤 것이 있는지 알아보자.

감사는 비법 소스와 같다. 핵심 습관과 성향을 조합할 때, 이것을 매일 몇 방울씩 떨어뜨리면 엄청난 회복탄력성을 갖추게 될 것이다. 감사를 느끼고 표현하면, 사회적 관계를 강화하고, 정서 지능과 자신감을 기를 수 있으며, 긍정적인 태도를 키우는 데도 도움이 된다.

어센드학교에서 일했던 2년 동안 나는 최고의 동료 교사 케이코 선생님을 만났다. 그 당시 나는 중학생 45명에게 영어와 역사를 가르쳤고, 케이코 선생님은 수학과 과학을 가르쳤다. 우리는 함께 교과 내용을 통합해 가르치기도 했고, 개별 학생에게 맞는 전략을 개발하기도 했으며, 학생들을 데리고 여러 대학으로 견학 여행을 가기도 했다. 우리는 서로에게서 배웠고, 서로에게서 영감을 얻었다. 케이코 선생님 덕분에 나는 더 좋은 교사가 될 수 있었다. 선생님과 함께할 때면 가르치는 일이 더욱 즐겁게 느껴졌다. 점심시간이나 방과후에 케이코 선생님과 대화를 나누면서 나는 정서적인 안정감을 얻었고, 웃을 수 있었고, 다른 사람과 연결되어 있다는 느낌을 받았다. 이런 경험은 모든 교사가 필요로 하는 것이기도 하다. 덕분에 나는 매일 학교로 출근하는 일이 한결 편하게 느껴졌다.

그 기간, 내가 케이코 선생님에게 감사를 제대로 표현했는지 자주 반성하게 된다. 케이코 선생님을 만나기 전에는 동료 교사들과 관계가 그다지 좋지 못했다. 나는 동료들과 협업을 잘하는 교사가 아니었던 것 같다. 케이코 선생님과 함께 학생들을 가르치기 시작하면서, 나는 감사하는 법을 배우게 되었고, 이것은 이제 내가 가장 좋아하는 일이 되었다. 매일 하루가 끝난 뒤, 그날 잘된 것 3가지를 꼽아보고, 내가 이떤 역할을 했는지 생각해보았다. 그리고 감사 노트에 다음과 같이 썼다. '케이코 선생님과 함께한 연구수업은 정말 성공적이었고, 우리 학생들은 아주 열심히 참여했다. 수업을 계획할 때 케이코 선생님의 아이디어와 제안을 내가 열린 마음으로 받아들였기 때문에 가능했다.'

케이코 선생님에 대해 이렇게 감사의 마음이 들 때마다 나 자신에게 이렇게 말했다. '어떻게 이렇게 운이 좋을 수 있을까?' 단순히 운이 좋은 것일 수도 있었다. 그냥 누군가와 잘 맞는 것일 수도 있었다. 그러나 부분적으로는 나의 의도와 노력도 기여했다. 케이코 선생님과 함께 일했을 때, 나는 이전 동료 교사들과 함께 일했을 때보다 훨씬 더 사려 깊게 행동했다. 감사를 실천한 것이 나의 개인적 성장과 긍정적인 협력자 관계의 결합을 더욱 빛나게 해주었다. 그 결과 나는 부정적인 감정을 더 잘 관리할 수 있게 되었고, 사소한 갈등을 해결하고 개방적인 의사소통을 지속할 수 있게 되었다. 감사의 실천을 통해, 나는 성장할 수 있었고, 또 성장의 가능성도 발견할 수 있었다. 그리고 앞으로 더 나은 사람이 되겠다는 다짐도 할 수 있었다.

감사에 관한 나의 깨달음은 이 주제를 다룬 여러 연구에서도 입증되고 있다. 감사를 실천하면 사회적 유대는 강화되고, 타인으로부터 더 많은 지지를 받을 수 있다는 것이다. 자신감을 가지고 큰 도전에 맞설 수 있도록 하고(Layous et al., 2017), 자신을 도와준 사람뿐 아니라 완전히 낯선 사람도 도와줄 수 있다(Bartlett and DeSteno, 2006). 감사는 또한 자기중심적 사고에서 벗어나, 우리의 성공이 어느 정도는 다른 사람들의 도움 때문이라는 것을 깨닫게 한다. 감사를 통해 얻은 겸손한 태도는 다른 사람들을 돕고 더 나은 사람이 되기 위한 노력을 할 수 있게 한다. 우리를 도운 사람들에게 보답하고 싶은 마음이 들게 한다.

감사하는 마음은 때론 불안감을 야기하기도 한다. 얼마나 많은 사람이 우리를 도왔는지 곰곰이 생각하다보면, 보답해야 한다는 의무감 때문에 불편한 마음이 들 수도 있다. 감사하는 마음을 더 일찍 더 적절하게 표현하지 못한 것에 대해 죄책감을 느낄 수도 있다. 때로는 이런 감정들 때문에 감사를 느끼거나 표현하지 못할 수도 있다. 하지만 이것이 삶의 본질이라는 생각이 든다. 모든 경험에는 다양한 감정의 층이 존재하기 때문이다. 감사는 우리를 행복하게 하기도 하지만 빚진 마음도 들게 한다. 이러한 감정들 때문에 다른 사람들이 우리에게 베푼 선한 일에 보답하고 싶은 마음이 든다.

감사는 우리가 목표를 위해 노력하게 하며 더 나은 방향으로 나아갈 수 있도록 영감을 준다. 또한 감사는 우리가 다른 사람들과 연결되어 있다는 것을 느끼게 하고, 겸손한 마음과 책임감을 가질 수 있게 한다. 일, 공동체, 관계에 더 집중하게 하고, 심지어는 불가능하다고 생각해왔던 일을 목표로 삼을 수 있게 한다. 최근 일부 비평가와 회의론자는 감사가 자기만족이나 현상유지와 관련이 깊다고 주장했다. 감사가 현재 상태에 만족하게 해서 더 큰 목표를 추구하거나 타인을 돕는 데 무관심하게 만든다고 보았다. 그러나 더 많은 연구가 진행되면서 이와는 정반대의 결과가 나오고 있다. 감사는 목표를 추구하게 하고, 사회 참여를 증대시키며, 우리 자신과 공동체를 발전시킬 수 있는 동력이 된다는 것이다(Layous et al., 2017).

감사는 삶에 경탄하면서 안주하게 하거나 주저앉게 하는 수동적인 감정이 아니다. 그 대신 감사는 우리의 회복탄력성을 길러주고, 그 과정에서 얻은 에너지로 다른 사람을 도울 수 있게 만든다.

감사를 실천하는 방법

> 감사는 손전등과 같다. 그것은 이미 있는 것을 밝혀준다.
> 당신이 더 많은 다른 것을 가져야 한다고 말하는 것이 아니다. 감사를 통해 당신은 자신이 가진 것이 무엇인지 실제로 볼 수 있다. 그리고 그것을 볼 수 있기 때문에, 그것을 당연한 것이라고 여길 수 없게 된다.
>
> — M. J. 라이언, 미국의 작가

감사를 표현하는 습관은 개발할 수 있다. 연습만 하면 된다. 만약 우리가 아침에 몇 분, 저녁에 몇 분 동안 스스로 감사를 연습하고, 일하는 동안 다른 사람에게 감사를 표현하는 것이 습관화되어 있다면 어떤 일이 일어날지 상상해보자. 학교에서의 일상이 얼마나 다르게 느껴질까?

우리가 학교를 더 긍정적으로 느낄 수 있다면, 학교에 나의 가장 좋은 점을 알아주는 누군가가 있다면 기꺼이 학교에서 일하고 싶을 것이다. 학생과 동료 교사에게도 더욱 인내심을 가지고 대하게 될 것이다. 서로에게 조금 더 친절하게 말할 수 있을 것이다. 서로의 이야기를 깊이 경청할 것이다. 감사를 표현하면 우리는 더욱 의미 있고 긍정적인 태도로 함께 일할 수 있게 된다.

다른 사람에게 감사하기

인정받는 일은 기분 좋은 일이다. 우리 모두 다른 사람들에게 더 많이 인정받기를 원한다. 그러니 우리도 다른 사람들에게 감사를 표현해야 한다. 가능하면 더 많이 표현해야 한다. 동료, 관리자, 학생, 학부모, 행정실 직원, 그리고 학교 관리인에게 감사를 표현하라. 사람들이 매일 하고 있지만 무심코 지나쳤던 일을 발견해주고 감사를 표현하라. 감사를 표현할 때 사용할 수 있는 몇 가지 팁을 제시하면 다음과 같다.

- 진실해야 한다. 진실하지 않은 감사를 받으면 당황하게 된다.
- 진심에서 우러나온 말을 하라. 이 과정에서 취약성이 있는 상태가 될 수도 있으므로, 자신의 감정을 잘 인식하라.
- 상대방의 행동이 자신에게 어떤 영향을 주었는지 말하라. 예를 들어, "학교에 올 때마다 따뜻하게 환영해주셔서 감사합니다. 학교에 오는 것이 행복해요."라고 말할 수 있다.
- 감사를 받는 사람에게 집중하라. 감사를 통해 자신의 감정적 욕구를 충족시키는 것은 진정한 감사가 아니다. 예를 들어, "쉬는 시간이 끝나고 제가

없을 때 학생들을 데리고 와주셔서 감사해요. 복사하느라 교무실에서 나올 수가 없었거든요. 학교가 제대로 운영되었으면 제가 늦을 일은 없었을 거예요."라고 말하는 것은 진정한 감사가 아니다. 진정한 감사는 다음과 같다. "쉬는 시간이 끝나고 우리 학생들을 데리고 와주셔서 감사해요. 그렇지 않았으면 학생들이 저를 바깥에서 하염없이 기다렸을지도 모르는데, 정말 다행이에요."

감사는 개인적으로 할 수도 있고, 여러 사람 앞에서 할 수도 있다. 수업이나 회의를 끝낼 때 감사 인사를 해서 참여한 사람들을 기분 좋게 만들어줄 수도 있고, 감사 인사를 하면서 회의를 시작해서 참여한 사람들이 서로 유대감을 느낄 수 있게 할 수도 있다.

여러 사람 앞에서 감사 인사를 하는 것은 큰 효과가 있다. 동료들 앞에서 감사를 주고받으면 기분이 훨씬 더 좋아진다. 하지만 이렇게 하는 것은 상당히 신중함을 필요로 하는 일이다. 다른 사람들 앞에서 말로 감사 인사를 주고받을 때, 감사 인사를 받지 못하는 사람들이 일부 생길 수 있기 때문이다. 이렇게 되면 공동체 전체의 분위기를 해치게 된다. 또한 다른 사람들 앞에서 감사 인사를 받은 사람들까지도 마음이 불편해질 수 있다. 이렇게 되면 감사가 주는 이점은 얻을 수 없고, 오히려 다른 사람의 기분을 상하게 한다. 끝으로, 감사가 수동 공격의 한 방식으로 사용되기도 한다. 예를 들어, 이전 직장의 동료였던 잭 선생님은 큰 행사가 끝난 후 교직원회의에서 서로 수고했다며 감사 인사를 주고받을 상황에서 감사 인사를 전혀 받지 못했다. 이는 잭 선생님이 행사에 제대로 참여하지 않은 것에 대한 불만을 간접적으로 표현한 것이었다. 따라서 다른 사람들 앞에서 감사를 표현할 때는 주의를 기울여야 한다.

감사를 표현할 때 다양한 구조를 사용하면, 위와 같은 잠재적 문제를 예방할 수 있다. 여기 몇 가지 방안이 있다.

- 전체 앞에서 감사하기. 모든 사람 앞에서, 자신이 감사를 표현하고 싶은 사람에게 감사를 나타낼 기회를 가진다.
- 이름 뽑기. 다양한 시간 간격으로, 모자에서 구성원(팀 구성원이나 학생)의 이름을 뽑는다. 그리고 다른 사람들이 그 사람에게 감사를 표현할 수 있게 한다. 매번 다른 사람의 이름을 뽑기 때문에 시간이 지나면 모든 사람이 감사 인사를 받을 수 있게 된다.
- 감사 인사 적어보기. 구성원에게 접착식 메모지나 종이에 감사 인사를 쓰게 하고, 이를 감사받을 사람에게 전달한다. 이렇게 하면 감사를 주고받는 일이 다른 사람들에게 덜 노출될 수 있게 하는 장점이 있다. 하지만 이렇게 해도 감사 인사를 받지 못하는 사람이 생길 위험이 여전히 있다. 만약 소규모 모임이라면, 모두가 각 구성원에게 전달할 감사 메모를 적도록 하면 좋다.
- 침묵으로 감사 표현하기. 이 전략을 설명하기 위해, 내가 이를 어떻게 활용했는지 써보겠다. 수업이나 연수가 끝날 즈음, 나는 참여자에게 눈을 감고 내면에 집중하라고 안내했다. 먼저 자기 자신에게 감사하도록 하고, 그다음 자신이 속해 있는 공동체와 자신이 가르치는 학생들에게도 감사하도록 한다. 그 후 현재 함께한 사람 중에서 자신의 하루, 한 주, 일의 영역 또는 삶의 영역 등에서 긍정적인 영향을 미친 사람을 생각해보고, 텔

레파시로 감사 메시지를 보내라고 제안했다. 나는 "여러분이 그 사람들에게 무엇을 감사하게 생각하는지, 그리고 그들이 어떻게 선생님의 삶을 좋게 했는지 마음속으로 말해주세요."라고 말한다. 마지막으로 현재 이 자리에 같이 있지 않은 사람들에게도 감사의 마음을 보내도록 한다. 감사를 연습하는 가장 주된 목적은 우리 자신의 정신적·정서적 웰빙에 있다. 침묵으로 감사를 표현하는 것은 이런 목적에 도달할 수 있게 한다.

자기 자신에게 감사하라

여러 해 동안, 나는 스승의 날이 되면 복잡한 감정을 느꼈다. 학생, 학부모, 관리자가 나의 노고를 충분히 인정해주기를 바랐기 때문이다. 그렇지만 실망감을 느낀 적이 많았다. 스승의 날, 아이들에게 받은 몇 장의 감사 편지와 베이글이 차려진 아침식사는 분명히 좋았고 감사한 것이었지만, 내가 기울인 노력만큼의 것은 아니었기 때문이다.

교사는 감사받을 자격이 있고, 또 받아야 한다. 그리고 학생, 학부모, 관리자의 감사 표현 방식이 개선될 필요도 있다. 교사에게 감사를 표현하는 것은 1년에 한 번 이상이어야 하고, 아침식사를 제공하는 것보다 더 의미 있는 방법이어야 한다. 교사에게 감사하는 마음은 교육 정책과 교원 급여를 개선하는 방식으로 표현되어야 한다. 이와 함께, 내가 가르치는 일에 얼마나 열정을 쏟았는지 가장 잘 아는 유일한 사람은 바로 나 자신임을 기억할 필요가 있다. 스스로에게 감사하는 것은 다른 사람이 표현하는 감사보다 못한 것으로 들릴 수도 있지만 큰 유익이 있다. 이제 자신에게 감사하는 방법을 몇 가지 알아보자.

3가지를 기억하라

하루 또는 한 주의 끝 무렵, 잘됐다고 생각하는 3가지를 골라보자. 이에 자신이 어떤 기여를 했는지 적어보자. 몇 가지 예시가 있다.

- 소설 속 인물에 관한 수업은 정말 잘되었다. 평소에는 말을 거의 하지 않는 미카가 정말 열심히 참여했던 것이 기억에 남는다. 내가 기여한 일은 이 수업을 계획하는 데 많은 시간을 들였고, 새로운 토론구조를 활용했다는 점이다.
- 다른 선생님이 내가 과학 수업에서 사용해야 할 몇 가지 교구를 가져다주어서 수업을 성공적으로 해냈다. 여기서 나의 역할은 새로운 수업 교구를 요청하는 이메일을 보낸 것이다.
- 미겔은 오늘 수업에 침착하게 집중을 잘했다. 2주 만에 처음으로 그를 학생부에 보내지 않아도 되는 날이었다. 나의 역할은 그가 나를 어떻게 촉발하는지를 잘 알고 침착하게 대처해서 미겔을 진정시킬 수 있도록 적절히 반응한 것이다.

이런 방법은 침대에 누워서 정신적 묵상처럼 할 수도 있다. 그렇지만 최대의 효과를 얻으려면 글로 쓰는 것이 좋다. 잘되었다고 생각하는 일에 자신이 어떻게 기여했는지 증거를 수집해 가다보면 자신감을 얻게 된다. 이것을 기록으로 남기면 그 효과는 더욱 강력해진다.

알람 설정하기

하루에 몇 차례 알람이 울리도록 설정하라. 알람이 울리면, 그때까지 한 일에 대해 자신에게 감사하는 시간을 갖자. 스스로 굉장히 가치 있는 일을 하고 있다는 것을 발견하고 놀라게 될 수도 있다.

내 코치 교사의 권유로 처음 이 방법을 시도했던 때는, 초등학교 2학년 손자의 학습장애를 염려하는 할머니와 이야기를 나눌 때였다. 이렇게 학부모와 상담하는 일은 자주 있는 일이었지만, 이런 순간을 가치 있는 시간으로 기록해둔 적은 없었다. 알람이 울렸을 때, 나는 재빠르게 조용히 이 순간 속으로 들어가서, 할머니와 대화를 나누는 나 자신을 인정해주었고, 그다음 대화를 계속 이어갔다.

감사 편지 쓰기

하루나 한 주가 끝날 즈음, 자신에게 감사 편지를 써보자. 다음은 가르치는 일이 너무 힘들게 느껴졌던 해에 나 자신에게 쓴 편지다.

> 오늘 첫 교시에 좌절하지 않았어. 정말 고마워. 학생들을 대하는 게 어렵다는 것, 그리고 학생들이 너를 정말 화나게 했다는 것, 잘 알고 있어. 그런데 너는 정말 침착하게 아이들을 대했고 잘 참았어.

그 누구도 내가 그 학생들을 다루는 일이 얼마나 힘든지 알아주지 않았지만, 이렇게 자신에게 감사를 하니 무언가 다른 느낌이 들었다. 이 문장들은 누군가 내게 말해주었으면 한 것들이었다. 그 말을 하면서 나는 카타르시스를 느낄 수 있었다.

감사 문자 보내기

자신에게 감사하는 것처럼 다른 사람에게도 해보라. 감사 메시지는 문자나 메일로 보낼 수 있다. 나는 방금 6~7년간 보지 못했던 케이코 선생님에게 문자 메시지를 보냈다. 선생님에게 보내는 짧은 글을 쓰면서, 그리고 그녀로부터 따뜻한 답장을 받으면서 기분이 정말 좋았다. 오늘 밤 침대에 누워 하루를 돌아볼 때 이 순간을 기억하면서 다시 한번 감사의 물결을 경험할 것이다.

감사는 더 많은 감사와 웰빙을 가져온다. 케이코 선생님에게 문자 메시지를 보낸 후, 나는 이제껏 좋은 동료로 만나왔던 교사들을 떠올려보았다. 그들 덕분에 내 일이 얼마나 더 잘됐는지, 내 하루하루가 얼마나 더 행복했는지를 생각해보았다. 그들과 좋은 관계를 맺기 위해 내가 노력한 것도 인정해주었다. 그리고 내 행운과 사람 간의 끌림이 신비스럽게 작용한 일에 대해서도 인정하고 또 감사했다.

교사들에게 강조한다. 교사는 다른 사람들에게 인정받을 권리가 있다. 그리고 자기 자신에게 먼저 그것을 인정할 필요가 있다. 그렇게 하면 기분이 훨씬 좋아지고, 에너지도 올라올 것이다. 그러면서 존경, 권리, 봉급에 대한 권리도 더 많이 주장할 수 있다.

지금 당장 시도해보자. 감사는 정말 기분을 좋게 한다.

긴장 풀고 감사 받아들이기

감사 인사를 받는 게 어색하게 느껴질 수도 있다. 스스로 감사받을 자격이 없다고 생각한다면, "그거 별것 아니었어요. 제가 그렇게 잘한 것도 아니에요."라고 다른 사람의 칭찬을 대수롭지 않은 것으로 만들어버릴지도 모른다. "하지만 절 많이 도와주셨잖아요. 선생님이 없었으면 아마 불가능했을 거예요."라고 말하면서 칭찬을 상대방에게 돌려줄지도 모른다. 아니면 그저 불편한듯 몸을 약간 움츠릴 수도 있다. 겸손에 큰 가치를 두거나, 교만이 죄라고 믿는 가정환경 또는 문화적 배경을 가진 사람이라면 감사 인사를 받는 것이 더욱 어려울 수 있다.

감사는 또한 권력관계 때문에 복잡해질 수도 있다. 교장 선생님이 "오늘 선생님의 노고에 감사해요."라고 말하는 일은 일반 교사가 교장 선생님에게 그렇게 말하는 것보다 더 쉬울 것이다. 때로 거들먹거리는 것처럼 느껴지는 감사 인사를 받을 수도 있고, 다른 사람이 우리의 감사 인사를 잘난 척하는 자세로 받는다고 느낄 수도 있다. 여러 가지 이유로 감사가 불편하게 느껴질 때가 있다. 이렇게 불편한 마음을 다스릴 방법을 배우라. 그러면 무슨 일이 일어나든 적절히 반응할 수 있는 방법을 찾을 수 있다.

나는 감사를 받으면, 취약한 마음 상태가 된다고 느낄 때가 있다. 내가 다른 사람들과 연결되어 있다는 것을 깨닫게 되고, 정서의 여러 층을 인식하게 되기 때문이다. 즉, 감사 인사를 받으면 정말 고마움을 느끼지만, 동시에 앞으로 내가 이 사람을 실망시킬까봐 걱정하게 된다. '내가 이 사람을 실망시키면 어쩌지?', '그래서 더 이상 감사한 마음을 갖지 않게 되면 어쩌지?' 그리고 '정말 내가 감사를 받을 만한 자격이 있을까? 이 사람도 나를 많이 도와줬잖아.' 이러한 내면의 소리가 내 마음속을 휘젓고 있다는 것을 알아차릴 필요가 있다. 그다음 심호흡을 하고, 상대방의 감사 마음을 충분히 받아들이고, "감사합니다."라는 말을 해보는 것이다. 다른 모든 습관처럼, 연습하면 점점 더 쉬워진다.

다음에는 누군가 감사하면, 그냥 웃으며 고맙다고 말해보자. 그게 전부다. 만약 불편한 감정이 든다면 그것을 알아차려라. 그 마음을 이해해보겠다고 다짐하라. 논쟁하거나, 방해하거나, 축소시키지 말라. 누군가 감사를 표현한다면 이는 선물을 주는 일이다. 선물을 주기로 한 것은 그 사람의 선택이다. 선물을 주면 그저 겸손하게 받기만 하면 된다. 선물을 준 사람에게 선물을 되돌려주면서 "저는 선물이 필요 없습니다."라고 말하는 것은 예의가 아니다. 감사하는 마음을 받아들이면 어떻게 되는지 살펴보자.

리더를 위한 제안

- 미국 전역의 모든 직업 분야에서 사람들이 직장을 그만두는 가장 큰 이유는 자신이 인정받고 있다고 느끼지 못하기 때문이다. 미국 노동부에 따르면, 직장을 관둔 사람 중 64%가 인정받지 못했거나, 직장에서 자신이 가치 있는 존재라고 느끼지 못했다(Robbins, 2007).
- 또한 미국 노동부에 따르면, 미국인의 65%가 직장에서 칭찬이나 인정을 받지 못했다고 말한다. 그런데 흥미롭게도 연구자들은 그 사람들이 실제로는 칭찬받았지만 그것을 제대로 알아듣지 못했거나, 알아들을 수 있는 방식과 언어로 전달되지 않았을 가능성이 있다고 분석했다는 것이다(Robbins, 2007). 칭찬받은 직원들은 좀 더 생산적으로 일하고, 동료들과 더 잘 협업하며, 더 오랜 기간 근무하는 것으로 나타났다.
- 특히 신규 교사의 회복탄력성을 길러주려면 그 교사가 성공한 것이나 기여한 바를 인정해줄 필요가 있다(Sumsion, 2004).
- 감사와 칭찬에는 미묘한 차이가 있다. 이를 염두에 두어야 한다. 상사가 칭찬할 경우 어떻게 표현하는가에 따라 다소 억지스럽거나 권위적인 것으로 들릴 수도 있다. 예를 들어, 교감이 교사에게 "제시간에 출근했네요. 수고했어요."라고 말하는 것은 다소 부정적으로 들릴 수도 있다. 이와는 대조적으로, 다음과 같이 말하면 감사의 마음이 전달될 수 있다. "다들 제시간에 출

근해주어서 이제 당일 출근기록부를 제출할 수 있겠어요. 감사해요."

- 감사를 표현한다고 해서 피드백이나 평가를 하지 않아도 된다는 것이 아니다. 어느 정도의 건설적인 피드백은 필요하고, 좋은 결과를 가져오게 만든다. 존 가트맨(John Gottman, 1999)이 수행한 연구에서는 피드백이나 부적 강화를 한 번 줄 때마다 다섯 번의 정적 강화나 칭찬을 제공할 것을 추천한다. 긍정적인 면을 강조하면서 피드백하라는 의미다.

아마도 이 이야기를 읽다보면 학교에서 교사들과 함께 감사를 일상적인 루틴으로 만들어야겠다는 생각이 들 것이다. 2년 차가 된 카리나 교장 선생님은 교사들로부터 자신들이 인정받는다는 느낌이 들지 않는다는 불평을 들었다. 새 학기가 시작되자, 카리나 교장 선생님은 교사들에게 어떤 방법으로 인정받고 싶은지 물어보았다. 개인적인 자리에서 인정받고 싶어 하는 교사들도 있었고, 공개적인 자리에서 인정받기를 원하는 교사들도 있었다. 초콜릿을 받고 싶다고 말한 교사도 몇몇 있었다.

이후 카리나 교장 선생님은 교사의 활동에 대해 감사를 표현하기 위해 더욱 의도적으로 노력했고, 또한 교사들도 서로 감사하고 학생, 학부모에게도 감사를 표현할 수 있는 기회를 구조적으로 만들었다. 회의나 연수를 할 때도 끝나기 몇 분 전은 항상 감사의 시간으로 활용했다. 교사들은 이렇게 감사를 표현하는 시간을 수업과 학부모회의 시간에도 넣었다. 학부모들은 서로에게 감사를 표현했으며, 자신의 자녀들 그리고 교사들에게도 감사를 표현했다. 그해 설문조사에서 94%의 교사가 지난주에 누군가 자신에게 감사를 표현했다고 응답했다. 전년도에 비해 눈에 띄게 증가한 수치였고, 건강한 교사문화가 자리 잡았다는 지표였다. 그해 47명의 교사 중 단 한 사람만 학교를 떠났다. 근 10년간 가장 낮은 이직률이었다. 물론 그해에 많은 교사가 학교를 떠나지 않은 것에는 다양한 요인이 작용했겠지만, 그럼에도 매우 의미 있는 결과였다. 학교가 교사가 있고 싶어 하는 장소가 된 것이다.

떠나도 괜찮다

때로는 감사를 주고받는 과정에서 변화의 필요나 직장을 떠날 시점에 대한 통찰력이 생기기도 한다. 여전히 나는 교사 이직률을 줄이고 학생들에게 안정적인 학습환경을 만들어주기 위해 노력한다. 이 책에서 소개한 전략이 교사가 학교에서 받는 여러 스트레스 요인을 관리하는 데 도움이 되기를 바란다. 그렇다고 해서 고통스러운 상황을 무조건 참거나 한자리에 머물러야 한다는 의미는 아니다. 직책, 학교, 또는 조직에서 떠나고 싶은 순간이 분명히 있다. 근무 조건, 조직문화, 개인적·직업적 상황 등에 따라 이직이 꼭 필요한 경우도 있다. 떠남이 새로운 시작이며 더욱 성장할 수 있는 길로 이끌어줄 수도 있다.

교직 10년 차에 이르러, 나는 극심한 번아웃 상태에 있었다. 최근에 어센드학교에 재직하던 당시에 적은 내 일기를 우연히 보게 되었다.

> 학교를 그만두고 싶다. 나 자신이 비효율적인 사람으로 느껴진다. 내가 하는 일이 중요하지 않은 것처럼 느껴진다. 학생들이 겪는 시스템적인 문제는 너무 거대한 것이어서, 내 노력으로는 학생들에게 별로 도움이 될 것 같지 않다. 학생들의 필요를 채워주기 위해 노력했지만 너무 피곤하고 지쳐버렸다. 학생들의 잘못은 아니다. 그저 내가 가르쳐야 하는 학생들이 너무 많을 뿐이다. 같이 앉아서 이야기를 나눌 동료도 없다. 가르치는 일에 질렸다는 것이 아니다. 이 지역에서 학교가 제대로 운영되지 않고 있다는 것이 문제다. 내가 충분히 해낼 것 같지 않고 희망이 없다는 느낌 때문에 지쳐간다.

지금 이 글을 읽으면서 회복탄력성에 관해 내가 알고 있는 것을 고려하게 되는데, 첫 문장과 마지막 문장이 가장 인상 깊게 다가온다. 나는 변화를 만들어낼 수 없었고, 또 그것을 기대할 수도 없어서 그만두고 싶어 했다. 지금 와서 생각해보면 그때 나는 1년 내내 우울증을 앓았던 것 같다. 일하면서 기쁨이나 만족감을 맛본 적이 거의 없었다. 내가 맡은 일에 현실적인 어려움이 생기면서 더욱 악화되었다. 그 일은 나의 장점이나 성격에 맞지 않는 일이었다. 그래서 나는 이 책에서 기록한 회복탄력성을 위한 습관을 적용해보기로 했다. 그중 몇 가지 습관은 상황을 명료하게 해주었고, 행동할 수 있는 에너지도 주었다. 그러나 여전히 만족감도, 성취감도 느낄 수 없었다.

나는 내가 번아웃 상태를 경험하는 것을 알게 되었고, 이내 두려움과 부끄러움을 느꼈다. 가르치는 일을 시작했을 때부터, 나는 번아웃, 즉 소진에 대한 경고를 들어왔다. 항상 조용한 목소리로 나누었던 주제였다. 마치 번아웃 상태를 경험하게 되는 것이 부끄러운 일이라도 되는 것처럼 말이다. 내가 가장 두려웠던 것은 번아웃이 되면 교육자로서의 여정은 끝나게 되지 않을까 하는 것이었다. '한 학교에서 번아웃이 되면, 영구적으로 지속되는 것일까?', '번아웃이 되면 어디를 가든 희망이 없고 냉소적인 상태가 될까?' 하는 점이 고민되었다.

다른 직업도 고민해보고 대학원에 진학할 생각도 했지만, 결국 나는 다른 학교에서 코치 직을 맡기 위해 어센드학교를 떠나기로 했다. 나는 어센드학교에서 코치 직에 처음 입문하게 되었는데, 그 일이 꽤 마음에 들었다. 다른 선생님들을 코칭할 때 왕성한 호기심이 생겼고, 큰 성취감을 맛보았으며, 심지어 즐겁기까지 했다. 그 모든 순간 나는 감사했다. 긍정적인 면을 집중해서 보면서 나의 목적에 도달할 수 있다는 것을 알아차리게 되었고, 감사하는 마음을 가지면서 번아웃된 상태도 극복해갔다. 어센드학교를 떠나는 것은 분명히 마음 아픈 일이었다. 하지만 어센드학교를 떠나면서 내가 소명이라고 여기는 코치의 여정을 본격적으로 시작할 수 있었다.

감사하기를 실천하다보면 갈등을 겪을 때도 상황을 명료하게 인식할 수 있게 된다. 예를 들어, 아무리 학생을 사랑하고 가르치는 일에 감사하더라도, 시험 점수를 강조하는 교육환경 속에 있을 때는 교사로서의 잠재 능력을 모두 발휘할 수 없게 된다는 것을 파악할 수 있다. 감사하기를 연습하면, 학교에서 동료 교사에게 감사를 표현하는 일이 학교를 그만두고 싶게 만드는 교육청의 과도한 요구에서 오는 스트레스를 넘어서게 한다는 걸 알 수 있다. 또한 자신에게 감사하다보면 교사가 더 나은 대우를 받을 자격이 있으며, 자신이 가진 기술과 재능을 쏟을 수 있는 학교로 갈 필요가 있다는 것을 깨닫게 된다.

직장에서의 행복을 연구하는 연구자들은 맥락이야말로 삶을 변화시킬 수 있는 가장 강력한 것인데도, 지금까지 가장 무시되어온 것이라 말한다. 만약 불행하다면, 현재 있는 곳에서 벗어날 필요가 있다. 다른 직장을 찾는 것이다. 불행은 주변 사람들과 관련된 것일 수 있다. 심리학자들은 나쁜 습관은 감염병처럼 사무실 내에 번질 수 있다고 말한다. 직원들은 동료의 나쁜 행동을 그대로 모방하는 경향이 있다. 만약 우리를 괴롭게 하는 동료들에게 둘러싸여 있다면 그곳을 떠나라. 그리고 다른 직장으로 옮길 때는 함께 일할 사람들을 자세히 살펴보라. 왜냐하면 내가 그들처럼 될 가능성이 크기 때문이다. 이 책에 있는 모든 전략을 사용했는데도 직장에서 겪는 어려움에 잘 대처할 수 없다고 느낀다면, 우리는 그 직장을 떠나야 할 수도 있다. 이는 우리의 선택에 달려 있다.

맥락에 대한 이해 : 영성

> 때때로 무릎을 꿇고 싶다는 열망을 느낀다. 아니, 차라리 내 몸이 무릎을 꿇기 위해 만들어진 것처럼 느껴진다. 때때로 깊은 감사를 느끼는 순간, 무릎을 꿇고 싶다는 강렬한 충동이 올라와서, 머리를 숙인 채 손을 내 얼굴 앞에 둔다. – 에티 힐레줌, 네덜란드의 작가

우리는 총기로 사망한 17살 학생 티 제이의 추모비 앞에 서 있었다. 그는 우리 학교에서 사랑받는 학생이었다. 나는 교장 선생님에게 최근 지역 내에서 발생한 폭력 사건으로 인한 괴로움을 어떻게 이겨내고 있는지 물었다. 그는 불교 명상을 하고 있다고 말했다. "요즘에는 명상하지 않으면 견딜 수가 없어요." 그가 말했다. 한 선생님이 우리에게 다가왔다. 그녀는 티 제이가 아이였을 때부터 알고 있던 교사였다. 나는 그녀를 안아주며 어떻게 지내고 있는지 물었다. "신에게는 계획이 있었을 거예요. 천사 같은 아이니까 그의 곁에 돌아오길 바라셨을 거예요." 그녀가 눈물을 흘리며 말했다.

회복탄력성과 교사에 관한 글을 읽던 중 나는 한 가지 공통점을 발견했다. 많은 사회과학자가 다음과 같이 서술했다. "인터뷰를 통해 얻은 결론은 아니지만…… 교사와 리더들은 개인적인 영성이 회복탄력성의 원천이라는 이야기를 자주 한다. 영성의 본질이 무엇이든, 즉 그것이 종교에서 온 것이든 형이상학적인 신념이든, 어려운 시기를 극복할 수 있는 더 높은 차원의 힘에 의지한다."(Patterson, Collins&Abbot, 2004, p.8) 이 점을 염두에 두고, 역경을 이해하고 대처하기 위해서는

영성spriturality의 역할을 고려할 필요가 있다.

사실 이 주제가 불편하다. 나는 영국 런던에서 태어났고, 10살까지 영국에서 학교에 다녔다. 영국은 국가와 교회를 분리하지 않는 성공회를 믿기 때문에, 매일 아침 학생들은 기독교 찬송가를 부르고 기도하는 종교 모임에 참석해야 했다. 우리 가족은 기독교인이 아니었다. 사실 우리 학교 학생의 약 70%가 기독교인이 아니라, 힌두교도, 이슬람교도, 그리고 시크교도였다. 나는 학교 모임에서 소속감을 느낄 수 없었고, 우리 가족의 관습과 신념이 수용되지 못한다는 느낌도 들었다. 종교는 세속사회와 분리되어야 하며, 모든 사람은 그가 원하는 종교를 가질 수 있는 권리가 있다고 생각한다. 이런 생각이 있어서인지, 이 책에서 영성에 관해 논의하는 것이 마음이 편하지는 않다.

하지만 우리 대다수에게 영성은 삶의 중요한 부분이다. 인간됨의 의미를 이해하고, 더 큰 힘과 연결되고, 우리가 보고 듣고 만지는 것 이상의 의미를 찾고자 하는 것은 인간의 특징이다. 때로는 삶의 기복(죽음, 불의, 측량할 수 없는 아름다움, 놀라운 우연과 행운)을 경험하게 되면서 영적인 질문이 비로소 올라오기도 한다. 우리의 현재 노력과 가장 관련되는 것은, 영성이 회복탄력성의 중요한 자원이 될 수 있다는 것이다. 그런 이유로 나의 불편한 감정은 제쳐두고, 가능한 한 신중하게 영성과 회복탄력성 간의 관계를 탐구할 것이다.

영성과 회복탄력성의 관계

먼저 자주 상호 교차적으로 사용되는 용어인 영성과 종교를 정의해보자. 영성은 개인의 자아를 넘어서는 의미와 신성함의 추구다. 종교는 영적 탐색을 포함하지만, 형식적이며 제도적인 맥락 안에 있다.

어떤 사람들은 자신을 영적이라고 생각하지만, 종교적이지는 않다고 생각한다. 사실 일상을 신성한 것으로 경험하기 위해 반드시 신을 믿어야 하는 것은 아니다. 자신의 몸을 거룩한 것으로 여기거나, 사랑이 영원한 것이라고 믿거나, 직업을 소명이라고 느끼거나, 자신의 삶이 축복받았다고 느낀다면, 삶의 순간들을 신성한 것이나 신성한 자질로 채우는 것이다. 이와 같은 성화聖化의 과정을 통해, 우리는 삶의 동기, 의미, 그리고 만족감을 얻는다(Lyubomirsky, 2007). 영적인 삶의 유익을 경험하기 위해 반드시 종교 기관에 갈 필요는 없다.

종교인의 웰빙에 관한 연구 결과에 따르면, 종교인이 비종교인보다 행복하고, 건강하며, 트라우마를 더 잘 극복한다고 한다(Ellison&Levin, 1998). 종교적 교리뿐 아니라 사회적 관계에서 지지를 받기 때문에 힘든 상황을 더 잘 견딜 수 있는 것이다. 종교 단체는 신도들에게 정체성뿐만 아니라 친밀한 공동체에 기반한 사회적·정서적·물질적 지원을 제공한다. 사람들은 함께 모여 활동하며 신념과 사회적 가치를 공유한다. 종교인이 비종교인보다 행복하다는 것은 영적 믿음이나 종교적 본질보다는 공동체로부터 얻는 이익이 있기 때문이라는 연구도 있다. 그러나 영적인 사람들이 그렇지 않은 사람들보다 상대적으로 더 행복하다는 연구 결과도 있다. 영적인 사람은 정신적으로 더욱 건강하며, 스트레스에 더 효과적으로 대처하고, 더 만족스러운 결혼생활을 영위하며, 약물과 술에 덜 의존하며, 신체적으로 더욱 건강하고, 더 오래 산다는 연구 결과가 있다(Pargament&Mahoney, 2002). 우리가 잘살기 위해서 공동체는 필요하다. 하지만 영적인 삶이나 종교적인 삶을 살면 공동체의 이점 너머 무언가 더 좋은 것을 경험할 수 있다.

영적이든 종교적이든, 신 혹은 신성한 존재와 연결된 관계 속에 있다는 느낌은 그 자체로 엄청난 위안이 될 수 있다. 왜냐하면 우리의 삶과 존재에 관한 중요한 스토리를 만들어주고, 결과적으로 우리 삶의 경험을 해결할 수 있는 중재 방안을 제공해줄 것이기 때문이다. 더 강한 힘을 믿으면 무조건적인 사랑, 보살핌, 가치를 느끼게 된다. 전능한 존재가 힘든 일에 개입할 수 있다고 믿으면 우리는 안전감을 느낀다. 더 강한 힘을 가진 존재가 예상하지 못한 변화와 혼란을 포함한 모든 일에 목적을 부여해준다고 생각하면 안심할 수 있다. 질병, 실직, 실연, 학교에서의 여러 가지 문제를 겪을 때 모든 일에는 신의 큰 뜻이 있다는 것, "신에게는 목적이 있다."라는 명제를 믿으면 문제 상황에도 더 잘 대처할 수 있다. 우리는 삶에 목적이 있기를 바라고, 자신의 운명을 통제하고 싶어 한다. 그리고 영성은 사람들에게 이를 경험할 수 있도록 해준다.

종교적 혹은 영적 믿음이 있으면 행복과 연결된 수많은 긍정적인 감정과 경험을 할 수 있다. 용서와 더 깊은 존재에 대한 신뢰도 여기에 포함된다. 개인 기도, 영적 수행, 예배 등의 종교적 습관과 실천을 하면 희망, 감사, 사랑, 경외, 긍휼, 기쁨 같은 감정을 느낄 수 있다. 성탄절에 성가대에서 노래를 부르든, 보름달 아래 들판에서 좋아하는 말을 타든 간에, 이 세계와 연결되었다고 느끼는 유대감, 우리보다 더 큰 존재를 느끼는 것은 정서적 회복탄력성을 기르는 데 도움이 된다.

영성이 감사하는 마음을 갖게 할 때

당신이 평생의 삶을 걸쳐 한 기도가 "감사합니다."라면, 그것만으로도 충분하다. — 마이스터 에크하르트, 13세기 독일의 신학자이자 신비주의자

추모비 앞에서 눈물을 참으며 티 제이를 기릴 때, 나는 슬픔 속으로 감사의 마음이 흘러 들어오는 것을 느낄 수 있었다. 학생들은 티 제이의 추모비 앞에 서서 그와 함께한 기억을 나누었다. 그들은 티 제이의 친절함과 유머감각을 기억하고 있었다. 긴장하던 순간마다 티 제이가 어떻게 긴장감을 풀어주었는지, 유치원 시절에 어떤 장난을 쳤는지, 어린 동생들을 어떻게 돌보았는지를 기억했다. 학생들은 하트 모양의 종이에 티 제이와의 추억을 적어 내려갔다. '내가 너에게 잘 대해주지 못했을 때도, 넌 내게 참 좋은 친구가 되어주었어.', ' 엄마가 아프셨을 때 날 도와주었던 일, 절대 잊지 못할 거야.', '넌 나를 더 좋은 사람이 될 수 있게 해주었어.' 학생들은 자신이 티 제이에게 쓴 감사 메모를 벽에 붙였다. 감사 메모들이 조각보처럼 티 제이의 사진을 둘러쌌다.

이 추모식의 핵심은 감사였다. 학생들은 티 제이뿐 아니라, 서로에게 그리고 아마도 우리가 볼 수 있고 알 수 있는 존재보다 더 큰 위대한 존재에게 감사를 표했다. 신기하게도 슬픔의 감정 못지않게 희망과 기쁨의 감정을 함께 느낄 수 있었다. 나는 공동체가 하나가 되는 것을, 그리고 그 안에서 종교를 초월해 영적으로 하나가 되는 순간을 경험했다. 불교도인 교장 선생님은 침례교도인 선생님을 팔로 감싼 채 서

있었고, 가톨릭교도인 학생들은 묵주를 들고 성호를 그으며 기도했다. 한 무슬림 학생은 자신이 티 제이의 토론 실력에 얼마나 감탄했는지를 이야기했다. 한 여학생은 친구에게 "하나님이 티 제이를 만나게 해주신 것을 감사해. 이전보다 더 좋은 사람이 될 거야."라고 말했다. 다른 선생님 한 분은 "왜 이런 일이 생겼는지 모르겠어요. 아이들을 이렇게 데려간 신을 믿지는 않아요. 하지만 사람들과 같이 있는 동안, 감사하고 사랑한다는 말을 더 많이 해주어야 한다는 것은 확실히 알겠어요." 라고 탄식했다.

우리가 신을 알기를 원하고 연결되기를 갈구하는 순간, 두려움, 상실감, 감사, 사랑 같은 강렬한 감정이 생기는 것 같다. 가장 큰 상실을 경험하는 순간은 곧 감사를 깊게 경험하는 순간이기도 하다. 그리고 그럴 때 우리 삶에 더 이상 존재하지 않는 것과 우주의 신비에 관해 생각하게 된다.

연구가 주는 함의

매일의 일상에서 영적인 것을 경험하고자 하는 사람들이 가장 강한 회복탄력성을 보인다는 연구 결과가 발견되고 있다. 이들은 신적인 존재로부터 한없는 사랑을 느끼며, 자신보다 더 강한 존재가 있다는 믿음을 강화하고, 신과의 관계를 형성해가는 과정에서 경외감, 영감, 온전함을 경험한다. 이 책에서 회복탄력성에 긍정적인 영향을 미치는 몇 가지 수행 방법에 관해 여러 번 언급한 적이 있다. 명상과 기도는 가장 효과적인 수행 방법이다. 신의 존재 자체를 경험하는 것에 초점을 둔 명상적 기도가 구원이나 용서를 구하는 기도보다 행복지수를 높이는 데 더 효과적인 것으로 밝혀졌다(Poloma&Gallup, 1991).

회복탄력성을 기를 수 있는 활동으로 자주 언급되는 것 중 하나가 명상이다. 명상에는 종교적 활동이나 영적 활동이 포함된다. 그러나 더 확장된 활동이 될 수도 있다. 회복탄력성에 관해 연구할 때, 나는 교사들에게 어려운 사건들 그리고 매일의 업무 부담에 대해 어떻게 대처하는지를 질문했는데, 답변은 다음과 같았다. 교사들은 명상용 컬러링 북을 완성하거나, 매일 저녁 일몰을 바라보거나, 첼로를 연주하거나, 주말 동안 정처 없이 걷거나, 시를 읽거나, 고양이나 강아지를 쓰다듬으면서 시간을 보낸다고 답했다. 교사들은 이런 활동을 통해서 영적인 세계와 세속의 세계를 오가는 듯했다. 이런 활동으로 명상을 하고, 마음을 가라앉히고, 세상을 볼 수 있는 또 다른 관점을 얻고, 삶을 풍부하게 하는 무언가와 연결되었다. 그리고 그런 순간을 통해 회복탄력성의 원천을 채웠다.

여러분은 영적인 것과 연결되기 위해 어떤 노력을 기울이는가? 어떤 활동을 꾸준히 할 수 있는가? 다른 사람들과 함께할 수 있는 활동은 무엇인가? 공동체 안에서 함께하며 얻을 수 있는 이점이 있는가? 내가 이 연구를 통해 얻은 가장 큰 깨달음은 영적인 활동을 규칙적으로 할 경우, 어려운 시기를 버텨낼 수 있는 영적인 근육을 강화할 수 있다는 것이다.

주의사항

특정한 시기 혹은 특정한 장소에서, 종교 기관이 사람들을 비인간적으로 대하거나 기본적인 권리를 존중하지 않은 역사가 있다는 사실을 언급하지 않은 채 이런 논의를 계속할 수는 없다. 그것은 무책임한 일이 될 것이다. 이러한 문제는 오늘날에도 지속되고 있다. 일부 종교공동체에서도 사람들은 소속감을 느끼지 못하거나, 신에게 사랑받는 존재가 아니라고 느끼거나, 지옥에 갈 것이라고 느끼기도 한다. 분명한 점은, 이러한 일부 종교공동체는 회복탄력성을 길러주기보다 행복감과 웰빙을 심각하게 해친다는 것이다. 종교적 전통이나 공동체가 사람들에게 힘을 주는지, 긍정적인 영향을 미치는지, 그리고 사람들을 지지하는지 비판적으로 살펴볼 필요가 있다. 그리고 종교적 전통을 따르지는 않지만, 건강한 영적 삶을 추구하는 사람들이 많다는 것을 기억할 필요가 있다.

동료와의 대화를 향하여

세속적인 사회에서도 영적인 대화를 나눌 수 있을까? 그리고 서로의 신념과 이야기를 나눌 때 지켜야 할 규칙에는 무엇이 있을까? 영적인 대화는 자발적으로 이루어져야 하며, 이야기하고 싶지 않으면 하지 않을 권리가 있어야 한다. 효과적인 대화를 위해 숙련된 대화 퍼실리테이터도 있어야 할 것이다. 이런 조건이 갖춰진다면 대화가 어떻게 진행되고, 어떤 내용이 나오게 될 것인지 궁금하다. 아마도 일상의 삶 속에서 발견할 수 있는 성스러움, 매일의 삶의 경험 속에 깃들여진 거룩함의 이야기에서 시작할 수 있을 것이다.

이러한 대화를 여는 가장 중요한 열쇠는 정서 지능이다. 다른 사람들과 영적인 것을 나눈다고 생각하면, 그 생각만으로도 마음이 불편해질 수 있다. 그러나 나의 삶과 공동체를 발전시킬 수 있다면 이런 불편함을 견뎌낼 수도 있지 않을까? 그럴 수 있을 것이다. 공동체의 회복탄력성을 개발할 기회가 될 수도 있다. 영적인 대화를 나누다가 갈등이 생기거나 실패하는 경험을 하게 된다면, 아마도 우리는 다시 일어서는 방법을 배우게 되고, 그러고 나면 더욱 강해질 것이기 때문이다.

> 누군가를 가르치며 마음이 울리거나 열리는 경험을 할 수도 있고, 심지어 마음 아픈 경험을 할 수 있다는 것은 그리 놀랄 일이 아니다. 가르치는 것을 좋아하면 좋아할수록, 더욱 마음 아픈 일을 경험할 수 있다. 가르칠 수 있는 용기는 마음이 감당할 수 있는 것보다 더 많이 참아야 하는 바로 그 순간에 마음을 열어두는 것이다. – 파커 J. 파머, 미국의 교육사상가 겸 사회운동가

깊이 이해하기 : 경외감과 경이로움

이미 몇 차례 말했듯이, 감정에 관한 대화를 많이 나눌수록 학교는 구성원 모두에게 더욱 건강하고 행복한 곳이 될 수 있다. 이 책을 통해 사랑, 기쁨 같은 긍정적인 감정 외에도 슬픔, 두려움, 수치심, 분노와 관련된 경험도 되돌아볼 수 있었을 것이다. 부정적인 감정보다 긍정적인 감정에 관해 더 많이 탐색하고 이야기할 수 있다면, 더욱 건강하고 행복한 사람이 될 것이다. 이제 마지막으로 깊이 잠겨보았으면 하는 감정으로, 경외감과 경이로움에 관한 이야기를 하겠다. 이 감정은 감사를 표현하면서 생길 수도 있고, 이 감정으로 인해 감사를 표현하기도 한다. 어떤 방향이든, 이 감정들은 그 자체로 중요한 의미가 있다.

우리의 일상은 경외감과 경이로움으로 가득 차 있다. 나는 음악을

들을 때, 번개 치는 하늘을 볼 때, 그리고 토마토를 처음으로 재배했을 때 경외감을 느꼈다. 아주 훌륭한 식사를 할 때도 경외감을 느꼈고, 기르는 고양이와 개에 대한 유대감이 쌓일 때도 그랬다. 내 아이를 볼 때도 경외감과 경이로움을 느낀다. 아이라는 존재는 그 자체로 경이로움을 느끼게 한다.

나는 축하를 하면서, 경외감, 경이로움, 그리고 강렬한 감사와 기쁨을 느끼기도 했다. 어느 해, 내가 3학년을 담당할 때 가르쳤던 한 학생이 고등학교 졸업식에 나를 초대했다. 나는 교직생활을 시작했을 때부터 "너희들이 초대하면 고등학교 졸업식에 꼭 갈게."라고 말했었다. 그래서 메릴루의 졸업식에 참석하게 되었는데, 처음에는 그 반에 내가 교직 첫해에 가르쳤던 학생 상당수가 같이 있다는 것을 몰랐다. 그러다가 학생들이 무대로 한 명씩 올라와 그동안의 다사다난했던 학교생활에 관해 이야기하는 것을 들으면서, 그 학생들을 가르쳤던 (그 학생들이 7살이나 8살 때) 과거의 기억이 같이 떠올랐다.

에사우가 무대로 올라왔을 때, 내 얼굴을 타고 눈물이 흘러내렸다. 에사우를 처음 만난 것은 그 아이가 초등학교 2학년이었을 때다. 에사우는 1년을 유예한 상태여서 9살 생일을 앞두고 있었다. 그때 나는 신규 교사이기도 했고 에사우에 관해 아는 것도 없었지만, 뭔가 문제가 있는 상태라는 것은 금방 알 수 있었다. 에사우는 글씨를 거꾸로 썼고, 자신의 이름도 제대로 쓸 줄 몰랐다. 하지만 에사우는 미술에 재능을 보였고, 또래 친구들에게 사랑받는 다정하고 착하고 온순한 아이이기도 했다. 에사우가 학습진단검사를 받을 수 있도록 해달라는 부탁을 그 애 어머니에게 여러 달 동안 했지만, 에사우 어머니는 그 제안을 완강하게 거절했다. 에사우 어머니는 에사우 아버지가 어린 시절 멕시코 시골에서 살 때 '발달지체 학생'이라는 낙인이 찍혀 고생했고, 교사들에게서 무시와 신체적 학대를 받았다고 이야기했다. 나는 에사우의 어머니에게 학교에서 진행되는 절차를 설명하고, 특수교육 지도교사에게 그녀를 데려갔다. 나는 에사우의 어머니에게 아이가 검사받는 동안 함께 있겠다고 약속했고, 에사우가 검사받는 과정도 관찰할 수 있게 하겠다고 약속했다. 그리고 특수학급 학생들의 부모들도 만날 수 있게 했다. 에사우 어머니는 다른 학부모들의 이야기를 들으면서 비로소 확신을 얻을 수 있었다. 그리고 마침내 에사우의 검사를 허락했다. 검사 결과, 에사우는 심각한 학습장애를 겪고 있었고, 발달영역 대부분이 유치원 수준이었다. 에사우가 초등학교에 다닐 때는 학교에서 할 수 있는 일에서는 우리 모두 최선을 다할 수 있었지만, 중학교에 가면 제대로 적응할 수 있을지 걱정되었다.

고등학교 졸업식에서, 에사우는 부모님과 선생님들에게 감사의 마음을 담아 짧은 연설을 했다. 연설하는 동안 그는 내내 눈물을 흘렸다. 에사우는 그동안 학습에서 겪었던 여러 어려움과 예술에 대한 자신의 열정을 이야기했다. 대학 진학을 위해 미술 관련 기관에 다니기로 했다는 이야기도 했다. 에사우는 10년 전 내가 만났던 바로 그 사랑스러운 소년이었으며, 나는 지난 10년간 우주가 해놓은 일에 대해 강한 감사와 경이로움을 느꼈다. 신규 교사로서 고군분투했던 첫해, 피로와 불안감으로 힘들었지만, 에사우의 졸업식에서 그 모든 일이 얼마나 가치 있는 일이었는가를 새삼 느낄 수 있었다.

경외감과 경이로움을 생각하면 무엇이 떠오르는가? 잠시 시간을 내 1~2가지 기억을 꺼내어보라. 원한다면 눈을 감고 그 순간을 다시 경험하자. 어떤 기분이 드는가? 예상컨대, 기분이 좋을 것이다. 이러한 기억을 포함해 우리 교사들을 기분 좋게 하는 순간들이 우리의 회복탄력성을 강하게 해준다는 것을 기억하자.

성향 : 신뢰

감사에는 성찰이 포함된다. 지금까지의 여정을 회상하면, 우리가 걸어온 봉우리와 계곡이 떠오를 것이다. 터벅터벅 걸어가던 모습을 떠올려보면, 땀이 얼굴을 타고 흘러서 시야를 가리던 순간도 기억날 것이다. 그리고 종아리 근육이 강해진 것을 느낄 수 있을 것이다. '내가 이 계곡을 올라갈 수 있을까?' 의심했던 과거의 그 순간도 떠오를 것이고, 이제 어느덧 그 일을 해냈다는 사실도 깨닫는다. 이렇게 승리감을 느꼈던 순간들을 떠올리면서, 더욱 강해질 것이다.

'내가 교사로서 첫해를 잘 마무리할 수 있을 것이라곤 생각지 못했어.'

'내가 학생의 장례식에 있게 될 줄은 몰랐어.'

'나는 가르치는 일을 하면서 내 아이도 갖게 될지 몰랐어.'

'나를 힘들게했던 학교로 돌아가게 될 줄은 상상도 못했어.'

'나는 부서 개편을 어떻게 해야 할지 몰랐어.'

'나는 이 책을 다 쓰지 못할 줄 알았어.'

지난 시간을 되돌아보면, 이미 해냈다는 것을 알 수 있다. 바로 여러분이 해냈다. 그 일을 해냈을 때 어떤 요인들이 함께 작용했는지, 다른 사람들이 어떻게 도왔는지, 그것을 이루기 위해 어떤 노력을 했는지도 볼 수 있다. 이렇게 돌아보는 과정을 통해 자신감이 길러질 것이다. 그러면 더 어려운 일도 할 수 있게 된다.

내가 이 마지막 교훈을 배우기까지는 오랜 시간이 걸렸다. 마지막 교훈은 과정을 믿는 것, 나 자신을 믿는 것, 그리고 아마도 더 큰 (존재 너머의) 미지의 존재를 믿는 것이다. 어려운 일을 맞닥뜨릴 때마다 '내가 과연 이 일을 할 수 있을까?'라는 생각을 무수히 했다. 그러면서 인내심, 판단을 유보하는 것, 결과에 대해 열린 마음을 갖는 것에 관한 교훈을 얻었다. 점점 더 자신을 수용하고, 자신에게 너무 가혹하게 대하지 않는 방법도 익힐 수 있었다.

'과정을 신뢰하라. 그러면 된다!'라는 말은 내가 글을 쓰고, 코칭하고, 팀을 이끌고, 연수를 진행할 때 항상 외우는 주문이다. 나는 이에 대한 확신이 있다. 이를 뒷받침할 만한 증거도 있기 때문이다. 순진해서도, 내 행동에 대한 책임을 회피하고 싶어서 하는 말도 아니다. 충분히 검증된 방법이다. 축하하고 감사하는 법을 배우는 과정에서 얻은 지침이다. 과거를 되돌아보고, 반성하고, 긍휼의 마음으로 평가하지 않았다면, 과정을 신뢰하지 못했을 것이다.

축하하기의 연습이 가능해지면, 더 크고 강한 존재에 대한 믿음과 신뢰의 성향을 기를 수 있다. 더 크고 강한 존재는 시간의 흐름 그 자체일 수도 있고, 또 다른 무엇일 수도 있다. 나와 다른 사람의 노력을 떠올려보고, 축하하고, 인정하고, 감사를 표현하는 연습을 하는 과정에서, 나의 신뢰 성향도 기하급수적으로 증가할 수 있었다.

나는 정서적 회복탄력성을 갖춘 사람들이 최종적으로 갖추어야 할 성향이 신뢰라고 본다. 연구 결과를 살펴봐도, 내 경험을 생각해봐도, 친구나 동료 교사들과 이야기해봐도, 신뢰가 회복탄력성을 갖춘 사람들의 특성이라는 점은 부인할 수 없다. 그들은 자기 자신과 과정을 신뢰한다. 그러나 신뢰라는 성향은 간접적이고 막연하게 이야기되는 경향이 있는데, 아마 언어로 충분히 표현할 수 없는 영적인 영역과 밀접하게 관련되어 있기 때문이라고 볼 수 있다. 사람들은 보통 신뢰trust를 믿음faith이라고 부른다. 하지만 '믿음'이라는 용어는 종교와 관련성이 커서, 나는 '신뢰'를 주로 사용한다. 신뢰와 믿음 중 각자 자신의 마음을 울리는 단어를 선택해서 사용하기 바란다.

가장 깨지기 쉽고 상처받기 쉬운 상태일 때, 능력에 대한 확신을 갖지 못할 때, 위험을 감수하기로 했지만 두려움을 느낄 때, 나는 신뢰라는 성향을 활용한다. '과정을 신뢰하자!'라고 나 자신에게 말한다. 그러면 불안은 씻겨나가고, 나 자신보다 더 높은 존재를 느끼게 된다. 내가 하려는 것은 무엇이든 할 수 있을 것임을 알기에 고독하다는 느낌도 덜어낼 수 있다. 나는 오직 내가 제공할 수 있는 것만 제공할 수 있다. 내가 볼 수 있는 것과 통제할 수 있는 것보다 더 많은 요인이 작용하고 있다는 것도 안다. 놓아줄 수 있는 것은 놓아준다. 줄 수 있는 것은 준다. 그러면 나 자신에게 감사를 느끼게 되고, 이 과정에서 신뢰와 회복탄력성을 기를 수 있다.

목소리를 높일 수 없는 어떤 사람이 노래할 때 다른 사람이 와서 함께 노래한다면, 목소리를 높일 수 없던 사람도 목소리를 높일 수 있을 것이다. 이것

이 영혼 간의 유대감이 갖는 비밀이다. – 유대교 격언

지하로 흐르는 강

축하의 마음은 경외감, 경이로움, 감사를 경험할 수 있게 한다. 신뢰, 희망, 낙관적인 생각도 길러준다. 그리고 우리가 공동체 안에서 연결되어 있다는 것을 알게 해준다. 지금까지 이 책에 소개된 마음챙김, 지금 여기에 머물기, 공동체 세우기, 강점에 초점 맞추기 등의 습관을 통해 우리가 상상했던 것보다 축하할 일들을 더 많이 만나게 될 것이다. 축하는 졸업식이나 학생 전시회같이 큰 것일 수도 있고, 회의를 마칠 때 하는 감사 인사같이 작은 것일 수도 있다. 축하하기와 감사하기는, 집단적이든 개인적이든, 큰 것이든 작은 것이든, 회복탄력성이라는 강을 열어주고 우리 자신과 공동체를 가득 채워준다.

함께 생각해볼 문제

- 감사하기와 축하하기에 관한 생각이나 감정이 이 장을 읽으면서 어떻게 변화했는가?
- 이 장에 소개된 다양한 생각이나 실행 방안 중 가장 탐구하고 싶은 것은 어느 것인가?
- 영성, 경외감, 경이로움, 신뢰는 회복탄력성에 어떤 역할을 하는가?

자유로 들어서는 문

이 책이 교사들의 회복탄력성을 발견하는 데 도움이 되었기를 바란다. 그리고 이미 여러분이 자신 안에 역경에 대처하는 기술, 스트레스를 관리하는 법, 번아웃을 방지하는 법, 어려움을 극복하는 방법을 가지고 있다는 것을 발견하기를 바란다.
또한 회복탄력성이 학교와 세상을 바꾸는 데 큰 역할을 할 수 있다는 것도 깨닫게 되기를 바란다. 회복탄력성이야말로 우리 자신과 다른 사람을 성장하게 하는 핵심 요소다.

자유에 관해

회복탄력성에는 목적이 있다. 회복탄력성을 갖춘 사람은 모든 순간에서 의미를 찾아내며, 자신의 태도를 선택할 수 있는 권한을 포함해 사용할 수 있는 모든 권한과 힘을 행사할 수 있다. 권한과 희생 사이에는 그저 가느다란 선밖에 없다. 우리는 어떤 상황에 대해 어느 정도 영향력을 가질 수 있다고 느끼다가도, 다음 순간 피해자가 된 것처럼 느끼기도 한다. 자유는 권한과 희생 사이에 존재한다. 우리는 우리의 힘과 그 힘이 어디에서 오는지 더 큰 맥락에서 살펴볼 수 있으며,

우리의 힘이 어디까지 영향을 미칠 수 있는 것인지 알 수 있다.

빅터 프랭클Viktor Frankl은 『죽음의 수용소에서』(청아출판사, 2020)에서 비참한 상황에서 발휘되는 회복탄력성에 관해 심오한 교훈을 준다. 홀로코스트 생존자인 프랭클은 우리에게 많은 이야기를 해준다. 그는 삶의 모든 순간에는 목적이 있다고 말한다. 고통과 죽음 속에서도 삶은 그 의미를 가진다.

> 강제수용소에서 살았던 우리는 오두막을 걸어다니며 마지막 빵 한 조각을 나누고 다른 사람들을 위로했던 사람들을 기억한다. 그 사람들의 수는 적었지만, 그들은 인간이 많은 것을 빼앗긴 상황에서도 잃어버리지 않은 단 한 가지가 있음을 분명히 보여주었다. 인간은 어떤 환경에 있더라도 어떤 태도를 취할지, 어떤 방식으로 살아갈지 정할 수 있는 자유를 가지고 있다는 것이다.

나치가 만든 죽음의 수용소에서의 비참한 삶을 생각해볼 때 이는 상상하기 어려운, 가장 심오한 수준의 자유다. 이러한 자유에는 용서와 긍휼이 흘러넘친다. 이는 넬슨 만델라가 남아프리카공화국의 아파르트헤이트(과거 남아프리카공화국의 인종차별 정책 – 옮긴이) 기간 동안 투옥되어 쓴 회고록에서 엿볼 수 있는 자유, 달라이 라마가 말하는 자유와 동일한 것이다.

상상할 수 없는 공포를 견디면서도 이러한 자유를 맛본 사람들에게 나는 오랫동안 매료되었다. 심오한 자유를 느낀 사람들에 관한 글은 내가 스스로 무력하다고 느낄 때마다 큰 도움을 주었다. 그리고 명료하게 사고하면서 새로운 관점을 얻을 수 있도록 해주었다. 이렇게 거시적인 맥락으로 무언가를 바라보는 경험은 매일의 좌절과 어려움 속에서도, 나 자신에게 권한이 있음을 기억하게 했다.

나는 하루를 준비하기 위해 1시간 일찍 학교에 출근한다. 정리된 상태였고, 모든 것이 완벽했다. 필요한 자료를 복사하기 위해 교무실로 달려간다. 그런데 복사기가 고장 난 상태였다. 나는 숨을 헐떡이며 욕을 하고, 곧장 다른 사람 탓을 한다. 분명 누군가의 잘못이라고 생각하기 때문이다. 지난밤에 푹 잤고, 명상도 잘했기 때문에 중심이 잘 잡힌 느낌이었다. 그런데 이 모든 평정심이 사라져버렸다. 내 앞에 어두운 그림자가 드리워진 것 같다.

그때 내 안의 목소리가 나에게 속삭인다. '네게는 선택권이 있어. 지금 당장 말이야. 너는 지금 맞닥뜨린 일에 네가 어떻게 반응할지 선택할 수 있어. 어떤 것을 선택할지는 너의 자유야.'

그러자 나 자신을 약간 탓하게 된다. 관점의 전환 때문에 조금 충격이 온다. '이것은 그저 고장 난 복사기일 뿐이야. 나와 어머니를 떼어놓으려는 나치가 아니라고. 나는 지금 무슨 일을 할 건지 바꿀 수 있어. 그렇게 할 수 있는 능력이 있고, 회복탄력성도 충분히 갖추고 있어. 어려운 상황에 충분히 대처할 수 있고, 이 일로 내 하루 전체를 망칠 필요가 없어.' 이렇게 내 인식, 태도, 그리고 감정을 전환하고 나자, 자유가 찾아온다. 나는 자유로 들어가는 문을 찾아서 연 것이다.

고장 난 복사기 때문에 잠시 쓰러졌지만 나는 곧 무릎의 먼지를 털고 일어나서, 나의 목적으로 돌아올 수 있다. 나의 본래의 목적은 학생들을 돌보는 것이다. 회복탄력성 덕분에 나는 최선을 다할 수 있다. 즉, 나를 무너뜨리는 것은 인생의 여정에서 만나는 매일의 도전과 어려움이 아니다. 도전과 어려움은 항상 존재할 것이다. 그리고 나는 그 도전과 어려움을 어떻게 해서든 통과해갈 것이다. 가끔 발이 걸려 넘어질 수는 있어도, 이전보다 더 빨리 일어설 것이다.

회복탄력성은 단순히 일과 생활에서 매일 겪게 되는 어려움을 이겨나가는 것에 그치지 않는다. 더 큰 목적에 도달할 수 있게 한다. 나는 회복탄력성 덕분에 내 잠재력, 기술, 능력을 발견하게 되었고, 세상에 기여할 수 있었다. 이렇게 함으로써 성장할 수 있었고, 기쁨과 의미도 찾을 수 있었다. 더 나아가 내가 맛본 기쁨과 잠재력으로 다른 사람들 또한 기쁨과 잠재력을 발견할 수 있게 도울 수 있었다.

이것이 우리가 회복탄력성을 키우는 이유다. 회복탄력성으로 인해 우리가 성장할 수 있을 뿐 아니라, 다른 사람들 또한 성공하고 자유를 맛보도록 할 수 있다. 그 목표는 우리 자신과 공동체를 위해 마음과 정신에 자유를 주는 것이다. 우리의 기쁨과 자유는 지구 모든 생명체의 기쁨과 자유와 연결되어 있다. 우리의 생존 자체와도 얽혀 있다. 나는 매일의 습관과 행동으로 회복탄력성을 기른다. 그리고 회복탄력성에 도움이 되는 여러 가지 성향을 강화한다. 또한 매일의 기쁨과 평온을 경험하고 다른 사람들도 그들의 자유를 찾도록 돕는다.

회복탄력성을 기르고 스트레스를 관리하기 위해 우리 각자가 할 수 있는 일은 실로 다양하다. 교장이나 교감이라면 교사의 성공을 위해 할 수 있는, 그리고 해야 하는 일이 많다. 아무리 강한 회복탄력성을 갖춘 교사라고 할지라도 제대로 기능하지 못하는 힘든 학교나 지역에서 지내는 것은 어렵기 때문이다. 이 책은 피곤하고 스트레스에 지친 교사들을 가르치려는 책이 아니다. 문제를 대하는 태도를 어떻게든 바꾸거나 잠을 푹 자고 회복탄력성을 기르면, 학교에서 겪는 모든 문제를 해결할 수 있다고 주장하는 책도 아니다.

회복탄력성이 높아질수록 불공정이나 불평등에 맞설 수 있는 신체적·감정적·인지적·정신적 에너지도 높아진다는 것을 기억하자. 우리는 이런 일을 동시에 할 수 있다. 먼저 우리는 공교육에 재정을 지원하는 행정가를 선출할 수 있고, 교사를 비인간화하는 정책에 맞설 수 있다. 교사를 로봇처럼 대하는 여러 평가에 따른 징계 관행과 교사의 재량을 발휘할 수 없는 교육과정을 철회하려는 선한 싸움을 위한 힘을 얻을 수 있다. 또한 우리는 학교에서의 평등을 탐구하고 우리 자신이 가진 편견을 살펴보는 교육공동체를 이끌고 참여할 힘을 가질 수 있다. 우리가 회복탄력성을 기른다면 위험을 감수할 수 있게 되고, 마음을 여는 것을 두려워하지 않을 것이다. 동시에 학생의 학습 결과물을 함께 보고, 토론하고, 인종, 젠더, 특권 등의 민감한 주제를 이야기할 수 있는 전문적 학습공동체를 만들 수 있다.

아울러 우리는 우리가 살고 일하는 거시적인 정치경제적 환경을 살펴보고 그것을 변화시키기 위해 어떤 행동이든 해야 한다. 이러한 거시적 환경은 우리가 변화시키기 전까지 회복탄력성을 심각하게 약화시키고, 효율성을 유지하지 못하게 만든다. 교사가 학생을 위해 교구를 사비로 구입하지 않고, 경제적 여유를 가질 수 있고, 충분한 육아시간을 가질 수 있도록 재정 운영 방식을 바꾸어야 한다. 또한 우리는 정부 지출, 조세구조, 공직에 선출할 후보, 투표자, 투표권 박탈에 관해서도 이야기해야 한다. 이뿐만 아니라 교사가 스트레스에 어떻게 대처하고 어떤 태도를 취하는지도 이야기할 필요가 있다. 모든 것이 연결되어 있기 때문이다. 이를 분리해 생각하는 것은 우리 몸의 아킬레스건을 자르는 것과 같다.

이런 노력에는 에너지가 필요하다. 일부는 쉽게 끝나지 않는 지루한 싸움이 될 것이다. 모두가 원하는 정의롭고 평등한 사회를 만들기 위해서는 강한 회복탄력성이 필요하다. 우리는 우리 안의 세노테, 즉 우리 내면의 회복탄력성 샘을 발견하고, 애정을 가지고 그것을 채워가야 한다.

앞으로도 계속 : 운동적 접근

개인과 집단의 회복탄력성을 기르기 위해서는 사회적·정치적·문화적 운동을 시작할 필요가 있다. 지난 수 세기 동안 우리의 사회는 개인주의와 탐욕에 지배되어왔다. 감정은 병적인 것으로 여겨지고, 억압당하고, 무시되고, 어린아이와 여성의 영역으로 밀려나 덜 중요하고, 덜 가치 있고, 덜 신뢰할 만한 것으로 폄하되었다. 합리적이고 분석적인 생각(이성)이 최고의 것으로, 우리의 신체와 가슴(감정)은 부차적이고 종속적인 것으로 여겨졌다. 하지만 감정은 아무리 폄하되어도 완전히 누를 수 있는 게 아니다. 감정은 때로 불쑥 쏟아져 나오며, 여전히 힘의 원천으로 남아 있다. 감정과 마찬가지로, 우리의 몸 또한 휴식을 취하고 영양을 섭취하고자 하는 욕구를 누르고 정신을 따르도록 요구받는다. 그러나 우리 가운데 많은 교사들이 병이 날 만큼 자신을 내모는 상황은 바람직하지 않다는 것을 깨닫고 있다.

동료 교사들과 우리 학생들과 함께 감정을 경험하고, 탐색하고, 표현하고, 토론하는 것은 인간으로서의 권리를 주장하는 것이라고 제안한다. 인간에게는 감정이 있다. 교사들과 학생들은 여유 있게 화장실에 가고, 점심 먹을 시간을 충분히 가지고, 휴식을 적절히 취하고, 깨끗한 물을 마시고, 우리의 몸을 돌볼 시간을 가져야 한다. 이는 몸의 웰빙과 즐거움에 대한 권리를 되찾는 것이며, 우리의 인권이기도 하다. 개인적인 것이 정치적인 것이다. 따라서 회복탄력성을 기르는 것은 정치적인 행동을 취하는 일이기도 하다.

모든 운동에는 매니페스토manifesto, 즉 목적과 가치에 대한 선언과 원칙이 있다. 나는 이 책에서 회복탄력성을 매니페스토로 제안했다. 회복탄력성이 학교와 세상을 변화시키기 위해 우리 모두를 하나로 묶어주기를 기대한다.

내 인생에서 가장 정치적으로 취약하고 불안정하고 두려움을 느끼게 하는 이 시기에 나는 결론을 쓰고 있다. 나를 끌어들이는 공포와 분노의 늪에서 벗어나기 위해 매일 노력하고 있다. 그 어느 때보다 회복탄력성을 강화하는 전략을 사용하고 있다. 무엇보다도 나를 두렵게 하는 것에는 백인우월주의와 민족주의의 부상, 기후변화, 그리고 회복할 수 없을 정도로 망가진 정치 체제의 세계가 있다. 우리가 사는 지구와 아프리카계 미국인인 내 아들의 미래, 미국에서 보장되는 시민의 자유, 그리고 이 나라의 설립 기반인 민주주의의 이상을 보호해야 한다는 절박함을 지금보다 더 강하게 느꼈던 적이 없다. 거래적 리더십이 교육계를 휩쓸면서 공립학교는 지속적인 위협에 직면해오고 있다. 교사가 어떻게 가르치고 무엇을 말할지가 강제되고, 학생을 파악하고 학생의 필요에 따라 결정을 내리는 교사의 능력을 약화시키는 끊임없는 위협에 맞서고 있다. 지구상의 빈부격차는 그 어느 시대보다 커졌다. 공립학교의 재정을 확보하는 일은 매일 치러야 하는 전쟁처럼 느껴진다.

그러나 앞으로 나아갈 수밖에 없다.

나는 내 스토리를 망토처럼 두르고, 내 혈관을 타고 흐르는 회복탄력성의 힘을 느낄 것이다. 매일 나 자신과 다른 사람에 대해 긍휼의 마음을 갖기 위해 노력할 것이다. 휴식을 취하고, 춤을 추고, 맛있고 영양가 있는 음식을 먹을 것이다. 내 감정들에 이름을 붙이고 그것을 존중할 것이다. '안녕, 두려움아! 안녕, 분노야!' 감정들을 받아들이고, 그 감정들이 때때로 나를 찾아올 수 있다는 것을 인정할 것이다. 그러나 그 감정들이 내 안에 영영 머물도록 하지는 않을 것이다. 나를 지지하는 공동체에 더 가까이 다가갈 것이고, 지금 이 순간에 머무를 것이다. 내 피부에 다가오는 아침햇살의 따뜻함을 즐기고, 10대 학생들의 신랄한 유머감각을 즐길 것이다. 나는 내면에 비축해둔 회복탄력성의 샘 위를 떠다닐 것이다. 그리고 앞으로 나아갈 것이다.

나는 혼자가 아니다. 이 여정에서 우리가 서로 만나 팔짱을 끼고 영감을 나눌 수 있기를 바란다. 그리고 음식을 나누고 사랑, 슬픔, 치유, 그리고 회복탄력성에 관한 이야기를 나누기를 바란다. 나는 보드게임과 음악을 좋아하고, 해변에서 모래성을 만드는 것을 좋아한다. 그러니 함께 놀고 함께 창조하자. 모두 즐거운 시간을 보내자.

앞으로도 계속, 이 길을 걸어나가면서 함께.

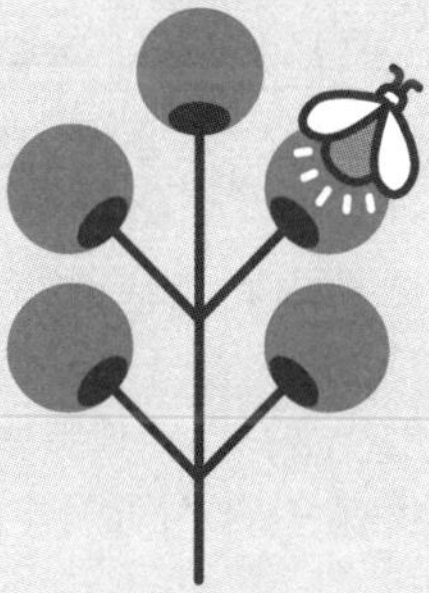

감사의 글

이 책에 도움을 준 사람들에게 아무리 감사를 표현해도 부족할 뿐이다. 너무나 많은 사람이 회복탄력성과 그에 대한 내 개인적인 이해에 기여했다. 이 책은 이것을 가능하게 해준 사람들에 대한 매우 작은 감사에 불과하다.

이 책을 나의 외조부모 릴과 프랭크에게 바친다. 두 분은 다른 사람들에게 도움을 주며 회복탄력성을 갖춘 즐거운 삶을 살아가는 데 있어 내게는 훌륭한 역할 모델이다. 그분들의 삶의 모범은 매일 나를 안내해주며, 그분들의 크나큰 사랑의 마음은 내 인생 내내 계속될 것이다. 그분들이 없었다면 내가 어떤 사람이 되었을지 상상하기 힘들다. 그분들이 나를 위해 가졌던 꿈에 내가 부응하며 살아가길 소망할 뿐이다.

내 친구들은 다른 무엇보다도 내 회복탄력성을 향상시켜주었다. 30년간의 우정과 진심을 지켜준 것에 대해 캐시 맥케이와 크리스틴 구즈만에게 감사한다. 크리스틴은 내 인생에서 가장 고된 한 해를 보낼 때 나를 격려해주었고, 캐시는 자연과학과 관련된 질문에 도움을 주었다. 또한 세노테의 은유에 도달할 수 있도록 도와준 점에 대해 감사를 전한다. 다라 월로츠, 섀넌 캐리, 레테시아 크라츠, 리사 히메네즈에게도 그들의 우정과 동료로서의 역할, 그리고 훌륭한 인품에 대해 감사의 마음을 전한다.

다음 사람들은 회복탄력성과 변화에 관한 내 생각에 지대한 영향을 끼쳤다. 내 삼촌 월터 우마냐 아길라, 실비아 부어스타인, 페마 초드론, 티베트 지도자 달라이 라마와 람 다스, 그리고 잭 콘필드, 랍비 마이클 러너, 틱낫한, 작가인 샤론 솔츠버그, 리베카 솔닛, 데스몬드 투투 대주교, 그리고 마거릿 휘틀리. 이 용감한 리더들로부터 많은 지혜를 얻은 점에 감사한다.

또한 다음 사람들과의 의미 있는 대화로 회복탄력성이라는 주제에 대한 연결과 통찰력, 영감을 얻었다. 드레아 빌, 레슬리 빅포드, 하비에르 카브라, 리베카 크룩, 다비나 골드워서, 베시 굿맨, 프렌티스 굿맨, 티나 에르난데스, 라이자 리스보아, 티파니 청 냐가, 캐럴 오왈라, 스티브 섹스턴, 리카르도 토로, 우베르 트레나도, 이들이 내 인생에 있어주어서 감사하다.

내 동료들과 학생들도 친절, 긍휼, 회복탄력성에 대한 독특한 가르침을 주었다. 아일린 바레라, 브렌다 카스트로, 앤젤라 파커, 케이코 스다, 캐스린 수에야스, 크리스티나 와일드하겐 등 이 힘찬 여성들에게서 나는 실로 많은 것을 배웠다.

나를 특별한 방식으로 지지하는 이들도 있다. 막달레나 디트머, 린 스파이크, 데이비드 리텐거, 조쉬 로위츠 없이 나는 일할 수 없었다. 내 코치인 엘로이자 호르헤의 지혜와 지도, 그리고 존재에 깊이 감사한다. 마이아 헤익-멀린의 우정은 또한 지난 몇 년 동안 내가 수많은 힘든 날을 이겨낼 수 있게 했다. 관대한 친구인 자레타 해먼드는 동료애와 자원을 아낌없이 주었고, 내 아이디어를 점검하는 역할을 충실히 해주었다.

브라이트 모닝 컨설팅Bright Morning Consulting의 환상적인 우리 팀은 무수히 글을 쓰고 나눌 수 있도록 내 능력에 엄청나게 기여했다. 진 칼슨, 노엘 아포스톨 콜린, 제시 코르도바, 마야 헤인즈, 레테시아 크라츠와 함께 일할 수 있었던 것은 선물이었다. 그들의 에너지와 총명함, 그리고 우정에 대해 대단히 감사드린다.

이 책을 준비하는 과정에서 이외에도 감사할 사람이 많다. 주디스 월로초는 초안을 세심하게 봐주었고 따뜻한 격려의 말도 많이 해주었다. 케이틀린 슈워츠만은 여러 번의 초고와 표, 그림에 대해 폭넓은 피드백을 주었다. 이 책은 그녀의 조언을 통해 나온 두 번째 책이며 그녀의 안목 없이 이 책을 쓸 수 있었다고는 상상할 수 없다. 셰릴 비슨은 리더가 필요로 하는 게 무엇인지 생각하면서 이 원고를 읽어주었다. 미셸 라인하르트와 제시 코르도바는 내 아이디어와 언어, 개념을 정제하는 데 결정적인 피드백을 제공했다. 이러한 독자들로부터 피드백을 받아 이 책은 훨씬 더 튼튼해졌다.

이외에도 도움을 준 로럴린 휫필드와 스테이시 굿맨에게 매우 감사드린다. 그들의 도움과 격려가 없었다면 제시간에 완성하지 못했을 것이다.

조시 베이스Jossey-Bass 출판사 편집장 케이트 가뇽은 수년 동안 나의 아이디어와 글을 지지해주었다. 끊임없이 긍정적이었고, 계속 나를 격려하면서 필요한 정보를 제공해주었으며, 때로는 매우 힘들었던 책쓰기 과정 전체를 수월하게 만들어주었다.

또한 남편 스테이시 굿맨과 내 아들 오리온의 사랑이 없었다면 이 책을 쓰지 못했을 것이다. 그들의 지지와 격려는 내 삶에 촘촘하게 얽혀 있어 정확한 기여를 짚어내기 힘들다. 그들의 사랑은 내가 나 자신으로 존재하게 하며, 내가 하는 일을 지지하는 그들의 마음에 대해서는 표현하기 힘들 정도로 고맙고 감사할 뿐이다.

최근 몇십 년간 내 인생은 아버지 길버트 아길라와 이모인 진 없이는 상상하기 힘들다. 그들이 내 삶에서 차지하는 비중은 계속 커지고 있으며, 그들의 사랑과 격려, 지원은 커다란 빈틈을 메워주었다. 그들의 존재와 끊임없이 발전하는 우리의 관계에 감사드린다.

내 어머니의 영원한 사랑은 매일 나를 키우고, 지탱하고, 인도한다. 어머니 없이는 내가 하는 일을 할 수 없을 것이다. 어머니 없이는 지금의 내가 되지 못했을 것이다. 내게 준 30년간의 무조건적인 사랑과 그 사랑의 영원한 반향에 대해 무한히 감사한다. 내 삶이 어머니가 내게 준 사랑의 증거가 되기를 바란다.

회복탄력성이 있는 교사의 습관과 성향: 자기평가표

회복탄력성을 갖춘 교사는 효과적이며 규칙적으로 12개의 습관을 실천하고 12개의 성향을 보여준다. 이러한 습관과 성향을 실천하는 것이 얼마나 규칙적이고 강력한지 스스로 평가해보자.

회복탄력성이 있는 교사의 습관		
습관	설명	이 습관에 대해 얼마나 확신하는지 1~5로 표시하자.
자기 자신 이해하기	나는 내 가치와 성격, 기술과 적성, 사회정체성을 알고 그것이 교사로서의 내 일에 어떻게 영향을 주는지 알고 있다. 나는 결정을 내리고 어려움을 해결하는 데 내가 알고 있는 이런 점을 사용한다.	
감정 이해하기	나는 내 감정을 알아차리고 이해한다. 나는 감정에 반응할 전략을 갖고 있다. 나는 다른 사람의 감정을 알아차리고 이해하며 그들에게 반응할 전략을 갖고 있다.	
힘을 북돋는 스토리 말하기	나는 내가 사건을 어떻게 해석하는지를 알고 있다. 나는 이러한 해석에 대해 선택을 한다.	
공동체 세우기	나는 우리를 돌보는 강하고 건강한 공동체를 어떻게 세우는지 알고 있다. 나를 지지하는 공동체가 있다.	
지금 여기에 머물기	나는 걱정과 후회에 관한 관리 전략을 사용한다. 나를 현재의 순간에 두면서 명확한 결정을 내릴 수 있다.	
자기 자신 돌보기	나는 신체적인 자기돌봄을 가치 있게 여기고 우선순위로 삼는다. 건강해지기 위해서 내 몸이 필요로 하는 활동을 어떻게 해야 하는지 알고 있다.	

강점에 초점 맞추기	나는 장점, 자원, 그리고 잘되는 부분에 나의 인식과 주의를 돌린다. 도전에 직면할 때 긍정적인 점을 찾는 내 능력은 내가 적절하게 반응하는 일을 돕는다.	
긍휼의 마음 개발하기 (실천적 공감 능력 키우기)	나는 자신과 다른 사람들에 대한 긍휼을 가지고 있다. 나는 내가 원할 때 나와 다른 사람들에게 긍휼을 베풀 수 있다.	
학습자 되기	나는 도전을 학습을 위한 기회로 보고 규칙적으로 학습자의 마음을 가진다. 내 기술이나 재능을 향상시키기 위해 학습이 어떻게 안내하고 이끄는 역할을 하는지 안다.	
놀기와 창조하기	나는 놀기, 창조하기, 그리고 예술 감상하기가 어떻게 도전과 스트레스를 해결하는지 이해하며 이러한 활동에 참여한다.	
변화의 파도에 올라타기	나는 변화를 다루는 전략을 가지며, 변화를 관리하거나 주도하는 전략을 사용한다.	
축하하기와 감사하기	나는 감사와 축하가 어떻게 내 회복탄력성에 기여하는지 이해하고, 감사하기를 연습한다.	

자기평가를 한 후 놀라운 점이 있다면 무엇인가?

자기평가를 바탕으로 이 책과 연결시킬 수 있는 제안에는 어떤 것이 있는가?

가장 성장하기를 바라는 습관은 무엇인가?

회복탄력성을 갖춘 교사는 다음의 12가지 성향을 보여준다. 이 성향과 관련해 얼마나 확신하는지 스스로 평가해보자.

회복탄력성이 있는 교사의 성향		
성향	설명	이 습관에 대해 얼마나 확신하는지 1~5로 표시하자.
목적의식	나는 내가 하는 것이 무엇이고, 왜 이것을 하는지 알고 있다. 이 방향감각은 결정할 때와 어려움에 직면할 때 나를 안내한다.	
수용	나는 체념하지는 않지만, 상황 속에서 무엇을 변화시킬 수 있고 변화시킬 수 없는지 인식하고 그것을 받아들일 수 있다.	
낙관주의	나는 낙관성을 향상시킬 수 있고, 역경 속에서도 현실을 부정하지 않고 긍정적인 관점을 유지할 수 있다는 것을 알고 있다. 장기적인 관점으로 삶에 우여곡절이 있다는 것을 받아들이고 어려움의 근본적인 원인을 찾는다.	
공감	나는 다른 사람의 입장이 되어서 그들의 고통을 느낄 수 있다.	
유머	나는 어려운 순간을 가볍게 하기 위해 유머감각을 가질 수 있고, 현재에 충실하도록 나를 도우며, 힘든 감정을 탐색하고 다른 사람과 연결될 수 있다.	
긍정적인 자기 알아차림	나는 나 자신을 소중하게 생각한다. 나는 굳건한 자아존중감과 자신감이 있다. 나는 나 자신을 그대로 받아들이고 스스로에게 과도하게 비판적이지 않다. 완벽을 추구하지 않고, 실수에 대해 스스로를 용서하고 내 선택과 행동에 책임진다.	
힘 북돋기	나는 주변 환경과 사건의 결과에 영향을 끼칠 수 있음을 믿는다. 이것은 내 자신감과 역량에 기여한다.	
조망	나는 여러 측면에서 사건을 볼 수 있고, 이 통찰력은 내가 상황과 감정에 생산적으로 반응하도록 돕는다.	
호기심	나는 새로운 아이디어에 열려 있고, 내 생각에 의문을 가지며 난관과 도전을 성장의 기회로 본다. 나는 많은 것에 대해 많은 질문을 가진다.	

용기	나는 새로운 것을 시도하는 일이나 실수, 위험을 감수하는 일을 두려워하지 않는다. 나는 내 용기가 어느 정도인지 가늠할 수 있고 필요할 때 끌어올 수 있다.	
인내심	나는 어려움을 해결할 때 인내심이 있다. 장기적인 성공을 위해 단기적인 걱정과 만족을 미룰 수 있다.	
신뢰	나는 나 자신을 믿고 외부에 있는 더 큰 존재, 즉 시간의 흐름이나 과정 또는 영적인 것을 신뢰한다.	

자기평가를 한 후 놀라운 점이 있다면 무엇인가?

자기평가를 바탕으로 이 책과 연결할 수 있는 제안에는 어떤 것이 있는가?

가장 성장하기를 바라는 습관은 무엇인가?

부록 B

지속적인 변화를 만드는 지침

부록 B의 정보는 이 책에 나오는 모든 전략의 실행에 도움을 주며, 참조와 안내 자료로 사용할 수 있다.

여러분이 바꾸고 싶은 행동의 변화에 관해 생각해보자. 어떤 생각과 느낌이 떠오르는가? 나는 내가 만들어가고 싶은 변화를 상상할 때 종종 자기회의가 밀려오는 걸 경험한다. 내 마음은 이런 식으로 흐른다. '나는 그걸 해내지 못할 거야. 나는 실패할 거야…….' 그리고 이런 희망도 발견한다. '내가 할 수 있다면 이렇게 되면 정말 좋을 텐데. 정말 이걸 하고 싶은데…….'

지속적인 변화를 만들기 위해서 교사는 새로운 습관을 들여야 한다. 습관은 몸에 깊이 배어 있어 의도를 가질 필요가 없는 행동이다. 억지로 애쓸 필요 없이, 정신적인 고통 없이 매일 아침 일어나 명상할 수 있다면 다행이지 않을까? 수업 당일 아침에 허둥지둥하지 않고 전날 오후에 수업 자료 준비를 마친다면 어떨까?

대부분의 사람은 행동 변화를 모두 잘못된 방식으로 시작한다. 효과적인 변화를 이루는 방법을 연구하는 데 수십 년을 보낸 사람들이 있다. 그들이 밝혀낸 결론은 복잡하지 않고 효과적이다. 여기 심리학자, 경제학자, 신경과학자, 사회학자의 연구에 근거한 지침이 있다. 행동을 변화시키고 습관을 형성할 때, 이 15개 지침을 사용하자.

1. 목적을 갖고 시작하자. 자신이 이런 변화를 이룬 사람이라고 상상하면서 시작하자. 체계적인 교사가 되고 싶으면 교실에서 체계적인 교사가 하는 일을 실천하고 있는 나를 상상하자. 동료들과 좋은 관계를 유지하는 사람이 되고 싶다면, 복도에서 동료 교사들과 이야기를 나누는 자신의 모습을 상상하자. 달리기를 시작하고 싶은가? 눈을 감고 트랙을 달리거나 러닝머신에서 뛰는 모습을 그려보자. 무엇을 원하든 생생한 그림을 그리고, 그 상상 속에서 어떤 느낌일지 주목하자. 그 느낌 속으로 들어가자.
우리는 목표를 설정하도록 배워왔다. 하지만 많은 사람이 목표에 의거해 동기부여를 하지 못하거나, 목표를 달성하기 위해 고군분투하면서 빠르게 좌절한다. 만들고 싶은 습관을 들인 자신을 상상하면, 여러분은 그 길을 가게 될 것이다.

2. 거꾸로 계획하자. 새로운 습관을 들이기 위해 무엇을 하거나 배워야 할까? 책을 찾을 수도 있고, 관찰할 수 있는 습관을 가진 누군가를 찾을 필요가 있다. 이 단계에서 교사 자신이 실천할 특정 행동에 집중해야 한다.

3. 작은 변화를 만들자. 한 번에 큰 행동 변화를 만드는 데 성공하는 사람은 거의 없다. 새로운 지속적인 습관은 시간을 두고 천천히 길러진다. 『스위치: 손쉽게 극적인 변화를 이끌어내는 행동설계의 힘』(웅진지식하우스, 2010)의 저자들은 변화를 축소하라고 권한다. 자신이 기르길 원하는 습관이 엄청나 보일 때 변화를 축소하지 않으면 의욕을 잃기 쉽다. 확실히 실천할 수 있을 정도로 충분히 작은 것을 실행하면서 변화를 만들어가야 한다. 그렇게 성취하면 다음번의 작은 변화를 만들고자 할 때 열정과 자신감이 충분히 생긴다. 이런 식으로 성공을 단계별로 조절할 수 있다.
예를 들어, 식단에서 설탕을 줄이려고 한다면 탄산음료를 끊는 것으로 시작하거나, 주중에 탄산음료를 마시지 않거나 현재 마시는 양의 절반을 줄인다. 엄청난 의지 없이도 할 수 있는 습관이 될 때까지 변화를 쪼개라. 일정 기간 새로운 습관이 길러지면 또 다른 변화를 실행하자. 단, 기억할 것이 있다. 이 지침은 행동을 다루는 데 적용되는 것이지, 중독이나 다른 위험한 상황, 혹은 건강하지 않은 상황을 다루는 데 적용되는 것은 아니다.
작은 것이 가장 좋다. 한입 크기의 목표를 정하라. 성취하면 행복해지고, 그다음의 작은 목표를 설정할 동기를 갖게 된다. 우리는 크게 생각해야 한다고, 우리 자신에게 큰 기대를 걸지 않으면 야심 차지 못한 거라고 세뇌당해왔다. 이러한 오류는 지속적인 행동 변화를 만드는 능력을 약화시킨다. 거대한 목표를 정하고는 빠르게 의욕을 잃으며 실행을 그만두게 된다. 하지만 뇌는 잦은 보상을 좋아한다. 그래서 작게 생각해야 한다. 우스울 정도로 작아도 된다.

4. 감정에 불을 지피자. 감정은 실행할 수 있게 동기를 부여한다. 행동을 변화시키려고 할 때 가장 유용한 감정은 긍정적인 감정이다. 예를 들면, 희망과 낙관주의, 흥분, 즐거움, 열정이다. 변화하려는 동기를 탐색하면서 이러한 감정에 불을 지펴라. 왜 변화하고 싶은가? 나의 삶은 어떻게 달라질까? 삶이 달라진다면 어떻게 느낄까? 교사의 행동 변화와 새로운 습관은 다른 사람에게 어떤 영향을 줄까?

5. 마음가짐을 살피자. 변화할 수 있다고 믿는가? 고군분투와 실패는 학습의 일부다. 성장의 마인드셋을 유지하자. 이 길을 가면서 발을 헛디딜 수 있지만 낙담하지 말자. 동시에 자신이 변화하고 있다는 표시를 찾아보자. 변화를 받아들이고 변화에 주목하는 것을 연습하면, 거친 시기와 난관을 통과할 때 자신감을 얻고 어려움을 관리할 수 있는 통찰을 얻게 된다.

6. 자율성을 활성화하자. 해야 한다는 태도보다 하고 싶다는 태도를 취하자. 자신에게 이렇게 말하자. '산책을 해야 해.'보다는 '산책을 하고 싶어.', '보고서 50개를 읽어야 해.'보다는 '이 보고서를 평가해서 학생들이 얼마나 잘하는지 알고 싶어.' "해야 한다" 목표보다는 "하고 싶다" 목표를 만들라. "해야 한다" 목표는 보통 외부에서 부과되거나, 의무감이나 수치를 피하고 싶은 마음에서 나온다. 외모에 대한 걱정이나 수치심, 두려움 때문에 건강하게 먹기를 선택할 수도 있지만, 기분이 좋아지고 삶을 더 즐기고 싶어서 건강하게 먹기를 선택할 수도 있다.

'해야 한다'라는 동기는 잠시 긍정적인 변화를 만들 수 있지만, 의지와 투지에는 한계가 있다. 해야 한다는 동기는 유혹을 강화하는데, 그것은 자신이 결핍되었다고 느끼게 하고 결국 자기통제를 약화시킨다. 이렇게 생각하자. '새벽 5시 30분에 일어날 때 충분히 잤다고 느끼고 싶으니까 지금 TV를 끄고 잠자리에 들자.'

7. 선택 지점을 찾자. "선택 지점"을 찾는 것은 좋은 습관을 형성하는 데 필요한 준비라 할 수 있다(Thaler and Sunstein, 2009). 아침에 평화롭게 일어나고 싶은데 눈을 뜨자마자 휴대폰을 찾고 이메일을 확인한다면, 선택 지점은 휴대폰을 다른 방에 두는 것이다. 새로운 습관은 가고자 하는 방향으로 가려 할 때 매일 우리가 내리는 수십 개의 아주 작은 선택을 중심으로 형성된다. 선택 지점을 찾으면 성공에 도움이 되는 조건을 만들 수 있다.

선택 지점은 원하는 변화를 권장하고 지지하는 환경을 구축한다. 매일 일어나서 첫 번째로 하는 일을 운동으로 만들고 싶다면, 침대에서 팔을 뻗을 때 닿는 자리에 신발과 운동복을 두자. 선택 지점을 찾으면 행동을 하게끔 이끄는 트리거, 즉 방아쇠를 만들 수도 있다. 예를 들어, 행동 점검 목록, 루틴, 그리고 구체적이고 가시적이며 의도적으로 만들어낸 다른 기제가 있을 수 있다. 선택 지점을 찾는 것은 변화와 새로운 습관을 반드시 이뤄낼 수 있도록 돕는다.

8. 루틴을 만들자. 이루고 싶은 새로운 행동은 언제 일어나는가? 어디서 일어나는가? 어떻게 시작하고 끝나는가? 뇌는 반복과 루틴을 사랑한다. 명상하거나 일기를 적거나 또는 그림을 그리는 일 등은 습관이 될 때 훨씬 많은 것을 얻을 수 있다. 매일 같은 시간, 같은 장소에서 한다면 습관을 유지하기가 훨씬 쉬워진다.

9. 쉽게 만들자. 쉬울수록 더 낫다. 『행복의 특권 : 행복하면 우리는 무엇을 얻을 수 있는가』(청림출판, 2012)의 저자 숀 아처Shawn Achor는 "20초 규칙" 사용을 제안한다. 갖고 싶은 긍정적인 습관이 3초에서 20초 이내로 시작할 수 있는 것이라면, 실행 가능성은 매우 커진다. 학부모에게 매일 오후에 좋은 내용으로 전화하고 싶다면, 누르기만 하면 되도록 학부모의 번호를 저장하자.

10. 이미 있는 습관에 덧붙이자. 새로운 행동을 이미 가진 습관에 고정시키자(Thaler and Sunstein, 2009). 매일 비타민제 먹기를 시작하고 싶은가? 아침식사처럼 이미 존재하는 습관에 비타민 섭취를 추가하자. 그 2개의 행동을 뇌가 합치면, 새로운 행동은 무의식적으로 통합된다. 새로운 습관을 이미 일상적인 습관에 덧붙인다고 생각하자.

11. 미리 다짐하자. 난관을 예상하고 "만약에 - 그러면" 전략으로 준비하라. 채점할 것이 너무 많아서 퇴근 후 걷기 운동이 싫어질 것 같다면, 하루

를 준비하는 아침에 신발을 잘 보이는 곳에 두자. 그리고 걸으면 생각이 또렷해지고 채점할 힘이 더 생길 거라고 생각하자. 스스로 다음과 같이 말할 수도 있다. '만약에 걸으면 저녁 내내 기분이 훨씬 좋아질 거야.' 어려움을 예상하고 문제가 발생하기 전에 해결하는 방식은 더 나은 선택으로 가는 정신적인 길을 만든다. 장애물을 만나기 전에 이미 머릿속에 계획을 가진 셈이다.

12. 사람들을 모으자. 자신이 하고 싶은 일을 하는 사람들로 주변을 채우자. 종종 내가 함께하는 사람들은 자신이 되고 싶은 사람의 유형을 결정짓는다. 건강을 향상시키려고 계획한다면 건강한 사람들과 어울려보자(그러면 아마도 그들과 함께 운동하고 식사하게 될 것이다). 이 과정에는 지지해주는 사람과 역할 모델, 응원하는 사람, 친구가 필요하다. 지원 시스템을 전부 모으자. 그리고 다른 누군가와 말 그대로 사전 약속을 하자. 방과 후 동료 교사와 걷기로 약속하면 그로 인해 그 일을 따를 가능성이 훨씬 커진다.

13. 생각은 그만하고 행동하자. 수많은 연구에서 마음을 바꾸는 가장 효율적인 방법은 행동을 바꾸는 것이라고 말한다. 교실에서 학생들과 더 많이 연결된 기분을 느끼고 행복해지고 싶다면 학생들과 만나면서 미소 짓자. "안녕, 만나서 반가워."라고 말하자. 마음과 감정은 행동 변화 뒤에 따라올 가능성이 크다.

14. 스스로에게 보상하자. 보상은 길게 보면 까다로운 동기부여 요인이다. 하지만 습관을 다지는 초기에는 강력한 강화 요인이 될 수 있다. 『습관의 힘: 반복되는 행동이 만드는 극적인 변화』(갤리온, 2012)의 저자 찰스

두히그Charles Duhigg는 에릭 바커Eric Barker와의 인터뷰에서, 이렇게 설명한다. "연구에 따르면 모든 습관에는 3가지 요소가 있습니다. 먼저 신호가 있어요. 자동적인 행동이 시작되는 촉발제죠. 그다음에는 행동 자체가 되는 루틴이 있고, 마지막엔 보상입니다. 보상은 정말로 중요한데, 그 이유는 보상을 주면 뇌가 특정한 패턴을 잡고 자동화하는 것을 배우기 때문이죠. 중요한 점은 이것입니다. 행동을 습관으로 만들고 싶으면 그 행동을 한 후에 좋아하는 것을 스스로에게 주면 됩니다." 스스로에게 보상을 주는 것은 큰 초콜릿 과자를 먹는 걸 의미하는 게 아니다. 책상을 청소하거나 서랍을 비운 후에 만족감을 느끼는 것이나, 또는 이를 닦은 후에 입 안을 민트의 상쾌함으로 채우는 일을 말한다.

15. 만족감에 푹 빠져보자. 새로운 습관을 들이기 시작할 때, 만들고 싶은 행동 중 하나를 시행한 후에 잠시 멈추고 여운을 누려야 한다. 새로운 행동을 취함으로써 장애물을 극복하고 경직된 사고방식을 헤쳐나가려는 자신을 인정하자. 그 순간에 보상을 입력하고 스스로 긍정적인 감정에 주목하자. 자신이 비전을 향해 나아가는 중임을 인식해야 한다.

이 15개 습관에 관한 지침은 행동을 바꾸기 위한 지도를 제공한다. 교사 여러분은 이 지침을 이용해 학생의 습관 변화를 안내할 수 있을 뿐 아니라, 자신의 행동 변화를 실행하고 새로운 습관을 기를 수 있다.

리더를 위한 제안

- 리더의 일은 변화를 이끄는 역할이다. 교사들을 새로운 계획에 참여시키려고 하거나 새로운 목표를 소개할 때 앞의 15개 지침 중 어떤 것을 사용하는 게 좋은가? 어떤 것을 통합할 필요가 있는가?
- 변화는 어렵다. 그런데 교사들은 많은 변화를 경험한다. 변화는 회복탄력성을 가장 크게 고갈시키는 외적 요인이기도 하다. 교사들과 지속적인 관계를 유지하면서 교사들의 스트레스 관리 능력을 키우는 일에 헌신하고 싶다면, 새로운 행동을 만드는 이 연구를 통해, 여러분이 그동안 어떻게 변화를 이끌어왔고, 무엇을 다르게 할 수 있을지에 관해 고찰해보자.

부록 C

핵심 감정

핵심 감정	두려움	분노	슬픔	수치심
감정에 관한 일상적인 단어	동요하는 신경이 곤두선 불안한 초조한 근심하는 절망하는 앞이 캄캄한 두려운 공포스러운 겁에 질린 공포에 질린 조급한 안절부절못하는 조마조마한 긴장하는 당황한 무서워하는 충격받은 수줍어하는 긴장으로 팽팽해진 겁먹은 소심한 불확실한 거북한 걱정하는	약이 오른 동요하는 짜증 난 반감이 있는 분노에 찬 경멸하는 (다른 사람에게) 논쟁을 좋아하는 반대를 좋아하는 짜증을 내는 잔인한 파괴적인 기분이 상한 격분한 몹시 화가 난 분노가 촉발하는 좌절한 노발대발한 증오에 찬 적대적인 참지 못하는 분개한 단절된 격노한 성마른 신경질 난 미친 비열한 격분한 분개하는 업신여기는 악의적인 다급한 앙심을 품은	소외된 고뇌하는 지루한 상심한 의욕이 사라진 풀죽은 우울한 자포자기한 울적한 실망한 의욕이 꺾인 좌절한 앞이 캄캄한 용기를 잃은 마음이 상한 비탄에 빠진 기분이 처진 기분이 안 나는 쓸쓸한 황량한 침울한 슬픔에 잠긴 희망을 잃은 상처받은 불안정한 고립된 외로운 우울한 불행한 암울한 시무룩한 무시당한 억압받은 비관적인 가엾은 거절당한 북받쳐오르는 비극적인	명예가 훼손된 굴욕당한 자신을 경멸하는 뉘우치는 비난받을 만한 비도덕적인 품위가 떨어진 못마땅한 멸시할 만한 망신당한 정떨어진(자신에게) 창피한 평판이 나쁜 민망한 죄책감을 느끼는 적대적인 비천한 굴욕감을 느끼는 상스러운 악명 높은 무가치해진 몹시 부끄러운 후회스러운 양심의 가책을 받는 참회하는 나무라는 후회하는 아연실색한 경멸하는 사악한 오명을 쓴

핵심 감정	질투	역겨움(혐오)	행복	사랑
감정에 관한 일상적인 단어	경쟁적인 탐욕적인 박탈당한 불신하는 시기하는 욕심 많은 내키지 않는 질투하는 과잉보호하는 속 좁은 소유욕이 강한 시샘하는 적대적인	끔찍한 싫어하는 반감을 가진 모욕받은 옹졸한 역겨워진 기분이 상한 회피하는 퇴짜받는 혐오스러운 반감을 일으키는 역겨운 충격받은 생각하기도 싫은 밥맛 떨어진	기쁜 즐거운 기쁨이 넘치는 날아갈 것 같은 활기찬 만족한 즐거운 열망하는 안락한 고양된 행복한 즐거움 열정적인 희열에 찬 신이 난 짜릿한 기분이 좋은 신이 난 빛나는 만족한 조화로운 희망찬 관심 있는 아주 기쁜 의기양양한 마음이 가벼운 의미 있는 낙관적인 평화로운 자부심 자랑스러운 안심하는 황홀한 크게 성공한	수용하는 존경하는 사랑스러운 정이 가는 우직한 애착이 가는 매력적인 정이 많은 돌보는 공감적인 연대감이 있는 의지하는 원하는 헌신적인 공감하는 믿을 만한 우정 관심이 있는 친절한 호감이 있는 열정적인 보호하는 존중하는 동정어린 부드러운 신뢰하는 취약한 따뜻한

*출처: Erin Olivo, 『Wise Mind Living』(Louisville, CO: Sounds True, 2014)에서 일부 변형함.

우울과 불안 척도

자기 우울 척도

지난 1주일간 자신이 느낀 바를 각 문장이 얼마나 잘 묘사하는지 생각해 보자. 그리고 각 문장의 적절한 번호에 동그라미를 표시하자.

	전혀 없었거나 아주 조금 느낌	가끔씩 느낌	상당히 자주 느낌	거의 대부분 또는 항상 느낌
평소에는 아무렇지도 않은 일이 귀찮아졌다.	0	1	2	3
식욕이 떨어졌다.	0	1	2	3
친구나 가족의 도움에도 불구하고 우울함을 떨쳐낼 수 없었다.	0	1	2	3
나는 내가 다른 사람들만큼 좋은 사람이라고 느꼈다.	3	2	1	0
현재 하는 일에 집중하는 데 어려움을 겪었다.	0	1	2	3
우울했다.	0	1	2	3
하는 일이 전부 힘들었다.	0	1	2	3
미래에 대해 희망을 느꼈다.	3	2	1	0
인생이 실패작이라고 느꼈다.	0	1	2	3
두려움을 느꼈다.	0	1	2	3
잠을 제대로 못 잤다.	0	1	2	3

행복했다.	3	2	1	0
평상시보다 말을 적게 했다.	0	1	2	3
외로웠다.	0	1	2	3
사람들이 불친절했다.	0	1	2	3
삶을 즐겼다.	3	2	1	0
자주 울었다.	0	1	2	3
슬펐다.	0	1	2	3
사람들이 나를 싫어하는 것처럼 느꼈다.	0	1	2	3
몸을 움직이는 게 귀찮았다.	0	1	2	3

*출처: 역학조사센터(CES-D) 또는 역학조사센터의 우울지수 척도(Radloff, 1977)에서 변형함. 일반적으로 흔히 사용되는 자료임.

항목별 점수를 합산한 총점: ______________

항목별 점수를 합산한 결과에서 가장 낮은 점수는 0점, 가장 높은 점수는 60점이다. 심리학자들은 우울한 사람과 그렇지 않은 사람을 구별하는 기준점을 16점으로 둔다. 만일 16점 이상이면 우울한 것으로 분류된다. 우울은 경증(16-20점), 중등증(21-25점), 중증(26-60점)으로 구분한다. 이것은 진단도구가 아니다. 이 척도 자료를 사용하면서 생기는 질문은 정신 건강 전문가와 상담하는 게 좋다.

우울 척도는 교사의 기분과 일반적인 정신 건강 상태에 실제적으로 민감하기 때문에 다른 시기에 측정하면 (2주 정도 떨어져서) 다른 점수를 얻을 수 있다.

점수가 16점 이상 나왔으면, 자격증을 가진 상담치료사나 임상심리학자, 또는 정신과 의사와 치료에 대해 상담을 받아보길 권한다. 우울은 질병이며 치료할 수 있는 다양한 방법이 있다.

자기 불안 척도

지난 1주일간 자신이 느낀 바를 각 문장이 얼마나 잘 묘사하는지 생각해 보자. 그리고 각 문장의 적절한 번호에 동그라미를 표시하자.

	전혀 없었거나 아주 조금 느낌	가끔씩 느낌	상당히 자주 느낌	거의 대부분 또는 항상 느낌
이유 없이 불안하다.	0	1	2	3
평소보다 더 긴장되고 불안하다.	0	1	2	3
쉽게 속이 상하거나 전전긍긍한다.	0	1	2	3
마음이 무너지는 것 같다.	0	1	2	3
모든 것이 괜찮고, 나쁜 일은 일어나지 않을 것 같다.	3	2	1	0
팔다리가 떨린다.	0	1	2	3
두통과 목, 등의 통증으로 괴롭다.	0	1	2	3
자주 몸이 약해지고 피곤함을 느낀다.	0	1	2	3
마음이 안정되어 있고, 가만히 앉아 있을 수 있다.	3	2	1	0
가슴이 두근거리는 걸 느낀다.	0	1	2	3
어지러움 때문에 힘들다.	0	1	2	3
기절한 경험이 있거나 기절할 것 같은 느낌이 든다.	0	1	2	3
쉽게 숨을 들이마시고 내쉴 수 있다.	3	2	1	0

	전혀 없었거나 아주 조금 느낌	가끔씩 느낌	상당히 자주 느낌	거의 대부분 또는 항상 느낌
손과 발이 저리고 감각이 없다.	0	1	2	3
배가 아프고 소화가 잘 안 된다.	0	1	2	3
자주 소변을 본다.	0	1	2	3
손이 대체로 따뜻하고 건조하다.	3	2	1	0
얼굴이 붉어지고 화끈거린다.	0	1	2	3
쉽게 잠들고 숙면을 취한다.	3	2	1	0
악몽을 꾼다.	0	1	2	3

*출처: 미국정신의학연합 발간 자료 「Zung Instrument for Anxiety」(1971)에 수록된 설문지에서 일부 변형함.

항목별 점수를 합산한 총점: ____________

항목별 점수를 모두 합산했을 때, 16점 이상이면 추가적으로 불안 평가를 할 필요가 있다. 이 척도 자료는 진단도구가 아니다. 이 도구를 사용하면서 생기는 질문은 정신 건강 전문가와 상의하기 바란다.

이 책은 회복탄력성을 기르기 위한 것이지, 우울이나 불안에 관한 이론을 다루고 있지 않다. 우울이나 불안 문제가 있다면 전문가의 도움을 받아보자.

부록 E 문제가 되는 일상적인 핵심 신념

문제가 되는 자신에 대한 핵심 신념	설명/서술	예시
무가치함	• 열등하거나 선천적 결함이 있거나 무능력하다는 일반적인 감각. • 가장 흔한 경우다. • 많은 문제행동을 야기한다. • 종종 우울이 숨어 있다.	나는 무가치해. 나는 그다지 착하지 않아. 나는 어떤 것이든 올바르게 하지 못해. 나는 멍청해. 나는 쓸모없어. 나는 실패작이야. 나는 항상 틀려. 나에겐 뭔가 문제가 있어. 다른 사람들이 나보다 더 나아.
사랑스럽지 않음	• 다른 사람들이 자신을 이해하거나 수용하거나 인정하지 않는다고 생각한다. • 종종 지위, 아름다움, 돈, 성취에 대해 과장된 생각을 갖고 있다.	나는 언제나 소외되어 있어. 누구도 나를 원하지 않아. 나는 환영받지 못해. 나는 혼자야. 나는 어디에도 어울리지 않아. 나는 재미없는 사람이야. 나는 거절당할 거야. 존경받는 것이 중요해. 나는 사람들이 나를 좋아할 때만 가치가 있어.
신뢰 부족	• 일반적으로 버림받음에 뿌리를 두고 있다. • 정서적으로 애착이 형성된 사람은 자신을 떠날 것으로 생각한다. • 사랑스럽지 않음에 대한 핵심 신념과 겹쳐질 수 있다.	사람들은 믿을 만하지 못해. 나는 다른 사람을 신뢰하거나 의지할 수 없어. 내가 사랑하는 사람들은 나를 떠날 거야. 내가 누군가를 사랑하면 나는 버림받을 거야. 나는 중요하지 않아. 사람들은 나를 실망시킬 거야.
무기력함	• 스스로 통제력이 부족하고 효과적으로 또는 독립적으로 일처리를 하지 못한다고 생각한다. • 변화를 만드는 것은 매우 어렵다. • 환경을 과도하게 통제하려고 하거나 완전히 포기하도록 하는 무기력함을 느낀다. • 스스로를 희생자로 본다.	나는 이것을 해결할 수 없어. 나는 할 수 없어. 나는 힘이 없어. 나는 덫에 걸렸어. 나는 궁핍해. 나는 변화할 수 없어. 다른 사람들이 내 삶을 통제하려고 하는 거야. 나쁜 일은 언제든 일어나. 세상은 위험한 곳이야. 내가 가만히 있으면 사람들은 나에게 상처를 줄 거야.

문제가 되는 자신에 대한 핵심 신념	설명/서술	예시
우월감	• 자신이 자격 있다고 느끼고, 규칙을 깨고, 다른 사람의 성공에 화를 내고, 비이성적인 요구를 한다. • 자신이 결점이 있다고 느끼거나 사회적으로 바람직하지 않다고 느끼는 것을 보상하려는 것일 수 있다.	사람들이 나를 존중하지 않는 것을 참지 못한다. 내가 많은 칭찬과 인정을 받는 것은 마땅하다. 뛰어나지 않으면 열등하고 가치가 없다. 뛰어나지 않으면 나는 평범한 사람으로 남게 된다. 나는 매우 특별한 사람이고 다른 사람들도 나를 그렇게 대해야 한다. 나는 다른 사람들에게 적용되는 규칙에 얽매일 필요가 없다. 사람들은 내 요구를 만족시켜줘야 한다. 사람들은 나를 비난할 권리가 없다. 다른 사람들은 좋은 것을 받을 자격이 없다. 사람들은 내가 특별하거나 비상해서 나를 이해하거나 수용하지 못한다.
자기희생	• 자신의 필요보다 다른 사람의 필요를 우선해서 돌보는 행동을 하게 된다. • 죄책감을 느끼거나, 다른 사람의 행복에 책임을 져야 한다고 믿기 때문에 그들의 필요를 우선시함으로써 보상하려고 할 수 있다. • 과도한 사과의 행동이 지표가 될 수 있다.	내 필요는 중요하지 않아. 도움을 요청하는 것은 옳지 않아. 스스로 모든 것을 다 해야 해. 내가 하지 않으면, 아무도 안 할 거야. 내가 충분히 돌보면, 그 사람/그것을 바로잡을 수 있어. 자신을 돌보는 데 시간을 사용하면 안 돼. 도움이 필요한 다른 사람들을 보면 나는 그들을 도와야 해. 다른 사람을 도와줄 때만 나는 가치가 있어. 나는 사람들을 행복하게 해줘야 해.
완벽주의	• 양심과 강한 직업윤리를 가지고 있는 것처럼 보이지만 너무 멀리 나간다. • 자신에 대한 가치가 과도하게 외적인 칭찬과 성취에 묶여 있다. • 흑백논리로 사고하며 융통성 없는 기준을 고수하고 긍정적인 부분을 빠르게 무시한다.	나는 모든 것을 완벽하게 해야 해. 실수를 한다는 것은 내가 부주의했다는 의미야/실패했다는 뜻이야. 실수하는 사람들은 대가를 지불해야 해. 사람들은 규칙을 따르지 않으면 벌을 받아야 해. 나는 나 자신과 다른 사람에게 매우 높은 기준을 갖고 있어.
부정적 성향	• 비관주의자, 염세주의자 • 유리잔은 항상 반이나 비어 있다. 즉, 세상을 보거나 자신 또는 사람들을 보더라도 언제나 부정적으로 본다.	인생은 원래 망하게 되어 있어. 사는 것은 의미 없어. 아무것도 나를 위한 것은 없어. 세상은 무너지고 있어. 아무것도 나아지는 것은 없어. 나는 염세주의자가 아니야. 그저 현실주의자야.

부록 F

심화학습을 위한 자료

다음은 여러분이 학습을 계속할 수 있도록 도움을 주는 선택 목록이다. 가급적 가까운 지역서점에서 책을 사는 것을 권한다. 서점에서 원하는 책은 무엇이든지 주문할 수 있다. 지역서점은 회복탄력성을 위한 필수 자원이기도 하다. 아직 그 이유를 발견하지 못했다면, 한 번에 2시간 정도 시간 내서 서점 사람들과 친해지면 자연스럽게 알게 될 것이다.

일반

책

Goldstein, Dana. *The Teacher Wars: A History of America's Most Embattled Profession.* New York, NY: Doubleday, 2014.

신규 교사나 경력 교사 누구에게나 상관없이 매력적이고 철두철미한 이 책은 교육 분야에 종사하는 사람들에게 풍부한 역사적 맥락을 제공한다.

Intrator, Sam, and Megan Scribner. *Teaching with Fire: Poetry That Sustains the Courage to Teach.* San Francisco, CA: Jossey-Bass, 2003.

__________. *Leading from Within: Poetry That Sustains the Courage to Lead.* San Francisco, CA: Jossey-Bass, 2007.

__________. *Teaching with Heart: Poetry That Speaks to the Courage to Teach.* San Francisco, CA: Jossey-Bass, 2014.

이 3권의 책은 이 책에 등장하는 모든 습관과 성향의 사람들에게 전하는 최고의 시집이다. 회복탄력성으로 가는 여행에 추가로 필요한 자료다.

그 외

- Krista Tippet, On Being(www.onbeing.org)

"의미의 큰 질문"에 대한 탐구로, 내가 가장 좋아하는 팟캐스트다. 이것을 통해서 영감과 희망뿐 아니라 항상 새로운 아이디어와 사람, 그리고 책을 발견한다.

- Greater Good Magazine(https://greatergood.berkeley.edu/)

정보, 뉴스, 활동, 그 밖에 수많은 가치 있는 자료의 보고.

1장 자기 자신 이해하기

책

Block, Peter. *The Answer to How Is Yes.* San Francisco, CA: Berrett-Koehler, 2002.

Brown, Brené. *Daring Greatly.* New York, NY: Portfolio, 2014.

Buckingham, Marcus, and Donald Clifton. *Now, Discover Your Strengths.* New York, NY: Free Press, 2001.

Cain, Susan. *Quiet.* New York, NY: Random House, 2013.

McKee, Annie, Richard Boyatzis, and Frances Johnston. *Becoming a Resonant Leader: Develop Your Emotional Intelligence, Renew Your Relationships, Sustain Your Effectiveness.* Cambridge, MA: Harvard Business Review, 2008.

Seligman, Martin. *Authentic Happiness.* New York, NY: Atria, 2002.

그 외

- CliftonStrengths: www.gallupstrengthscenter.com/home/en-us/strengthsfinder
- Free Myers-Briggs test: www.16personalities.com
- Free Myers-Briggs test: www.humanmetrics.com
- "The Holstee Manifesto"

구글로 검색하고 읽어라. 매일 볼 수 있는 곳에 붙여놓자.

2장 감정 이해하기

책

Bradberry, Travis, and Jean Greaves. *Emotional Intelligence 2.0.* San Diego, CA: TalentSmart, 2009.

Brown, Brené. *The Gifts of Imperfection.* Center City, MN: Hazelden, 2010.

Foster, Rick, and Greg Hicks. *How We Choose to Be Happy.* New York, NY: Perigree, 2004.

Goleman, Daniel, Richard Boyatzis, and Annie McKee. *Primal Leadership.* Boston, MA: Harvard University Press, 2002.

Lyubomirsky, Sonja. *The How of Happiness.* New York, NY: Penguin, 2007.

__________. *The Myths of Happiness: What Should Make You Happy, but Doesn't, What Shouldn't Make You Happy, but Does.* New York, NY: Penguin, 2013.

Olivo, Erin. *Wise Mind Living.* Boulder, CO: Sounds True, 2014.

Rosenberg, Marshall. *Nonviolent Communication*. Encinitas, CA: PuddleDancer Press, 2003.

Seligman, Martin. *Flourish: A Visionary New Understanding of Happiness and Well-Being*. New York, NY: Simon & Schuster, 2012.

그 외

- 마틴 셀리그먼 박사(Dr. Martin Seligman)의 웹사이트(www.authentichappiness.sas.upenn.edu)에는 자기 알아차림을 세울 수 있는 많은 무료 퀴즈가 있다.
- 다음 사이트에는 내가 정말로 좋아하는 정서 지능 퀴즈가 있다.

greatergood.berkeley.edu/ quizzes/take_quiz/ei_quiz

- 정서 지능을 연구하는 예일센터(The Yale Center for Emotional Intelligence)에는 RULER라고 불리는 유용한 도구가 있다(http://ei.yale.edu/ruler/RULER). RULER는 인지recognition, 이해understanding, 명명하기labeling, 표현하기expressing, 감정 통제하기regulating emotions의 약자다. 이것은 학교에서 사회적이고 감정적인 배움을 통합하고자 하는 연구 기반 접근법이다.

TED 연설

- Brené Brown, "The Power of Vulnerability"
- Neil Hughes, "Walking on Custard: How Physics Helps Anxious Humans"
- Alison Ledgerwood, "Getting Stuck in the Negatives(and How to Get Unstuck)"
- Kelly McGonigal, "How to Make Stress Your Friend"
- Andrew Solomon, "Depression, the Secret We Share"
- Guy Winch, "How to Practice Emotional First Aid"

3장 힘을 북돋는 스토리 말하기

책

Frankl, Viktor. *Man's Search for Meaning.* Boston, MA: Beacon Press, 2006.

Haidt, Jonathan. *The Happiness Hypothesis: Finding Modern Truth in Ancient Wisdom.* New York, NY: Basic Books, 2006.

Hutchens, David. *Circle of the 9 Muses: A Storytelling Field Guide for Innovators and Meaning Makers.* Hoboken, NJ: Wiley, 2015.

Kegan, Robert, and Lisa Lahey. *Immunity to Change.* Cambridge, MA: Harvard Business Press, 2009.

Seligman, Martin. *Learned Optimism.* New York, NY: Vintage Books, 2006.

Solnit, Rebecca. *Hope in the Dark* (2nd ed.). Chicago, IL: Haymarket Books, 2016.

TED 연설

- Chimamanda Ngozi Adichie, "The Danger of a Single Story"

4장 공동체 세우기

책

Abrams, Jennifer. *Having Hard Conversations.* Thousand Oaks, CA: Corwin. 2009.

Abrams, Jennifer, and Valerie A. von Frank. *The Multigenerational*

Workplace. Thousand Oaks, CA: Corwin. 2014.

Aguilar, Elena. *The Art of Coaching Teams*. San Francisco, CA: Jossey-Bass. 2016.

Coates, Ta-Nehesi. *Between the World and Me*. New York, NY: Spiegel & Grau, 2015.

Delpit, Lisa. *The Skin That We Speak: Thoughts on Language and Culture in the Classroom*. New York, NY: New Press, 2002.

DiAngelo, Robin. *What Does It Mean to Be White? Developing White Racial Literacy* (rev. ed.). New York, NY: Peter Lang, 2016.

Fleischman, Paul. *Seedfolks*. New York, NY: Harper Trophy, 2004.

놀랍도록 아름답게 쓰여진 영감을 주는 짧은 이야기다.

Kegan, Robert, and Lisa Lahey. *How the Way We Talk Can Change the Way We Work: Seven Languages for Transformation*. San Francisco, CA: Jossey-Bass, 2001.

Schein, Edgar. *Humble Inquiry: The Gentle Art of Asking Instead of Telling*. San Francisco, CA: Berrett-Koehler, 2013.

Scott, Susan. *Fierce Conversations*. New York, NY: Berkley, 2002.

Showkeir, Jamie, and Maren Showkeir. *Authentic Conversations*. San Francisco, CA: Berrett-Koehler, 2008.

Tatum, Beverly D. *"Why Are All the Black Kids Sitting Together in the Cafeteria?" and Other Conversations About Race* (updated ed.). New York, NY: Basic Books, 2017.

Wheatley, Margaret. *Turning to One Another: Simple Conversations to Restore Hope to the Future*. San Francisco, CA: Berrett-Koehler, 2009.

Wise, Tim. *White Like Me: Reflections on Race from a Privileged Son*.

Berkeley, CA: Soft Skull Press, 2008.

5장 지금 여기에 머물기

책

Baraz, James. *Awakening Joy: Ten Steps to Happiness.* Berkeley, CA: Parallax Press, 2012.

Boorstein, Sylvia. *It's Easier Than You Think: The Buddhist Way to Happiness.* New York, NY: HarperCollins, 1997.

Dalai Lama, Desmond Tutu, and Douglas Abrams. *The Book of Joy.* New York, NY: Penguin Books, 2016.

Gunaratana, B. H. *Mindfulness in Plain English.* Somerville, MA: Wisdom Publications, 2002.

Hanson, Rick. *Hardwiring Happiness: The New Brain Science of Contentment, Calm, and Confidence.* New York, NY: Random House, 2013.

Hanson, Rick, and Richard Mendius. *Buddha's Brain: The Practical Neuroscience of Happiness, Love, and Wisdom.* Oakland, CA: New Harbinger, 2009.

Kornfield, Jack. *No Time Like the Present.* New York, NY: Atria Books, 2017.

Nhat Hanh, Thich. *How to Eat.* Berkeley, CA: Parallax Press, 2014.

__________. *How to Walk.* Berkeley, CA: Parallax Press, 2015.

__________. *Peace Is Every Step.* New York, NY: Bantam Books, 1992.

Hooks, bell. *Teaching to Transgress: Education as the Practice of*

Freedom. New York, NY: Routledge, 1994.

Rankine, Claudia. *Citizen*. Minneapolis, MN: Graywolf Press, 2014.

Srinivasan, Meena. *Teach, Breathe, Learn*. Berkeley, CA: Parallax Press, 2014.

Steele, Claude. *Whistling Vivaldi and Other Clues to How Stereotypes Affect Us*. New York, NY: Norton, 2010.

Tolle, Eckhart. *The Power of Now*. Novato, CA: New World Library, 2004.

논문/기사

Devine, P. "Long–Term Reduction in Implicit Race Bias: A Prejudice Habit-Breaking Intervention." *Journal of Experimental Social Psychology*, 2012, 48(6), 1267-1278.

Djikic M., E. J. Langer, and S. F. Stapleton. "Reducing Stereotypes Through Mindfulness: Effects on Automatic Stereotype-Activated Behavior." *Journal of Adult Development*, 2008, 15, 106-111.

Hafenbrack, A. C., Z. Kinias, and S. G. Barsade. "Debiasing the Mind Through Meditation: Mindfulness and the Sunk-Cost Bias." *Psychological Science*, 2014, 25, 369-376.

Kang Y., J. R. Gray, and J. F. Dovidio. "The Nondiscriminating Heart: Lovingkindness Meditation Training Decreases Implicit Intergroup Bias." *Journal of Experimental Psychology: General*, 2014, 143, 1306-1313.

Richeson J. A., and N. Ambady. Effects of Situational Power on Automatic Racial Prejudice. *Journal of Experimental Social Psychology*, 2003, 39, 177-183.

녹음 자료

- Rick Hanson, *Meditations for Happiness: Rewire Your Brain for Lasting Contentment and Peace*
- Rick Hanson and Richard Mendius, *Meditations to Change Your Brain: Rewire Your Neural Pathways to Transform Your Life*

그 외

- 마음학교(Mindful Schools, www.mindfulschools.org)는 온라인과 대면교육을 제공하며 교사에게는 매우 좋은 자료다.
- www.beherenownetwork.com에서 마음챙김, 명상, 긍휼 등에 대한 풍부한 팟캐스트를 이용할 수 있다.
- 잭 콘필드가 하는 〈마음 지혜〉(Heart Wisdom)는 내가 가장 좋아하는 불교 철학에 관한 팟캐스트다.
- 사운드 트루(Sounds True, www.soundstrue.com)는 팟캐스트, 도서, 오디오북 등을 발간하는 멀티미디어 출판사다.

마음챙김 앱

- 〈Insight Timer〉

가장 유명한 무료 명상 앱이다. 1,000명이 넘는 강사와 자기긍휼, 자연, 스트레스 같은 주제로 4,000개 이상 따라 할 수 있는 명상이 있고, 대화와 팟캐스트도 있다. 명상을 듣고 싶지 않으면 언제든 시간을 정해두고 벨 소리나 마음을 차분하게 하는 배경 소리에 맞춰 혼자서도 명상할 수 있다.

- 〈Aura〉

이 명상 앱을 통해 매일 새롭고 개별화된 3분 명상을 할 수 있다. 개인 맞춤을 위해 처음에는 나이를 비롯해, 얼마나 스트레스를 받고 얼마나 낙관적이며 얼마나 마음챙김에 관심이 있는지를 묻는다. 매일 나타나는 명상은 개인의 기분에 맞춘다. 이 앱에서 진정 효과가 있는 소리를 듣거나 집중호흡(Mindful Breather) 기능을 해볼 수 있는데, 부드럽게 확장하거나 축소하는 영상 서클에 맞춰서 호흡을 동기화할 수 있다.

• 〈Headspace〉

무료 다운로드가 가능하지만 모든 과정을 보려면 구독해야 한다. 명상 따라하기는 불교식 마음챙김에 기반을 두지만 대중적이다. 많은 사람이 이 앱을 좋아한다. 명상 따라하기를 원한다면 좋은 선택이 될 것이다.

6장 자기 자신 돌보기

책

Ackerman, J. *Sex Sleep Eat Drink Dream: A Day in the Life of Your Body*. New York, NY: Mariner Books, 2008.

Blackburn, Elizabeth and Elissa Epel. *The Telomere Effect: A Revolutionary Approach to Living Younger, Healthier, Longer*. New York, NY: Grand Central Productions, 2017.

Buettner, Dan. *The Blue Zones of Happiness: Lessons from the World's Happiest People*. Washington, DC: National Geographic, 2017.

Medina, John. *Brain Rules: Twelve Principles for Surviving and Thriving at Work, Home, and School* (2nd ed.). Seattle, WA: Pear Press, 2014.

Pick, Marcelle. *Is It Me or My Adrenals?* New York, NY: Hay House, 2013.

Roach, Mary. *Gulp*. New York, NY: Norton, 2013.

Ross, Julia. *The Diet Cure*. New York, NY: Penguin, 2012.

영화

- 〈*Cooked*〉, 넷플릭스 다큐멘터리(작가 마이크 폴란이 진행한다.)
- 〈Chef's Table〉, 넷플릭스 다큐멘터리 시리즈
- 〈슈퍼사이즈 미〉(모건 스펄록 감독, 2004)

7장 강점에 초점 맞추기

책

Baumeister, R. *Willpower: Rediscovering the Greatest Human Strength*. New York, NY: Penguin, 2012.

Cooperrider, David L., and Diana Whitney. *Appreciative Inquiry: A Positive Revolution in Change*. San Francisco, CA: Berrett-Koehler, 2005.

Gottman, John. *The Seven Principles for Making Marriage Work*. New York, NY: Harmony Books, 2015.

가트맨의 연구는 결혼뿐 아니라 모든 종류의 관계를 개선하는 데 적용할 수 있다.

Hammond, Sue A. *The Thin Book of Appreciative Inquiry*. Bend, OR: Thin Book, 1998.

Whitney, Diana, and Amanada Trosten-Bloom. *The Power of Appreciative Inquiry: A Practical Guide to Positive Change*. San Francisco, CA: Berrett-Koehler, 2010.

웹사이트

- 긍정탐구appreciative inguiry에 대한 자료다. https://appreciativeinquiry.champlain.edu/

- 기분전환을 위해서는 www.1000awesomethings.com을 보라.

8장 긍휼의 마음 개발하기

책

Jinpa, Thupten. *A Fearless Heart: How the Courage to Be Compassionate Can Transform Our Lives*. New York, NY: Avery, 2015.

Manson, Mark. *The Subtle Art of Not Giving a F*ck*. New York, NY: HarperOne, 2016.

다른 사람이 어떻게 생각하는지 너무 걱정하고, 자신에 대한 긍휼이 필요하다면 이 책은 정말로 읽을 만하다.

Neff, Kristin. *Self-Compassion: The Proven Power of Being Kind to Yourself*. New York, NY: HarperCollins, 2011.

이 책은 자기긍휼에 대한 좀 더 진지한 성찰을 제공한다.

Ricard, Matthieu. *Altruism: The Power of Compassion to Change Yourself and the World*. New York, NY: Little, Brown and Company, 2015.

Salzberg, Sharon. *Lovingkindness: The Revolutionary Art of Happiness*. Boulder, CO: Shambhala Press, 1995.

__________. *Real Happiness at Work: Meditations for Accomplishment, Achievement, and Peace*. New York, NY: Workman, 2013.

Sutton, Robert. *The Asshole Survival Guide: How to Deal with People Who Treat You Like Dirt*. Boston, MA: Houghton Miffl in Harcourt, 2017.

다른 사람과 경계를 설정하는 일에 어려움이 있고 대하기 어려운 사람과 같이 일한다면, 통찰력이 있고 현명한 이 책이 유용한 자원이 될 것이다.

영상 자료

- Amma and Dr. James Doty, "Conversations on Compassion with Amma"
- Paul Ekman, "The Roots of Empathy and Compassion"
- Thupten Jinpa, "The Science of Compassion: Origins, Measures, and Interventions"
- Dacher Keltner, "The Evolutionary Roots of Compassion"
- Daniel Siegel, "Interpersonal Neurobiology: Why Compassion Is Necessary for Humanity"

9장 학습자 되기

책

Heyck-Merlin, Maia. *The Together Teacher*. San Francisco, CA: Jossey-Bass, 2012.

__________. *The Together Leader*. San Francisco, CA: Jossey-Bass, 2016.

Holmes, Jamie. *Nonsense: The Power of Not Knowing*. New York, NY: Crown, 2015.

Hubbard, Ruth, and Brenda Power. *The Art of Classroom Inquiry: A Handbook for Teacher Researchers*. Portsmouth, NH: Heinemann, 2003.

Leslie, Ian. *Curious: The Desire to Know and Why Your Future Depends on It.* New York, NY: Basic Books, 2014.

McGonigal, Jane. *SuperBetter: A Revolutionary Approach to Getting Stronger, Happier, Braver, and More Resilient*. London, England:

HarperCollins, 2015.

이 저자의 TED 연설인 "Gaming Can Make a Better World"도 확인할 만하다.

Newport, Cal. *Deep Work*. New York, NY: Grand Central Publishing, 2016.

Rock, David. *Your Brain at Work: Strategies for Overcoming Distraction, Regaining Focus, and Working Smarter All Day Long*. New York, NY: HarperCollins, 2009.

10장 놀기와 창조하기

책

Barry, Lynda. *What Is*. Montreal, Canada: Drawn and Quarterly, 2008.

____________. *Syllabus*. Montreal, Canada: Drawn and Quarterly, 2014.

Brown, Brené. *Braving the Wilderness*. New York, NY: Random House, 2017.

Brown, Stuart. *Play: How It Shapes the Brain, Opens the Imagination, and Invigorates the Soul*. New York, NY: Penguin, 2009.

Cameron, Julia. *The Artist's Way* (25th anniv. ed.). New York, NY: Penguin Random House, 2016.

다음 책도 참조하라. *The Artist's Way Workbook*. New York, NY: Penguin, 2006.

De Botton, Alain, and John Armstrong. *Art as Therapy*. New York, NY: Phaidon, 2013.

Edwards, Betty. *Drawing on the Right Side of the Brain* (4th ed.). New

York, NY: Penguin, 2012.

Gilbert, Elizabeth. *Big Magic: Creative Living Beyond Fear*. New York, NY: Penguin Random House, 2016.

Kaufman, Scott, and Carolyn Gregoire. *Wired to Create: Unraveling the Mysteries of the Creative Mind*. New York, NY: Perigee, 2015.

Kleon, Austin. *Steal Like an Artist*. New York, NY: Workman, 2012.

Krahula, Beckah. *One Zentangle a Day: A 6-Week Course in Creative Drawing for Relaxation, Inspiration, and Fun*. Beverly, MA: Quarry Books, 2012.

Palmer, Parker. *The Courage to Teach* (20th anniv. ed.). San Francisco, CA: Jossey-Bass, 2017.

영화

- 〈Cave of Dreams〉 선사시대 예술을 다룬다.
- 〈Power of Art-Picasso's Guernica〉, https://www.youtube.com/watch?v=tI4OABAP4Is
- 〈Waste Land〉 쓰레기 줍는 사람들을 다룬 브라질 영화.
- 〈A Strong, Clear Vision〉 베트남전쟁에 대한 독창적인 기념비를 만든 공간 디자이너 마야 린에 관한 영화.

그 외

- Sketchbook Skool(www.sketchbookskool.com)

정말로 재미있고 흥미로운 온라인 과정이다. Skillshare(www.skillshare.com)도 마찬가지다.

- 닐 게이먼Neil Gaiman이 2012년 필라델피아의 예술대학에서 한 졸업연설

"Make Good Art"(https://youtu.be/plWexCID-kA)를 찾아보자.

- "The Art of Emotional Healing" (https://www.expressiveartworkshops.com/) 치유적이며 성찰적인 예술 관련 과정에 관한 폭넓은 목록을 제공한다.

11장 변화의 파도에 올라타기

책

Chödrön, Pema. *Comfortable with Uncertainty*. Boulder, CO: Shambhala Publications, 2002.

________________. *When Things Fall Apart* (20th anniv. ed.). Boulder, CO: Shambhala Publications, 2016.

Day, Laura. *Practical Intuition*. New York, NY: Broadway, 1996.

Duhigg, Charles. *The Power of Habit*. New York, NY: Random House, 2012.

Heath, Chip, and Dan Heath. *Switch: How to Change Things When Change Is Hard*. New York, NY: Broadway Books, 2010.

Horton, Myles, and Paulo Freire. In Brenda Bell, John Gaenta, and John Peters (Eds.), *We Make the Road by Walking: Conversations on Education and Social Change*. Philadelphia, PA: Temple University Press, 1990.

Kegan, Robert, and Lisa Lahey. *Immunity to Change*. Cambridge, MA: Harvard Business Press, 2009.

McGonigal, Kelly. *The Willpower Instinct: How Self-Control Works, Why It Matters, and What You Can Do to Get More of It*. New York, NY: Penguin Books, 2013.

Ryan, M. J. *How to Survive Change You Didn't Ask For*. San Francisco,

CA: Red Wheel, 2009.

Sinek, Simon. *Start with Why: How Great Leaders Inspire Everyone to Take Action*. New York, NY: Penguin, 2011.

Thaler, Richard, and Cass Sunstein. *Nudge: Improving Decisions About Health, Wealth and Happiness*. New York, NY: Penguin, 2009.

Wheatley, Margaret. *Perseverance*. San Francisco, CA: Berrett-Koehler, 2010.

Wood, Thomas, and Ethan Porter. "The Elusive Backfire Effect: Mass Attitudes' Steadfast Actual Adherence," August 5, 2016. Retrieved from https://ssrn.com/abstract=2819073

12장 축하하기와 감사하기

책

Emmons, Robert. *Thanks! How the New Science of Gratitude Can Make You Happier*. Boston, MA: Houghton Miffl in Harcourt, 2007.

Kaplan, Janice. *The Gratitude Diaries: How a Year Looking on the Bright Side Can Transform Your Life*. New York, NY: Dutton, 2017.

Loeb, Paul Rogat. *The Impossible Will Take a Little While*. New York, NY: Basic Books, 2004.

Pasricha, Neil. *The Book of Awesome*. New York, NY: Putnam, 2011.

Robbins, Mike. *Focus on the Good Stuff : The Power of Appreciation*. San Francisco, CA: Jossey-Bass, 2007.

Tippet, Krista. *Becoming Wise*. New York, NY: Penguin Press, 2016.

논문/기사

Emmons, Robert, and Anjali Mishra. *Why Gratitude Enhances Well-Being: What We Know, What We Need to Know*, 2011. http://emmons.faculty.ucdavis.edu/wp-content/uploads/sites/90/2015/08/2011_2-16_Sheldon_Chapter-16-11.pdf

그 외

〈Gratitude 365〉(gratitude365app.com) 무료 앱에서 감사할 목록에 관해 돌아보는 사진을 하루에 1장 고를 수 있다.

참고문헌

| A |

Achor, S. *The Happiness Advantage*. New York, NY: Crown, 2010.

Adichie, C. N. "The Danger of a Single Story." *TED Global*, 2009. Retrieved from www.ted.com/talks/chimamanda_adichie_the_danger_of_a_single_story

Aguilar, E. *The Art of Coaching Teams*. San Francisco, CA:Jossey-Bass, 2016.

Alliance for Excellent Education. "On the Path to Equity: Improving the Effectiveness of Beginning Teachers," 2014. Retrieved from https://all4ed.org/press/teacher-attritioncosts-united-states-up-to-2-2-billion-annually-says-new-alliance-report/ 2014

American Psychiatric Association. "Zung Instrument for Anxiety." *Psychosomatics*, 1971, 8, 371-379.

| B |

Bandura, A. *Self-Efficacy: The Exercise of Control*. New York, NY: W. H. Freeman, 1997.

Barker, E. "How To Stop Procrastinating: 4 New Steps Backed by Research," 2015. Retrieved from www.bakadesuyo.com/2015/01/how-to-stop-procrastinating/

Bartlett, M. Y., and D. DeSteno. "Gratitude and Prosocial Behavior: Helping When It Costs You." *Psychological Science*, 2006, 17(4), 319-325.

Beltman, S., C. Mansfield, and A. Price. "Thriving Not Just Surviving: A Review of Research on Teacher Resilience." *Educational Research Review*, 2011, 6(3), 185-207.

Blackburn, E., and E. Epel. *The Telomere Effect: A Revolutionary Approach to Living Younger, Healthier, Longer*. New York, NY: Grand Central Productions, 2017.

Bradberry, T, and J. Greaves. *Emotional Intelligence 2.0*. San Diego, CA: Talent Smart, 2009.

Briggs Myers, I., and Peter B. Briggs. *Gifts Differing: Understanding Personality Type*. Mountain View, CA: Davies-Black, 1995.

Brown, S. *Play: How It Shapes the Brain, Opens the Imagination, and Invigorates the Soul*. New York, NY: Penguin, 2009.

Bryk, A., and B. Scheider. Trust in Schools: *A Core Resource for Improvement*. New York, NY:Russell Sage Foundation, 2002.

| C |

Cano-Garcia, F. J., E. M. P. Munoz, and M. A. Carrasco-Ortiz. "Personality and Contextual Variables in Teacher Burnout." *Personality and Individual Differences*, 2005, 38, 929-940.

Carver-Thomas, D., and L. Darling-Hammond. *Teacher Turnover: Why It Matters and What We Can Do About It*. Palo Alto, CA: Learning Policy Institute, 2017.

Chiesa, A., and A. Serretti. "A Systematic Review of Neurobiological and Clinical Features of Mindfulness Meditations." *Psychological Medicine*, 2010, 40(8), 1239-1252.

Clements, A. "You Could Damage Somebody's Life." *Journal of Social Work Education*, 2013, 31(4), 91-104.

Collins, S. "Statutory Social Workers: Stress, Job Satisfaction, Coping, Social Support and Individual Differences." *British Journal of Social Work*, 2008, 38(6), 1173-1193.

Correll, J., B. Park, C. M. Judd, and B. Wittenbrink. "The Influence of Stereotypes on Decisions to Shoot." *European Journal of Social Psychology*, 2007, *37*, 1102-1117.

| D |

Dalai Lama, D. Tutu, and D. C. Abrams. *The Book of Joy*. New York, NY: Penguin Books, 2016.

Darling-Hammond, L., R. C. Wei, A. Andree, N. Richardson, and S. Orphanos. "State of the Profession: Study Measures Professional Development." *Journal of Staff Development*, 2009, 30(2) 42-50.

Davidson, R., and A. Harrington, eds. *Visions of Compassion: Western Scientists and Tibetan Buddhists Examine Human Nature*. New York, NY: Oxford University Press, 2001.

Davidson, R., and A. Lutz. "Buddha's Brain: Neuroplasticity and Meditation." *IEEE Signal Processing Magazine*, 2008, 25(1) 174-176.

Day, C., P. Sammons, and Q. Gu. "Combining Qualitative and Quantitative Methodologies in Research on Teachers' Lives, Work, and Effectiveness: From Integration to Synergy." *Educational Research*, 2008, 37(6), 330-342.

Deal, T., and K. Peterson. *Shaping School Culture*. San Francisco: Jossey-Bass, 2009.

De Botton, A., and J. Armstrong. *Art as Therapy*. New York, NY: Phaidon, 2013.

Dweck, C. *Mindset*. New York, NY: Random House, 2006.

| E |

Ellison, C. G., and J. S. Levin. "The Religion-Health Connection: Evidence, Theory and Future Directions." *Healthy Education and Behavior*, 1998, 25, 700-720.

| F |

Farber, B. A. *Crisis in Education: Stress and Burnout in the American Teacher.* San Francisco, CA: Jossey-Bass, 1991.

Flook, L., S. B. Goldberg, L. Pinger, K. Bonus, and R. J. Davidson. "Mindfulness for Teachers: a Pilot Study to Assess Effects on Stress, Burnout, and Teaching Efficacy." *Mind, Brain, and Education*, 2013, 7(3), 182-195.

Frankl, V. E. *Man's Search for Meaning*. Boston, MA: Beacon Press, 2006.

| G |

Gibbs, J. *Tribes: A Process for Social Development and Cooperative Learning*. Santa Rosa, CA: Center Source Systems, 1987.

Gilbert, D. *Stumbling on Happiness*. New York, NY: Random House, 2005.

Goldin, P. R., and J. J. Gross. "Effects of Mindfulness-Based Stress Reduction (MBSR) on Emotion Regulation in Social Anxiety Disorder." *Emotion*, 2010, *10*(1), 83.

Goleman, D. *Emotional Intelligence*. New York, NY: Bantam Books, 1995.

Gottman, J. *The Seven Principles for Making Marriages Work*. New York, NY: Crown Publishers, 1999.

Grant, L., and G. Kinman. "The Importance of Emotional Resilience for Staff and Students in the 'Helping' Professions: Developing an Emotional Curriculum," 2013. Retrieved from www.heacademy.ac.uk/system/files/emotional_resilience_louise_grant_march_2014_0.pdf

The Guardian. "The Counted: People Killed by the Police in the U.S.," 2015. Retrieved from www.theguardian.com/us-news/series/counted-us-police-killings

| H |

Hanson, R. *Hardwiring Happiness: The New Brain Science of Contentment, Calm, and Confidence*. New York, NY: Random House, 2013.

Heath, C., and D. Heath. *Switch: How to Change Things When Change Is Hard*. New York, NY: Broadway Books, 2010.

Hirschkorn, M. "Student-Teacher Relationships and Teacher Induction: Ben's Story." *Teacher Development*, 2009, *13*(3), 205-217.

Hölzel, B. K., J. Carmody, K. C. Evans, E. A. Hoge, J. A. Dusek, L. Morgan, and S. W. Lazar. "Stress Reduction Correlates with Structural Changes in the Amygdala." *Social Cognitive and Aff ective Neuroscience,* 2010, 5(1), 11-17.

Hölzel, B. K., J. Carmody, M. Vangel, C. Congleton, S. M. Yerramsetti, T. Gard, and S. W. Lazar. "Mindfulness Practice Leads to Increases in Regional Brain Gray Matter Density." *Psychiatry Research: Neuroimaging*, 2011, *191*(1), 36-43.

Howard, S., and B. Johnson "Resilient Teachers: Resisting Stress and Burnout." *Social Psychology of Education*, 2004, 7(4), 399-420.

Huffington, A. *Thrive: The Third Metric to Redefi ning Success*. New York, NY: Random House, 2014.

| I |

Ingersoll, R., L. Merrill, and D. Stuckey. *Seven Trends: The Transformation of the Teaching Force*. CPRE Report (#RR-80). Philadelphia: Consortium for Policy Research in Education, University of Pennsylvania, 2014.

| J |

Jennings, P. A., J. Brown, J. L. Frank, S. L. Doyle, R. Tanler, D. Rasheed, A. DeWeese, A. DeMauro, and M. T. Greenberg. "Promoting Teachers' Social and Emotional Competence, Well-Being and Classroom Quality: A Randomized Controlled Trial of the CARE for Teachers Professional Development Program." In C. Bradshaw (Ed.), *Examining the Impact of School-Based Prevention Programs on Teachers: Findings from Three Randomized Trials*. Washington, DC: Symposium presented at the Society for Prevention Research Annual Meeting, 2015. (Submitted for Initial Review).

Jennings, P. A., J. L. Frank, K. E. Snowberg, M. A. Coccia, and M. T. Greenberg. "Improving Classroom Learning Environments by Cultivating Awareness and Resilience in Education(CARE): Results of a Randomized Controlled Trial." *School Psychology Quarterly*, 2013, 28(4), 374-390.

Jensen, P., K. Trollope, H. Waters, and J. Everson. "Building Physician Resilience." *Canadian Family Physician*, 2008, 54(5) 722-772.

Jeon, L., C. K. Buettner, and A. R. Snyder. "Pathways from Teacher Depression and Child-Care Quality to Child Behavioral Problems." *Journal of Consulting and Clinical Psychology*, 2014, 82(2), 225-235.

| **K** |

Keltner, D., J. Marsh, and J. A. Smith. *The Compassionate Instinct: The Science of Human Goodness*. New York, NY: W. W. Norton, 2010.

Kevern, J., and C. Webb. "Mature Women's Experiences of Preregistration Nurse Education." *Journal of Advanced Nursing*, 2004, *45*, 297-306. doi:10.1046/j.1365-2648.2003.02890.x

| **L** |

Lambert, D. "A Changed Perspective: How Gratitude Can Affect Sense of Coherence Through Positive Reframing." *Journal of Positive Psychology*, 2009, *4*(6), 461-470.

Larrivee, B. *Cultivating Teacher Renewal*. Lanham, MD: Rowman & Littlefield Education, 2012.

Larsen, B. "10 Reasons a Sense of Humor Is No Laughing Matter." *Standard-Examiner*[Ogden, UT], March 26, 2015.

Layous, K., K. Sweeny, C. Armenta, S. Na, I. Choi, and S. Lyubomirsky. "The Proximal Experience of Gratitude." *PLOS ONE*, 2017, 12(7), e0179123.

Lieberman, M. *Social: Why Our Brains Are Wired to Connect*. New York, NY: Crown, 2013.

Louis, K. S., K. Leithwood, K. Wahlstrom, and S. Anderson. *Investigating the Links to Improved Student Learning: Final Report of Research Findings*, 2010. Retrieved from www.wallacefoundation.org/knowledge-center/schoolleadership/key-research/

Lueke, A., and B. Gibson. "Mindfulness Meditation Reduces Implicit Age and Race Bias: The Role of Reduced Automaticity of Responding." *Social Psychological and Personality Science*, 2014, 6(3), 284-291.

Lutz, A., H. A. Slagter, J. D. Dunne, and R. J. Davidson. "Attention Regulation and Monitoring in Meditation." *Trends in Cognitive Sciences*, 2008, *12*(4), 163-169.

Lyubomirsky, S. *The How of Happiness*. New York, NY: Penguin, 2007.

| M |

Maslach, C. *Burnout: The Cost of Caring.* Englewood Cliffs, NJ: Prentice Hall, 1982.

Medina, J. *Brain Rules*. Seattle, WA: Pear Press, 2008.

Mercola, Dr. "The Ultimate Antioxidant: Fight Premature Aging for Free," 2012. Retrieved from https://articles.mercola.com/sites/articles/archive/2012/11/04/why-doeswalking-barefoot-on-the-earth-make-you-feel-better.aspx

Moir, E. "Phases of First-Year Teaching." *Newsletter for the California New Teacher Project*, 1990. Retrievable from www.otago.ac.nz/education/otago065978

Mongrain, M., J. M. Chin, and L. B. Shapira. "Practicing Compassion Increases Happiness and Self-Esteem." *Journal of Happiness Studies*, 2011, *12*(6), 963-981.

Morrison, T. *Staff Supervision in Social Care*. London, UK: Pavilion, 2005.

Morrison, T. "No Place for Self-Pity, No Room for Fear," *The Nation*, 2015. Retrieved from www.thenation.com/article/no-place-self-pity-no-room-fear/

| N |

Nichols, W. J. *Blue Mind: The Surprising Science That Shows How Being Near, in, on, or Under Water Can Make You Happier, Healthier, More Connected, and Better at What You Do*. New York, NY: Little, Brown, and Company, 2014.

Nyhan, B., and J. Reifler. "When Corrections Fail: The Persistence of Political Misperceptions." *Political Behavior*, 2010, 32(2), 303-330.

| O |

Okonofua, J. A., and J. L. Eberhardt. "Two Strikes: Race and the Disciplining of Young Students." *Psychological Science*, 2015, 26(5), 617-624.

Olivo, E. *Wise Mind Living*. Louisville, CO: Sounds True, 2014.

Osorio, C., T. Probert, E. Jones, A. Young, and I. Robbins. "Adapting to Stress: Understanding the Neurobiology of Resilience." *Behavioral Medicine*, 2017, *43*(4), 307-322.

| P |

Pande, N. "The Effect of a Sense of Humor on Positive Capacities: An Empirical Inquiry into Psychological Aspects." *Global Journal of Finance and Management*, 2014, *6*(4), 385-390.

Pargament, K. I., and A. Mahoney. "Spirituality: Discovering and Conserving the Sacred." In C.

R. Snyder and S. J. Lopez (Eds.), *Handbook for Positive Psychology* (pp. 646-659). Oxford, England: Oxford University Press, 2002.

Patterson, J., L. Collins, and G. Abbot. "A Study of Teacher Resilience in Urban Schools." *Journal of Instructional Psychology*, March 2004, 31(1), 3-11.

Patterson, J., and P. Kelleher. *Resilient School Leaders: Strategies for Turning Adversity into Achievement*. Alexandria, VA: ASCD, 2005.

Pease, A., and B. Pease. *The Definitive Book of Body Language: How to Read Others' Thoughts by Their Gestures*. Buderim, Australia: Pease International, 2004.

Poloma, M. M., and G. H. Gallup. *Varieties of Prayer: A Survey Report*. Philadelphia, PA:Trinity Press International, 1991.

powell, j. a. "Understanding Our New Racial Reality Starts with the Unconscious." Greater Good, 2015. http://greatergood.berkeley.edu/article/item/understanding_our_new_racial_reality_starts_with_the_unconscious.

Psychology Today. "Seasonal Affective Disorder," Feb. 1, 2017. Retrieved from www.psychologytoday.com/conditions/seasonal-aff ective-disorder

| **R** |

Radloff , L. "The CES-D Scale: A Self-Report Depression Scale for Research in the General Population." *Applied Psychological Measurement, 1977, 1*, 385-401.

Rawlence, B. *City of Thorns*. New York: Picador, 2017.

Robbins, M. *Focus on the Good Stuff : The Power of Appreciation*. San Francisco, CA: Jossey-Bass, 2007.

Rock, D. *Your Brain at Work: Strategies for Overcoming Distraction, Regaining Focus, and Working Smarter All Day Long*. New York, NY: HarperCollins, 2009.

Roth, G. *Maps to Ecstasy: The Healing Power of Movement*. Novato, CA: New World Library, 1998.

Ruch, G. "Reflective Practice in Child Care Social Work: The Role of Containment." *British Journal of Social Work*, 2007, *37*, 659-680.

| **S** |

Safford, V. "The Small Work in the Great Work." In P. Loeb (ed.), *The Impossible Will Take a Little While: Perseverance and Hope in Troubled Times* (pp. 224-230). New York, NY:Basic

Books, 2004.

Salzberg, S. *Lovingkindness: The Revolutionary Art of Happiness*. Boulder, CO: Shambhala, 1995.

Salzberg, S. *Real Happiness at Work*. New York, NY: Workman, 2013.

Sarason, B. R., I. G. Sarason, T. A. Hacker, and R. B. Basham "Concomitants of Social Support: Social Skills, Physical Attractiveness and Gender." *Journal of Personality and Social Psychology*, 1985, 49, 469-480.

Scherwitz, L. "Self-Involvement: A New Risk Factor Heart Disease," n.d. Retrieved from www.empowher.com/heart-disease/content/self-involvement-new-risk-factor-heart-disease

Schwartz, T., and C. McCarthy. "Manage Your Energy, Not Your Time." *Harvard Business Review*, October 2007, 114-125.

Solnit, R. *The Mother of All Questions*. Chicago, IL: Haymarket Books, 2017.

Sumsion, J. "Early Childhood Teachers' Construction of their Resilience and Thriving: A Continuing Investigation." *International Journal of Early Years Education*, 2004, 12(3), 275-290.

| **T** |

Thaler, R., and C. Sunstein. *Nudge: Improving Decisions About Health, Wealth and Happiness*. New York, NY: Penguin, 2009.

Tippett, K. *Becoming Wise: An Inquiry into the Mystery and Art of Living*. New York:Penguin, 2016.

| **U** |

US Department of Education, Office for Civil Rights. *Issue Brief 1*, March 2014. Retrieved from https://ocrdata.ed.gov/downloads/crdc-school-discipline-snapshot.pdf

| **W** |

Wallace Foundation. *The School Principal as Leader: Guiding Schools to Better Teaching and Learning*, 2011. Retrieved from www.wallacefoundation.org/knowledge-center/school-leadership/eff ective-principal-leadership/Documents/The-School-Principalas-Leader-Guiding-Schools-to-Better-Teaching-and-Learning.pdf

Wilks, S., and C. Spivey. "Resilience in Undergraduate Social Work Students: Social Support and Adjustment to Academic Stress." *Social Work Education*, 29, 2010, 276-288.

Wulsin, L., T. Alterman, P. Timothy Bushnell, J. Li, and R. Shen. "Prevalence Rates for Depression by Industry: A Claims Database Analysis." *Social Psychiatry and Psychiatric Epidemiology*, 2014, 49(11), 1805-1821.

| Y |

Yost, D., "Reflection and Self-Efficacy: Enhancing the Retention of Qualified Teachers from a Teacher Education Perspective." *Teacher Education Quarterly*, 2006, 33(4), 59-76.

| Z |

Zak, P. "Why Your Brain Loves Good Storytelling." *Harvard Business Review*, October 2014. Retrieved from https://hbr.org/2014/10/why-your-brain-loves-good-storytelling

Zolli, A., and A. M. Healy. *Resilience: Why Things Bounce Back*. New York, NY: Simon & Schuster, 2012.

위기의 교사가 일어서는 법

교사를 위한 회복탄력성

초판 1쇄 펴낸날 2022년 7월 18일

지은이 엘레나 아길라
옮긴이 수업과성장연구소
감수 신을진
펴낸이 홍지연

편집 홍소연 고영완 전희선 조어진 서경민
디자인 전나리 박해연
마케팅 강점원 최은 이희연
경영지원 정상희

펴낸곳 (주)우리학교
출판등록 제313-2009-26호(2009년 1월 5일)
주소 03992 서울시 마포구 동교로23길 32 2층
전화 02-6012-6094
팩스 02-6012-6092
홈페이지 www.woorischool.co.kr
이메일 woorischool@naver.com

ISBN 979-11-6755-061-3 03370

• 책값은 뒤표지에 적혀 있습니다.
• 잘못된 책은 구입한 곳에서 바꾸어 드립니다.

만든 사람들

편집 이선희
디자인 책은우주다seungdesign@hanmail.net